노동의 종말
THE END OF WORK

THE END OF WORK

: The Decline of the Global Labor Force and the Dawn of the Post-Market Era

by Jeremy Rifkin

Copyright © Jeremy Rifkin 1995

All rights reserved
including the right of reproduction in whole or in part in any form.

Korean translation edition is published by arrangement with
TarcherPerigee, an imprint of Random House, a division of Penguin Random House
LLC through Alex Lee Agency.

Korean Translation Copyright ⓒ Minumsa 1996, 2023

이 책의 한국어 판 저작권은 알렉스리 에이전시를 통해
TarcherPerigee, an imprint of Random House, a division of Penguin Random House
LLC와 독점 계약한 (주)민음사에 있습니다.

저작권법에 의해 한국 내에서 보호를 받는 저작물이므로
무단 전재와 무단 복제를 금합니다.

제러미 리프킨

노동의 종말

이영호 옮김

민음사

추천의 글

경제학자들에게 있어서 기계가 우리들을 위해서 무엇을 하고 우리들에게 어떤 영향을 미치는지에 대한 문제는 항상 성가신 것이었다. 기계는 한편으로는 자본주의 경제를 움직이게 하는 투자의 구현체이다. 반면에 대부분의 경우 기계 한 대가 도입되면 노동자 한 명, 때로는 여러 명의 노동자들이 축출된다. 경제학자들은 기계가 몇 명의 노동자들을 대체하지만 결국에는 이들을 흡수하고, 생산성을 급격하게 증가시키며, 그 결과 국부가 증대된다고 항상 주장해 왔다.

그러나 누가 그 소득을 얻게 되는가? 1819년 저명한 경제학자 리카도(David Ricardo)는 신규 투자의 원천인 지대와 이익이 감소하지 않는 한 고용량은 중요하지 않다고 말했다. 당시 유명한 스위스의 비평가였던 시스몽디(Simonde de Sismondi)는 다음과 같이 반문했다. 〈과연 그런가? 부(富)가 중요하고 인간은 중요하지 않는가? 그렇다면 왕 혼자서 로봇을 사용하여 영국 전체의 산출량을 생산해 내는 것이 가장 이상적이다.〉[1]

우리의 시야를 넓혀주는 제러미 리프킨의 『노동의 종말』은, 기업들이 왕을 대신해서 국가의 부와 서비스를 생산하는 전자 로봇을 작동시키는 세계에 대한 것이다. 이것은 결코 최근의 양상만은 아니다. 미국이나 다른 근대 국가의 인간~기계의 역사를 조금만 거슬러 올라가 보면, 우리는 지난 200여 년 동안 기계가 빼앗아 가 버린 일자리를 떠나 그 기계가 창출한 다른 일자리를 찾아 헤매는 거대한 이동을 목격할 수 있다.

19세기 초반 드라마의 막이 오를 무렵에, 기계는 흔치 않은 현상이었다. 동서남북을 통틀어 대부분 수작업과 가축을 이용하는 농업이 핵심적인 직업이었다.

19세기 중반경 사태는 변하기 시작했다. 맥코믹(Cyrus McCormick)은 수확 기계를, 데레(John Deere)는 철제 쟁기를 발명했고 트랙터가 등장했다. 그 결과 19세기의 3/4분기경 총노동력에서 농업 노동력이 차지하는 비율이 3/4에서 1/2로 감소했고, 1900년에는 그 비율이 1/3로, 1940년에는 20퍼센트로, 현재는 약 3퍼센트까지로 감소했다.

기계에 의해 일자리를 빼앗긴 사람들은 어떻게 되었는가? 그들은 기계가 창출하는 새로운 고용 영역으로 이동했다. 1810년에는 단지 7만 5000명의 사람들이 선철과 잡동사니들을 생산하는 초기 〈사람으로 움직이는 공장(manfactories)〉에서 일하고 있었는데, 그 숫자는 1910년 800만 명 이상으로, 1960년에는 1600만 명으로 증가했다. 비율로 따져 보면 산업 노동력이 총노동력의 35퍼센트를 차지할 때까지 급격하게 증가했다.

그러나 그 수치는 무한하게 상승하지는 않았다. 기술은 새로운 자동차 공장, 가전 제품 공장, 발전소에서 일자리를 창출함과 동시에, 조립 라인이 선반을 대체하고 드릴과 프레스의 속도가 증가하며 새로운 계산기들이 감독의 업무를 단순화함에 따라서 노동 인력을 감축시켜 왔다. 1960~1990년 사이에 총 제조업 제품의 산출은 계속 증가했지만, 생산 플로우를 창출하는 데 필요한 일자리 수는 절반이나 감소했다.

지금 막 드라마의 막이 내리려고 한다. 공장이 노동자들을 흡수하고 방출하는 동안, 거대한 제3부문은 새로운 고용의 가능성을 제공해 왔다. 이것은 교사와 변호사, 간호사와 의사, 가정부와 보모, 정부 공무원과 교통 경찰, 사무원, 타이피스트, 수위, 판매원 등 서비스 고용 영역의 확대를 의미한다. 19세기 초기의 서비스 부문 종업원의 정확한 숫자를 추정하기는 불가능하지만, 1870년대에 약 300만 명이 있었고 1990년대에는 약 9000만 명으로 증가했다. 서비스 부문은 극도로 악화되던 실업 문제를 해결했던 것이다.[2]

제조 부문과 마찬가지로 서비스 부문의 기술도 한편으로는 일자리를 창출하면서, 동시에 다른 한편으로는 일자리를 제거해 왔다. 이 부문의 고용은 타자기와 전화로부터 성장했고, 복사기와 우편 주문 카탈로그의 영향으로 위축되었다. 그러나 드라마의 막을 내리고 기업들로 하여금 섬에 앉아서 기계를 돌려 스스로 일할 수 있도록 만든 것은 컴퓨터였다.

제레미 리프킨은 역사적 전환에 대해서 쓰고 있다. 그의 책은 매우 상세하면서 현실 생활의 경험을 흡수하고 있으며, 광범위한 영역을 다루고, 우리 시대 기술의 범위와 효과의 변화에 대한 세계적이고도 국가적인 시사점을 포함하고 있다. 만일 그가 옳다면 우리는 지난 200년간 불편했던 기술과 노동의 관계를 넘어서서, 과거와는 다른 새로운 관계를 정립하기 위해 노력하고 있는 것이다. 그리고 그의 연구 범위와 깊이는 그가 옳다는 것을 강하게 암시한다.

리프킨은 이 새로운 관계가 우리에게 강요할 명백한 변화에 대해서 탐구하고 있다. 이 변화의 범위는 문제에 대한 무관심에 명백히 수반될 혼란과 역기능으로부터, 오늘날의 노동 시간을 찰스 디킨스의 시대와 극적으로 차별화할 노동 생활의 재구성을 거쳐, 이 책에서 그가 언급할 새로운 고용 창출 부문의 형성 가능성에까지 걸쳐 있다.

이 책은 국가를 위해 지속적이고 깊이 있게 논의하는 대화의 중심이 되어야 할 책이다. 나는 이 책이 우리들과 우리의 후손들이 남은 생애 동안 살아가면서 부딪힐 문제들을 소개하는 필독서라고 추천한다.

로버트 하일브로너 Robert L. Heilbroner[*]

[*] 로버트 하일브로너는 경제학 분야에서 많은 논문과 책을 저술한 학자이다. 대표작으로『고전으로 읽는 경제사상 Teachings from the Worldly Philosophy』1995년 옥스퍼드 출판사에서 출간된『미래의 비전 Visions of the Future』등이 있다.

개정판 서문

『노동의 종말』 초판이 출간된 지도 어느덧 9년이 지났다. 그동안 세계 경제는 급격한 성장세를 나타내었고, 그 이후 다시 급격한 속도로 경기 후퇴에 빠져 들었다. 전 세계 생산성과 미국 내 총생산이 늘어나고 있었음에도 불구하고, 경기 순환의 정점에 도달한 시점에 세계 각국의 구조적 실업은 위험하리만큼 높은 상태를 유지하였다. 1995년을 기준으로 8억명의 인구가 실업 또는 불완전고용 상황에 놓여 있었다. 2001년까지 약 10억 명 이상의 사람들이 이러한 두 가지 범주 중의 한 가지에 속해 있었다.[1]

현재 미국 전역 수백만 명의 노동자들은 불완전고용 상태이거나 직업을 가지고 있지 않으며, 풀타임 직업을 얻게 되리라는 희망도 거의 없다. 불과 몇 년 전 경영계의 리더들과 선거를 통해 선출된 관료들이 미국의 실업 문제가 해결되었다고 열광적으로 떠들어댄 것을 떠올린다면, 이러한 냉정한 현실은 더욱 고통스러울 수밖에 없다. "공식적" 집계에 따르면 1994년 1월 6.6퍼센트였던 실업률이 2000년 1월에는 4퍼센트로 떨어졌다. 이에 대해 소수의 경제학자들은 실업은 과거의 유산이라고까지 호언장담을 하였다.[2] 그러나 그들의 예측은 빗나간 것으로 판명되었다. 2003년 봄 미국의 공식적 실업률은 6퍼센트로 다시 올라섰으며 미국이 직면한 가장 어려운 문제가 되었다.[3] 물론 이는 미국만의 문제는 아니다.

가장 선진화된 세계의 여러 국가들은 주기적으로 높은 실업에 시달리고 있다. 2003년 8월을 기준으로 독일의 실업률은 거의 10퍼센트에 달했으며, 그중 60퍼센트는 일 년 이상 직업이 없었다.[4] 2003년 프랑스와 이탈리아의 실업률은 9퍼센트대를 맴돌았으며, 스페인은 거의 12퍼센트에 달하였다.[5] 전체적으로, 유럽연합(European Union) 국가들의 실업률은 7.9퍼센트이며 유럽 전체로는 8.7퍼센트를 넘었다.[6]

세계 다른 지역의 상황 역시 이보다 좋지는 않다. 2003년 초반 일본의 실업 인구는 368만 명으로 전체 실업률은 5.5퍼센트에 이르렀으며, 이는 실업률을 집계하기 시작한 1950년대 이후 가장 높은 수치이다. 인도네시아의 실업률은 9.1퍼센트, 인도는 8.8퍼센트였다. 카리브 지역과 라틴 아메리카의 평균 실업률은 10퍼센트였다.[7]

실업률 상승의 이면에 놓인 구조적인 문제가 그동안 심화되어 왔을 뿐이라는 것이 이 기간을 통해 명확해졌다. 이러한 문제는『노동의 종말』에서 처음으로 논의되었다. 고용의 미래가 우리 시대의 핵심적인 이슈로 등장한 것이다. 재미있는 사실은, 이 책에서 제시한 분석과 변화의 흐름들이 이 책이 처음 출간되었을 당시보다 현재 더욱 큰 반향을 불러일으키고 있다는 것이다.

나는『노동의 종말』개정판 서문에서 독자들에게 노동의 미래에 대한 가장 최근의 사실을 소개할 수 있는 기회를 갖게 되었다. 여기서 과거 수 년 동안 발생한 격심한 경제적 상황을 통해 배울 수 있는 교훈을 강조하고자 한다. 또한 나는 일자리의 위기에 대응하기 위해『노동의 종말』초판에서 제시한 새로운 아이디어를 확장한 여러 가지 방안에 대해 논의하였다. 이러한 방안들이 우리를 새로운 세상으로 가는 길로 인도하리라는 것이 나의 희망이다. 이 새로운 세상에서는 인간화와 복지 향상을 위한 각 개인의 일과 공헌이 이전에 상상했던 어느 것과도 전혀 다를 것이다.

현재 모든 나라들은 노동의 미래에 대한 격렬한 논쟁에 휩싸여 있다. 높은 실업률과 세금, 부담률이 높은 복지 시스템, 경기 침체를 지속시키는 복잡한 규제 체제가 고착화되어 있는 상황에서, 정부와 산업 및 민간 사회 내의 비평가들은 거센 이념적 논쟁에 빠져 들고 있으며, 이는 고용과 상거래, 무역을 좌우하는 규정을 개혁할 필요가 있는지, 만약 그렇다면 어떻게 개혁할 것인지 등의 논의와 관련이 있다. 미국의 정치가, 경영 및 노동계의 지도층들이 유연적 노동 정책을 창출하고 세금을 낮추며 복지 및 연금 지급에 관련된 규정을 개정하는 문제를 둘러싸고 논의를 진행시키고 있는 가운데, 전 세계적인 실업의 실질적인 원인 규명은 공공 정책 논의에서 배제되고 있다.

새로운 일자리를 만들어내는 핵심 요인이 앞서 제시된 개혁안을 실천하는 것이었다면, 미국은 현재 높은 고용 상태를 유지하고 있어야 한다. 어쨌든 미국은 다른 국가들이 시도하려는 모든 개혁안을 실질적으로 집행하였다. 그러나 다른 나라의 노동자들과 마찬가지로 현재 미국의 노동자들 역시 어려운 상황을 겪고 있다.

실업과 관련된 공식적 수치가 올라가기 시작한 최근까지만 해도 세계는 미국을 영감을 얻을 수 있는 대상이자 모범적 전형으로 여겼다. 그러나 다른 국가들은 미국의 실제 실업률을 인식하지 못하였다. 실업률이 4퍼센트에 머물고 있다고 정부가 발표했던 1990년대 후반의 경제적 호황기에조차도 실업률은 그보다 훨씬 높았다. 집계되지 않은 실업까지 포함한다면 미국의 실제 실업률은 당시의 유럽연합 수준에 가까울 것이라는 시카고 대학의 연구 결과도 제시되었다.[8] 이는 경기 침체 이후 1989년부터 1992년까지의 기간에 비록 소수의 미국인들은 일자리를 구할 수 있었다 해도, 희망을 잃은 나머지 수백만의 노동자들은 구직을 포기하거나 낙오자가 되었기 때문이다. 따라서 이러한 인력은 더 이상 공식적인 실업률 통계에 포함되지 않았다.[9] 또한, 교도소에 수감중인 숫자도 많았는데, 1980년 당시 수감자의 수는 33만 명이었다. 2000년까지 거의 200만에 가까운 사람들이 수감 상태에 있었으며,[10] 현재 미국 성인 남성 노동 인구의 1.8퍼센트가 교도소에 있다.[11] 더 나아가 1995년부터 2000년 사이에 취업에 성공한 노동자들조차 사회 보장의 혜택을 받지 못하는 임시직 또는 파트타임으로 일하는 경우가 많았으며, 대부분이 불완전한 고용 상태에 있었다. 그리고 그중 많은 수가 2003년 말에는 다시 실업자로 돌아갔다.

▌"미국의 기적", 그 부흥과 몰락

일시적인 거품 고용을 수반한 1990년대 말 미국의 경제 기적은 얼마 지나지 않아 상당 부분 환상에 불과한 것으로 판명되었다. 그 기적은 경제적 확산을 지속시키는 뛰어난 미국적 경영기술 때문도, 기업가적 능력이나 생산성 향상 때문도 아니었으며, 오히려 당시 미국인들의 추가적인 소비를 가능하도록 만든 전례 없는 소비자 금융의 확대 때문에 나타난 것이었다. 보다 넓은 의미에서 본다면, 미국의 기적은 신용 금융에 기인한다. 일자리 창출과 소비자 부채 사이의 밀접한 관계를 살펴보지 않고서는 1990년대 후반 미국의 일시적인 실업률 감소를 이해할 수 없다.

소비자 금융은 거의 십 년 동안 성장 일로를 걸어왔다. 소비자 지출의 폭발적 증대에 따라 신용으로 구매되는 모든 제품의 생산과 서비스를 공급하기 위해 사람들에게 일자리가 제공되었다.[12] 이는 1990년대 초 약 8퍼센트이던 미국의 가계 저축률을 2001년에는 2퍼센트대로 떨어뜨렸다.[13]

이와 유사한 상황은 1920년대 중반 및 후반에도 발생하였다. 1920년대는 현재와 같이 폭발적인 기술 변화의 시기였다. 모든 주요 산업의 증기 기관은 전력으로 대체되었으며, 이로 인해 국가의 생산력은 엄청나게 증가했다. 그러나 생산성이 늘었어도 임금은 눈에 띄게 오르지 않았다. 하위 노동자들이 더 값싸고 효율적인 기술에 의해 대체된 반면, 임금은 상대적으로 변동이 없었다. 1920년대 말까지 미국의 산업은 경제 핵심 부문 생산능력의 단지 75퍼센트만 운영되고 있었다. 늘어난 소비를 지탱하고 재고를 소진하기 위해서는 새로운 생산성 확대로 인한 과실이 노동자들에게 충분히, 그리고 광범위하게 분배되었어야 했지만 그러지 못했다. 비효율적인 소비자 수요를 우려한 금융계와 소매업계는 노동자들의 구매를 보다 활성화하고 경제 성장을 유지하기 위해 할부의 형태로 저렴한 대출을 늘렸다. 1929년 후반, 미국의 소비자 부채는 매우 높은 수준에 이르렀으며, 더 이상 유지될 수 없을 정도가 되었다. 증권 시장에서조차도 신용 거래(예를 들어, 주식을 사거나 팔기 위해 중매인의 신용금을 사용할 때 고객이 지불하는 금액)를 통한 기록적인 주식 매입 열광 현상이 발생했다. 결국 사상누각은 무너져버리고 말았다.

현재 이와 동일한 현상이 일어나고 있다. 정보 통신 혁명에 의해 창출된 생산성 향상이 마침내 타격을 받고 있는 것이다. 문제는 전 세계적으로 모든 산업이 생산능력의 저활용과 소비자 수요의 부족이라는 장벽에 직면하고 있다는 것이다. 2003년 10월, 미국의 제조업체들은 자신들의 생산 능력의 73퍼센트 이하 정도만을 사용하고 있다고 밝혔다.[14] 다시 말하자면, 미국에서 소비자 금융은 경제라는 엔진의 가속력을 유지시키기 위한 일종의 일시적인 완충제가 된 것이다.

소비자 금융은 연 9퍼센트라는 경이적인 성장세를 보이고 있으며 개인 파산도 증가하고 있다. 1994년에 78만 명의 미국인들이 파산하였다. 2002년 파산자의 숫자는 157만 6133명으로 치솟아 올랐다.[15] 최근까지만 해도, 몇몇 경제학자들은 제로에 가까운 저축률이 사실상 숫자가 상징하는 것만큼 나쁘지는 않다고 주장하였다. 왜냐하면 수백만 미국인들의 자산 포트폴리오는 전통적인 은행 저축을 대체한 주식 시장에서 기록적인 이익을 거두었기 때문이라는 것이다. 물론, 최근 주식 시장의 약세는 그러한 주장에 대해 침묵을 지키고 있다. 또한 주식 시장에서 발생하는 약 90퍼센트의 이익은 상위 10퍼센트에 속하는 가계로 돌아갔다는 사실에 주목해야 한다. 반면 미국인의 절반 이상은 주식을 소유하고 있지 않았기 때문에 주식 시장으로부터 아무런 이득도 얻지 못했다.[16]

영국은 G8 국가 중 유일하게 경기를 활성화시킬 목적으로 소비자 금융을 늘리는 미국식 방법을 따르는 나라이다. 단기적으로 이러한 정책은 실효를 거두었다. 영국의 실업률은 전 세계적으로 가장 낮은 편이며 경제는 성장 일로에 있다. 그러나 미국과 마찬가지로 영국의 경제 기적은 노련한 비즈니스 전술 및 정부의 효율적 관리와는 관련이 적으며, 오히려 대출과 채무의 증가와 관련이 있다는 데에 문제가 있다. 현재 가계 부채는 1조 4000억 파운드를 기록하고 있다. 영국 국민은 평균적으로 일 년 수입의 120퍼센트~130퍼센트를 지출한다. 이들도 역시 미국인들이 선호하는 신용 카드, 주택 담보 대출, 융자, 당좌 대월 등의 신용 상품을 이용한다.[17] 현재 영국의 소비자들은 구분이 불명확한 개인 부채를 미국인들보다 더 늘려가고 있다.

미국이 시행했던 바와 같이, 만약 영국을 제외한 다른 유럽연합 국가들이 가계 저축률을 1990년대 초반의 14.6퍼센트에서 2001년에 2퍼센트까지 낮추었다면 실업률을 현저하게 떨어뜨릴 수 있었을 것이다.[18] 신용을 통해 돈을 쓰는 수백만의 사람들로 인해 물건을 만들고 서비스를 제공하기 위해 추가적으로 수백만의 유럽인들은 일자리를 얻었을 것임에 틀림없다. 그러나 1920년대 말과 1930년대 초에 발생했던 것과 마찬가지로 신용 연장이 한계에 도달하게 되고, 소비자들이 지불 불능 상황에 놓이며, 경기가 하향 국면으로 빠져 들게 될 경우, 미국의 선례를 따른다는 것은 단기적인 처방에 불과하며, 이는 장기적으로 보다 심각한 경제적 불안정을 만들어낼 것이다.

현재, 주식 시장의 거품이 붕괴하면서 그 여파로 미국인들은 소비 지출을 줄였으며 일시적으로 하락했던 실업률은 또다시 십여 년 전에 경험했던 수준까지 지속적으로 상승하고 있다. 미국 경제는 20년 전보다 더 심각한 고용 슬럼프에 빠져 있다.[19]

항구적 실업의 회복

2003년 9월을 기준으로, 지난 22개월 동안 미국은 고용의 변동이 없는 경기 침체로부터 회복세를 나타내었다. 이른바 고용 없는 경기 회복은 재계와 정계에 불안을 가져다주었다. 국내총생산이 꾸준히 늘어났음에도 불구하고 고용이 이러한 성장세를 반영하지 못한 것은 2차 세계대전 이후 유례가 없는 일이다.[20] 2001년 3월부터 2003년 9월 사이, 거의 3백만개에 육박하는 일자리가 없어졌다.[21] 반세기 동안 미국에서 이처럼 일자리가 사라진 것은 1956~1958년, 1980~1983년 단지 두 번밖에 없는 일이다.[22] 사라진 250만 개의 일자리는 제조업 부문에서 발생한 것이다.[23] 소매업 부문 역시 2001년 3월부터 2003년 5월 사이에 대규모의 감원이 이루어졌다.[24] 서비스업 부문에서는 2002년 10월부터 2003년 3월까지 단 6개월 사이에 121,000개의 일자리가 없어졌다.[25] 2000년 6월부터 2003년 6월에는 미국 노동자의 18퍼센트라는 경이적인 숫자가 감원 통보를 받았다.[26] 워싱턴에 위치한 경제 정책 연구소(The Economic Policy Institute) 소장인 로런스 미셀(Lawrence Mishel)은 다음과 같이 언급하고 있다. "오늘날 경제의 특징을 말하자면…… 2001년 11월에 분명히 경기 침체가 끝났음에도, 2003년 8월~9월 현재, 이 모든 과정이 시작되었을 때보다도 일자리가 훨씬 적다는 것입니다. …… 이러한 현상은 경제 대공황 이후 단 한번도 발생한 일이 없습니다."[27]

지난 수년 동안 미국 정부의 고위층과 경제학자들은 노동자들이 그들의 교육 기술을 한층 높여서 "접속의 시대(Age of Access)"의 새롭고 보다 고도화된 하이테크 업무에 대비할 수 있어야 한다고 주장해 왔다. 역설적이지만, 이와 같은 새로운 실직의 시대에는 높은 수준의 교육을 받고, 보다 더 숙련된 노동자들 역시 위기감을 느끼고 있다. 2002년을 기준으로 6개월 이상의 장기 실업자들 중 44퍼센트 정도는 고등학교 이상의 학력을 보유하고 있다. 대학 졸업자 중 22.7퍼센트, 해고된 경영 및 관리자와 전문직 노동자 중 22퍼센트, 중간 경력을 가진 실업자 중 25.6퍼센트는 6개월 이상 일자리를 찾고 있는 실정이다. 이는 나머지 실업 인구 중 18퍼센트가 6개월 이상 일자리를 찾고 있는 것과 대조된다.[28]

미국의 대학 졸업자에게 최근의 실업 추세는 좋지 않은 전조이다. 기업들은 2002년에 대학 졸업자를 2001년보다 36퍼센트 정도 더 적게 고용할 계획이라고 밝혔다.[29] 지난 1990년대 후반기에 가장 유망한 범주에 포함되었던 MBA학위 소지자의 고용 규모 역시 45퍼센트 정도 줄어들었다. 2002년 대학 졸업자 중 단지 25퍼센트만이 직업을 구하게 될 것이라고 예측되기도 하였다.[30] 그들의 대부분은 부모에게로 돌아갔다.

최근까지 시간당 급여는 최고 경영자를 제외한 모든 직종에서 줄어드는 경향을 나타내고 있었다. 전체 미국 노동자의 약 80퍼센트에 해당하는 일반 노동자의 주당 평균 근로 시간은 34시간이었다. 이는 정부가 기록을 시작한 1964년 이후 가장 낮은 수준이다.[31] 이러한 사실은 대부분의 노동자가 실제로 불완전 고용 상태에 있다는 것을 의미한다. 2003년 중반 480만 명 이상의 미국인들은 풀타임으로 일하기를 원했으나 파트타임 일자리밖에 구할 수 없었다. 이는 불완전 고용 수준이 가장 높았던 십여 년 전에 비해 50퍼센트나 높아졌다는 것을 나타낸다.[32]

대부분의 경제학자들은 당혹해하고 있다. 경제 활성화를 측정하기 위한 기존의 기준들은 모두 훨씬 높아졌다. 세금 삭감, 낮은 이자율, 주택 담보 금융, 국방비 지출의 막대한 증가, 기업 이윤의 증가, 신규 자본 설비 투자의 증가 등으로 인해 GDP가 높아졌다. 그러나 미국 경제가 2003년 2/4분기에 3.3퍼센트, 3/4분기에는 7.2퍼센트나 증가하였으며, 같은 해 2/4분기에 생산성 증가가 6.8퍼센트에 달하였음에도 실업률은 지속적으로 높아져갔다.[33] 1984년 1/4분기 이래 경제가 가장 빠른 성장률을 기록하였음에도 불구하고 2003년 6월부터 9월 사이 3개월 동안 미국에서는 14만 6000개의 일자리가 추가적으로 없어졌다.[33]

실질 임금의 하락 및 일자리의 감소에 따라 미국 경제를 불안정한 상태에 머물게 하고 있는 것은 소비자 부채이다. 2000년 주식 시장내[35] 자산 소유자 중 50퍼센트의 자산 가치가 현저하게 줄어든 반면, 실업에도 불구하고 많은 미국인들이 낮은 이자율과 주택 담보 금융을 이용함으로써 손실을 만회할 수 있었다. 주택 담보 금융과 세금 인하를 통한 정부의 부양책으로 매년 3천억 달러가 추가적으로 경제 활동에 투입된다.[36] 그러나 유입된 자금은 순식간에 소비되어 버린다. 신용카드 부채가 급증하고 파산이 정점에 다다름에 따라 모든 사람들이 다음과 같은 의문을 월스트리트에 던지고 있다. '소비자 지출을 유지하기 위한 자금은 어디로부터 오는가?' 메릴 린치(Merrill Lynch)의 수석 경제 분석가인 데이비드 로젠버그(David Rosenberg)는 "가계 금융과 세금 삭감과 같은 스테로이드제가 점차 없어지게 된다면, 경제의 활력이 떨어질 것이다."라고 우려를 표명한다.[37] 워싱턴의 내부 소식통에 따르면, 중동과 그 밖의 지역에서의 군사비 지출 등으로 인해 정부의 적자가 갑자기 늘어났기 때문에 추가적인 세금 삭감은 없을 것이라고 한다. 현재 2004년 한 해만 해도 정부의 적자가 3천 7백억 달러를 넘어서는 것으로 추정되고 있다.[38]

더욱 비관적인 사실은, 기록적인 부채를 안고 있는 수백만의 미국인들에게는 일시적인 해고조차도 엄청난 재앙을 불러오게 된다는 것이다. 2003년 갤럽이 조사한 바에 따르면, 미국인 열 명 중 네 명은 일자리가 없이는 "심각한 경제적 어려움"이 닥치기 전에 한 달 정도밖에 살 수 없다고 응답하였다.[39]

2003년 여름 중반까지 미국인 중 900만 명 또는 전체의 6.1퍼센트의 인력이 일자리를 찾고 있었다. 그러나 일자리 찾기를 포기해 더 이상 실업자로 인정되지 않는 440만의 노동자까지 고려하면, 실업자의 수는 1340만에 육박한다. 헤드헌팅 회사인 챌린저·그레이·크리스마스 사의 사장인 존 챌린저(John A. Challenger)는 실질 실업률을 9.1퍼센트로 추산하고 있다.[40] 많은 노동자들이 노동 인구에 포함되지 않는 것은 새로운 직업을 찾는 데 5개월 또는 그 이상의 시간이 걸리며, 일자리를 구한다 해도 전에 다니던 직장에서보다 임금과 상여금이 일반적으로 낮기 때문이다. 《뉴욕타임스》의 기자 데이비드 레온하트(David Leonhardt)는 미국이 현재 "2차 세계대전 이래 가장 장기적인 실업"을 경험하고 있다고 밝히고 있다.[41]

▌생산성 난제

2002년 2.8퍼센트의 경제 성장과 1950년 이후 가장 높은 4.7퍼센트의 가파른 노동 생산성 상승에도 불구하고, 작년에는 백만 명 이상의 노동자들이 일시에 노동 시장을 이탈하였다.[42] 그들은 단지 일자리 찾기를 포기하였으며 따라서 그들은 더 이상 실업자로 집계되지 않는다. 어떠한 이유에서 그러한 일자리들이 없어진 것인가? 몇몇 비평가들은 저임금 부문의 실업 증가와 값싼 해외노동력의 유입, 또한 국경에 인접한 남부 지역과 해외로 생산 및 서비스 시설을 이전하는 미국 기업들을 비난한다. 여기에는 여러 해석이 따를 수 있으나, 미국과 전 세계의 실업이 확산되고 있는 심층적인 원인은 생산성의 급격한 상승에 있다.

기술 향상과 생산성의 증가가 전통적인 일자리를 파괴하기는 하지만 동시에 이에 상응하는 새로운 일자리들을 창출한다는 구시대의 논리는 더 이상 받아들여지지 않는다. 생산성은 언제나 고용 창출과 번영의 엔진으로서 여겨져왔다. 또한 경제학자들은 생산성이 기업들이 더 많은 제품을 저렴한 비용으로 생산할 수 있게 한다고 오랫동안 주장해 왔다. 이렇게 생산된 값싼 제품은 수요를 자극한다. 그리고 수요의 증가는 더 많은 생산과 더 높은 생산성을 가져오고, 이는 다시 끊임 없는 순환 속에서 훨씬 큰 수요의 증가를 이끌어낸다. 따라서, 단기적으로는 기술 혁신이 몇몇 사람들의 일자리를 뺏을지라도, 저렴한 제품에 대한 수요에 의해 촉발된 생산 활동의 확대를 충족시키기 위해 추가고용이 이루어지게 된다. 또한 기술 진보가 어느 정도의 대량 해고를 유발한다고 하더라도, 결국은 노동력을 절감하는 새로운 기술에 투자하는 것보다 노동자를 다시 고용하는 것이 더 저렴해지는 시점까지는 적절히 임금을 억제하며 실업이 증가하게 마련이다.

그러나 여기에서는 더 이상 이러한 자본주의 경제 이론의 기본 원리를 적용할 수 없다는 것이 문제로 지적된다. 미국의 생산성은 매우 빨리 높아지고 있으며, 점점 더 많은 노동자가 해고된다. 모건 스탠리(Morgan Stanley)의 선임 경제 분석가인 윌리엄 설리번(William V. Sullivan)은 "노동 시장의 구조적인 변화"가 매우 현저하며, 생산성의 증가와 노동력을 절감할 수 있는 새로운 기술의 도입은 "신규 고용을 저해"할 수 있다고 밝히고 있다.[43] 프루덴셜 증권(Prudential Securities)의 주임 경제 분석가 리처드 립(Richard D. Rippe)은 "우리는 노동자를 더 고용하지 않고도 더 많은 생산을 할 수 있다."라고 말하고 있다.[44]

《뉴욕타임스》의 에드먼드 앤드루(Edmund Andrew)는 급속한 경제 성장에도 불구하고 고용이 지속적으로 감소하는 것은 "근본적으로 기업이 더 적은 인원으로 보다 많은 생산을 할 수 있도록 만든 엄청난 생산성 향상에 기인한다."[45]라고 언급하면서, 미국과 모든 국가들이 직면하고 있는 노동의 위기를 요약한 바 있다.

여기에는 다음과 같은 문제가 놓여 있다. 저렴하고 효율적인 기술, 효과적으로 노동을 조직할 수 있는 방법의 형태로 나타나는 생산성의 극적인 진보가 인간의 노동력을 점차적으로 대체 할 수 있게 되어 노동자들이 일자리를 잃게 될 경우, 생산성 효과로 창출된 모든 잠재적 신제품과 서비스를 구매하기 위한 소비자의 수요는 어디에서 나오게 될 것인가? 이미 언급한 바와 같이, 소비자 신용의 시기에는 주식 시장의 거품과 주택 담보 금융을 통해 불완전 고용 노동자나 실업자들도 지속적으로 구매를 할 수 있었다. 하지만 현재 이러한 신용 거래는 한계점에 도달하였으며, 주식 시장의 거품이 붕괴되고, 주택 담보 금융의 이자율은 높아지고 있다. 우리는 시작부터 지금까지 존재해 왔으며 자본주의 체제의 핵심이라고 할 수 있는 본원적 모순에 직면하고 있으며, 이에 대한 타협점을 발견하기는 점차 어려워지고 있다.

부분적인 의미에서, 시장 자본주의는 한계 이익을 높이기 위해 노동 비용을 포함한 투입 비용을 축소해야 한다는 논리에 바탕을 두고 있다. 이에 따라 임금을 낮추거나 동시에 인간의 노동을 없애기 위해 보다 저렴하고 효율적인 기술을 찾으려는 노력이 항상 존재한다. 현재, 새로운 인텔리전트 테크놀로지는 인간 노동의 육체적, 정신적인 많은 부분을 대체할 수 있게 되었다. 노동력과 시간을 절감하는 새로운 기술들이 생산성을 엄청나게 높였지만, 이로 인해 많은 노동자들이 파트타임이라는 한계 영역으로 몰리게 되거나 해고되었다. 그러나 인력 감축은 소득 및 소비자 수요의 감소, 경제 성장의 저하를 의미한다. 정부와 기업 관리자, 많은 경제학자들은 이러한 새로운 구조적 현실을 인정하지 않으려 한다.

▌노동의 종말

세계 경제는 노동의 본질이 급진적으로 변하는 한가운데에 놓여 있으며, 이는 미래 사회를 위한 의미 있는 결과를 가져온다. 산업화 시기에 대규모의 인간 노동력은 기계와 더불어 기본적인 제품과 서비스를 생산하였다. 접속의 시대에는 컴퓨터 소프트웨어, 로봇, 나노 테크놀로지, 생명 공학 등과 같은 형태의 지능적 기계들이 농업, 제조업 및 서비스 부문에서 사람의 노동력을 점차 대신하고 있다. 농장, 공장 및 다수의 화이트칼라 서비스 산업 부문은 빠른 속도로 자동화되어 가고 있다. 21세기에는 반복적인 단순 업무에서부터 고도로 개념적인 전문 업무에 이르기까지 점점 더 많은 육체적, 정신적 노동이 값싸고 보다 효율적인 기계에 의해 이루어지게 될 것이다. 세계에서 가장 값싼 노동자라고 할지라도 이들을 대체하는 온라인 기술만큼 저렴하지는 않을 것이다. 21세기 중반까지 상거래 부문에서는 현재 고용된 인력의 일부만을 운용하여 제품과 기본적인 서비스를 제공하기 위한 기술적 수단과 가용 능력을 가지게 될 것이다. 아마도 2050년쯤이면 전통적인 산업 부문을 관리하고 운영하는 데 전체 성인 인구의 5퍼센트 정도밖에 필요하지 않게 될 것이다. 모든 나라에서 노동자가 거의 필요치 않는 농장, 공장 및 사무실이 일반화될 것이다.

내가 함께 이야기를 나누어보았던 최고 경영자들 중에서 전통적인 제품과 서비스를 만들어내기 위해 50년 후에도 대규모의 인력이 필요할 것이라고 생각한 사람은 거의 없었다. 실제로, 지적 기술이 미래의 인력이 될 것이라고 모든 이들은 믿고 있다.

물론, 다가올 시기에는 전혀 새로운 종류의 제품과 서비스가 나타날 것이며, 새로운 직업적 능력, 특히 보다 정교화된 지식 분야의 능력이 요구될 것이다. 그러나 이러한 새로운 노동 부문은 엘리트 지향적이고 그 수에 있어서도 제한적이다. 우리는 수천 명의 노동자들이 회사 정문과 서비스센터에서 쏟아져 나오는 20세기의 일상적인 장면을 결코 다시는 보지 못하게 될 것이다.

고도로 전문화된 직업들 역시 기술적 대체 앞에서는 점차 취약해지고 있다. 정교한 진단 기술은 이전까지만 해도 의사, 간호사, 기술자들이 실험실에서 사용했던 진단 방법을 대체하고 있다. CAD(computer aided design)는 많은 제도사와 기술자들을 없애버렸다. 예전에는 회계사들이 했던 전형적인 업무의 대부분은 새로운 소프트웨어 프로그램에 의해 이루어진다. 매우 유능한 전문가들이 아직까지는 필요하지만, 대부분의 영역에서 쉽게 찾을 수 있는 전문가들은 지적 기술이 보다 적합하고, 빠르며, 저렴한 대안으로 판명됨에 따라 도태될 것이다. 미래의 노동력은 점차 소규모 대행업자처럼 될 것이다.

산업화 사회는 노예 노동의 종말을 이끌었다. 접속의 시대는 대량 임금 노동을 끝낼 것이다. 이는 지적 기술의 새로운 시대로 접어들어 감에 따라 세계 경제가 직면하고 있는 기회이자 도전이다. 다음 세대가 고생스러운 장시간 노동으로부터 해방됨에 따라 인류는 두 번째 르네상스 시대로 진입하게 되거나 또는 엄청난 사회적 분열과 변화를 겪게 될 것이다. 여기에서 다음과 같은 의문이 제기된다. 점진적으로 자동화되는 세계 경제 속에서 쓰임이 적거나 아니면 전혀 쓸모가 없는 수백만의 젊은이들을 어떻게 할 것인가?

고용의 미래에 대응하기 위한 몇 가지 선택안이 우리 앞에 놓여 있다. 이러한 각각의 대안은 사람의 상상력을 필요로 한다. 예를 들어 노동의 본질을 다시 한번 생각해 보거나 다가올 미래 사회에서 인간이 어떤 역할과 공헌을 할 수 있을지에 대한 대안을 탐색해야 한다.

▌새로운 수소 시대에서 수백만 개의 일자리 창출

새로운 "스마트(smart)" 테크놀로지는 다가올 반세기에 걸쳐 세계 경제를 대량 노동에서 소규모 전문적 인력으로 옮기고 있다. 그러나 여기에는 제조업과 하이테크 산업에서 많은 신규 일자리(최소한 임시직이라도)가 창출되는 새로운 영역이 존재한다. 19세기에 석탄과 증기 기관, 20세기에는 석유와 내연 기관이 도입된 것처럼, 현재 우리는 삶의 방식을 근본적으로 바꾸게 될 새로운 에너지 체제의 정점에 서 있다.

새로운 에너지 체제가 정착되고 산업 기반이 짜이는 시기에는 항상 고용의 질적 도약이 일어난다. 20세기의 첫 60년 동안 석유의 이용, 내연 기관의 도입, 도로 건설, 공장 및 지역 사회의 전력 공급이 이루어졌던 것과 마찬가지로 남북전쟁이 끝나고 1차 세계대전이 시작된 시기에도 미국과 유럽은 석탄과 증기력을 이용하였으며, 대륙 철도 기간망을 건설하여 수백만의 일자리를 만들어냈다. 이러한 에너지 체제(1차 및 2차 산업 혁명)는 생산성의 엄청난 도약을 가져왔으며 새로운 종류의 제품, 서비스 및 시장을 창출하면서 한층 더 많은 일자리를 만들어내었다.

수소 에너지와 연료 전지 기술은 이제 상용화 단계에 들어서고 있다. 머지않은 장래에 이들의 범용화는 그 어떤 발전보다도 지대한 영향을 세계 경제에 미치게 될 것이다. 세계 경제가 화석 연료에서 수소의 시대로 이행하는 역사적인 변화를 의미하는 에너지 체제의 재편은 최소한 신규 유입 인력을 흡수할 수 있을 만큼 충분한 수백만의 신규 고용을 창출할 것이다. 재생자원 기술의 적용과 수소 인프라의 설치, 국가별 동력망의 재편 및 분산화는 지리적으로 묶여 있기 때문에 고용 창출은 각 국가 내에 한정될 것이다. 노동의 미래에 대한 보다 광범위한 해결책들은 단계적으로 이루어지겠지만, 위와 같은 일자리는 얼마 되지 않아 현실화될 것이다.

새로운 에너지 체제의 시작은 국가와 경제의 성공적인 미래를 알리는 핵심적인 지표가 된다. 넓은 의미에서 19세기 영국이 세계 경제를 장악한 것은 풍부한 석탄 자원을 이용하고 증기 기술을 확립한 첫 번째 나라였기 때문이다. 이와 유사한 예로 20세기 미국의 성공 비결은 대량으로 매장된 자국 내 석유 자원에서 찾을 수 있다. 석유는 자동차를 움직이고 군사 장비를 유지하기 위한 저렴한 에너지의 원천이었으며, 2차 산업 혁명 과정에서 미국이 주도적인 위치를 가질 수 있었다.

2002년 10월, 유럽연합은 화석 연료의 시대에서 재생가능한 수소 경제로 이전한다는 과감한 장기 계획을 발표하였다. 그 당시, 나는 유럽연합의 운영기관인 집행 위원회(European Commission)의 의장 로마노 프로디(Romano Prodi)의 개인 고문으로 일하고 있었다. 그러한 자격으로 나는 프로디 의장에게 최초로 전략적 구상을 제공하였으며, 이에 따라 유럽연합에서 수소 에너지에 관한 의안이 발의되었다. 프로디 의장은 유럽 에너지 체제의 변화는 유럽 통합 과정에서 유로화(Euro)의 도입 다음으로 위대한 발전이 될 것이며, 이는 1980년대와 1990년대의 하이테크 경제 혁명을 가져온 1960년대와 1970년대의 미국 항공 우주 프로그램(American Space Program)에 견줄 만한 것이라고 말했다.[46]

수소는 세계 각국의 수입원유에 대한 의존을 끝내게 하고 이슬람 전사들과 서구 국가들 사이에서 펼쳐지고 있는 위험한 지정학적 게임이 약화시킬 가능성을 가지고 있다. 이는 또한 이산화탄소의 배출을 엄청나게 줄이며 지구 온난화를 완화시킬 것이다. 수소 자원은 풍부하며 지구 어느 곳에나 존재하기 때문에 모든 인류는 "권한을 부여(empower)" 받을 수 있어 역사상 최초로 진정한 민주적인 에너지 체제를 만들 수 있게 될 것이다.

수소에 의해 작동되는 상용 연료 전지는 가정용, 사무실용, 산업용 등으로 시장에 이제 막 등장하고 있다. 주요 자동차 제조사들은 수소로 운행되는 승용차, 버스, 트럭을 개발하는 데에 20억 달러 이상을 지출하였으며, 몇 년 안에 최초의 대량 생산 차량을 선보이게 될 것이다.

수소 경제는 권력을 폭넓게 분산시키며, 광범위하고 유익한 결과를 사회에 가져다줄 것이다. 글로벌 석유 회사와 공공 사업체가 통제하고 있는 현재의 집중화되고 수직적인 에너지 흐름은 시대에 뒤진 것이 된다. 새로운 시대에 인류는 자신의 에너지에 대해 생산자인 동시에 소비자인, 소위 "분배된 세대"가 될 수 있을 것이다. 새로운 수소 연료 전지 시대에는, 자동차조차도 그 자체가 20킬로와트의 발전 능력을 가진 "바퀴 달린 주유소"이다. 일반적인 자동차는 대부분의 시간 동안 주차되어 있기 때문에, 사용하지 않는 시간에는 가정, 사무실 또는 여분의 전력을 제공해 주는 상호 전력 네트워크에 플러그를 꽂아둘 수 있다. 운전자 중에서 25퍼센트 정도만이라도 자기의 자동차를 에너지 판매를 위한 발전소로 사용한다면, 나라 안에 있는 모든 발전소는 없어질 수도 있다.

수백만의 최종 사용자가 연료 전지를 웹에 사용할 수 있도록 고안된 동일 디자인 및 스마트 테크놀로지를 이용하는 소지역, 지방, 국가 수소 에너지망(hydrogen energy webs: HEWs)에 연결할 경우, 그들은 개인 간에 에너지를 공유할 수 있으며, 이는 분산화된 새로운 에너지 사용 형태를 만들어낸다.[47]

실리콘밸리(Silicon valley)는 새로운 에너지 시대를 이끄는 소프트웨어와 통신 혁명의 결정적인 역할을 이해하기 위한 시작에 불과하다. 새로운 에너지 체제가 새로운 통신 체제로 수렴되었을 때 세계의 역사에서 거대한 중추적인 변화가 일어났다. 그러한 수렴 현상이 발생하였을 때, 사회는 완전히 새로운 방법으로 재구축된다. 예를 들어, 석탄에 의한 증기 기술과 출판은 첫 번째 산업 혁명을 낳았다. 석탄 화력에 의한 증기 기관과 구두 형태의 의사소통에 의해서는 경제 활동의 속도, 흐름, 강도 및 상호 연계에 있어서 극적인 성장을 이루지 못했을 것이다. 19세기 말엽과 20세기 초, 전보와 전화는 석유와 내연 기관으로 수렴되었으며, 2차 산업 혁명을 구성하기 위한 지배와 통제의 메커니즘이 되었다.

중요한 통신 혁명은 1990년대에 발생하였다. 개인용 컴퓨터, 인터넷, 월드 와이드 웹, 무선 통신 기술은 전 세계 10억이 넘는 사람들의 중앙 신경 체계를 빛의 속도로 연결하였다. 또한 새로운 소프트웨어와 통신 혁명이 모든 산업 부문의 생산성을 향상시키기 시작하였음에도 불구하고, 실제적인 잠재력은 아직 완전히 발현되지 않았다. 이 잠재력은 수소 에너지 체제로의 수렴에 놓여 있다. 소프트웨어와 통신 혁명은 세계의 모든 파워 네트워크를 재구성하기 위한 지배와 통제의 메커니즘이다. 이에 의해 권력은 월드 와이드 웹에 있는 정보와 마찬가지로 사람들에 의해 생성되며 서로 공유될 수 있다. 분산화된 통신 기술과 수소 에너지 기술은 지구상의 에너지를 체계화함으로써 전환점을 만들어낸다.

분산화된 새로운 수소 에너지 체제의 가장 큰 수혜자는 저개발 국가이다. 현재 지구상에는 10억 이상의 사람들이 하루에 1달러도 안 되는 돈으로 살고 있으며, 인류의 절반인 30억의 사람들은 하루에 2달러도 안 되는 돈으로 살고 있다.[48] 보통 사람이 전기를 가지고 있지 않다는 것은 명확하다. 인류의 3분의 1은 전기를 사용할 수 없으며, 거의 3분의 2는 전화를 사용해 본 적이 전혀 없다.[49]

전기가 없다면 제품과 서비스, 일자리를 만들어낼 수 없다. 최근의 보고에 따르면, 남아프리카에서는 백 가구에 전기가 공급될 때마다, 열 내지 스무 개의 새로운 사업체가 생겨난다고 한다.[50] 전기는 나날의 생존을 위한 고된 일로부터 인간을 자유롭게 만든다. 전기는 농장 설비를 운영하고, 소규모 공장을 가동시키고, 가정, 학교와 점포에 불을 밝히는 동력을 공급한다.

선진국은 대규모 인력에서 엘리트 인력으로 역사적인 변화를 꾀하고 있으나, 제3세계는 단기적으로 앞으로 최소 50년 정도는 사업을 창출하고 고용을 확대하기 위해 전기를 이용할 기회가 아직 남아 있다. 제3세계의 모든 마을과 도시들이 재생 기술, 연료 전지, 소규모 발전 네트워크를 보유하는 것은 신규 고용 기회를 창출하는 데에 필수적이다.

게다가 극빈 국가에서 새로운 에너지 인프라를 구축하기 위해서는 상당한 양의 자본 투자가 있어야 한다. 선진국에서 기술 완성과 규모의 경제를 실현하여 재생 기술, 수소 축전, 연료 전지의 비용이 지속적으로 낮아진다고 할지라도, 제3세계에서 이러한 것들을 적용하기에는 여전히 비쌀 것이다. 개발도상국은 미시적·거시적 신용 차입이 필요할 것이다. 그러나 신용 차입에도 불구하고 최신 기술의 수소 발전 네트워크를 운영하기에는 충분하지 않을 것이다.

한편 여기에는 그러한 일에 결실을 맺을 수 있는 또 다른 투자 자본의 원천이 있다. 남미의 경제학자인 헤르난도 디 소토(Hernando De Soto)는 제3세계 국가에는 많은 양의 잠재적 자산이 이미 존재하고 있지만, 신용의 수단으로 변환되기 위한 적절한 재산권 체제가 존재하지 않기 때문에 사용할 수 없다고 지적한다. 디 소토는 제3세계의 빈곤층이 보유한 부동산만해도 9조 달러가 넘는다고 언급한다. 그의 주장에 따르면 "소유권이 적절하게 문서화되어 있지 않기 때문에, 이러한 자산들이 쉽게 자본으로 바뀔 수 없으며, 사람들이 서로를 잘 알고 신뢰하는 지역 범위를 벗어나서는 거래될 수 없고, 대출을 위한 담보물로 사용될 수도 없고, 투자에 대한 배당으로 사용될 수 없다."[51]는 것이다. 가진 자와 못 가진 자를 분리하는 것은 공식적인 자산법의 일종이며, 이를 통해 자산이 자본으로 바뀌게 되면 투자의 도구로 쓰일 수 있다. 개발도상국은 공식적인 사적 자산 체제를 형성해야 할 것이다. 그렇게 되면 그들의 국민이 소유한 자산의 일정한 부분이 수소 에너지 인프라를 창출할 비용을 충당하는 신용 수단으로 사용될 수 있다. 다시 말해, 파워 네트워크는 비즈니스와 고용을 위한 새로운 가능성을 열게 될 것이다.

▌주당 35시간의 노동 시간과 그 이상

새로운 에너지 체제로의 이동과 이에 따른 전 세계 파워 네트워크의 설치로 인해 많은 신규 고용이 창출될 것이다. 그러나 그것은 일자리를 찾고 있는 청년 인구의 증가 폭을 따라잡기에는 충분하지 않을 것이다. 전통적으로 새로운 기술이 생산성을 높이는 경우, 노동 시간의 단축과 임금 및 부가 급부의 상승이 그 결과로 나타났다. (돌이켜 보면 산업 혁명 당시에는 주당 노동 시간이 70시간이었으며, 생계비 정도의 임금에다 작업 환경은 아주 가혹했다.) 생산성의 증가는 보다 많은 제품과 서비스가 보다 적은 노동으로 생산될 수 있다는 것을 의미한다. 따라서 다음과 같은 의문이 항상 제기되어 왔다. 생산성 향상에 대응하기 위해 주당 노동 시간을 단축할 것인가, 인력을 감축할 것인가? 이를 달리 표현하면, 더 많은 여가 시간을 선택할 것인가? 또는 더 많은 실업을 선택할 것인가? 백 년 이상 넘게 우리 사회는 생산성의 증가에 따라 주당 노동 시간을 단축하고 임금과 부가 급부를 지속적으로 높여왔다.

모든 나라는 생산성의 증가와 노동 시간의 지속적인 단축이 연계된 공식적인 메커니즘을 만들어 낼 필요가 있다. 주당 노동 시간의 단축은 보다 많은 사람들이 고용될 수 있음을 의미한다.

프랑스는 세계 최초로 주당 노동 시간을 35시간으로 하기로 했다. 프랑스에서 『노동의 종말』의 출간은 노동 시간 단축에 대한 논의를 불붙이는 데 도움이 되었다. 당시 프랑스 의회 의장이자 집권 공화당의 일원이었던 필립 사강(Philippe Sguin)에 의해 『노동의 종말』에서 제시된 대안들이 채택되었다. 전(前) 민주 사회당 총리 미셸 로카르(Michel Rocard)는 그 책에 대해 매우 장황하게 언급하였으며, 주당 35시간의 노동 시간에 대한 아이디어를 공개적으로 옹호하였다. 정당을 초월한 지원은 역사적인 입법을 이끌어내는 데 도움이 되었다.

2000년 1월, 스무 명 이상을 고용하는 모든 프랑스 기업은 주당 노동 시간을 35시간으로 낮추었으며, 스무 명 이하를 고용하는 기업은 노동 시간을 예전에 비해 단축하였다. 주당 35노동 시간 법률의 도입에도 불구하고, 노동자들은 주 39시간에 해당하는 임금을 계속 받게 될 것이다. 프랑스 기업들의 경쟁력을 유지하기 위해 정부는 노동자들의 사회 보장 분담금을 낮추는 방법으로 시간당 보수의 증가분에 대해 보조금을 지급한다.[52] 이에 더하여, 정부는 새로운 일자리를 창출하기 위해 모든 신규 고용 저임금 노동자의 사회 보장 부문(퇴직, 건강 보험, 노동자 보상 및 실업 보험)에 보조금을 지급하여 기업에 인센티브를 제공하였다. 연간 보조금은 최소 33억 달러에 달한다.[53] 대부분의 재원은 담뱃세와 주세로부터 마련되었다.

주당 35노동 시간 제도의 도입으로 인해 28만 5천 개의 새로운 일자리가 창출되었으며, 2001년을 기준으로 실업률은 18년 만에 가장 낮은 8.7퍼센트로 떨어졌다.[54] 도입 초기 프랑스의 고용주들은 노동 시간의 감축에 대해 회의적이었으나, 이후 대부분 이를 지지하는 입장으로 바뀌게 되었다. 왜냐하면 새로 제정된 법률에는 노동 시장의 유연성을 대폭적으로 허용하는 규정이 들어 있었기 때문이다. 오랫동안 기업들은 개별적으로 이를 추진하였으나 노조의 반대에 부딪쳐 왔다. 그런데 노동 시간의 단축에 따라 노동자와 노조 측으로부터 유연적 근로 스케줄에 대한 전폭적인 합의를 이끌어 내게 되었다. 예를 들어, 샘소나이트(Samsonite)의 노동자들은 여행용 가방에 대한 수요가 많을 경우 하절기에는 주당 42시간을, 그 대신 수요가 적은 겨울에는 주당 32시간을 근무하는 것에 동의하였다. 프랑스의 거대 소매상 까르푸(Carrefour)는 매장에 고객이 몰리는 피크 타임에 대응하기 위해 근무 일정을 조정하기로 계산원들과 합의하였다.[55]

2002년 프랑스 정부는 최대 초과 근무 시간을 130시간에서 180시간으로 늘리는 추가적인 입법안을 통과시켰다.[56] 이는 생산 할당량과 그 일을 완료하는 데에 필요한 노동 시간을 일치시키기 위한 유연적 근무에 관한 고용주들의 요구를 한층 더 충족시키기 위한 것이다.

전반적으로, 프랑스의 노동자들은 노동 시간 단축에 대해 매우 긍정적인 반응을 나타내고 있다. 80퍼센트의 노동자들은 노동 시간 단축으로 인해 자신들의 삶이 향상되었음을 느낀다고 응답하였다.[57] 몇몇 노동자들은 노동 시간 단축에 따라 보다 짧은 시간에 많은 일을 하게 됨으로써 추가적인 스트레스가 생겨났다고 불평을 하기도 한다. 그러나 대부분의 노동자들은 더 편해졌다고 느끼고 있으며 노동 시간 동안 더 생산적으로 일할 수 있다고 밝히고 있다.

현재 프랑스의 많은 노동자들은 목요일에 주말을 시작하고 화요일에 일터로 돌아온다. 또 어린이들이 학교 수업이 없을 경우, 직장을 가진 주부는 수요일에 일을 마친다. 휴일이 늘어남에 따라 소비 역시 증가하였다. 카페, 영화관, 소매점들은 활황을 보이고 있다.[58]

미국의 경제학자들과 경영계의 리더들은 프랑스의 주당 35노동 시간을 역행적인 현상이라고 조롱하였으며, 프랑스 경제를 어렵게 만들 것이라고 예측하였다. 그러나 실제로는 노동 시간 단축이 프랑스의 경쟁력을 강화하였다. 현재 프랑스의 생산성은 세계 주요 선진국 중에서도 가장 높은 수준이다. 2002년을 기준으로, 프랑스의 노동자는 시간당 41.85달러를 산출하였다. 이는 미국 노동자보다 시간당 3.02달러나 많이 생산하는 것이며, 7퍼센트 높은 생산성을 의미한다.[59] 프랑스의 관리자들은 이러한 성공의 이유 중 일부분은 주당 35시간의 노동 시간에 있다고 밝힌다. 2001년 고용주들을 대상으로 조사한 바에 따르면, 응답자의 60퍼센트는 새로운 법안에 따라 유연적 작업 체계를 도입하고 사기를 높임으로써 노동자와 의견 교환을 하며 생산성 향상에 도움이 되었다고 답하였다.[60]

주 39시간에서 40시간 정도에 해당하는 임금을 유지하면서 주 35시간으로 노동 시간을 단축하기 위해서는 프랑스 정부가 제공했던 것과 같은 종류의 정부 지원이 필요하다. 나날이 경쟁이 치열해지는 세계 시장에서 노동비용이 치솟게 되면 기업들은 경쟁력을 유지할 수 없다. 따라서 정부는 노동 시간의 단축으로 인해 발생하는 비용을 임금이나 그 밖의 세금에서 공제함으로써 기업을 직접적으로 지원할 필요가 있다. 표면적으로 볼 때, 처음에는 정부의 세입이 줄어들게 되지만 결국은 이를 되돌려 받게 된다. 예전에 비해 보다 많은 사람이 일을 한다는 것은 이전과 비교하여 더 적은 사람이 복지에 의존하며, 보다 많은 임금과 소비, 개인 저축의 증대, 투자, 그리고 보다 많은 사람들이 개인 소득세와 판매세를 지불한다는 것을 의미하며, 이 모든 것들은 정부의 세입원을 늘리게 된다.

유럽의 국가들은 프랑스의 본보기를 따르고 있다. 벨기에는 2003년 1월 주당 38노동 시간제를 실행하였다. 유럽의 노조들 역시 주당 38노동 시간제 실시에 우선 순위를 부여하였다. 유럽 노조 연맹(European Trade Union Confederation), 유럽 금속 노동자 연맹(European Metal Workers Federation), 유럽 공공 서비스 노조 연맹(European Federation of Public Service Unions)은 전 유럽에 주당 35노동 시간제를 적용하기로 결정하였다.[61]

노조의 노력으로 이미 일부 산업 부문에서 노동 시간 단축이라는 단체 교섭 결과를 낳았다. 이러한 결과는 정부의 주도로 나온 것이 아니며, 현재 유럽연합 국가들의 평균 주당 노동 시간은 38.2시간이다. 독일, 영국, 네덜란드, 덴마크, 노르웨이 등의 평균 주당 노동 시간은 거의 37시간이다.[62]

세계 각국의 정부는 2010년까지 주당 노동 시간을 35시간으로 낮추며, 2020년까지는 노동 시간을 주당 30시간 또는 하루 6시간까지 줄이는 것을 목표로 하고 있다. (주당 노동 시간의 하락은 생산성의 증가와 상응하여 연동될 필요가 있다.) 이와 더불어 노동 시간의 단축은 기업의 인적 자원에 대한 요구와 노동자의 라이프 스타일이 조화를 이루도록 유연적이어야 한다.

고용주들이 그들의 방식을 따른다면, 필요할 때만 사람을 고용하는 "적시적(just in time)"인 인력을 선호할 것이다. 이것이 이른바 말하는 "유연적 노동" 정책의 궁극적인 목표이다. 순수한 시장의 관점에서 본다면, 인적 자원을 오직 필요할 때만 고용하는 것이 사리에 맞는 일이다. 그러나 넓은 의미의 사회적 관점에서 본다면 이러한 정책은 사회적 혼란을 야기하게 된다. 노동자는 단순한 생산요소 중 하나가 아니다. 그들은 부양해야 할 가족이 있고 미래의 계획을 가지고 있다. 경영자들은 모든 노동자가 스스로 고용주가 되고 경영자의 마인드를 가질 것을 부르짖을지도 모른다. 그러나 실제로 노동자들이 계속 일을 하게 될 것인지 또는 임금을 지속적으로 받게 될 것인지에 대해 확신을 가질 수 없다면 경제는 붕괴될지도 모른다.

유연적인 노동 시간 정책은 노동자의 안전과 욕구를 고려할 필요성이 있다. 벨기에는 유연적 노동 정책을 구현하는 방법을 선도하였다. 벨기에 정부는 "시간 계정(time credits)"이라는 새로운 법안을 도입하였으며, 이 법안은 2002년 1월에 발효되었다. 이 법은 일과 가정 생활 사이의 유연성을 보다 더 높이며, "경력 휴가(career breaks)"라고 불리는 예전의 법을 개선하기 위해 입안되었다.[63]

이 새로운 "시간 계정" 법에 따라, 노동자들은 전체 직장생활 중에서 최대 1년 동안 휴가를 얻거나 일을 하지 않을 수 있다. 또는 고용 계약 관계에 상관없이 사회 보장 혜택의 손실을 보지 않으면서도 일을 반으로 줄일 수 있다. 통상적인 경력 휴가를 받기 위해서 노동자는 3개월 전에 고용주에게 통보를 하여야 하며, 경력 휴가 신청에 대한 근거를 제시할 필요는 없다. 시간 계정은 회사와의 합의에 의해 5년까지 연장될 수 있다. 재직 연한이 5년 이하인 노동자들은 매달 379유로의 정부 수당을 받는다. 이 수당은 장기 재직한 노동자에게는 505유로까지 올라간다.[64] 또한 노동자들은 가족을 돌보고, 친척의 병을 간호하며, 또는 아이를 돌보기 위해 "테마 휴가(thematic leaves)"를 요구할 수 있다. 각각의 경력 휴가는 상이한 수당이나 휴가의 형태로 이루어진다. 또한 노동자는 전체 직장생활 경력 중에서 최대 5년 동안 5분의 1 감축 시간제를 택할 수 있다. 각 노동자는 일하는 시간을 20퍼센트 줄일 수 있으며, 이 경우 일반적으로 일주일에 4일 동안만 일하게 된다. 50세 이상 고령 노동자들은 기간에 제한 없이 5분의 1에서 절반까지 노동 시간을 줄일 수 있다.[65]

미국의 고용주들은 경력 휴가나 시간 계정에 대해 회의적인 생각을 가지고 있음에도 불구하고, 벨기에 기업들이 어떻게 이러한 유연적 노동 정책으로도 경쟁력을 유지할 수 있었는지에 대해 의문을 제기한다. 프랑스와 마찬가지로, 벨기에의 노동자들은 시간당 산출 측면에서 미국의 노동자들보다 높은 생산성을 나타낸다.[66]

인간 노동력에 대한 요구가 점점 감소되는 것으로 특징지어지는 시대에, 고용주와 노동자들의 욕구를 동시에 충족시키는 유연적 노동 정책을 창출하는 것은 튼튼하고 장기적인 경제를 유지하기 위해 필수 불가결할 것이다.

▌제3의 부문에서 직업과 사회적 자산의 창출

마지막으로, 새로운 에너지 체제로의 변화, 주당 노동 시간의 단축,

보다 유연적 고용 정책의 적용에 따른 신규 고용 기회의 증대에도 불구하고, 노동 시장으로 유입되고 있는 모든 새로운 인력들을 흡수하기에는 일자리가 충분하지 않을 것으로 보인다. 일자리에 대해 정부는 어떠한가? 정부가 공공 지출을 현저하게 늘이지 않을 것임은 거의 확실하며, 고용주로서의 역사적인 역할을 지속적으로 줄일 것이다. 물론, 비공식적 시장과 지하 시장 및 조직화된 범죄와 같은 제4의 영역 역시 고용 가능성이 있는 부문이다. 현재 많은 나라에서 이 부문은 가장 급성장하고 있는 고용 영역이다. 일반적으로 비공식 경제는 최저 한도의 생계만을 제공할 따름이다. 반면, 범죄 경제는 고용에 있어서 좋은 원천이 되기도 하지만, 이의 성장과 발전이 허용된다면 모든 나라의 사회적 관계를 잠식할 수 있으며, 세계를 점차 위험하고 불안정하게 만든다.

한편 사람들의 기능과 능력, 전문성이 활성화될 수 있는 또 다른 영역, 즉 제3의 부문 또는 시민 사회라고 일컬어지는 영역이 존재한다. 이 영역은 사회·문화적 생활을 구성하는 모든 공식적, 비공식적인 비영리적 활동을 포함한다. 이 영역에서 사람들은 공동체적 유대와 사회적 질서를 창출한다.

사회 공동체의 활동은 사회 서비스에서부터 건강, 교육, 연구, 예술, 스포츠, 여가 활동, 종교, 사회 참여 활동에 이르는 영역을 포괄한다. 『노동의 종말』 초판에서, 나는 제3의 부문에서 수백만 개의 새로운 일자리가 생겨날 가능성에 대해 언급하였다. 9년이 지난 지금, 비영리 부문에서의 고용은 급격히 늘어났다. 22개국을 대상으로 하고 있는 존 홉킨스 비교 비영리 부문 프로젝트(John Hopkins Comparative Nonprofit Sector Project) 연구에 따르면, 비영리 부문은 1900만 명의 풀타임 노동자를 고용하는 1조 1000억 달러짜리의 산업이라는 것이다. 연구 대상이 된 나라에서 비영리 부문의 지출은 국내총생산의 평균 4.6퍼센트였으며, 비영리 부문의 고용인은 농업 부문을 제외하고 5퍼센트, 모든 서비스 부문 고용의 10퍼센트, 공공 부문의 27퍼센트를 구성하였다.[67]

현재 몇몇 유럽연합 국가들에서는 비영리 부문의 고용 수준이 높아지고 있으며, 이는 미국의 수치를 넘어서는 수준이다. 네덜란드는 임금이 지불되는 고용 중 12.6퍼센트가 비영리 부문에 포함되어 있다. 아일랜드는 모든 노동자 중 11.5퍼센트가 비영리 부문에 속하며, 벨기에의 노동자 중 10.5퍼센트 역시 이 부문에 포함된다. 영국은 6.2퍼센트의 인력이 비영리 부문에 속해 있으며, 프랑스와 독일은 4.9퍼센트로 집계된다. 현재 이탈리아에는 22만 개 이상의 비영리 조직이 있으며, 이 부문에 고용된 풀타임 인력은 63만 명이 넘는다.[68]

1990년대에 유럽 비영리 부문의 고용 증가세는 세계의 다른 어떤 지역에서보다도 강하게 나타났으며, 프랑스, 독일, 네덜란드와 영국에서의 증가폭은 평균 24퍼센트에 달했다.[69] 이들 국가에서 비영리 부문의 고용 확대는 전체 고용 성장의 40퍼센트 또는 380만 개의 일자리로 추산된다.[70]

세입 자료의 이용이 가능한 유럽 10개국의 1990년~1995년 서비스와 제품의 수수료 중 3분의 1에서 절반에 달하는 금액이 비영리 부문으로부터의 수입으로 구성되었다는 사실은 흥미로운 일이다. 세계적으로 보았을 때, 이러한 자료를 이용할 수 있는 22개 국가들의 비영리 부문 수익 중 49퍼센트는 서비스와 제품의 수수료로 구성된다. 미국에서는 모든 비영리 부문의 수입 중 57퍼센트가 서비스와 제품의 수수료로부터 나온다.[71] 그러나 많은 나라에서 자선 부문 및 공공 부문을 통한 기금 출자 비율이 낮아졌으며, 이에 따라 비영리 부문은 자신을 유지하기 위해 정부나 민간 자선금에 전적으로 의존한다는 오랜 신화는 사라지고 있다.

사회 공동체 서비스는 시장에서의 노동과는 매우 다르다. 어떤 특정인이 대가 없이 공헌하는 것은 다른 사람을 돕고자 하는 의도에서 나온다. 경제적인 결과도 종종 그러한 활동으로부터 나오기는 하지만, 사회적 교환 관계에 있어서는 부수적이다. 여기에서의 목표는 부의 축적이 아니라, 오히려 사회적 응집이다.

"공공의 선은 각자가 자신의 이익을 추구할 때 발전된다."라는 애덤 스미스의 사상에 기초를 둔 시장 자본주의와는 달리, 시민 사회는 그와는 정확히 대치되는 전제로 출발하였다. 이 전제는 각자가 스스로 다른 사람에게 무엇인가를 제공하고 또한 보다 넓은 사회 공동체의 선을 최적화 함으로써 자신의 복지를 개선하게 된다는 것이다.

비인간적인 시장력으로 정의되는 세계화된 경제에서, 시민 사회는 중요한 사회적 피난처가 되었다. 이곳에서 사람들은 친교, 신뢰, 공유된 목표와 집합적 정체성을 만들어 낸다. 제3의 부문은 점차 엄격한 상업적인 관계로 정의되고 있는 세계에 대한 대응책이다.

모든 나라는 제3의 부문으로 젊은 세대의 적극적인 참여를 유도하기 위해 그들을 교육시키고 훈련시킬 수 있는 새로운 기회를 탐색할 필요가 있을 것이다. 사회 공동체에서 수백만의 사람들을 사회적 자산 창출에 참여시키기 위해서는 정부의 재정 지출이 필요하다. 이미 언급한 바와 같이, 이미 제3의 부문 이익의 3분의 1에서 절반가량이 서비스 수수료로부터 나오지만, 나머지 재원의 대부분은 정부의 지출을 통해 구성되어야만 할 것이다. 현재 민간 자선금은 전 세계 비영리 조직 수익의 약 11.7퍼센트를 차지한다.[72]

제3의 부문에서 고용의 기회를 활성화시키기 위해 "세금 전가(tax shifting)" 정책을 적용하는 방법을 심도 있게 고려해야 한다. 그러한 정책은 지속 가능한 경제 개발을 위한 접근법으로 10여 년 전부터 유럽에서 효과적으로 적용되어 왔다. 이는 환경 파괴적 관행 및 그 활동에 세금을 부과하며 기업 이윤, 노동, 개인 소득에 부과되는 세금을 특별히 줄여 그 이익을 배당한다는 아이디어다. 유럽연합에서 세액의 50퍼센트는 노동에 부과되는 반면 천연 자원에 부과되는 세금은 10퍼센트 미만이다.[73] 이렇듯 사람의 노동은 불리한 법 적용을 받으며, 공해 유발 활동에는 자유권이 주어져 있다. 더 나아가 대량의 공해를 유발시키는 요인들 중의 하나인 많은 산업체들은 그들의 부정적인 활동에 대해 많은 보조금을 받고 있다. 정부는 노동에 부과되어 있는 세금을 환경 자원에 부과하고 보조금을 없앰으로써 불공정을 없애고, 경제 활동에 있어서 보다 균형 잡히고, 환경적으로 민감한 접근법을 창출하며, 고용이 활성화되기를 기대하고 있다.

가솔린, 가정용 난방유, 전기, 자동차 사용에 또한 세금 인상은 노동자와 가난한 계층에게는 에너지 비용과 수송 비용의 상승이라는 형태로서 불평등하게 부과된다. 세금 전가 방법을 적용하였던 정부는 저소득층의 개인 소득에 대하여 대폭적으로 세금을 삭감하였을 뿐만 아니라 주택 수당, 연금 인상, 학비 보조, 육아 수당, 총보수에 대한 세금 공제와 같은 파생적 부가 급부를 늘이는 방법으로 이를 조정하였다. 이러한 보상적 부가 급부는 "여러 가계 단위가 에너지를 절약하는 데에 동기를 부여하는 방법으로 설계되어야 한다."고 세금 전가 입안자들은 밝히고 있다. 네덜란드에서는 "세금 전가" 이익의 일부를 가정 에너지 효율성의 향상을 위해 사용한다.[74]

환경적 예산 개혁(Environmental Fiscal Reform: EFR)은 스웨덴, 덴마크, 네덜란드, 영국, 핀란드, 노르웨이, 이탈리아, 독일 등과 같은 많은 나라에서 채택되어 왔다. 스웨덴에서는 전체 세수의 6퍼센트에 달하는 디젤 연료, 난방유, 전기에 부과된 세금 인상분이 개인 소득세 삭감과 평생 교육의 재원으로 사용되었다. 공해세 도입으로 인해 1990년부터 2000년 사이의 10년 동안 이산화탄소의 배출이 4퍼센트 감소되었다.[75] 덴마크에서는 가솔린, 전기, 물, 쓰레기, 자동차, 이산화탄소, 이산화황에 부과되는 세금 인상분이 전체 세수의 6퍼센트 이상에 달하며, 이는 개인 소득세와 사회복지 분담금으로 돌려졌다. 같은 기간 동안 산업 생산은 27퍼센트 성장한 반면, 이산화탄소 배출은 7퍼센트, 이산화황의 배출은 24퍼센트 떨어졌다. 네덜란드에서도 이산화탄소에 대한 세금이 법인세를 낮추는 데에 사용되었다. "세금 전가"에 가장 적극적인 독일은 가솔린, 난방유, 전기에 부과되는 세금을 높였으며, 이 세수는 소득세를 낮추는 데 사용되었다. 또한 고용주와 노동자의 사회 보장 분담금을 동등하게 낮춤으로써, "세금 전가" 방법은 경영자와 노동자 모두의 지지를 받았다. 고용주 측면에서는 세금이 삭감됨에 따라 노동 비용이 낮아졌으며, 이에 따라 노동자들에게 더 많은 임금이 지불되었다. 이에 따라 노동자들은 인상된 에너지 요금을 지불할 수 있으며, 더 나아가 소비 지출을 위한 부가적인 소득원이 되었다. 가솔린에 대한 세금은 2000년의 자동차 연료 사용량을 1999년 대비 5퍼센트나 줄였으며, 카풀을 25퍼센트나 높이는 결과를 가져왔다.[76]

유럽에서 환경세의 대부분은 고용 성장을 촉진하기 위한 소득세 삭감으로 돌려졌다. 유럽연합의 운영기관인 집행 위원회(European Commission)는 모든 소속 국가들에 탄소 배출과 에너지 사용에 대해 세금을 부과할 것을 권고하였으며, 이는 유럽 대륙 전체에 걸쳐 소득세 삭감으로 쓰일 수 있었다. 정부 측 경제학자들은 이러한 종류의 세금 전가를 통해 150만 개의 새로운 일자리를 만들어 낼 수 있을 것이라고 추정한다. 환경적 예산 개혁이 고용에 미치는 효과에 대한 세계 은행(World Bank)의 연구사례 중 73퍼센트에서 일자리 창출의 긍정적인 효과가 발견되었다.[77]

현재 환경세는 전 세계 세수의 3퍼센트에 불과하지만, 그 잠재성은 매우 크다.[78] 이러한 주제에 대한 월드워치(World Watch)의 보고에 의하면, 매년 전 세계 정부에서 창출되는 7조 5000억 달러의 세수 중 90퍼센트는 노동과 임금, 개인 소득, 기업 이윤, 자본 수익, 소매, 무역, 자산 등과 같은 투자에 대한 세금으로부터 생긴다. 반면 환경 파괴에 대한 세금은 5퍼센트 미만이다. 매년 화석 연료에 대한 세금만도 1조 달러 이상 올릴 수 있다. 즉 전체 세금 부과에는 변화 없이, 임금과 이윤에 부과되어 있는 세금을 15퍼센트까지 삭감하여, 신규 고용을 유도할 수 있는 것이다.[79]

공해 산업에서 환경적으로 유해한 보조금 지급을 중단함으로써 전 세계적으로 일 년에 최고 5천억 달러가 추가적으로 절약될 수 있다. 이는 근로세, 소득 및 기업 이윤에 부과된 세금을 대폭적으로 낮추는 데에 사용될 수 있으며, 투자와 고용 창출을 활성화시키게 된다. 미국과 유럽에서 이루어진 조사에 따르면, 국민의 70퍼센트가 이러한 "세금 전가" 제도에 찬성한다고 나타났다.[80]

기업들은 공해 관련 세금을 높이는 것을 반기고 있지 않지만, 이로 인해 자원의 비효율성이 점차 제거되고 세계 시장에서 보다 경쟁력을 가지게 된다는 것을 조사 결과는 보여주고 있다. 또한 "가장 높은 수준의 환경 세금을 가진 나라들은 국제적으로 가장 경쟁력 있는 산업을 보유하고 있는 것"으로 나타났다.[81]

경제학자들은 "세금 전가"를 가리켜 "이중 배당(double dividend)"이라고 부른다.[82] 세금 전가는 고용주들을 보다 효율적이고 경쟁력 있게 변모시켜 핵심적인 자원을 보존하고 환경을 보호하는 데에 도움을 준다. 이와 동시에, 창출된 이윤은 근로세, 소득세, 법인세를 낮추는 데에 도움이 되며, 이에 따라 더 많은 돈이 경제에 투자되어 부가적으로 고용이 활성화된다.

에너지 집약적인 산업에 종사하는 기업들이 한층 더 에너지를 효율적으로 사용하고 경쟁력을 갖추게 되는 변화의 기간 동안 어려움이 없도록 세금이 할인된다. 그러나 이는 기업들이 도움을 필요로 하고 에너지 사용과 공해를 줄이기 위해 필요한 변화에 몰두하고 있다는 것을 보여줄 수 있을 경우에만 해당된다. 다시 말해, 환경적 예산 개혁을 실행하는 모든 나라에서 세금을 매년 조금씩 높이는 단계적 접근이 강조되어야 한다. 왜냐하면 기업들이 비효율적인 에너지 사용과 비경제적인 자원 사용을 억제하고 공해를 유발하는 관행을 바꿀 수 있는 시간을 가질 수 있어야 하기 때문이다.

지속적인 발전과 고용을 촉진하는 "세금 전가" 정책은 머지않아 세계의 모든 나라에서 점차 대중화될 것이다. 또한 사회적으로 유해한 행위를 억제시키기 위해 고안된 그 밖의 다른 세금 전가에 대한 아이디어들도 정부에 의해 적극적으로 고려되고 있다. "죄악세(sin tax)"라고 불리는 담배, 알코올 및 도박에 부과되는 세금은 이미 일반화되었고 계속적으로 증가하고 있는 정부의 세원이다. 최근 영국 의약 협회

(British Medical Association: BMA)는 고지방 식품에 17.5퍼센트의 부가가치세를 부과하는 방안을 내놓았다. 정부에 수백만 파운드의 세수를 가져다줄 이 세금에 대한 논의가 심각하게 진행되고 있다. 왜냐하면 점차적으로 높아가는 비만에 대한 영국인들의 관심과 의료비의 증가가 서로 맞물려 있기 때문이다. 영국 남성의 20퍼센트, 여성의 25퍼센트가 비만이며, 몇 년 후 이 수치는 급격히 올라갈 것으로 예측되고 있다. 현재 전 세계의 관심사가 된 비만의 증가는 당뇨, 심장병, 고혈압과 암 관련 질병의 주요 원인이다. 영국의 의사들은 대부분 비만도를 늦추는 하나의 방법으로 "포화 지방에 대한 세금 부과를 적극적으로 지지한다."라고 밝히고 있다.[83]

유해한 환경 및 유해한 사회적 행위와 맞물려 있는 세금 전가는 전 세계적으로 민간 사회의 고용과 사회 자본 개발을 촉진하게 될 제3부문 조직의 재정을 돕는 데 충당될 수도 있을 것이다. 환경의 정화, 지속적인 상거래 방안의 고안, 에너지와 자원 효율적이며 경쟁력 있는 기업의 창출, 개인의 건강과 삶의 질을 저해하는 사회적 행위의 억제, 제3부문 재건의 활성화, 사회 공동체에게 사회적 선을 제공하는 수백만 개의 일자리 창출 등은 환경과 경제 그리고 민간 사회에게 윈-윈-윈(win-win-win)이다.

도래하는 세기에 사람의 역할은 점차 상업적인 영역에서 시민 사회로 옮겨가게 될 것이다. "세금 전가"는 이러한 변화를 현실화하는 데에 도움을 주는 매우 중요한 도구이다.

▎유사 통화(Parallel Currency)

존스 홉킨스대학의 시민 사회 연구 센터(Johns Hopkins University Center for Civil Society Studies)에 의한 다가올 22세기 제3부문의 활동에 대한 조사에 따르면, 평균적으로 이 세기의 전체 인구 중 28퍼센트가 비영

리 민간 사회 조직에 그들의 시간을 투자한다고 한다.[84]

사실상 제3부문은 유사 경제(parallel economy)이다. 이 부문의 역할은 시장 자본이 아닌 사회적 자본을 창출하는 것이다. 시민 사회를 지지하는 사람들은 사회적 경제가 없다면, 시장 경제는 존재할 수 없을 것이라고 주장한다. 사회 경제라는 영역은 사람들이 서로를 보살피기 위해 공식적·비공식적 결속, 관계, 제도를 만들어내는 "핵심" 영역이다. 이곳에서 사람들은 상호 간의 상거래를 트고 참여할 수 있게 하는 사회적 신뢰를 만들어 간다. 어느 사회에서든지 사회적 자본은 항상 시장 자본보다 먼저 나타나는 법이다.

인구가 증가하고 사회적 관계가 밀접해짐과 동시에 분산됨에 따라, 사회적 자본의 탄생을 자극하는 친밀한 개인 관계를 유지하기가 점차 어려워졌다는 것이 문제가 된다. 보다 소규모이고 긴밀한 사회 공동체에서 동족과 이웃간의 상호 관계는 전통적으로 깊은 편이었다. 각 개인이 서로를 돕고 공동체적 관계와 제도를 형성하기 위해 자신의 전문성, 기능, 지식으로 기여하는 일은 일종의 관례였다. 인간의 사회 공동체가 거대한 도시로 몰려들고, 또 도시 주변으로 불규칙하게 퍼져나감에 따라 서로간의 친밀함은 익명성과 공유된 의무감으로 바뀌었으며 상호 부조는 침해되었다.

사회 경제는 쇠퇴해 온 반면 시장 경제는 성장해 왔다. 이는 상업 부문 내에서 이루어지는 사람들간의 교환 메커니즘이 적대적인 행위에 기초하고 있기 때문이다. 비인격적 매체인 화폐는 사람들이 매우 친밀한 유대 관계를 맺지 않더라도 시간과 노동을 교환함에 있어 공간과 시간을 뛰어넘을 수 있도록 해준다.

시민 사회에서 결여되어 있는 것은 대체가능성이다. 이는 사람들이 그들의 시간과 기술 그리고 전문성을 사회 공동체 내의 사회적 자본을 형성하는 비영리적 활동 내에서 교환할 수 있도록 해준다. 사회적 통화는 이에 대한 해결책을 제공한다. 시민 사회에서 유사 통화를 만들기 위해 현재 이용 가능한 기술은 직불카드, 신용카드, 인터넷 서비스,

월드 와이드 웹, 모바일 기술 등이다. 이러한 기술은 모든 사회 공동체에 고립되어 있는 인적 자산을 교환할 수 있도록 만들어 준다.

사람들이 자신의 개인적인 자원을 서로 공유하기 위해 완전히 새로운 방법을 만들어내는 데 있어서의 핵심은 사회적 통화의 창출이다. 사회적 통화는 불완전한 고용 상태이거나 직장이 없거나 생존을 위한 충분한 수단이 없는 수백만의 사람들의 공허함을 점진적으로 채워줄 것이며, 종국적으로는 시장 경제의 외부에서 삶의 질을 제공하기 위한 강력한 병렬적 수단이 될 수 있을 것이다.

하나의 형태 또는 기타의 다른 형태로도 존재하는 사회적 통화의 기원은 20세기 초로 거슬러 올라간다. 그리고 콜럼비아대학교의 데이비드 씨 클라크 법과 대학(the David C. Clarke School of Law of the University of the District of Columbia) 교수인 에드가 칸(Edgar Cahn)은 사회적 통화라는 개념을 최근 다시 부각시켰다. 그는 런던 경제학대학에서 "시간은행(time bank)"이라는 아이디어를 개발했으며, 1980년대 후반 최초의 은행을 설립, 운영하였다.[85]

시간은행은 내가 누군가에게 도움을 주면 그 누군가도 (반드시 동일 인물일 필요는 없다.) 어딘가에서 나를 전폭적으로 도와줄 것이라는 단순한 아이디어로 탄생했다. 이는 혈액은행에 혈액을 보관하는 원리와 그 개념이 유사하다.

현재 미국에서 수천 명의 사람들이 참여하여 운영 중인 250개의 "타임 달러(time dollar)"은행 조직이 있으며, 이와 유사한 프로젝트가 영국, 일본 그리고 "페어 쉐어(fair shres)", "서비스 크레딧(service credit)"과 같이 다양한 이름으로 여러 국가에 존재하고 있다. 이 제도의 운영 방식은 이러하다.

먼저 특정인이 자진하여 시간을 한 시간 제공하게 되면, 한 시간 달러(one time dollar)의 보상을 받는다. 사람의 시간이 전문성에 따라 순차적인 척도에 의해 보상되는 시장 경제와는 달리 사회적 통화는 동등하게 평가된다. 모든 사람은 의사에서 택시 운전사에 이르기까지 자신의 전문성에 관계 없이, 한 시간 참여에 한 시간의 타임 달러를 얻는다. 이는 각 개인의 공헌도가 사회 공동체의 사회적 자산을 창출하는 데에 있어서는 동등하게 평가된다는 아이디어를 반영하고 있다.

이렇게 모아진 타임 달러는 시간은행을 통해 식품, 의류, 컴퓨터, 법률 서비스, 건강 관리 서비스, 주택, 운송 서비스, 심지어는 학교 프로그램에 등록하는 것 같은 상품과 서비스를 다른 사람으로부터 얻는 데에 사용될 수 있다. 소수의 비평가들은 어떤 사람의 시간이 비영리적 민간 사회 활동에 제공되는 것으로 인해 대가를 받는다는 이러한 아이디어에 대해 부정적인 의견을 밝히고 있다. 그러나 이 제도를 지지하는 이들은, 동등한 사람들 사이에서 상호적 의무를 만들어 내는 아이디어는 타인의 필요가 있을 때에야 자발적으로 행해지는 서비스보다 진일보한 참여 형태라고 지적한다. 후자는 동정을 받고 있다는 느낌과 같은 불평등한 의존 관계를 만들어 내기도 한다. 왜냐하면 도움이 필요로 하는 사람이 보답할 길이 마땅치 않기 때문이다. 이런 의미에서 타임 달러는 강화된 "상호 부조"의 사상이다. 즉 되도록 많은 사람들을 상호 협력적인 관계 속으로 불러 모으는 것이다.

뉴욕주 브룩클린의 가정 관리 기구(Elderplan, a Brooklyn, N.Y. home maintenance organization: HMO)인 엘더 플랜은 타임 달러 모델을 사용한 최초의 조직 중 하나이다. 여타의 가정 관리 기구들과 마찬가지로 엘더 플랜은 양질의 간호, 상담, 기타 가정 서비스를 제공함으로써 응급 의료에 따른 처치 비용과 장기 입원에 의한 비용을 낮추기 위해 노력하였다. 이 회사는 타임 달러 프로그램을 통해 수동적인 의료 서비스의 수혜자를 적극적인 건강 관리 제공자로 바꾸었다.

이 프로그램 내에서 가정 관리 기구의 구성원들은 병들고 집 없는 다른 구성원의 음식을 만들어 주고, 의사의 진료나 물리 치료를 위해 교통편을 제공해 주거나, 처방전을 가져다 주는 등의 방법을 통해 장기적으로 도움을 제공한다. 몇몇 사람들은 유족 상담을 위한 훈련까지도 받았다. 자원자의 대부분은 연장자들이다. 1987년부터 1998년까지,

그들은 자신들의 타임 달러를 25퍼센트 할인된 가격의 건강 보험으로 바꿀 수 있었다. 현재, 타임 달러는 타임 달러 신용 상점(Time Dollar Credit Shop)에서 디지털 협압측정기, 온천욕조, 그 밖의 건강 관련 용품들을 구매하는 데 사용할 수 있다.[86] 타임 달러를 통해 가정 관리 기구의 구성원들은 건강 공동체 네트워크의 일부분이 되었다. 그들은 서로를 돕고 있다.

세인트 루이스(St. Louis)에 위치한 그레이스 힐 정착촌(Grace Hill settlement)은 시간은행을 성공적으로 이용하는 또 하나의 사례이다. 이 조직은 도시 빈민 지역에 열한 개의 지역 센터와 네 개의 건강 센터를 운영한다. 820개 가정과 미취학 아동이 조직에서 운영하는 헤드 스타트 프로그램(Head Start Program)과 그 밖의 그레이스 힐(Grace Hill) 활동에 포함되어 있다. 부모들 중에서 몇몇은 아동 보육이나 그 밖의 기능 훈련에 참가하고 있다. 그들은 노력의 대가로 도시 주변에 위치한 타임 달러 상점에서 자선 물품을 구입하는 데 사용할 수 있는 타임 달러를 받는다. 그레이스 힐은 또한 지역 대학을 운영한다. 여기에서 지역 거주자들은 타임 달러를 이용, 교육과정을 이수할 수 있다.[87]

여타의 타임 달러 프로그램에서는 공동체에 기부했던 시간을 자동차 수리, 목공, 배관, 회계, 법률 서비스, 댄스 교습과 같은 광범위한 서비스로 교환할 수도 있다. 심지어 집세조차도 타임 달러로 부분적으로 지불할 수 있다.[88]

타임 달러 프로그램은 물물 교환과 동일하지 않다는 점이 강조되어야 한다. 여기에는 거래를 위한 협상이 없다. 모든 참여자는 동등하게 평가된다. 즉 각 노동 시간은 기여한 바의 특징과 종류에 관계없이 동등하다. 미 국세청(Internal Revenue Service)은 물물 교환과는 달리 타임 달러는 과세할 수 없다고 규정하였다.[89]

2001년 인디펜던트 섹터(The Independent Sector)에 의해 실시된 조사에 따르면, 미국 성인 인구의 44퍼센트 또는 8400만 명의 미국인은 미국에 존재하는 120만 개의 비영리 조직 중 하나 또는 그 이상에서 매주 평균 3.6시간을 봉사하였다. 대부분의 미국인들은 자신들이 가장 발달된 제3부문을 운영하고 있다고 믿고 있다. 그러나 실제로는 몇몇 서유럽 국가들이 전체 고용량을 감안하여 비교해 보았을 때 보다 거대한 비영리부문을 운영하고 있다.[90]

제3부문은 전 세계 국가에서 점점 증가하는 영역이다. 그러나 그 규모와 생활에서의 중요성에도 불구하고, 지금까지는 강력한 사회적 영향력 내에 존재하는 인간의 광범위한 잠재력을 연결하고 활성화시키도록 하는 한 가지 필수적인 요소가 결여되어 왔다. 그것은 시장경제와의 연계이다. 타임 달러 및 그 밖의 유사한 제도의 형태로 존재하는 사회 통화는 다수의 사람들을 사회적 자본을 창출하고 교환하는 과정으로 함께 불러모으는 방법이다. 청년 실업자, 퇴직자, 불완전 고용 또는 현재 실업 상태인 수백만의 사람들에게 있어서 사회적 통화는 그들의 모든 인적 잠재력을 사회 봉사와 가족들의 욕구 충족을 위해 발휘할 수 있게 하는 해결책이다.

현재 전 세계에서 운영되고 있는 모든 사회 통화 프로그램은 범위와 규모에 있어서 미미하다. 그러나 보다 과감한 프로그램들이 효과를 거둔다면, 사회 통화는 거대한 인간의 잠재력을 해방할 수 있도록 할 수 있다는 점에서 시사하는 바가 크다. 또한 각각의 나라에서 이러한 조그마한 노력들이 직불카드와 그 밖의 최신 금융 기법을 이용하는 단일한 국가적인 사회통화로 어떻게 확장시켜 나갈 수 있을 것인지에 대한 세심한 논의가 있어야 할 것이다. 그렇게 될 때 사람들은 자신들의 시간과 능력을 사회 공동체에 기여할 수 있으며, 거주하고 있는 전지역에서 상품과 서비스를 얻기 위해 타임 달러를 사용할 수 있다. 타임 달러 개념을 공간적으로 확장함으로써 지리적인 위치는 그대로 유지되지만 개인의 기여 부분을 교환하기 위한 영역은 넓어진다. 전문 기술, 서비스 및 상품의 이용이 어려운 지역인 경우에는 타임 달러를 교환하기 위해 특별 공제가 이루어질 수도 있다. 현재 존재하는 상업적 통화와 함께 유사 통화로써 운영되는 사회 통화는 인적 자원의 활용을 위한 경쟁력 있는 대안으로 제3부문이나 민간 사회 부문을 만드는 데 도움이 될 것이다.

22세기까지는 지적 기술이 상업적 영역의 인간 노동을 많이 대체하게 되고 이에 따라 대부분의 사람은 문화적 영역에 속하는 직업을 가지기 위해 교육과 훈련을 받아야 한다고 예상해 볼 수 있다. 결국 노동은 기계가 하는 것이 될 것이다. 노동은 단지 효용을 생산하는 데 관한 것이다. 반면, 사람들은 내재적인 가치를 창출하고 공유된 사회 공동체 의식을 재활성화 하기 위해 해방되어야 한다. 사람들은 노동으로부터 해방됨으로써 다가오는 세기에 인류를 위한 위대한 도약을 꿈꾸고 있는 시민 사회에서 사회적 자산을 만들어 내기 위한 중요한 공헌을 할 수 있다. 지금 요구되는 것은 이러한 궁극적인 인간의 여행을 시작하기 위한 의지와 결단력이다.

제러미 리프킨
2004년 1월

1판 서문

1930년대의 대공황 이후 전 세계적 실업은 현재 최고 수준에 도달했다. 전 세계의 8억 명 이상이 실업자이거나 잠재적 실업자이다.[1] 21세기 이전까지 수많은 신규 경제 활동 인구가 일자리를 못 찾게 되고, 전 세계의 모든 부문과 산업에 있어서 기계가 급속한 속도로 인간을 대체하고 있는 기술 혁명의 희생물로 말미암아 이 수치는 급격하게 증가할 것으로 예상된다. 새로운 컴퓨터와 통신 기술은 수년에 걸친 희망적인 예측과 잘못된 출발 이후, 세계 공동체를 제3차 산업혁명(The Third Industrial Revolution)으로 내몰면서 마침내 작업장과 경제에 오래 전부터 예상되어 왔던 영향을 미치고 있다. 이미 수많은 노동자들이 경제 과정으로부터 영원히 추방되었고, 모든 직무 범주들이 축소되고 재구조화되거나 사라졌다.

정보화 시대(The Information Age)가 도래했다. 향후 보다 새롭고 정교한 소프트웨어 기술들이 인간이 거의 필요 없는 문명의 세계로 몰아가고 있다. 기계는 농업, 제조업, 서비스업에 있어서 신속하게 인간 노동을 대체하고 있으며, 21세기 중반까지는 거의 완전히 자동화된 경제를 약속하고 있다. 모든 국가들은 기계에 의한 인간 노동의 대대적인 대체 때문에 사회적 과정에 있어서 인간 존재의 역할을 재고하게 될 것이다. 대량적인 공식적 고용이 부재한 사회에 있어서, 수많은 사람들의 기회와 책임을 재정의하는 것이 다가오는 세기의 가장 중요한 사회적 이슈가 될 것이다.

사람들은 장차 경제가 호전될 것이라는 속삭임에 귀를 기울이고 있지만, 전 지구상의 노동자들은 일자리 없는 호전이 어떤 것일까에 대해서 당혹해하고 있다. 다국적 기업들은 매일매일 세계적인 경쟁력을 갖추어가고 있고, 수익이 계속 증가하고 있다고 발표한다. 그러나 동시에 기업들은 대량의 해고를 단행하고 있다. 1994년 1월 한 달만 해도 미국의 거대 기업주들은 10만 8,000명 이상을 해고 했다. 대부분의 감축은 기업 재구축과 노동 절감 기술의 도입으로 거대한 생산성 및 수익성의 향상과 대규모의 해고가 발생하는 서비스 산업에서 이루어졌다.[2]

우리는 보다 적은 숫자의 노동자들이 전 세계 인구를 위한 재화와 서비스를 생산하는, 역사상 새로운 단계에 접어들고 있다.『노동의 종말 The End of Work』은 우리들을 노동이 거의 필요 없는 세계로 몰아가는 기술혁신과 시장의 힘을 다루고 있다. 우리는 제3차 산업혁명의 약속과 위험을 검토하고, 탈시장 시대로의 이행에 수반될 복잡한 문제를 다루게 될 것이다.

1부 기술의 두 측면(The Two Faces of Technology)에서는 기술이 고용과 세계 경제에 미치는 영향을 이해하기 위해서 현행 기술 혁명을 검토할 것이다. 제3차 산업혁명의 영향과 잠재적인 결과를 보다 잘 평가하기 위해서, 자동화 사회로의 진입을 자극했던 기술 진보에 대한 경쟁적인 두 견해를 검토하고, 각 견해가 하이테크 지구촌 시대로 접어드는 사회의 궁극적인 진로에 어떻게 영향을 미칠 것인지를 검토할 것이다.

기술과 고용의 논쟁에 대한 약간의 배경을 제공하기 위해서 2부 제3차 산업혁명(The Third Industrial Revolution)에서는 초기 자동화 혁신들이 미국의 흑인 노동자들의 생활과 노동 조합에 어떻게 영향을 미쳤는지를 검토할 것이다. 그들의 경험은 향후 수많은 서비스와 화이트 칼라 노동자, 중간 관리층, 전문직 피고용자의 미래상에 대한 전조가 될 수 있다. 우리는 21세기의 새로운 하이테크 기술에 적응하기 위한 시도인 기업 조직 구조와 관리 관행에 있어서의 혁명적인 변화를 검토할 것이다.

과거에는 신기술이 특정 부문의 노동자들을 대체하면, 대체된 노동력을 흡수하는 새로운 부문이 항상 출현해 왔다. 오늘날 농업, 제조업, 서비스업이라는 경제의 전 부문이 기술 대체를 경험하고 있고, 수많은 사람들을 실업자의 대열로 몰아내고 있다. 출현하고 있는 유일한 부문은 기업가, 과학자, 기술자, 컴퓨터 프로그래머, 전문직, 교육자, 컨설턴트 등 소수의 엘리트들로 구성된 지식 부문이다. 비록 이 부문이 성장하고는 있지만, 정보 통신 기술의 발달로 인한 혁명의 와중에서 해고될 수 억 명 중 단지 일부분이라도 흡수할 수 있을까에 대해서는 회의적이다. 우리는 3부 전 세계 노동력의 감소(The Decline of Global Labor Force)에서 농업, 제조업, 서비스 부문에서 발생하고 있고, 노동자의 숫자를 급격하게 감소시키는 거대한 기술 및 조직의 변화를 상세하게 검토할 것이다.

생산 관행의 재구축과 기계에 의한 인간 노동의 영구적인 대체는 수백만 노동자들의 생활에 비극적인 조종(弔鐘)을 울리기 시작하고 있다. 4부 진보의 대가(The Price of Progress)에서는 제3차 산업혁명이 전 세계 노동력에 어떻게 영향을 미치고 있는지를 자세하게 검토할 것이다. 정보와 커뮤니케이션 기술, 세계 시장의 힘은 세계의 인구를 화해할 수 없고 전쟁까지 불사할 두 개의 집단으로 빠른 속도로 양극화(혹은 분리)시키고 있다. 새로운 코스모폴리탄적 세계의 엘리트들인 상징 분석가들(symbolic analysts)은 기술과 생산력을 통제하고, 점차 증가하는 항구적으로 대체되는 노동자들은 희망도 없고 새로운 하이테크 세계 경제에서 고용될 전망도 거의 없다. 우리는 신기술 혁명이 산업화된 국가와 개발도상국가에 미치는 영향을 동시에 평가할 것이다. 특히 기술 실업의 증대와 범죄 및 폭력의 증대 간의 불편한 상관 관계에 주목할 것이다. 수많은 빈민과 절망에 빠진 인간들이 새로운 하이테크 지구촌의 바로 옆에 내팽개쳐져 있고, 이들 중 대다수는 범죄에 빠져들고 있으며 새로운 거대한 무법적 하위 문화를 형성하고 있다. 이 새로운 불법적 문화는 시민들에게 질서와 안전을 제공하려는 중앙 정부에게 실질적이고 심각한 위협을 가하고 있다. 우리는 이 새로운 현상을 자세하게 검토하고, 미국과 타 국가들이 어떻게 이것에 대처하려 하고 있는지를 살펴볼 것이다.

제3차 산업혁명은 선과 악이라는 두 측면을 가지고 있다. 새로운 정보 및 정보 통신 기술은 다가오는 세기에 자유와 동시에 불안정을 가져올 잠재력을 갖고 있다. 신기술이 우리를 자유롭게 하여 여가를 증대시키는 생활을 가져올 것인지 또는 대량 실업과 전 세계적인 불황을 가져올 것인지의 여부는, 각 국가가 생산성 향상의 문제를 어떻게 처리하느냐에 따라서 상당한 정도 결정될 것이다. 우리는 마지막 5부 후기 시장 시대의 여명(The Dawn of the Post-Market Era)에서 대대적인 기술 대체의 효과를 중화시키는 노력의 일환인 생산성 향상에의 대처와 동시에 하이테크 기술 혁명의 이득을 취하기 위해 이에 필요한 몇 가지 실제적인 단계들을 검토할 것이다.

근대의 전시대를 통틀어서 인간의 가치는 노동의 시장 가치에 의해서 결정되었다. 자동화 사회에 있어서 인간 노동의 공동체 가치가 점점 더 부차적이고 부적합하게 되기 때문에, 인간의 가치와 사회적 관계를 새롭게 정의하는 방법들을 검토할 필요가 생길 것이다. 우리는 새로운 탈 시장 패러다임의 정식화와 함께 시장 지향적 시각에서 벗어나 새로운 제3부문 시각으로의 이행을 가능하게 하는 방법들을 논의하면서 책을 끝맺을 것이다.

THE END OF WORK
CONTENTS

추천의 글 5
개정판 서문 9
1판 서문 47

1부 기술의 두 측면

제1장 노동의 종말 59
소프트웨어에 의한 노동자의 대체
리엔지니어링
노동자 없는 세계

제2장 기술 확산 및 시장의 현실 72
포효하는 20세기
대중 소비의 복음
노동 공유 운동
뉴딜 정책
전후 세계
새로운 현실
무엇 때문에 재훈련을 하는가
위축되는 공공 부문

제3장 기술 천국의 이상 105
엔지니어링 유토피아
효율 예찬

THE END OF WORK
CONTENTS

민주주의에서 테크노크라시로

2부 제3차 산업혁명

제4장 하이테크 미개척지로의 이전 125
생각하는 기계
플러그가 끼워진 종족
컴퓨터에게 일시키기

제5장 기술과 흑인의 경험 137
기술들 사이에 끼여
자동화와 도시 하급 계층의 형성

제6장 자동화에 대한 대논쟁 151
중간 길을 향해 나가는 정부
노동 조합의 굴복

제7장 포스트포디즘 162
구식 경영
린 생산 방식으로의 전환
작업장의 리엔지니어링

THE END OF WORK
CONTENTS

3부 전 세계 노동력의 감소

제8장 더 이상 농부가 필요 없는 세상 185
농업과 소프트웨어
분자 농업
옥외 농업의 종말

제9장 블루 칼라의 종말 209
자동차 산업의 자동화
철강 산업의 컴퓨터화
실리콘 칼라 노동자

제10장 최후의 서비스 노동자 225
당신의 서비스에서
가상 사무실
도매업과 소매업의 다운사이징
전문 직업, 교육 및 예술의 디지털화

THE END OF WORK
CONTENTS

4부 진보의 대가

제11장 첨단 기술의 승자와 패자 255
약자 쥐어짜기
중산 계급의 몰락
새로운 세계인
나머지 미국

제12장 노동자 계급을 위한 진혼곡 275
하이테크 스트레스
생체 리듬과 과로
새로운 예비군
서서히 죽어가는 노동자들

제13장 국가의 운명 296
유럽의 하이테크 정치학
제3세계의 자동화

제14장 더욱 더 위험한 세계 308
세계적인 문제

5부 후기 시장 시대의 여명

제15장 노동 시간의 리엔지니어링 323

THE END OF WORK
CONTENTS

하이테크 노동 시간을 향하여
생산성 증가분에 대한 노동자의 권리
적절한 제안
노동과 레저의 대체

제16장 새로운 사회 계약 339

시장을 넘어선 생활
대안적 비전

제17장 제3부문의 강화 352

정부의 새로운 역할
제3부문과 정당 정치
제3부문의 활성화
자원 봉사에 대한 그림자 임금
공동체 서비스에 대한 사회적 임금
변화를 위한 재원 마련

제18장 사회적 경제의 세계화 379

민주주의를 위한 새로운 발언
마지막, 그리고 최선의 희망

주(註) 399
참고문헌 439
옮긴이 후기 447

1부

기술의 두 측면

1 노동의 종말

　문명은 태초부터 주로 노동의 개념을 중심으로 형성되었다. 노동은 구석기 시대의 사냥과 채집, 신석기 시대의 농부, 중세의 장인, 현재의 조립 라인 노동자에 이르기까지 매일매일 생존을 위한 핵심적인 부분이었다. 인간의 노동은 현재 처음으로 생산 과정으로부터 체계적으로 제거되고 있다. 1세기 이내에 시장 부문의 대량 노동은 사실상 세계의 모든 산업 국가들에서 사라져갈 것이다. 정교한 정보 통신 기술의 새로운 시대가 다양한 노동 상황에 신속하게 침투하고 있다. 지능 기계가 무수한 과업에서 인간을 대체하면서 수많은 블루칼라와 화이트 칼라 노동자들을 실업자로 만들고 있다.
　업계의 리더들과 주류 경제학자들은 증대하는 실업자의 숫자는 단지 세계 경제를 제3차 산업혁명으로 몰아가는 강력한 시장의 힘에 대한 단기적인 〈적응〉을 보여주는 것이라고 말한다. 이들은 흥미진진한 새로운 하이테크 생산, 세계적 교역의 붐, 유례없는 물질적 풍요의 약속을 속삭이고 있다.

수많은 노동자들은 회의적이다. 점점 더 많은 종업원들이 매주 해고를 당하고 있다. 전 세계의 사람들은 사무실과 공장에서 공포에 질린 채 해고가 하루라도 더 늦어지기를 기다리고 있다. 시장에서 확산되고 있는 새로운 경제적 질병은 마치 끔찍한 전염병처럼 생활을 파괴하고 전체 공동체를 불안하게 만들고 있다. 미국에서는 기업들이 매년 200만 개 이상의 일자리를 제거하고 있다.[1] 로스앤젤레스에서는 미국에서 13번째로 큰 은행 지주회사인 퍼스트 인터스테이트 은행 First Interstate Bankcorp이 업무의 리스트럭춰링을 통해서 전체 종업원의 25퍼센트 이상에 해당되는 8,000개의 직무를 제거했다. 인디아나 주의 콜롬부스에서는 아빈 인더스터리 Arvin Industries 사가 자동차 부품 공장을 효율화하면서 전체 종업원의 약 10퍼센트를 해고했다. 코네티컷의 덴버리에서는 유니온 카바이드 Union Carbide 사가 1995년까지 5억 7500만 달러의 비용을 절감할 목표로 생산, 관리, 유통 부문의 리엔지니어링을 실시했다. 이 과정에서 전체 종업원의 약 22퍼센트에 해당되는 1만 3900명이 해고되었다.[2]

수백 개의 다른 기업들도 일시 해고를 선언했다. 지티이 GTE 사는 최근 1만 7000명을 감축했다. 나이넥스 NYNEX 사는 1만 6800명을 해고하고 있다고 발표했다. 퍼시픽 텔레시스 Pacific Telesis 사는 만 명 이상을 감축했다. 《월스트리트 저널 The Wall Street Journal》은 다음과 같이 보고하고 있다. 〈대부분의 인원 감축은 보다 적은 노동력으로 보다 많은 일을 할 수 있도록 해주는 새로운 소프트웨어 프로그램과 보다 나은 컴퓨터 네트워크나 하드웨어로 인한 것이다.〉[3]

미국에서 새로이 창출되고 있는 일자리들은 대부분 저임금 부문이거나 임시직들이다. 미국에서 1994년 4월에 창출된 새로운 일자리들의 2/3는 저임금 부문이었다. 챌린저 그레이 크리스마스 Challenger, Gray, Christmas 사의 보도에 따르면 1994년 1사분기 동안 거대 기업들의 일시 해고는 1993년에 비하여 13퍼센트 증가했다. 산업 분석가들은 향후 이 비율이 더 증가할 것이라고 한다.[4]

고임금 일자리의 상실은 미국에만 해당되는 것이 아니다. 독일의 전기 및 엔지니어링 거대 기업인 지멘스 Siémens 사는 관리 구조를 수평화했고 3년 만에 원가를 20~30퍼센트 절감했으며, 전 세계에 걸쳐 1만 6000명의 종업원을 해고했다. 스톡홀름의 식료품 조합인 아이시에이 ICA는 리엔지니어링을 실시했고 컴퓨터 재고 관리 시스템을 도입했다. 이 과정에서 아이시에이는 창고와 유통 센터의 1/3을 폐쇄했고, 총 원가를 50퍼센트 절감했으며 3년 만에 수익을 15퍼센트 이상 증가시켰다. 그러나 그 대가는 전체 노동력의 30퍼센트에 해당하는 5,000명의 해고였다. 일본의 전기 통신 회사인 엔티티 NTT는 1993년에 만 명의 종업원을 감축시킬 의사를 표명했고, 리스트럭쳐링의 일환으로서 전체 종업원의 15퍼센트에 해당되는 3만 명을 최종적으로 해고시킬 것이라고 발표했다.[5]

실업자와 잠재 실업자의 대열이 북미, 유럽, 일본에서 매일 매일 증가하고 있다. 심지어 개발도상국가들도 기술적 실업의 증대를 경험하고 있다. 왜냐하면 다국적 기업들이 전 세계적으로 하이테크 생산 설비를 채용하면서 비용 효율성, 품질 관리, 분배 속도상 더 이상 경쟁이 안 되는 수백만의 노동자들을 해고하기 때문이다. 린 생산, 리엔지니어링, TQM, 포스트포디즘, 인원 감축, 다운사이징에 대한 이야기들이 점점 더 많은 나라들의 뉴스 거리가 되고 있다. 세계 도처의 사람들은 자신들의 미래에 대해서 불안해 하고 있다. 젊은 층들은 좌절감과 분노를 반사회적 행위 속에서 발산하고 있다. 노년층 노동자들은 과거의 영광과 암울한 미래 사이에서 포기하거나 자신들이 통제할 수 없는 사회적 힘에 의해 사로잡혔다는 생각에 빠져 있다. 획기적인 변화가 발생하고 있다는 생각이 전 세계적으로 만연하고 있다. 이 변화의 규모는 너무나 커서 우리는 그 궁극적인 영향을 측정할 수가 없다. 우리들의 생활도 근본적으로 변화하고 있다.

소프트웨어에 의한 노동자의 대체

초기 산업 기술은 노동력의 육체적 힘을 대체했다. 새로운 컴퓨터 기술은 인간의 마인드 자체를 대체하려 하고 있다. 생각하는 기계가 경제 행위의 전영역에 걸쳐서 인간을 대체하고 있다. 이것은 중대한 의미를 지닌다. 우선 대다수 산업 국가의 노동력의 75퍼센트 이상이 단순 반복 작업에 종사하고 있다. 자동 기계, 로봇, 더욱 더 정교화되고 있는 컴퓨터는 이런 작업들의 대부분을 수행할 수 있다. 이것은 미국에서만도 향후 1억 2400만 명의 총노동력 중 9000만 명이 기계에 의해서 대체될 수 있다는 사실을 의미한다. 최근의 조사에 따르면 전 세계 기업의 5퍼센트 정도가 향후 10년 이내에 불가피하게 다가올 새로운 기계 문화, 대량 실업에로의 이행을 시작했다.[6] 노벨상 수상자인 경제학자 레온티에프 Wassily Leontief는 이러한 이행의 중요성을 음미하면서 다음과 같이 경고했다. 〈보다 정교한 컴퓨터의 도입으로 인하여 마치 농경 시대에 있어서 말의 역할이 트랙터의 도입에 의해서 감소되고 제거된 것처럼, 가장 중요한 생산 요소로서의 인간의 역할이 감소하게 될 것이 다.〉[7]

다국적 기업들은 증가하는 세계적 경쟁과 인건비의 상승으로 인하여 인간 노동자로부터 기계 노동으로의 이행을 서두르고 있는 것처럼 보인다. 최근 이들의 혁명적 열정은 불타오르고 있다. 인건비 증대를 스태그네이션과 국제 경쟁력 상실의 원인으로 비난하고 있는 유럽의 경우, 기업들은 노동력을 새로운 정보 및 정보 통신 기술로 서둘러 대체하려고 하고 있다. 미국의 경우 지난 8년간 노무비는 자본 비용에 비하여 3배나 더 증가했다(비록 인플레이션으로 인하여 실질 임금은 하락했지만 부가 급여, 특히 보건 비용은 급격하게 증가했다). 기업들은 비용 절감과 수입 증대를 위하여 인간 노동을 기계로 대체하기 위해 박차를 가하고 있다. 클리블랜드에 있는 산업용 모터 제조업체인 링컨 전기 Lincoln Electric가 대표적인 예이다. 이 회사는 1993년에 자본 지출을

1992년보다 30퍼센트 증가시킨다는 계획을 발표했다. 이 회사의 간부인 소보우 Richard Sobow의 다음과 같은 발언은 업계의 입장을 대변하고 있다. 〈우리는 신규 채용보다는 차라리 자본 투자를 늘릴 것이다.〉[8]

1980년대에 기업들은 컴퓨터, 로봇, 기타 자동화 장비에 1조 달러 이상을 투자했다. 그러나 이러한 대규모의 투자들이 생산성 증가, 인건비 감소, 수익 증대라는 점에서 채산성을 갖게 된 것은 단지 지난 몇 년 전부터이다. 컴퓨터와 정보 도구들은 경영자들이 신기술을 전통적인 조직 구조와 과정에 접목시키려 했던 경우에는 효율적으로 작동할 수 없었고 역량을 완전히 발휘할 수 없었다. 그러나 최근에 기업들은 하이테크 기계 문화와 부합되도록 노동력을 재구축하고 있다고 한다.

▌리엔지니어링

리엔지어링이 업계를 강타하고 있고, 심지어 이것을 가장 꺼려하는 경영자들마저 충실한 신봉자로 만들고 있다. 기업들은 컴퓨터와 친화적인 방향으로 재빨리 조직 구조를 재구축하고 있다. 이 과정에서 기업들은 전통적인 관리 계층의 제거, 직무 범주의 축소, 작업팀의 창출, 다기능 교육, 생산과 분배 과정의 단축 및 단순화, 관리의 축소를 실행하고 있다. 그 결과는 대단한 것이다. 미국의 경우 1992년에 전반적인 생산성이 2.8퍼센트 증가했다. 지난 20여 년 간 가장 높은 수치이다.[9] 생산성의 급격한 증가는 대대적인 노동력의 감축을 의미한다. 전 MIT 대학의 교수이자 작업장 재구축의 주창자인 해머 Michael Hammer에 따르면 리엔지어링은 전형적으로 40퍼센트 이상의 인원 감축을 초래하고 많게는 75퍼센트의 인원 감소를 초래할 수 있다고 한다. 특히 중간 관리자층이 리엔지어링으로 인하여 피해를 입을 우려가 많다. 해머는 중간 관리자층을 최대 80퍼센트까지 감축할 수 있다고 추정했다.[10]

《월스트리트 저널》에 따르면 기업 리엔지어링으로 인하여 조만간 연간 100만에서 250만 명의 해고자가 발생하게 될 것이라고 한다.[11] 몇몇 연구는 리엔지니어링이 본격적인 궤도에 오르게 되면 현재 총 9000만 명의 민간 부문 노동자 중 2500만 명이 실직하게 될 것이라고 예측했다. 산업 분석가들은 기업 재구축과 기술 대체가 동일한 효과를 낳기 시작하고 있는 유럽과 아시아에 있어서도 향후 미국과 비슷한 실직 현상을 예상하고 있다. 스커리트 John C. Skerritt 같은 기업 컨설턴트들은 리엔지니어링의 경제적 사회적 결과에 대해서 우려하고 있다. 스커리트는 다음과 같이 말한다. 〈우리는 일자리를 줄이는 방법에 대해서는 너무도 잘 알고 있지만, 어떻게 창출할 것인가에 대해서는 모르고 있다.〉 애플 컴퓨터의 회장이었던 스컬리 John Sculley 같은 사람들은 작업의 재조직화는 산업혁명의 도래와 같은 대대적인 불안정을 가져올 수 있다고 믿고 있다. 그는 다음과 같이 말한다. 〈이것은 향후 20년간 가장 중요한 사회적 이슈가 될 것이다.〉[12] 독일 아이비엠의 사장인 헨켈 Hans Olaf Henkel은 다음과 같이 경고한다. 〈혁명이 진행중이다.〉[13]

컴퓨터 혁명과 작업장 리엔지니어링의 효과는 제조업 부문에서 가장 심각하다. 칼 마르크스가 세계 노동자의 단결을 호소한지 147년 이후, 프랑스 미테랑 대통령의 기술 자문이자 장관인 아탈리 Jacques Attali는 노동자 시대의 종말을 주장했다. 〈기계가 새로운 프롤레타리아이다. 노동 계급에게는 해고 통지서가 발부되고 있다.〉[14]

자동화의 가속화는 세계 경제를 급속하게 무인 공장화하고 있다. 1981년에서 1991년 사이 미국의 제조 부문에서 180만 개의 일자리가 사라졌다.[15] 독일의 제조 부문의 경우 1992년에서 1993년 사이 단 12개월 동안에 50만 개의 일자리가 사라졌다.[16] 제조 부문 일자리의 감소는 기계에 의한 인간대체의 장기적 추세의 일부이다. 1950년대에는 미국 전체 노동력의 33퍼센트가 제조 부문에 고용되어 있었는데, 그 수치는 1960년대에 30퍼센트로, 1980년대에는 20퍼센트로 떨어졌으며, 현재는 17퍼센트 미만에 이른다. 경영 컨설턴트인 드러커 Peter Drucker

는 향후 10년 이내에 제조 부문의 고용은 12퍼센트 이하로 떨어질 것이라고 추정한다.[17]

1980년대에 미국 제조 부문의 일자리 상실은 대개 국제 경쟁과 외국의 값싼 노동력 때문인 것으로 평가되었다. 그러나 최근에 경제학자들은 미국 제조 부문에 대한 심층 연구를 통해서 자신들의 견해를 수정하기 시작했다. 저명한 경제학자인 MIT 대학의 크루그먼 Paul R. Krugman과 하버드 대학의 로렌스 Robert L. Lawrence는 광범위한 자료에 근거하여 다음과 같이 말하고 있다. 〈산업 노동자들이 자동화로 인하여 직업을 상실하게 될 것이라던 1950년대와 1960년대 동안에 팽배했던 우려가, 현재 제조 부문의 일자리 상실이 국제경쟁 때문이라는 선입견보다는 훨씬 진실에 가깝다.〉[18]

육체 노동자들의 숫자는 계속 감소하고 있지만 제조 부문의 생산성은 증가하고 있다. 미국의 경우 연간 생산성 향상은 1980년대 초에는 1퍼센트를 약간 상회했지만, 컴퓨터 자동화와 작업장 재구축의 도래로 인하여 3퍼센트 이상이나 증가했다. 1979~1992년 사이 제조 부문의 생산성은 35퍼센트 증가한 반면에 노동력은 15퍼센트 감소되었다.[19]

국제 기계공 노동조합의 위원장이었던 윈피싱어 William Winpisinger는 제네바에 있는 국제 금속 노련의 다음과 같은 연구를 인용하고 있다. 〈향후 30년 이내에 세계 전체 수요에 필요한 모든 재화를 생산하는 데 있어서 현 세계 노동력의 단지 2퍼센트만 필요하게 될 것이다.〉[20] 일본의 컴퓨터 정보화 사회의 주창자인 마수다 Yoneji Masuda는 다음과 같이 말한다. 〈조만간 모든 공장들이 완전히 자동화될 것이고, 아마도 향후 20~30년 내에 사람을 전혀 필요로 하지 않는 공장들이 출현하게 될 것이다.〉[21]

다수의 경제학자들과 선출직 관료들은 산업 노동자들이 점차 경제 과정으로부터 제거되고 있음에도 불구하고, 서비스 부문과 화이트 칼라 직업이 수많은 실업 인구들을 흡수하게 될 것이라는 희망을 계속 주장하고 있다. 이들의 희망은 좌절되고 말 것이다. 자동화와 리엔지니어링은 이미 광범위한 서비스 관련 분야의 노동력들을 대체하고 있다. 새로운 〈지능 기계〉는 현재 인간에 의해서 수행되고 있는 다수의 정신적 과업들을 수행할 수 있다. 세계에서 가장 큰 기업 재구축 회사인 앤더슨 컨설팅 Andersen Consulting Company 사의 추정에 따르면 리엔지니어링은 서비스 산업의 단지 일부인 상업 은행과 저축 기관에 있어서 향후 7년간 약 70만 개에 해당되는 30~40퍼센트의 일자리를 감축하게 된다고 한다.[22]

지난 10년간 미국에서 300만 개 이상의 화이트 칼라 일자리가 사라졌다. 일부는 국제 경쟁의 격화로 인한 것이다. 그러나 처벅 David Churbuck과 융 Jeffrey Young은 《포브스 Forbes》지에서 대부분의 일자리 상실이 기술로 인한 것이라고 주장했다. 비록 1992년에 경제 성장률 2.6퍼센트로 경기가 호전되었음에도 불구하고 50만 이상의 사무·기술직 일자리가 사라졌다.[23] 정보 처리 기술과 인공 지능 기술을 포함한 컴퓨터 기술의 급속한 발전은 향후 화이트 칼라 부문에 있어서 수많은 과잉 노동력을 창출할 것이다.

다수의 정책 분석가들은 대기업들이 수많은 노동자들은 해고하지만 소기업들이 이 인원들을 흡수할 것이라고 주장한다. MIT의 부 연구위원인 버치 David Birch는 하이테크 시대에 있어서 새로운 경제 성장의 주체는 100인 이하의 소기업들이라고 주장하는 대표적인 사람이다. 버치는 신규 직업의 88퍼센트 이상이 소기업에서 창출되고, 그 대부분이 도래하는 신기술 혁명과 관련된 것이라고 주장했다. 레이건-부시 시대의 보수적인 경제학자들이 신기술 혁신이 기술 대체로 인한 일자리 상실만큼 새로운 일자리를 창출한다는 근거로서 버치의 자료를 인용했다. 그러나 보다 최근의 연구는 소기업이 하이테크 시대의 일자리 창출의 강력한 원동력이라는 신화의 허구성을 폭로했다. 카네기-멜론 대학의 공공 정책 및 경영대학 정치경제학자 해리슨 Bennett Harrison은 유엔의 국제 노동 기구와 미국의 센서스 자료를 포함한 다양한 자료를 이용하면서 다음과 같이 말한다. 〈미국에 있어서 소기업과 자영업에 종사하는 노동자의 비중은 최소한 1960년대 초기 이래로 거의 변화가 없었다.〉해리슨에 따르면 다른 경제 대국인 일본과 독일의 경우도 사정은 마찬가지이다.[24]

미국의 경우 500명 이상을 고용하는 기업은 전체 기업 숫자의 1퍼센트 미만에 불과하지만 1990년대 말까지는 사적 부문 전체 노동력의 41퍼센트 이상을 고용하게 될 것이다. 이런 대기업들이 업무를 리엔지니어링하면서 다수의 노동자들을 해고시키고 있다.[25]

현재의 일자리 감축 추세는 경제학자들이 〈수용 가능한〉 실업 수준에 대한 생각을 계속 수정하고 있다는 점에서 보다 큰 정치적 중요성을 지닌다. 우리는 현재의 상황 변화에 비추어 미래에 대한 기대를 조정한다. 일자리의 경우 경제학자들은 역사적인 추세가 불가피하게 점점 노동력을 필요로 하지 않게 된다는 점에 입각하여, 지속적으로 증가하는 실업 수치를 조정하는 위험한 게임을 진행해 왔다.

과거 반세기 동안의 경제 활동에 대한 조사는 불안한 추세를 폭로하고 있다. 평균 실업률은 1950년대 4.5퍼센트, 1960년대 4.8퍼센트, 1970년대 6.2퍼센트, 1980년대 7.3퍼센트였다. 1990년대 초기 3년간 평균 실업률은 6.6퍼센트였다.[26]

경제학자들은 전후 실업률이 계속 증가함에 따라서 완전 고용에 대한 전제를 수정해 왔다. 1950년대에는 대부분 3퍼센트의 실업률이 완전 고용으로 간주되었다. 1960년대의 케네디와 존슨 정부는 4퍼센트의 실업률을 완전 고용의 목표로 책정했다. 1980년대에는 다수의 주류 경제학자들이 5퍼센트, 심지어 5.5퍼센트를 완전 고용으로 간주하고 있다.[27] 1990년 중반 현재에 다수의 경제학자들과 업계의 리더들은 실업의 〈자연적 수준〉에 대한 그들의 견해를 다시 한 번 수정하고 있다. 비록 완전 고용이라는 용어의 사용은 꺼리지만 월 가의 분석가들은 경제가 새로운 인플레 시대를 겪지 않으려면 실업 수준이 6퍼센트 이하로 내려가서는 안 된다고 주장한다.[28]

실업률의 상승은 정규 고용을 원하는 파트타임 노동자와 직업 탐색의 용기를 잃은 실업자를 고려하면 더욱 더 심각한 문제이다. 1993년의 경우 870만 명 이상의 실업자, 정규 고용을 원하는 610만 명의 파트타임 노동자, 100만 명 이상의 직업 탐색을 포기한 실업자가 존재했다. 미국 전체 노동력의 13퍼센트에 달하는 약 1600만 명이 실업 혹은 잠재적 실업 상태에 있었던 것이다.[29]

우리는 단기적인 실업률의 하락에도 불구하고 실업률이 상승하는 장기적인 추세에 주목해야 한다. 보다 정교한 기술의 도입과 이에 따른 생산성 향상은 세계 경제가 보다 적은 노동력을 사용하여 보다 많은 재화와 서비스를 생산할 수 있다는 것을 의미한다.

▌노동자 없는 세계

초기 자동화의 물결이 산업을 강타했던 1950년대 후반과 1960년대 초반에, 노동 운동의 지도자들과 민권 운동가 그리고 사회 비판가들은 재빨리 주의 경보를 발표했다. 그러나 당시 업계의 지도자들은 새로운 자동화 기술에 의한 생산성의 향상이 고용 촉진과 구매력의 증진을 가져온다고 믿었기 때문에 그들의 우려에 공감하지 않았다. 그러나 오늘날 비록 소수이지만 점점 더 많은 업계의 지도자들이 신기술 혁명의 결과에 대해서 우려하기 시작하고 있다. 바네비크 Percy Barnevik는 세계에서 가장 큰 엔지니어링 회사 중의 하나이고 연간 매출액이 290억 달러에 이르는 스위스-스웨덴 합작 전기 발전 및 운송 시스템 회사인 아세아 브라운 보베리 Asea Brown Boveri의 최고 경영자이다. 당사는 최근에 업무 리엔지니어링을 실시하여 약 5만 명의 종업원을 감축했으며, 같은 기간에 자산 회전율을 60퍼센트 증가시켰다. 바네비크는 다음과 같은 질문을 던진다. 〈이렇게 해고된 사람들은 어디로 가는가?〉 그는 제조 및 서비스 부문의 유럽 전체 노동력이 현재의 35퍼센트에서 10년 후 25퍼센트로 그리고 20년 후에는 15퍼센트로 떨어질 것이라고 예측한다. 그는 유럽의 미래에 대해서 매우 비관적이다. 〈만일 누군가 내게 2~3년만 기다리면 노동 수요가 급증할 것이라고 말한다면, 나는 도대체 어디에서, 어떤 직업이, 어느 도시에서, 어느 기업에서 수요가 발생하느냐고 반문한다. 나는 현재 10퍼센트의 실업률이 쉽사리 20~25퍼센트에 육박할 수 있다는 것을 확신한다.〉[30]

과거 많은 책과 논문으로 새로운 경제 현실을 촉진하는 데 도움을 주었던 미래학자인 드러커는 상당히 솔직하게 말한다. 〈생산의 핵심 요소로서의 노동의 소멸은 자본주의 사회의 핵심적인 미해결 과제가 될 것이다.〉[31]

노동 없는 세계는 과학자, 엔지니어, 기업주들에게는 고되고 정신없는 반복적인 작업으로부터 인간이 해방되는 역사상 새로운 시대의 시작을 의미하는 것일 수 있다. 동시에 다른 사람들에게는 대량 실업, 전 세계적인 빈곤, 사회적 불안과 격변이라는 우울한 미래로 비칠 수도 있다. 그러나 대다수 사람들의 의견이 일치하는 지점이 있다. 그것은 제조와 서비스 제공 과정에 있어서 기계가 인간 노동을 대체하는 새로운 시대가 시작된다는 것이다. 이 사실은 《뉴스위크 Newsweek》의 편집자로 하여금 기술 실업이라는 이슈에 대해서 다음과 같이 곰곰이 생각해 보도록 하는 계기를 제공했다. 〈만일 일자리가 존재하지 않는다면 어떻게 될까?〉[32] 노동에 토대를 두지 않는 사회라는 생각은 우리가 알고 있는 사회 조직 원리와는 너무나 판이하기 때문에, 우리는 사회 계약의 기본 토대에 대해서 재고해야만 하는 시점에 처해 있다.

대부분의 노동자들은 현재 발생하고 있는 이행에 대처할 준비를 전혀 갖추고 있지 않다. 현재의 기술 진보와 경제 재구축은 아무런 경고없이 우리들에게 떨어진 것처럼 보인다. 전 세계의 사람들은 미래의 세계 경제 속에서 자신들의 역할이 무엇이 될 것인가에 대해서 갑자기 고민하기 시작한다. 상당한 교육과 기능 그리고 경험을 갖춘 노동자들도 자동화와 정보화에 의해서 해고될 실제적인 전망에 부딪히고 있다. 기술이 사회에 미치는 영향이라는 주제는 단지 몇 년 전만 해도 지식

인과 소수의 작가들 사이에서만 생소하게 논의되었지만, 지금은 수백만 노동자들 사이에서 뜨거운 대화거리가 되었다. 그들은 새로운 지능 기계에 의해서 대체되지 않을까 우려하고 있다. 《뉴욕타임즈 The New York Times》가 실시한 1994년의 조사에 따르면, 미국 노동자들의 40퍼센트가 향후 2년간 일시 해고, 작업 시간 감소, 임금 삭감에 대해서 우려하고 있었다. 응답자의 77퍼센트는 지난 몇 년간 누가 해고되었는지를 개인적으로 알고 있다고 응답했고, 67퍼센트는 실직이 사회에 커다란 영향을 미친다고 응답했다.[33]

유럽의 경우 실업의 증가는 광범위한 사회적 불안과 신파시즘 운동의 출현을 야기하고 있다. 독일, 이탈리아, 러시아에서는 공포와 두려움에 사로잡힌 유권자들이 선거에서 극우 정당에게 표를 던지는 방식으로 그들의 좌절을 표출하고 있다. 일본의 경우 집권당은 실업에 대한 사회적 우려의 증대로 인해 수십 년 이래 처음으로 직업 문제에 대한 대책을 발표했다.

우리는 역사상 유례 없는 거대한 사회 변혁을 초래하는 강력한 신기술 혁명 속으로 휩쓸려 들어가고 있다. 새로운 하이테크 혁명은 수백만의 사람들에게는 노동 시간 단축과 복지 증진을 의미할 수 있다. 수많은 사람들이 근대 역사상 처음으로 공식 시장의 장시간의 노동으로부터 해방되어 자유로이 레저를 추구할 수 있게 될 것이다. 그러나 바로 이 기술이 전 세계적인 경기 침체와 실업 증대를 야기시킬 수도 있다. 우리 앞에 놓인 세계가 유토피아인지 아닌지의 여부는 정보화 시대의 생산성 향상분이 어떻게 분배되는가에 의해서 크게 좌우된다. 생산성 향상분의 공정한 분배를 위해서는 전 세계적인 노동 시간 단축이 필요하고, 시장 부문에서 축출된 사람들에게 제3부문(사회적 경제 the social economy)의 일자리를 제공하기 위한 정부의 노력이 필요하다. 그러나 만일 하이테크 혁명으로 인한 거대한 생산성 향상분이 공유되지 않고 기업, 주주, 최고 경영자, 출현하고 있는 하이테크 지식 노동자들에 전유된다면, 가진 자와 가지지 못한 자간의 격차는 전 세계적인 사회 정치적 격변을 야기하게 될 것이다.

오늘날 우리는 신기술의 경이로움과 마력을 목격하고 있다. 우리는 근대적 기술이 우리를 해방시켜줄 것이라고 믿도록 유도되어 왔다. 수많은 사람들이 보다 나은 내일의 희망을 컴퓨터 혁명의 해방적 잠재력에 걸고 있다. 그러나 대다수 노동자들의 경제적 운명은 기술적 풍요의 와중에서도 계속 악화될 것이다. 모든 산업 국가의 사람들은 열심히 일하는 사람들이 지금까지 고대해 왔던 풍요와 레저라는 〈꿈〉의 실현이 다름 아닌 바로 정보화 시대의 여명인 지금 왜 더욱 더 멀어지고 있는가에 대해서 의아해 하기 시작하고 있다. 해답은 업계와 정부 지도자들의 사고를 오랫동안 지배해 왔던, 잘 알려지지 않았지만 중요한 경제적 개념의 이해에 놓여 있다.

2 기술 확산 및 시장의 현실

한 세기 이상 동안, 전통 경제학의 지혜는 신(新)기술이 생산성을 높여 생산 원가를 절감하고 값싼 재화의 공급을 증대시킴으로써 구매력을 촉진하고 시장을 확대시켜 더욱 더 많은 일자리를 만들어 낸다는 것이었다. 이같은 중심적 명제가 세계의 모든 산업 국가에 있어 경제 정책에 운영의 합리성을 제공해 주었다. 그와 같은 논리가 지금은 그 유례를 찾아볼 수 없는 기술 실업(技術失業)과 위험천만한 소비자의 구매력 감소, 그리고 헤아릴 수 없는 크기와 기간의 전 세계적인 불황의 전망을 야기하고 있다.

기술의 발전과 생산성 향상이 가져다 준 극적인 혜택은 궁극적으로 보다 값싼 재화, 보다 큰 구매력, 보다 많은 일자리의 형태로 노동자 대중에 흘러들어 간다는 개념이 기술 확산 trickle-down technology 이론이다. 열광적인 기술 지지자, 경제학자 및 기업계의 지도자들이 기술이 시장 및 고용에 미치는 영향을 기술하기 위해 확산이라는 용어를 좀처럼 사용하지는 않았지만 그들의 경제적 가정들은 확산에 대한 아이디어를 묵시적으로 인정하였다고 할 수 있다.

　기술 확산에 대한 주장은 공급이 수요를 창조한다고 처음으로 주장한 사람 가운데 한 사람인 19세기 초 프랑스의 경제학자인 세이 Jean Baptiste Say의 저술에 그 유래를 둔다. 세이에 의하면 〈하나의 제품은 시장에서 그 제품이 다른 제품대신 자신의 완전한 가치를 제공하는 즉시 만들어지며 ……하나의 제품을 만들어내는 것은 곧 또 다른 제품을 만들어내기 위한 숨통을 터준다.〉[1] 19세기 말, 세이의 법칙이라 알려진 시장에 관한 세이의 아이디어는 새로운 노동 절약 기술이 생산성을 증대시켜 공급자로 하여금 보다 값싼 단위 원가로 보다 많은 재화를 생산하게 된다는 것으로 신고전주의 경제학자들에 의해 받아들여졌다. 신고전학파의 주장에 의하면 보다 값싼 재화의 공급을 늘리는 것은 그 자신의 수요를 만들어낼 수 있다는 것이다. 다시 말해, 생산성 향상으로 인한 가격 하락은 생산중인 제품에 대한 소비자 수요를 촉진한다는 것이다. 수요의 증대는 이내 추가적인 생산을 촉진하여 결코 끝이 없이 확대되는 생산과 소비의 사이클 속에서 다시 한번 수요를 자극하는 것이다. 판매되는 재화의 수량 증가는 기술 향상으로 야기된 초기의 고용 손실을 확대된 생산 수준을 만족시키기 위해 추가 고용을 함으로써 신속히 보전된다. 아울러, 기술 혁신 및 생산성 향상으로 인한 낮은 제품 가격은 소비자가 그 남은 돈으로 또 다른 제품을 구매하여 생산성을 더욱 더 촉진하고 기타 부문의 고용을 확대함을 의미한다.

　기술 확산에 대한 추론은 노동자들이 신기술에 의해 설령 대체된다 하더라도 실업의 문제는 궁극적으로 스스로 해결될 수 있음을 말한다. 실업자 수의 증가는 결국 임금을 하락시킨다. 값싼 임금은 사용자로 하여금 보다 값비싼 자본재를 구매하기보다는 추가적인 노동력을 고용하도록 유도함으로써 기술이 고용에 미치는 영향을 완화시킬 것이다.[2]

　기술 혁신이 영구적인 성장과 고용을 촉진한다는 생각은 그간 거센 반대에 부닥쳤다. 1867년에 발간된 칼 마르크스는 그의 저서 『자본론 *Capital*』 제1권에서 생산자는 노무비를 절감하고 생산수단에 대한 통제력을 더 얻기 위해 가능하다면 언제 어디서나 노동자를 자본 장비로 대체하려고 계속 시도할 것이라고 주장했다. 자본가는 생산성 향상, 원가 절감 및 작업장에 대한 보다 큰 통제력으로 이득을 얻을 뿐만 아니라 2차적으로는 경제의 어디에선가 착취가 가능한 엄청난 수의 실업 노동자 예비군을 만들어 냄으로써 이득을 얻을 것이다.

마르크스는 생산 자동화의 증가가 궁극적으로 노동자를 제거시킬 것이라고 예측했다. 독일의 철학자 마르크스는 기계의 자동화 시스템이 경제 과정에서 인간을 마침내 대체하였을 때 〈노동의 마지막 변형〉으로 그가 완곡하게 언급한 것들을 예고했다. 마르크스는 보다 더 정교해진 기계의 지속적인 진보가 인간의 노동력을 대체하며 새로운 기술 발전은 노동자의 작업을 더욱 더 기계적인 작업으로 변혁하여 어느 시점에 이르면 기계가 인간의 자리를 대체할 것이라고 예측했다. 〈그러므로 우리는 특정의 노동 형태가 노동자에서 기계의 형태를 한 자본으로 옮겨지고 이러한 전이 결과 자신의 노동력이 평가절하되는 것을 볼 수 있다. 따라서 노동자들이 기계에 저항하는 투쟁을 한다. 한때 노동자들의 노동 활동이었던 것이 기계의 활동이 되고 있다.〉[3]

마르크스는 생산자들이 인간의 노동력을 기계로 계속해서 대체하려는 노력은 궁극적으로 자기 패배가 될 것임을 믿고 있다. 인간을 생산 과정에서 직접 제거하고 더욱 더 하락만 하는 임금을 지닌 실업자 예비군을 만들어 냄으로써 자본가들은 그들의 제품을 구매해 줄 충분한 구매력을 지닌 소비자들이 더욱 더 적어짐에 따라 본의 아니게 자신들의 무덤을 파고 있는 것이다.

많은 정통주의 경제학자들은 마르크스의 분석에 부분적으로 동의를 한다. 그들은 생산성 향상과 인간을 기계로 대체하는 것이 실업자 예비군을 만들어 낸다는 점을 기꺼이 인정한다. 그러나 마르크스와는 달리 많은 사람들은 기술 대체 technological displacement를 경제의 전반적인 번영을 앞당기는 필요악으로 인식하고 있다. 자본가들은 노동자를 〈방출〉함으로써 자신들의 이익을 증가시키기 위해 잉여 노동력을 사용할 신흥 산업들에게 흡수될 수 있는 값싼 노동력 풀 pool을 제공하고 있다. 그와 같은 이윤은 새로운 노동 절약 기술에 재투자되고 그것은 다시 한번 노동을 대체하고 단위당 원가를 절감하여 판매를 증대시켜 경제 성장과 번영의 영구적인 상향 사이클을 만들 것이다. 미국 경제 협회의 창립자인 클라크 John Bates Clark는 〈실업 노동력의 공급은 항시 손쉬운 것이고 실업 노동력이 존재하지 않는 것은 가능하지도 정상적이지도 않다는 것〉을 관찰했다. 〈노동자의 복지를 위해선 진보가 계속되어야 하며 노동자의 일시적인 해고를 야기하지 않고 그것은 가능하지 않다.〉[4]

또 다른 미국의 경제학자인 라이저손 William Leiserson은 클라크의 주장에 열렬한 공감을 표하고 〈출동 경보를 소방서에서 기다리며 대기하는 소방대원이나 다음번 경보에 준비를 하고 있는 예비 경찰력이 실업자가 아니듯이 실업자군은 일자리가 없는 사람이 아니다〉라고 제시한다.[5]

포효하는 20세기

현대식 기계 기술이 고용 성장과 번영 혹은 실업과 경기 후퇴, 심지어 경기 불황 중 어느 것을 야기하는가 하는 문제가 1920년대에 시험을 받았다. 오늘날과 같이, 작업의 근본적인 재편과 그에 따른 새로운 노동 절약 기술은 경제적 전망을 바꾸어 놓고 있었다. 포드의 조립 라인과 제너럴 모터스의 조직 혁신은 기업들이 재화와 용역을 만들어 놓는 방법을 급격히 바꾸어 놓았다. 내연 엔진과 자동차는 운송의 속도를 빠르게 하였다. 전기는 생산 공정을 움직이는 값싸고 풍족한 에너지를 공급하였다. 생산성은 20세기를 기점으로 지속적으로 증가하였다. 1912년에는 한 대의 자동차를 만들기 위해서 4664시간의 단위 노동력이 필요했다.[6] 유사한 생산성 향상이 여타의 많은 산업에서도 실현되었다.

1920년과 1927년 사이, 미국 산업의 생산성은 40퍼센트가 향상되었다. 제조업에 있어 단위당(사람/시간) 산출량이 1919년과 1929년 사이에 연간 5.6퍼센트의 놀라운 성장을 기록하였다. 동시에, 250만 개 이상의 일자리가 없어졌다. 제조업 부문에서만 82만 5000명 이상의 블루칼라 노동자들이 일자리를 잃게 되었다.[7]

1925년, 와그너 Robert Wagner가 의장인 상원의 교육 및 노동 위원회는 신기술과 생산성 향상 등으로 일자리를 잃고 있는 더욱 더 많은 수의 노동자에 관한 문제를 논의하기 위해 청문회를 열었다. 위원회는 〈기술 향상〉으로 일자리를 잃은 대다수의 노동자들이 아주 오랜 기간 계속해서 실업 상태로 남아 있고 일자리를 찾았을 때 그것은 일반적으로 저임 수준의 일자리라는 것을 발견하였다.[8]

1920년대 생산성은 급증하였고 더욱 더 많은 수의 노동자들이 해고 통지서를 받음에 따라 매출이 격감하기 시작했다. 언론은 〈구매자 스트라이크〉, 〈작은 시장〉 등에 관한 기사를 싣기 시작했다. 과잉 생산과 과소 소비자에 당면한 기업계는 소비자 대중을 끌어 모으기 위해 홍보 관계 수단을 동원하기 시작했다. 전국 제조업자 협회는 국민들에게 〈구매자 스트라이크의 종식〉을 간청했다. 뉴욕에서, 기업인들은 번 영국 Prosperity Bureau을 조직하고 〈지금 사 주십시오〉 〈일자리에 돈을 되돌려 줍시다〉 등과 같은 표어로 소비자를 설득하여 〈당신의 구매가 미국에 일자리를 줍니다〉라는 것을 대중들의 머릿속에 떠오르게 만들었다. 지방의 상공회의소가 깃발을 들고 그와 같은 기업의 메시지를 전국적으로 확산시켰다.[9] 기업계는 아직까지 일자리를 갖고 있는 사람들에게 더욱 더 많은 구매와 더욱 더 적은 저축을 확신시켜 자신들의 창고와 진열대를 비우게 하여 미국의 경제가 돌아가길 희망했다. 미국의 노동자를 소비자 〈대중〉으로 전환하기 위한 십자군 운동은 소비의 복음 운동으로 알려졌다.

▌대중 소비의 복음(福音)

〈소비〉라는 용어는 영어와 불어 양쪽에 그 어원을 둔다. 그 최초의 형태에서 소비한다는 것은 파괴한다, 약탈한다, 가라앉히다, 소모시킨다는 것을 의미했다. 그것은 폭력성이 다분히 있는 단어로 금세기까지만 해도 부정적인 함축성만을 지녔다. 1920년대 말 경, 그러한 단어는 당시 가장 치명적인 질병인 결핵을 언급하는 데 사용되었다. 오늘날 보통의 미국인들은 2차 세계대전 말경의 사람들보다 두 배 정도의 많은 소비를 하고 있다.[10] 소비가 악에서 미덕으로 변질된 것은 가장 중요한 20세기의 현상 가운데 하나이나 그리 많은 조사는 이루어지지 않았다.

대량 소비 현상은 자발적으로 일어나지 않았을 뿐 아니라 결코 만족할 수 없는 인간 본성의 불가피한 부산물도 아니었다. 그와는 정반대였다. 20세기 초반, 20세기로의 전환기에 경제학자들은 대부분의 노동자들이 그들의 기본적인 필수품과 사치품 몇 가지를 사기에 충분한 수입에 만족하며 일을 더하거나 가외 돈을 만지는 것보다는 여가 시간이 늘어나는 것을 점점 더 선호한다는 사실에 주목했다. 트레버 Stanley Trevor와 클라크 John Bates Clark와 같은 당시의 경제학자에 따르면 사람들의 수입과 부가 늘어남에 따라 효용 가치가 감소하기 시작, 부의 증가분은 덜 바람직한 것이 되었다. 사람들이 추가적인 여가 시간을 위해 근로 시간을 맞바꿀 수 있다는 사실은 전국의 공장과 창고에서 하루가 다르게 쌓여만 가는 상품의 재고를 보면 알 수 있으며 이는 기업인들에게 심각한 우려와 해독이 아닐 수 없었다.

새로운 노동 절약 기술과 생산성 향상으로 인해 더욱 더 많은 수의 노동자들이 일자리를 잃게 됨에 따라 기업계는 기존 임금 소득자들의 심리를 전환하여 그들을 당시 노사 관계 자문가인 카우드릭 Edward Cowdrick이 칭한 〈소비의 새로운 경제적 복음〉으로 끌어들이기 위한 새로운 방법을 필사적으로 찾기 시작하였다.[11]

미국인을 근검 절약의 심리에서 소비 절약의 심리로 전환시키는 것이란 아주 어려운 일이었다. 미국의 프론티어 정신을 그렇게 오랫동안 지배해 온 프로테스탄트의 직업 윤리가 아주 깊이 각인되어 있었다. 근검 절약은 미국인의 생활 방식에 있어 초석이었고 자신의 자식 세대에게 좀 더 나은 삶을 만들어 주기 위해 새로이 도착하는 이주민들에게 있어 닻의 역할과 미국의 세대들을 이끌어 주는 푯말의 역할을 한 초기 양키의 전통 가운데 하나였다. 대부분의 미국인에 있어서, 자기희생의 미덕은 계속해서 시장에서의 즉각적인 만족에 대한 유혹을 뿌리칠 수 있게 하였다. 미국의 기업계는 미국을 건설해 온 그와 같은 정신을 급속히 변화시켜 놓기 시작했다. 즉 미국의 노동자를 미래에 대한 투자가로부터 현재의 소비자로 바꾸어 놓았다.

초기, 기업의 지도자들은 사람들이 결코 이전에 원하지 않았던 물건을 〈원하는 것〉으로 만들기 위해서는 〈만족하지 못한〉 소비자를 만들어야 한다는 것을 깨달았다. GM의 케터링 Charles Kettering은 그와 같이 새로운 소비 복음을 설교한 사람들 가운데 한 사람이었다. GM은 이미 자동차의 연간 모델 변경을 도입하기 시작하여 소비자로 하여금 이미 갖고 있는 자동차에 대하여 불만을 갖도록 활발한 광고 선전에 착수했다. 〈경제 번영의 열쇠는 불만족을 조직적으로 만들어 내는 데 있다〉고 케터링은 말한다. 경제학자인 갈브레이스 John Kenneth Galbraith는 기업의 새로운 사명은 〈기업이 만족시키려는 욕구를 창출〉하는 데 있다고 수년 뒤 좀 더 간결하게 설명한다.[12]

20세기 초 경제학자들을 그렇게도 사로잡았던 생산에 대한 지속적인 강조가 새로운 소비에 대한 관심과 급작스레 대등하게 되었다. 더욱 더 많은 경제학자들이 그들의 지적인 관심을 소비자에 둠으로써 경제학의 새로운 하위 부문인 〈소비경제학〉이 1920년대 나타났다. 기업의 영역에 있어 주변적 역할을 해온 마케팅이 새로운 중요성을 띠기 시작했다. 생산자 문화가 하룻밤 사이에 소비자 문화로 바뀌기 시작한 것이다.[13]

마케팅에 대한 새로운 관심은 경제를 유지하는 데 있어 기업계가 소비자의 중심적인 역할을 더욱 더 인식한 것을 반영한다. 역사가인 알렌 Frederick Lewis Allen은 새로이 나타나는 의식을 다음과 같이 요약했다. 〈기업은 예전의 어느 때보다 최종 소비자의 중요성을 인식해 왔다. 소비자가 과소비 구매토록 설득되지 않는다면 6기통 짜리 자동차, 초단파 라디오, 담배, 루즈 콤팩트와 전기 냉장고 등은 창고의 출구에 쌓여 있을 것이다.〉[14]

광고인들이 그들의 판매 강조점을 공리적인 주장과 기술적인 정보에서 지위 및 사회적인 차별화에 대한 감정적인 호소로 전환하기 시작한 것은 그리 오래 전의 일이 아니다. 보통의 남녀들이 부자와 같은 자격으로 한때 기업의 귀족들과 사회의 엘리트에게만 주어졌던 부와 번영의 장식물로 치장토록 초대되었다. 기업과 산업들이 그들의 제품을 〈유행〉, 〈멋〉과 동일시함에 따라 〈패션〉이라는 말이 당시의 유행어가 되었다.

카이르크 Hazel Kyrk와 같은 소비 경제학자들은 노동자 국가를 지위 의식이 강한 소비자 국가로 바꾸어 놓는 상업적 이점을 재빨리 지적한다. 성장은 새로운 수준의 소비자 구매를 필요로 한다고 그녀는 선언했다. 〈부자에겐 사치품〉이란 말이 〈가난한 계급에게는 필수품〉이란 말로 전환되어야 한다고 주장했다. 노동자 계급만 〈역동적인 사치품 소비〉에 대해 재훈련될 수 있다면 과잉 생산과 기술 고용이 완화되고 심지어 없어질 수 있을 것이다.[15]

미국의 노동자를 지위 의식이 강한 소비자로 전환하는 것은 급진적인 일이었다. 대부분의 미국인들은 대개 물품을 가정에서 만들어 쓰고 있었다. 광고인들은 이용 가능한 수단과 기회를 사용하여 〈집에서 만든〉 제품을 격하하고 〈상점에서 팔고〉 〈공장에서 만든〉 품목의 판매를 촉진하였다. 특히 젊은이들이 목표 대상이었다. 광고 메시지들은 젊은이들로 하여금 집에서 만든 제품을 입거나 사용하는 것을 부끄럽게 만들었다. 점점 더, 광고의 초점은 〈현대식〉 또는 〈구식〉의 이슈에 집중되었다. 뒤로 처진다는 공포는 구매력을 촉진하는 강력한 힘이었다. 노동사가인 브레이버만 Hary Braverman은 〈지위의 원천은 더 이상 물건을 만드는 능력이 아니라 단순히 물건을 구매하는 능력〉이라고 말함으로써 당시의 상업 정신을 꿰뚫고 있다.[16]

수십 년 동안 서서히 영역을 확보해 온 마케팅과 광고의 새로운 개념들은 1920년대에 시작되어 자신들의 창고를 비우고 갈수록 가속화되는 생산성에 맞추기 위해 소비의 속도를 빠르게 하려는 기업계의 결연한 의지를 반영한다. 남북전쟁 이후 지방의 잡화점에서 볼 수 있는 유일한 상표명의 제품이란 베이커 초콜릿이었다. 심지어 1900년 말 경에도 대부분의 잡화점은 저장통에서 꺼낸 표식과 상표가 붙어 있지 않은 설탕, 식초, 밀가루, 못, 핀 등의 생필품을 판매했다.

자신들의 제품이 운송되기를 원하고 운송업자나 도매업자의 늑장에 참을 수 없게 된 제조업자들은 자신들의 상표를 붙여 대중에 직접 팔기 시작하였다. 많은 제품들은 기발한 것이었고 소비자의 생활 방식과 식사 습관을 바꾸도록 했다. 작가인 스트라서 Susan Strasser는 이전에 결코 존재하지 않았던 제품을 판매하고 사람들이 이전에 결코 지각하지 못했던 욕구를 만들어 내려는 회사들이 겪는 많은 마케팅 문제들을 자세히 말해 준다. 〈콘-플레이크를 이전에 구경해 본 적이라곤 없던 사람들에게 그것이 필요하게끔 학습하게 해야 했다. 잡화점의 저장통에서 국자로 퍼낸 귀리를 구매하는 것에 만족했던 사람들이 왜 상자로 포장한 퀘이커 귀리를 선호해야 하는지 그 정보를 얻어야 했다. 동시에 소비자들은 포장식 아침 식사가 현대의 도시생활에 어떻게 적합하고 편리를 찾는 사람들에게도 부합하는지를 알아야 했다.〉[17]

많은 기업들은 매출액을 늘리기 위해 그들의 제품을 재정립하는 새로운 방안을 모색했다. 코카콜라는 원래 두통 치료제로서 판매되었다. 코카콜라는 대중적인 음료로서 재정립되었다. 애틀랜타의 한 약사로부터 공정 특허를 사들인 캔들러 Asa Candler는 〈만성 두통 경험자들이 1주일에 한 번만 두통을 경험한다는 것을 추론하였다. 보통 사람들은 1년에 한 번만 두통을 경험한다. 모든 사람들이 매일 겪고 있고 1년 중 6개월 또는 8개월 동안 치유된다고 하지만 1시간도 안 되어 재발되는 무시무시한 질병이 있다. 이름하여 질병의 이름은 갈증이었다.〉[18]

1919년, 아메리칸 설탕 제조회사는 연중 내내 생산해 낼 수 있는 신제품인 도미노 골든 시럽을 소개했다. 당시까지만 해도, 대부분의 미국인들은 가을철에 수확되는 당밀을 〈겨울의 팬케이크 철〉 동안 팬케이크를 해 먹는 데 사용했다. 소비자들로 하여금 1년 내내 팬케이크를 먹게끔 확신시키는 일이 어렵다는 것을 발견한 회사는 도미노 시럽을 시럽의 새로운 용도로 제시했다. 아메리칸 설탕 제조회사는 도미노 시럽을 끼얹은 호두 아이스크림을 광고하여 더운 여름철에도 간이 식당에서 판매하기 시작했다.[19]

기업들은 또한 그들의 제품을 촉진하고 매출액을 늘이기 위한 수많은 직접적인 마케팅 계획을 실험했다. 프리미엄과 무료 샘플은 1920년대 중반에 흔해졌다. 가정용 용품의 주요 제조업자들은 쿠폰에 많은 의존을 해왔고 지방의 신문에 광범위한 광고 선전을 게재했다.

그러나 어떠한 것도 소비자 신용만큼이나 미국 임금 소득자들의 구매 습관을 재정립하는 데 성공적인 것은 없었다. 할부 구입은 유혹적인 것이었고 많은 사람들에게 중독적인 것이었다. 10년도 안 되어 열심히 일하고 검약했던 미국인들의 국가가 항시 새로운 순간적인 만족만을 찾는 쾌락주의 문화로 바뀌었다. 주식 시장이 대폭락한 때에도 미국에서 판매된 라디오, 자동차 및 가구의 60퍼센트가 할부금 신용으로 구입된 것이었다.[20]

1920년대 많은 요인들이 대량 소비의 심리를 만들어내기 위해 이용되었다. 아마도 변혁 기간 중에 일어난 가장 지속적인 변화는 교외의 출현이었다. 부유하고 저명한 사람들의 한가로운 교외 생활을 부분적으로 본 뜬 새로운 종류의 주택이 나타났다. 경제학자인 피트킨 Walter Pitkin은 〈교외의 주택 소유자들이 이상적인 소비자들이 될 것이라는 것을 예측했다.〉[21]

1920년대 700만 명 이상의 중산층 가족들이 교외로 이주했다.[22] 많은 이들은 도시에서 시골로의 이동을 미국의 사회에 도착했다는 선언과 같은 통과 의례로 보았다. 교외의 주택 소유자들은 컨트리 클럽 레인 Country Club Lane, 그린 에이커 에스테이트 Green Acre Estate와 같이 귀족풍의 소리가 나는 거리와 구역 명칭 속에 나타난 새로운 종류의 지위를 부여하였다. 〈세상 사람들에게 지지 않아야 한다는 것은〉 우선적인 과제가 되었고 많은 교외 주택 소유자들에게 있어선 거의 강박 관념이 되었다. 광고인들은 그들의 성(城)을 끝없는 신제품과 서비스로 채우려는 신흥 교외의 〈귀족〉들에 목표를 맞추었다.

1929년 경에는 소비자주의의 대중 심리가 미국에 자리잡고 있었다. 미국의 전통적인 미덕이었던 양키의 검약 및 프런티어 자기 희생 정신이 시들어 가고 있었다. 그 해 후버 대통령의 경제 변화에 관한 위원회는 보고서에서 10년이 안 되는 기간 동안 발생한 인간 심리에 있어서의 심오한 변화를 발표했다. 이 보고서는 미국의 앞날에 놓여 있는 것을 예측하는 것으로 끝을 맺었다.

이 조사는 이론적으로 오랫동안 사실인 것으로 여겨진 것들을 결론적으로 입증했다, 즉 욕구는 결코 충족될 수 없으며 충족된 하나의 욕구는 또 다른 욕구를 불러일으킨다는 것이다. 결론은 우리 앞에 경제적으로 무한한 장이 있다. 욕구가 재빨리 충족되는 만큼 새로운 욕구들이 보다 새로운 욕구를 불러일으킨다…… 광고와 그 밖의 판매 촉진 기구로 생산에 대한 상당한 유인이 만들어졌다…… 우리는 더욱 더 많은 활동을 계속할 수 있는 듯하다…… 우리의 상황은 다행스러운 것이고 그 여세 또한 놀랄 만하다.[23]

불과 수개월 뒤에 주식 시장이 폭락하여 미국과 전 세계를 현대의 가장 암울한 경제 불황 속으로 침몰시켰다.

당시의 많은 정치가 및 기업의 지도자와 같이 후버 위원회는 공급이 수요를 창조한다는 생각에 고착되어, 경제를 대공황으로 기울여 놓은 부정적인 역동성을 볼 수가 없었다. 새로운 노동 절약 기술의 도입으로 인한 기술 실업의 증가를 보상하기 위하여 미국의 기업들은 엄청난 돈을 광고와 마케팅에 쏟아 부어 아직까지 일자리가 있는 노동력이 돈 쓰기에 몰두하게끔 만들기를 바랐다. 불행히도, 임금 소득자의 수입은 생산성 및 산출량 증가를 따라잡기에 충분히 상승하지 못했다. 대부분의 사용자들은 생산성 향상으로 실현된 추가 이익을 고임금의 형태로 노동자에게 나누어 주기보다는 자신들의 주머니에 챙기는 것을 선호했다. 포드 Henry Ford는 칭찬할 만하게도 노동자들은 기업체들이 만들어 내는 제품을 사기에 충분한 임금을 받아야 한다는 것을 제시했다. 그렇지 않으면 〈누가 우리 차를 사 주지?〉 하고 물었다.[24] 그의 동료들은 그와 같은 충고를 무시했다.

기업계는 기업들이 예기치 않은 횡재성 이익을 거두어들이고 임금을 삭감하여 과잉 생산을 흡수하기에 충분한 소비자 부양책을 쓸 수 있다는 것을 확신하고 있었다. 그러나 그와 같은 부양책 역시 말라가고 있었다. 새로운 광고 및 마케팅 계획은 대량 소비의 새로운 심리를 촉진시켰다. 그러나 시장에 범람하는 모든 신제품을 구매하기에 충분한 수입이 부족한 미국의 노동자들은 외상으로 구매를 계속했다. 당시의 몇몇 비평가들은 〈물건들이 만들어지기 무섭게 빚을 지게 된다〉고 경고했다.[25] 그와 같은 경고는 듣는 이가 아무도 없어 너무나 때늦은 것이 되었다.

기업계는 기업의 그와 같은 성공 그 자체가 점증하는 경제적 위기의 근원이라는 사실을 이해하지 못했다. 노동자를 노동 절약의 기술로 대체함으로써 미국의 기업들은 물건을 살 구매력이 부족한 보다 많은 수의 실업자나 불완전 고용 상태하의 노동자를 만들어냄으로써 생산성을 향상시킬 수 있었다. 심지어 경기 침체 기간 동안에도, 생산성 향상이 노동의 대체와 실업 증가를 가져오고, 경제 침체를 심화시켰다. 1938년에 발간된 제조업 부문의 연구에서 밀스 Frederick Mills는 단위 시간당 노동력의 감소 중 51퍼센트가 생산의 감소와 직접적으로 관련이 있는 반면, 49퍼센트는 놀랍게도 생산성 향상과 노동 대체와 관련이 있었다는 것을 발견했다.[26] 경제 시스템은 탈출구가 없어 보이는 끔찍하고도 아이러니컬한 모순 속에 잡혀 있는 듯했다. 악화 일로의 경기 침체에 발목을 잡힌 많은 회사들은 생산성 향상을 위하여 노동자를 기계로 대체함으로써 원가를 계속 절감하여 불에 기름을 붓는 결과가 되어 버렸다.

경기 침체의 구렁텅이 속에서 영국의 경제학자인 케인즈John Maynard Keynes는 정부가 경제 정책을 규제하는 방법을 근본적으로 바꾸어 놓았던 『고용, 이자 및 화폐에 관한 일반이론 The General Theory of Employment, Interest and Money』을 발간했다. 통찰력 있는 문구로 그는 독자들에게 미래에 심대한 충격을 줄 새롭고 위험한 현상에 대해 경고했다. 〈우리는 지금 독자들이 그 이름을 들어보지도 못한 듯한 새로운 질병에 시달리고 있으며 독자들은 다가오는 미래에 '기술 실업'이라는 말을 수없이 듣게 될 것이다. 이는 노동력의 사용을 경제화하는 수단의 발견이 노동에 대한 새로운 용도를 발견하는 속도를 능가하여 발생하는 실업을 의미한다.〉[27]

1930년대 많은 주류 경제학자들은 노동 절약 기술에 의한 능률 향상과 생산성 증대가 모든 산업국가의 경제적인 곤경을 악화시킨다는 것을 제시하고 있었다. 노동 운동가, 기업의 지도자, 경제학자 및 정부의 관리들은 많은 사람들이 자본주의의 궁극적인 모순으로 여겨지는 것으로부터 빠져나올 길을 찾아보기 시작했다. 노동조합은 위기에 대한 공평한 해결책으로서 근로 시간의 단축을 위한 로비를 하기 시작하였으며 노동자들은 새로운 노동 절약 기술에 의한 생산성 향상의 몫을 공유할 권리를 갖는다고 주장했다. 더욱 더 많은 사람을 좀더 적은 노동 시간으로 고용함으로써 노동 지도자들은 실업을 줄이고 구매력을 촉진하여 경제가 부활되기를 희망했다. 전국의 노조원들은 〈노동의 공유〉라는 깃발 아래 함께 모였다.

▍노동 공유 운동

1929년 10월에는 100만 명도 안 되는 사람들이 일자리가 없었다. 1931년 12월 경에는 1000만 명 이상의 사람들이 일자리가 없었다. 6개월 뒤인 1932년 6월에는 실업자의 수가 1300만 명으로 늘어났다. 실업은 경기 침체가 최고조에 올랐던 1933년 3월, 1500만 명 이상이 일자리를 상실함으로써 절정에 달했다.[28]

더욱 더 많은 수의 경제학자들은 그와 같은 침체의 원인을 재화 및 서비스에 대한 수요가 창출되는 속도보다 더 빠르게 생산성과 산출량을 증대시켜 놓은 1920년대의 기술 혁명에서 찾는다. 일찍이 반 세기가 조금 넘기 전에, 엥겔스 Frededrick Engels는 〈현대 기계의 완벽성 증가로 개별 산업 자본가가 항상 그의 기계를 개선하고 생산력을 증가시켜야 한다는 것이 의무적인 법칙이 되었으나 시장의 확대가 생산의 확대 속도를 쫓아가지 못하고 있다. 그러므로 충돌은 불가피하다.〉고 말했다.[29]

한때 지나치게 비관적이고 잘못되었다고 여겨졌던 엥겔스의 견해가 지금은 전통적인 경제학자와 기술자에 의해 받아 들여지고 있다. 코넬 대학의 공과대학장인 킴볼 Dexter Kimball은 많은 사람들과 같이 새로운 노동 절약, 시간 절약 기술과 효율 향상 및 실업 증가 사이의 풀려질 수 없는 관계를 연구하기 시작했다. 〈최초로〉〈우리의 생산 방법 및 기자재에 관한 새롭고 날카로운 문제가 제기되었고…… 우리의 산업 기자재가 너무나 효율적인 관계로 영구적인 과잉 생산이 일어나 결과적으로 기술 실업이 불변 요인 permanent factor이 될 것이라는 공포가 표명되었다〉고 말했다.[30]

당시의 노동 지도자들은 생산성 향상을 사람들에게 일자리를 되돌려 주고 구매력을 증진시키는 한편, 유한(有閑) 경제를 출발시키려는 방안으로서 근로 시간의 단축과 연계시키려는 생각을 가졌다. 1920년대 줄곧 생산성 향상이 근로 시간의 단축이라는 형태로 노동자와 공유되어야 한다는 노동계의 주장이 계속되었지만 근무 일수 단축에 대한 주장은 경제적인 혜택보다는 여가라는 심리적이고 사회적인 혜택에 집중되었다. 역사가인 허니커트 Benjamin Hunnicutt는 1929년 미국 노동 총연맹 AFL의 총회에서, 노동 시간 단축에 관한 중앙 집행위원회의 최종 보고서는 〈실업이나 고임금 문제에 대해선 어떠한 언급도 하지 않고 그 대신 노동자의 여가에 대한 장황한 찬사와 함께 여가가 육체와 정신 및 영혼의 완전한 발달과…… 삶의 풍족함 …… 사회적 진보 …… 및 문명 자체를 위해 필요하다.〉고 했다.[31]

1932년 경에 노동 운동은 근로 시간의 단축에 대한 주장을 삶의 질에서 경제 정의로 전환하였다. 노동 지도자들은 기술 실업을 〈능률 향상과 경제적 과잉 및 제한적인 시장의 자연적인 결과〉로 인식했다.[32] 그들은 국가가 광범위하고 영구적인 실업을 피하려 한다면 기업계가 근로 시간의 단축이라는 형태로 생산성 향상을 노동자와 공유하는 것이 필요하다고 주장했다. 시간의 재분배는 더욱 더 생존의 문제로 보였다. 새로운 기술이 생산성을 높이고 더욱 더 적은 수의 노동자를 필요로 하고 공급 과잉을 유도한다면 단 하나의 적절한 해독제는 근로 시간을 줄여 모든 사람들이 생산 증가를 흡수할 수 있는 일자리와 충분한 수입 및 구매력을 갖는 것이다. 영국의 위대한 수학가이자 철학자인 러셀 Bertrand Russell은 노동에 대한 예를 들어 말한 바 있다. 〈누구는 하루 8시간 또 아무개는 하루 0시간을 일할 필요 없이 모두 하루 4시간 일을 하면 된다.〉[33]

1932년 7월 20일, 미국 노동 총연맹의 중앙집행위원회는 애틀랜타 시의 집회에서 후버 대통령에게 주 30시간 노동제 실행으로 수백만 명의 빈들거리는 남녀에게 일자리를 만들어 주기 위하여 기업계 및 노동계의 지도자 회의를 소집해 줄 것을 요구했다.[34] 소비자의 구매력이 자극되기를 원했으나 어떤 실행 가능한 해결 방법이 없었던 많은 기업의 지도자들은 어쩔 수 없이 근로 시간의 단축 운동에 참가해야 했다. 배틀 크리크 Battle Creek의 켈로그 Kellogg, 시어즈 로벅 Sears Roebuck,

뉴저지의 스탠더드 오일 Standard Oil, 허드슨 자동차 회사 Hudson Motors를 포함한 굵직한 기업체들이 고용을 유지하기 위하여 근로 시간을 주 30시간으로 단축했다.[35]

켈로그의 결정은 가장 야심에 차고 혁신적인 것이었다. 소유주인 켈로그 W. K. Kellogg는 〈3교대 8시간 대신에 4교대 6시간으로 돌린다면 배틀 크리크에 있는 300명 이상의 가장들에게 일자리와 봉급을 줄 수 있다〉고 생각했다. 자기 종업원의 적절한 구매력을 확보해 주기 위하여 회사는 남성 노동자의 최소 임금을 일당 4달러로 올려 주는 한편 시간당 임금을 12.5퍼센트 인상시켜 주었는데 이는 매일 2시간의 근로 시간 손실을 상쇄해 주었다.[36]

켈로그의 경영층은 노동자들이 고임금과 근로 시간의 단축을 향유함으로써 생산성 향상으로부터 혜택을 받을 수 있어야 한다고 주장했다. 회사는 근로 시간의 단축으로 직무에 대한 열의와 능률이 개선되었음을 보여주는 보고서를 만들어 냈다. 1935년 켈로그 사는 〈하루 6시간 근로제를 5년간 운영한 결과 25퍼센트의 단위 원가(혹은 간접비)가 절감되었고 노무비는 10퍼센트, 사고율은 41퍼센트 그리고 1929년에 비해 39퍼센트의 더욱 더 많은 사람들이 켈로그에서 일하게 되었다〉는 자세한 연구 보고서를 발행했다.[37] 이 회사는 그러한 달성에 대해 자부심을 갖고 다른 기업들과 자신들의 통찰력을 공유하기를 희망했다. 〈이론에 불과한 것을 우리가 갖고 있는 것이 아니다. 우리는 5년 동안의 실제 경험으로 그것을 입증했다. 근로 시간이 짧을수록 우리 종업원의 능률과 사기는 너무나 올라갔고 사고율과 보험율 역시 개선되었으며 단위당 생산비 역시 낮아져 예전의 8시간 근무에서와 똑같이 6시간 근무 하에서도 임금을 줄 여유가 있었다.〉[38]

켈로그의 철학은 노동자의 능률 향상 및 실업의 감소라는 개념 이상의 것으로 확장되었다. 사장인 브라운 Lewis L. Brown은 켈로그 가족을 대변해 생산성 향상의 목표가 이윤뿐만 아니라 수백만의 미국 노동자에게 여가 시간을 주는 것이라면 노동자들은 가족과 지역 사회에 대한 그들의 의무를 새롭게 하는 한편 자신들의 개인적인 자유를 넓힐 수 있을 것이라고 말했다. 그 회사는 체육관 및 레크레이션 홀, 야외 체육 공원, 종업원을 위한 정원 부지, 탁아소 및 종업원들이 미시건의 자연 경관을 즐길 수 있는 자연 센터 등의 건립을 포함하여 여가 윤리를 발전시킬 수 있는 공장과 지역사회에서의 수많은 혁신 조치들을 도입하였다.[39]

산업협의위원회가 시행한 1,718명의 기업체 중역에 대한 조사에서, 1932년 경에 절반 이상의 미국 기업이 고용을 유지하고 소비자 지출을 촉진하기 위하여 근로 시간을 감축했다고 한다.[40] 전국상공회의소의 의장인 해리맨 H. I. Harriman은 미국의 노동자들에게 일자리를 더욱 더 골고루 나누어주는 것을 지지한다고 말하면서 〈우리의 이웃이 전혀 일을 하지 못하고 있는 동안 우리들 중 일부가 온 시간을 일하는 것보다는 우리 모두가 근로 시간 중 일부를 나누어 일하는 것이 좋다〉고 말했다.[41]

1932년 12월 31일, 앨라배마의 상원의원인 블랙 Hugo L. Black은 〈고용을 다루는 유일한 실제적이고 가능한 방법〉으로서 주당 30시간 근로를 요구하는 법안을 미국 상원에 제출했다. 블랙은 전국에 방송된 라디오 연설에서 미국인들이 〈30시간 근로 법안〉을 지지해 줄 것을 촉구했다. 그는 그 법안이 통과되면 650만 명 이상의 일자리가 없는 미국인들이 즉각적으로 일자리를 갖게 되는 한편 새로이 고용된 수백만의 임금 소득자들의 구매력이 증가함으로써 산업도 혜택을 받을 것이라고 예측했다.[42]

1933년 1월과 3월 블랙 법안에 관한 의회의 청문회에서, 미국 노동총연맹의 그린 William Green은 〈일자리가 없어 빈들거리며 일자리 찾기를 갈망하는 수백만의 노동자에게 근로 기회를 제공하고 만들어 주려 한다면 근로 시간 단축은 일반적으로 그리고 보편적으로 적용되어야 한다고 굳게 확신한다〉는 것을 증언했다.[43]

놀랍게도 상원은 국내 및 국외에서 활동을 하는 모든 사업체는 주당 30시간 근로를 준수해야 한다는 블랙 법안을 1933년 4월 6일 53대 30으로 통과시켰다. 상원의 투표는 온 국민을 깜짝 놀라게 하였으며 월 가(街)를 전율시켰다. 노조의 기관지인 *Labor*는 〈위대한 승리 Great Victory〉라는 전단 표제를 실었다. 전국민과 같이 상원의 회의장에서 일어난 일에 대해 쉽게 믿으려 하지 않는 편집자들은 그 사건의 중요성을 숙고했다. 그들은 〈10년 전에, 그와 같은 법안은 위원회에서 아마도 묵살되어 버렸을지도 모른다. 지난 주에 보수, 진보할 것 없이 상원의 엄청난 다수가 그 법안을 찬성했다. 이는 최근의 역사에 있어 가장 놀랄 만한 여론의 변화이다〉라고 글을 썼다.[44]

블랙 법안은 곧 노동위원회 의장인 메사추세츠의 코너리 William P. Connery가 신속한 통과를 예측한 하원에 회부되었다. 그 법안은 하원이 입법안을 통과시켜야 한다는 권고와 함께 위원회에서 투표로 통과되었다. 그 입법은 확실한 듯하였다. 대부분의 미국인들은 세계에서 처음으로 주당 30시간을 일하는 노동자가 될 것으로 생각했다. 전국민의 흥분도 잠시, 미국의 기업계 지도자와 루스벨트 대통령은 공동으로 그 법안을 무효화시키려는 즉각적인 움직임을 보였다. 행정부가 근로 시간의 단축이 단기적으로는 일자리를 제공하여 구매력을 부추긴다는 것을 인정하였으나 루스벨트는 그것이 성장을 둔화시키고 미국의 해외 경쟁력을 저해하는 등의 부정적인 장기적 영향에 대해 우려했었다. 비록 근로 시간을 단축하는 임의적인 단기 전략에는 찬성하였으나 기업계는 주당 30시간을 제도화하고 미국 경제의 영원한 특징으로 만드는 연방 법안에는 반대했다.

루스벨트는 정부가 특정 산업에 있어 주당 근로 시간을 정하도록 허용하는 조항이 포함된 전국 산업 부흥법 NIRA의 통과를 약속해 주는 대가로 하원의 의사운영위원회가 블랙과 코너리 법안을 폐기토록 설득시켰다. 전국 산업 부흥법의 입법은 노조가 오랫동안 연방 법안의 형태로 모색해 온 요구 사항으로 노조의 조직 결성권과 경영자와의 단체 교섭권을 보장하기 때문에 의회 및 노동계의 대부분이 손을 들었다. 본질적으로 근로 시간의 단축은 미국의 작업장을 조직화하려는 노조가 연방 법률의 완전한 보호를 받는 권리를 대가로 해서 희생된 것이다.

후일, 루스벨트는 〈블랙-코너리의 주당 30시간 법안을 반대하지 말고 의회 통과를 밀어붙였어야 했다.〉고 후회를 했다.[45] 1937년, 루스벨트는 당시 악화되는 고용 사정을 다루기 위해 소집된 의회의 특별위원회에서 연설을 했다. 그는 50여 년 전 의회에서 연설했을 때와 같이 오늘날에 있어 시의 적절하고 중요한 질문을 던졌다. 〈우리 근로 대중의 수입이 증가된 생산을 흡수할 시장을 만들 수 있도록 실제적으로 확대되지 않는다면, 기업인들로 하여금 미국 산업의 생산 능력을 확대하라고 권장한다고 미국이 궁극적으로 얻을 것은 무엇인가.〉[46]

소비자 신용의 붕괴로 〈소비 복음〉 운동이 저지되고 〈노동 공유〉 운동이 의회의 무력한 활동으로 방해를 받음에 따라 미국은 침체하는 경제로부터 탈출하기 위하여 연방 정부에 의존하기 시작했다. 그것은 미국의 광범위한 기술 실업과 비효과적인 소비자 수요의 두 가지 문제를 해결하려는 뉴딜 형태의 새로운 접근 방법으로 나타났다.

▋뉴딜 정책

집권 후 불과 수개월이 지나 루스벨트 대통령은 미국에 일자리를 되돌려주기 위한 일련의 입법안 계획 중 최초의 것을 법률로 제정했다. 1933년의 전국 산업 부흥법은 정부가 확대된 공공 사업 프로그램으로 수백만의 사람을 고용하도록 한다는 것이다. 새로운 계획을 미국민에게 밝히면서 루스벨트는 〈우리의 첫번째 목표가 가능한 한 빨리 고용을 창출하는 것〉이라는 점을 명백히 하였다. 뉴딜 행정부는 자신들의 역할을 침체된 경제를 효과적으로 되살려 출발시킬 수 있는 일종의 예비 지원 메커니즘이며 최후 수단인 고용주의 역할로 보았다. 루스벨트는 정부의 새로운 역할을 강조하면서 다음과 같이 말했다. 〈이 같은 총체적 노력의 목표는 거대한 소비 능력을 높임으로 우리의 윤택한 국내 시장을 회복하는 것이다. ……사람들의 갇혀진 수요는 엄청나 그러한 수요를 전반적으로 풀어 준다면 더딘 경기 회복을 우려할 필요가 없다.〉[47]

전국 산업 부흥법에 이어 400만 명이 넘는 실업자에게 일자리를 찾아 준 1933년과 1934년의 공공 사업 행정 위원회가 그 뒤를 이었다.[48] 1935년에는 더욱 더 야심 찬 고용 창출 노력인 사업 추진 행정 위원회 WPA가 출발하였다. 사업 추진 행정 위원회의 목적은 노동 집약적이고 실행에 자금이 거의 들지 않으며 재빨리 완성될 수 있는 루스벨트 행정부가 〈라이트 프로젝트 light project〉라 칭한 것을 주도함으로써 소비자의 즉각적인 구매력을 촉진하려는 것이었다. 그와 같은 생각은 자재나 기계보다는 인력을 많이 사용하여 가능한 한 빠르게 그리고 가능한 한 많은 노동자의 수중에 봉급을 쥐어주는 것이었다. 소매 산업의 진작을 돕기 위한 목적으로 백악관은 비숙련 및 준숙련 노동자의 일을 강조하는 한편 의도적으로 대규모 자본 지출의 중요성을 덜 강조함으로써 돈을 가장 즉시 소비시킬 수 있는 집단의 수중에 직접적으로 쥐어 주기를 바랬다.[49] 루스벨트를 위해 사업 추진 행정 위원회를 주도한 홉킨스 Harry Hopkins는 〈정부의 최우선 과제는 국가의 수입을 올려 미국의 혜택받지 못한 1/3이 소비자가 되어 경제에 참여시키는 것이다〉라고 주장했다. 루스벨트 두뇌 집단내의 홉킨스와 그 밖의 사람들에게 있어서 경제 공황의 주 원인이 〈소비자의 소득이 시장에서 상품을 사들일 정도로 충분히 빠르게 늘어나지 못했다〉는 것에 있었다는 것이 너무나 명백해졌다.[50] 정부가 해야 할 일은 일자리와 돈을 주고 구매력을 늘려줌으로써 경제의 엔진을 재가동시키는 것이었다.

사업 추진 행정 위원회 이외에도, 루스벨트 행정부는 테네시 강 유역 개발공사 TVA에 착수하는 한편 정부의 고용을 부추기고 농촌 지역 및 기업에 값싼 전력을 공급하기 위해 발전소 및 보울더·그랜드 쿨리

댐을 건설했다. 미국의 젊은이를 훈련시키고 고용하기 위하여 전국 청년 행정 위원회가 1935년 설립되었다. 연방 극장 프로젝트 FTP와 연방 작가 프로젝트 FWP로 미국의 많은 예술가들이 일자리를 되찾을 수 있었다. 연방 주택 행정 위원회 FHA가 설립되었고 주택 소유주 대출 협회 HLA가 설립되어 건설업의 고용을 부추기는 한편 금전적으로 고통을 받는 주택 소유자들을 도와주었다. 마지막으로, 농부들이 경제공황을 극복할 수 있도록 1933년의 농업 조정 법안과 1936년 토지 보존 법안이 통과되었다.

미국의 구세대를 지원하고 소비자 지출을 촉진하기 위하여, 루스벨트 행정부는 1935년의 사회 복지 법안을 통과시켰다. 실업 수당이 잠정 해고된 노동자의 부담을 덜어주기 위해 제정되었다. 행정부는 또한 최저 임금을 보장하기 위하여 공정 노동 표준법과 노조의 결성을 손쉽게 하기 위하여 전국 노사 관계법 NLRA을 통과시켰다. 강력한 노조 운동이 임금 개선을 위한 협상을 보다 효과적으로 할 수 있고 경제를 윤택하게 해주는 추가적인 소비자 구매력을 제공할 수 있다고 믿었다.

뉴딜 행정부는 또한 조세 정책으로 구매력을 조정하려 하였다. 에클레스 Marriner Eccles와 같은 몇몇 경제학자들은 연방 조세 수입의 약 60퍼센트를 차지하는 소비세를 낮추고 소득, 증여, 기업 이익 및 부동산에 대한 과세를 높여 경제를 촉진하려는 조세 정책을 위해 열심히 싸웠다. 그러한 아이디어는 〈지나치게 쌓아둔〉 돈을 부자로부터 거두어 들여 더욱 더 돈을 쓸 것 같은 중산층과 노동 계급 그리고 가난한 사람들에게 줌으로써 판매와 경제 성장을 부추긴다는 것이었다.[51]

뉴딜은 부분적인 성공만을 거두고 말았다. 1940년 미국의 실업은 약 15퍼센트를 상회하고 있었다. 비록 실업률이 29.4퍼센트에 이르렀던 1933년도보다는 상당히 낮아졌지만 경제는 침체 국면을 벗어나지 못했다.[52] 아직까지도, 루스벨트 대통령의 많은 개혁 프로그램은 이후 줄곧 공공 정책에 있어 확고하게 자리잡은 연방 정부의 새로운 역할을 설정시켜 놓았다. 그 이후부터, 정부는 경제가 흔들리지 않게 적절한 고용 및 수입 수준을 보장하기 위하여 국가의 경제 활동을 규제하는 데 있어 중요한 역할을 하게 되었다.

1930년대 미국 및 여타 국가에서 수많은 정부의 새로운 프로그램이 추진되었음에도 불구하고 우선, 전 세계적인 경제 위기를 촉발했던 산업 시스템의 풍토병 같은 약점은 계속 국제 경제 사회를 괴롭혔던 것이다. 미국의 경제를 살려 주었던 것은 바로 세계대전이었다. 미국이 2차 세계대전에 뛰어든지 1년 내에, 정부의 지출이 169억 달러에서 519억 달러로 껑충 뛰어 올랐다. 1943년, 연방 정부의 전쟁 경비는 169억 달러 이상이 되었다. 실업이 1942년 절반으로 줄어들었고 1943년 다시 그 절반으로 줄어들었다.[53]

▌전후 세계

전쟁 경제는 대일(對日) 전승 기념일(V-J Day) 이후에도 미국의 경제를 지배해 온 미궁과도 같이 복잡한 국방성의 거대한 군산(軍産) 복합체 형태로 계속되었다. 1980년대 말 경에, 2만 개 이상의 거대한 국방 계약 업체 및 10만 개의 하청업체들이 국방성의 프로젝트에 참여하였다.[54] 총 재화의 소비 중 국방성이 차지하는 비중은 레이건 및 부시 행정부 당시 10퍼센트가 넘었다. 군산 복합체는 괴물과 같이 부풀어져 산업 전체를 뚝 잘라 하나의 국가로 생각한다면 세계에서 13번째로 큰 힘을 가진 국가가 될 것이다. 1980년대 미국은 2조 3000억 달러 이상을 국방비에 소비했다. 새로운 자본 100달러 중 약 46달러가 군사 경제로 갔다.[55]

영구적인 군산 복합체가 추가되었음에도 전후 경기 호황은 자동화의 발전으로 인한 1950년대 및 1960년대의 계속적인 기술 실업으로 위협받았다. 특히 텔레비전 및 소비자 전자 제품 등 신제품은 그와 같은 충격을 완화시켜 주었으며 여타 산업에서 기계로 인해 일자리를 잃게 된 노동자들에게 일자리를 제공하였다. 서비스 부문 역시 괄목할 만큼 성장하여 수백만의 여성들이 경제 전선에서 일을 하기 위해 가정을 떠남으로 생긴 공백을 부분적이나마 메워주었다. 정부의 지출은 일자리를 계속해서 제공해 주어 기술 실업의 효과를 완화시켜 주었다. 1929년 정부의 지출은 국민 총생산 중 12퍼센트에 불과했다. 1975년경 정부의 총지출은 미국 국민 총생산의 33.2퍼센트 이상을 차지했다.[56]

역사상 가장 돈이 많이 든 공공사업 프로젝트인 1950년대의 전국 방위 고속도로 법률은 새로운 고속도로와 교외 문화를 만들어냈고 미국의 모든 지역에서 새로운 고용 기회를 열어 놓았다. 1960년대의 위대한 사회 건설을 위한 프로그램 Great Society Program은 미국의 가난한 많은 사람들에게 일자리를 주었고 다시 한번 생산성 향상 및 늘어가는 기술 실업의 부정적인 측면을 약화시켜 주었다. 냉전과 월남전으로 정부의 많은 돈이 국방 산업으로 쏟아져 들어가 신기술로 인해 해고되었을지도 모르는 사람들을 위해 경제를 확대해 주고 고용을 보장해 주었다. 마지막으로 1970년대 중반경에는 미국 노동자의 19퍼센트 이상이 공공 부문에 일자리를 가져 정부를 미국의 최대 고용주로 만들었다.[57]

▎새로운 현실

다가오는 세기의 새로운 경제 현실은 시장이나 공공 부문이 또 다시 기술실업의 증가와 소비자 수요의 감퇴로부터 경제를 구해줄 것 같지 않다. 정보 및 전기 통신 기술로 향후 수 천만 개의 일자리가 없어지고 많은 산업과 고용 부분에서 노동의 지속적인 몰락이 예고되고 있다. 기술 낙관주의자는 첨단 기술 혁명의 신제품과 서비스는 추가적인 고용을 만들어낸다고 반박하며, 금세기 초 자동차로 인해 말과 사륜마차가 쓸모없어졌으나 그러한 과정 속에서 수백만 개의 일자리가 만들어졌다는 사실을 지적한다. 정보 시대의 많은 제품과 서비스가 구제품 및 서비스를 쓸모없게 만드는 것이 사실이지만 그것들은 생산과 운영에 있어 보다 적은 수의 노동자를 필요로 한다. 예를 들어 소비자에게 정보 및 서비스를 직접적으로 가져다 줄 수 있는 쌍방향-통신의 혁명적인 형태로 널리 알려진 정보 초고속도로는 수송 및 배급이라는 전통적인 판매 경로를 건너 뛸 수 있게 하였다. 새로운 데이터 초고속도로는 네트워크를 프로그램하고 감시하며 운영하기 위해 수많은 컴퓨터 과학자, 기술자, 프로듀서, 작가 및 연예인을 필요로 한다. 그럼에도 불구하고 그들의 수는 새로운 매체로 자신들의 일자리가 불필요하고 관련성이 없게 되는 도매업 및 소매업 부문의 수백만 명의 노동자에 비하면 그 수가 미미하다.

한때 미국 노동총연맹-산업별 조합회의 AFL-CIO의 전문직 종업원 부서에 근무했던 채모트 Dennis Chamot는 아주 절박한 또 다른 예로서 첨단 기술 혁명의 새로운 성장 산업 가운데 하나인 생명 기술 산업의 출현을 들었다. 클린턴 행정부와 특히 알 고어 부통령은 완전히 새로운 일자리를 만들어 주고 그러한 일자리 중 많은 것은 불과 10년 전에는 상상조차 할 수 없었던 새로운 산업의 유형으로 종종 생명 기술을 꼽고 있다. 직업의 유형이 새로울 수 있으나 산업의 자본 집약적인 성질로 일자리의 수는 극히 적다. 생명 기술 산업은 지난 10년 동안 9만 7000개도 안 되는 일자리를 만들어냈다. 채모트는 우리들에게 〈그러한 수치의 두 배나 되는 일자리가 지난 1993년 한 해에 다운사이징을 통해 없어졌다〉는 것을 상기시켜준다. 실업률을 한 자리 수로 줄이기 위해서는 〈우리들이 하룻밤 사이에 우리 사회의 현재 과학, 기술 및 경제적 능력으로는 불가능한 열한 개의 생명 기술 산업〉을 만들어내야 한다고 말한다.[58]

기업계의 많은 사람들은 새로운 첨단 기술 혁신 및 산업이 그들이 대체하는 것보다도 훨씬 적은 수의 일자리를 만들어내고 있다는 것을 인정한다. 그러나 그들은 국내 시장의 손실이 국외 수요의 증가 및 해외 신시장의 개척으로 균형을 이룰 수 있다고 계속해서 믿고 있다. 오늘날의 국제 기업들은 무역 장벽을 낮추고 재화와 서비스 생산의 확대를 위해 시장을 찾으며 새로운 미개발 지역에 진입하기 위해 격전을 벌이고 있다. 그들은 신시장이 새로운 기술 혁명으로 증가된 생산 잠재력을 흡수할 정도로 빠르게 만들어질 수 있기를 희망한다. 레이건 대통령 당시 경제 자문 협의회의 전직 의장인 와이덴바움 Murray Weidenbaum은 아시아와 태평양에서 개방된 새로운 시장이 미국의 상품에 대한 소비자의 새로운 구매 원천을 제공할 것이라고 주장하는 사람들 가운데 하나이다.[59]

그러나 새로운 시장을 만들기 위한 기업체의 노력은 미국에서 진행 중인 동일한 산업 및 경제 요소가 세계 경제의 대부분에 영향을 미친다는 단순한 이유에서 아주 제한적인 성공을 거두고 있다. 유럽 및 일본 그리고 수많은 개발도상 국가에 있어서 리엔지니어링 및 자동화는 가속적으로 인간의 노동력을 대체하여 많은 국가에 있어 효과적인 수요를 감퇴시키고 있다.

국내외에서 빈사 상태의 시장에 직면한 많은 기업들은 원가를 절감하고 줄어들기만 하는 수입에서 더욱 더 많은 이익을 짜내기 위한 방편으로 새로운 노동 절약 기술에 의존하고 있다. 〈원가에 대단히 예민한 미국의 기업들은 더욱 더 많은 기계나 노동력을 구입하기보다는 노동을 기계로 대체하려 노력하고 있다.〉고 디알에스 맥그로 힐 컨설팅 DRS/McGraw-Hill 사의 선임 경제학자인 와이스 David Wyss는 말한다. 상무성은 미국의 기업들이 1993년 새로운 자본 투자에 5920억 달러 이상을 쓴 반면에 더욱 더 많은 수의 노동자가 요구되는 신규 공장이나 건물에는 1200억 달러가 안 되는 돈을 썼다고 보고한다. 기업체들은 나머지 돈을 보다 값싼 원가 및 보다 적은 수의 노동력을 갖고 동일한 산출량을 만들어낼 수 있도록 기존 설비의 효율을 높이는 데 사용하였다. 물론 절감은 일시적일 뿐이다. 노동자 수의 감소는 경제 전반에 걸쳐 구매력 저하로 나타나 잠재 시장 및 수입을 더욱 더 위축시킨다.[60]

대부분의 산업계에 있어서 실업 상승과 불완전 고용으로 수요가 심각하게 약화되어, 기업계는 구매력을 촉진시키기 위해 손쉬운 소비자 신용을 확장하는 데 매달려 왔다. 할부 구입, 대출 및 신용 카드 구입은 많은 산업 국가에서 하나의 생활 양식이 되었다. 미국만 하더라도, 개인 소비자의 부채가 1960년대에 210퍼센트가 증가하였고 1970년대에는 268퍼센트가 증가하였다. 오늘날 그러한 부채는 4조 달러 이상이다.[61] 연방 준비 위원회의 1994년 보고서에 따르면 미국 중산층의 가정이 이전의 경기 회복 기간보다도 실질적으로 높은 수준인 수입의 약 1/4을 신용 제공 기관에게 지불하고 있다. 그와 같이 불안한 수치에 대해 연방 준비 위원회의 린제이 Lawrence B. Lindsey와 같은 이는 〈전체적으로 볼 때 우리 나라에 있어서 경제적으로 가장 괜찮아 보이는 시기 가운데 하나로 보이는 시대가 대다수의 가계 부문이 오랫동안 직면해 온 가장 위험한 시기 중 하나로 보이는 시대와 대조를 이룬다.〉고 말한다.[62] 그 보고서는 중산층의 임금 소득자들이 그들의 차입 능력의 한계에 가까워지고 있다고 말했다.

과거, 기술 혁명이 경제 부문에서 전반적인 일자리를 위협하였을 때, 새로운 부문이 잉여 노동력을 흡수하기 위해 출현했다. 금세기 초, 초기 형태의 제조업 부문이 자동화로 일자리를 잃은 많은 블루칼라 노동자를 재고용할 수 있었다. 그러나, 오늘날 이러한 부문이 급속한 구조 재편과 자동화의 희생물이 됨에 따라 일자리를 잃고 있는 수백만 명의 사람들을 흡수해 줄 〈주목할 만한〉 새로운 부문이 나타나지 않고 있다. 눈에 보이는 유일한 새로운 부문은 지식 분야로 미래의 새로운 첨단 자동화 경제를 알리는 데 책임을 진 엘리트 산업 집단 및 전문가 그룹이다. 소위 상징 분석가 또는 지식노동자 등의 새로운 전문가들은 과학, 공학, 경영, 자문, 교육, 마케팅, 방송 및 연예 분야 출신이다. 그들의 수가 늘어가고 있지만, 신세대의 〈생각하는 기계〉에 의해 일자리를 잃는 무수히 많은 노동자들에 비해 아직도 소수로 남아 있다.

▌무엇 때문에 재훈련을 하는가?

클린턴 행정부는 기술 실업을 줄이고 미국 노동자들의 경제 복지를 개선시켜 주는 생존력 있는 유일의 수단으로서 수백만의 미국인들을 첨단 기술의 일자리에 맞게끔 재훈련시키는 것에 그 희망을 두어 왔다. 백악관은 기존의 훈련 프로그램을 개선하고 매년 일자리를 잃는 200만 명 이상의 미국인들을 재훈련시키기 위한 신규 프로젝트를 착수하기 위해 34억 달러 이상의 연방 예산을 찾고 있다.[63] 라이시 Robert Reich 노동성 장관은 선풍적으로 미국인의 머리를 개화시키며 대대적인 재훈련 노력에 대한 국민적인 지지를 모아 왔다. 라이시는 연설마다 그의 청중들에게 〈미국이 현재 새롭고 고도의 경쟁적인 세계 경제에 진입해 새로운 경제가 성공하기 위해서는 우리의 노동자들이 세계적인 수준으로 훈련을 받아야 할 뿐 아니라 좀더 나은 교육과 고도의 숙련도를 지녀, 적응 능력이 있어야 한다〉고 경고한다.[64] 백악관이 좀더 많은 직업 재훈련을 호소하는 반면 많은 비평가들은 〈무엇을 위해 재훈련을 하지?〉라는 질문을 하기 시작했다. 농업과 제조업, 서비스 부문이 자동화를 하고 서비스 부문이 자신들의 영업을 자동화하며 리엔지니어링으로 수백만의 사람들이 일자리를 잃게 됨에 따라 이들을 재훈련시켜 어디에 취업을 시킬 것인가 하는 문제가 급선무가 되어 버렸다. 노동성의 1993년도 연구에 따르면 실직 노동자를 위한 연방 정부의 프로그램 하에서 재훈련을 받은 사람 가운데 20퍼센트도 안 되는 사람이 이전 봉급의 80퍼센트 정도를 주는 일자리에 취업할 수 있었다.[65]

새로운 첨단 기술의 세계 경제에서 찾을 수 있는 매우 드물고 좋은 일자리는 지식 부문에 있다. 미숙련 및 숙련의 많은 블루칼라 및 화이트 칼라가 물리학자, 컴퓨터 과학자, 고도의 기술자, 분자 생물학자, 경영 컨설턴트, 변호사 및 회계사 등으로 재교육을 받을 수 있다고 믿는 것은 천진 난만하다 할 것이다. 우선 일자리가 필요한 사람과 나와 있는 첨단 기술의 일자리 간의 너무나 커다란 교육 수준의 격차로 인해 어떠한 재교육 훈련 프로그램도 제한된 현재의 전문직 고용 기회에 적합할 정도로 노동자의 교육 성과를 충분히 향상시키는 것을 바랄 수 없다. 드레이크 빔 모린 Drake Beam Morin 인적 자원 컨설팅 사의 사장인 알브레히트 Charles F. Albreicht, Jr.는 〈(새로운 정보 및 원격 통신 기술로 일자리를 잃고 있는) 대다수의 사람들이 재훈련을 받을 수 있는 숙련이나 능력을 갖고 있지 못하다〉고 말한다. 엄연한 현실은 〈이러한 기계들을 관리하고 움직이게 하는 데 필요한 사고 과정과 창의성은 그들의 능력 밖에 있다〉고 알브레히트는 말한다.[66]

교육성이 지원한 〈미국의 성인 문맹〉에 관한 연구에 따르면, 9000만 명 이상의 미국인들이 너무나 형편없는 교육을 받아 〈심지어 신용 카드상의 착오를 설명하는 간단한 편지를 쓰지 못하고, 버스 시간표상의 토요일 출발을 이해하지 못하며 판매가와 정상 가격 간의 차액을 결정해 줄 계산기를 사용할 줄도 모른다〉고 한다.[67] 현재 미국의 성인 세 사람 중 한 사람은 반쯤, 또는 완전한 문맹이다. 또 다른 3500만 명은 9학년 이하의 독해 수준을 가진다고 한다. 교육자인 코졸 Jonathan Kozol이 지적한 바와 같이 〈9학년 교육 수준으로 취업할 수 있는 미국 내 일자리는 손으로 꼽을 수 있는 정도에 불과하다.〉[68] 이러한 미국인들에게 있어서, 엘리트 지식 산업에서의 새로운 일자리를 위해 재훈련 받거나 재교육을 받는다는 희망은 고통스럽게도 불가능하다. 그리고 심지어, 대규모의 재교육 및 재훈련이 실행된다 하더라도 일자리를 잃은 엄청난 수의 노동자를 흡수할 수 있는 21세기의 첨단 기술의 일자리란 그리 많지 않다.

■ 위축되는 공공 부문

지난 60년 동안, 정부 지출의 증가는 〈비효과적인 수요의 악마를 슬쩍 속여 넘길 수〉 있는 유일의 가능한 수단들이었다고 경제학자인 폴 사무엘슨은 말한다.[69] 1950년대 이후 미국의 경제를 특징지은 기술 혁신, 생산성 향상, 기술 실업의 증가 및 비효과적인 수요는 연방 정부로 하여금 일자리를 만들고 구매력을 촉진시켜 경제 성장을 부추기는 적자 지출 전략을 채택하게 하였다. 그 결과 연방 예산은 1961년 케네디 대통령이 집권한 이후 단 한 번을 제외하곤 매년 적자를 기록했다.[70]

1960년 연방 적자는 590억 달러를 초과했고 국가의 부채는 9143억 달러에 달했다. 1991년 적자는 3000억 달러를 넘어섰고 부채 규모가 4조 달러에 달했다. 1993년 적자는 2550억 달러를 넘어섰다. 미국 정부는 현재 정부가 지출하는 매 4달러마다 1달러를 빌려 쓰고 있다. 국가 부채에 대한 이자 지급만도 연간 3000억 달러로 정부 지출의 20퍼센트 이상을 차지한다.[71]

연방 적자의 확대 및 국가 부채의 천문학적인 상승은 국민들로 하여금 정부 지출을 삭감할 필요성을 느끼게 만들었다. 적자 지출과 눈덩이처럼 불어나는 빚에 대한 우려는 다른 나라에서도 찾을 수 있다. 전 세계에 걸쳐, 국가들은 적자 및 국가 부채 문제를 해결하기 위하여 자신들의 예산을 삭감하기 시작했다.

미국에서의 많은 삭감은 국방 부문에서 일어나고 있다. 50년 이상이나 미국의 경제적 번영을 유지하는 데 있어 결정적인 역할을 해온 군산 복합체가 냉전의 여파 이후 감축이 진행되고 있다. 그와 같은 삭감 작업은 소련의 붕괴에 따라 갑작스레 다가왔다.

1980년대 국방성의 예산은 연간 5퍼센트 증가하여 1986년도에는 3710억 달러에 달했다. 레이건 행정부 동안, 국방 산업이나 군대에 직접적으로 종사하는 미국인의 수는 총 670만 명으로서 노동력의 5.6퍼센트를 점유했다. 그러나 지난 5년 동안 군사비 지출은 26퍼센트가 감소하여 1993년 2760억 달러의 지출을 보였다.[72]

1989년 및 1993년 사이에 44만 명 이상의 국방 관련 노동자가 해고되었다. 또 다른 30만 명의 직업 군인과 10만 명의 민간 방위업체 노동자들이 해고되었다. 1997년 국방성의 예산이 2340억 달러 이하로 줄어들었는데 이는 국내 총생산의 3퍼센트에 달한다. 이는 진주만 피습 이후 국방과 관련한 가장 적은 양의 국가 산출량이다. 연방 준비은행의 연구에서 1987년과 1997년 사이의 국방비 삭감으로 총 260만 개의 일자리가 없어질 것이라고 예측하고 있다.[73]

국방비 삭감은 여타 정부 프로그램의 대폭적인 삭감과 연계되었다. 1980년대 초기에, 정부의 고용은 미국의 총 고용 중 17.9퍼센트를 점유했다. 1980년대 말 경에는 16.4퍼센트로 줄어들었다.[74] 정부의 피고용자 수는 연방 정부와 주 정부, 지방 정부가 운영을 감축하고 서비스를 자동화함에 따라 1980년대 나머지 기간 동안에는 더욱 더 줄어들 것 같다.

클린턴 행정부는 이미 민간 부문에서 생산성을 놀랍게 향상시켜준 것과 동일한 많은 경영 관행 및 새로운 정보 기술을 이용하여 정부를 혁신할 의지를 밝힌 바 있다. 구조 재편의 1단계에서 목표는 현 연방 노동력의 12퍼센트 이상인 약 25만 2000명의 노동자를 없앨 예정이다. 그와 같은 계획은 구매 관행을 간소화하는 한편 국민의 욕구에 보다 나은 봉사를 하기 위해 첨단의 새로운 컴퓨터 시스템의 도입을 필요로 한다. 행정부는 중간 관리층의 인력을 감축하는 데 특별한 역점을 두는 한편 리엔지니어링 노력으로 정부 및 납세자가 1080억 달러 이상을 절약할 수 있기를 희망한다.[75] 뒤처져 있기만을 바라지 않는 주 정부 및 지방 정부는 리엔지니어링이라는 차에 껑충 올라 타 몇 년 내에 생산성을 향상하고 노무비를 절감하려는 자신들의 의지를 발표해 왔다.

정부의 지출을 삭감하고 적자를 줄이려는 현재의 열의 가운데 많은 부분은 적자 감소가 금리를 낮추어 새로운 소비자 지출 및 기업의 투자를 촉진한다는 확신에서 나온다. 저금리는 약간의 추가적인 주택 건설 및 자동차 판매의 증대를 촉진하는 반면 그 효과는 정부 지출의 삭감으로 실업 상승 및 구매력 손실로 약화될 것 같다. 저금리가 기업의 투자를 촉진한다는 전망과 관련, 많은 경제학자들은 〈고용 창출 투자는 금리보다 시장 수요 및 이윤 전망에 의해 더욱 더 영향을 받는다〉

고 믿는다.[76] 제품을 구매할 충분한 고객이 없다면 저금리는 더욱 더 관련성이 없어진다.

몇몇 경제학자들은 정부 지출의 감소가 경제를 보다 큰 혼란으로 몰아 넣어 경제가 회복하지 못할 수도 있다고 경고하며 전통적인 지혜에 대한 반대의 주장을 계속하고 있다. 그들은 〈정부 구매의 급속한 성장 없이는 금세기 내에 급속한 경제 성장의 기간 연장은 없을 것〉이라는 결론을 내린 장기 경제 성장에 관한 연구에 동의한다.[77] 경제학자이자 경제 대안을 위한 전국 모임의 사장인 알페로비츠 Gar Alperovitz는 미국의 적자가 현재 국민 총생산의 약 4.8퍼센트에 달하고 있지만 영국은 4.4퍼센트 이상을, 일본은 1979년 5.6퍼센트를 기록했다고 말한다.

두 번의 세계대전으로 미국의 적자는 위험천만하게 누적되어 1919년 국민 총생산의 27.7퍼센트 및 2차 세계대전 말 경에 국민 총생산의 39퍼센트에 달했다. 알페로비츠의 요점은 적자가 현재 정치적 수사로 말하는 것만큼 그렇게 두려운 것이 아니라는 것이다. 그와는 반대로, 최근의 전시 붐을 보았을 때 〈강력한 성장을 촉진하는 실질적인 적자 폭의 증가는 기업들이 호황을 누리고 사람들이 풀타임 일자리에서 일을 할 때 세금을 올려 몇년 후 보충할 수 있다.〉고 주장한다. 알페로비츠는 〈그와 같은 정책을 지지하는 많은 전문가가 있으나, 현재로는 정치적인 실현성이 거의 없다.〉고 인정한다.[78]

새로운 첨단 기술 혁명의 파괴적인 많은 증거에도 불구하고 정부의 지도자들은 기술 확산 아이디어를 계속해 옹호하는 한편 반대가 되는 모든 증거를 무시하고 기술 혁신 및 생산성 향상, 가격 하락이 충분한 수요를 창출하여 없어지는 일자리보다는 보다 많은 새로운 일자리를 만들어낸다는 것을 믿는다. 레이건 및 부시 행정부 당시 길더 George Gilder 및 스톡맨 David Stockman과 같은 공급 측면의 경제학자들은 기술 확산 효과 개념을 재빨리 받아들여 성장의 열쇠는 공급을 촉진하는 정책에 있다고 주장한다. 1987년 학술원은 확산 효과의 주장을 반복하는 〈기술과 고용〉의 미래에 관한 보고서를 발행했다.

생산 원가를 절감하고 경쟁적인 시장에서 특정 상품의 가격을 낮춤으로써 기술 변화는 빈번히 산출량의 수요를 증가시킬 수 있다. 보다 많은 산출량의 수요로 생산이 증가하고 좀 더 많은 노동력을 필요로 하는데 이는 기술 변화로부터 야기되는 단위 산출량 중 노동 소요량 감소의 고용에 대한 영향을 상쇄하기에 충분하다. 설령 생산 공정이 변혁된 상품의 수요가 가격 하락시에도 의미 있게 증가하지 않는다 해도 소비자들이 가격 하락의 절감분을 이용하여 다른 재화 및 용역을 구매할 수 있기 때문에 혜택은 그때까지도 발생한다. 그러므로, 총고용은 종종 확대되며…… 역사적으로 그리고 예견할 수 있는 미래에 있어 새로운 공정 기술로 인한 단위 산출량 당 노동 소요량의 감소는 일반적으로 발생하는 총 산출량에 있어서 유익한 고용 확대 효과에 의해 계속해 무시할 수 있을 것이다.[79]

클린턴 행정부가 기술 확산이라는 용어를 공공연하게 사용하지는 않았지만 그 이론의 기초 가정에 근거한 경제 정책을 추구하고 있다. 그러한 가정들은 더욱 더 의심스럽고 심지어 위험해지고 있다. 기술 발전이 생산성의 극적인 증가를 약속하는 한편 경제 과정에서 수백만의 노동자를 극소화 또는 제거하는 세계에 있어서 기술 확산은 순진하고 심지어 어리석어 보인다. 새로운 후기 산업 시대에 있어 구식의 낡아빠진 경제 패러다임을 고집함으로써 후기 서비스 시대는 세계 경제 및 21세기의 문명에 있어 파국적인 것이다.

기술 확산의 아이디어가 보다 나은 세기를 위해 기업계의 지도자 및 선거직 관리들의 생각을 지배해 온 반면, 기술의 역할에 대한 매우 또 다른 관점이 대중의 상상력을 사로잡아 왔다. 시장의 기업가들이 새로운 기술은 생산성을 증가시키고 보다 많은 이윤과 더욱 더 많은 일자리를 만들어내는 하나의 수단으로서 보아 왔다면 대중들은 어느 날 기술이 인간의 노동력을 대체하고 보다 많은 여가의 생활을 위해 인간을 해방시켜 준다는 또 다른 이상을 오랫동안 즐겨왔다. 그들의 영감은 정치 경제학자의 메마른 글들이 아니라 그보다는 미국 대중 작가 및 극작가들의 천년왕국에 대한 논문이었다. 노동과 고통이 없는 미래의 기술 천국에 대한 그들의 생생한 묘사는 이상의 자석과도 같아 잇따른 순례자 세대들을 지상의 하늘 나라라고 그들이 바랐던 것에 끌어들였다.

지금, 이와 같이 기술과 노동에 관한 매우 다른 생각은 새로운 기술 혁명 전야에 양자간의 알력을 높여 놓았다. 문제는 제3차 산업혁명의 기술이 경제학자의 꿈인 끝없는 생산과 이윤, 아니면 대중의 꿈인 보다 많은 여가를 충족시켜줄 수 있느냐 하는 문제이다. 그와 같은 질문에 대한 답변은 크게 인간의 미래에 관한 이와 같은 두 가지 견해 중 어느 것이 다음 세대의 정력과 재능 그리고 열의를 끌 수 있을 정도로 강력한 매력을 갖느냐에 달려 있다. 기업가의 이상은 우리를 시장 관계 및 상업적인 고려의 세계에 가두어 둔다. 많은 미국의 저명한 유토피아 사상가들이 신봉해 온 두번째 견해는 시장의 상업적인 세력이 계몽사회의 공산사회적 세력에 의해 조화되는 새로운 시대로 우리를 이끌고 간다.

오늘날, 많은 사람들이 자신들을 해방시켜 주리라고 그렇게 희망했던 컴퓨터와 새로운 정보 기술이 어떻게 기계 괴물로 변해 임금을 삭감하고 일자리에 적용되어 그들의 생계를 위협하고 있는지를 이해하고는 어쩔 줄 모르고 있다. 미국의 노동자는 더욱 더 생산성을 높이면 끝없는 일에서 자신들이 해방될 수 있다고 오랫동안 믿어 왔다. 현재, 처음으로 생산성 향상은 때론 더 많은 여가를 가져다주기보다는 그들을 실업 전선으로 이끈다는 생각을 하고 있다. 보다 나은 내일에 대한 꿈이 하룻밤 사이에 어떻게 기술의 악몽으로 형태를 바꾸었는지를 이해하기 위해서는 욕구와 고생 및 가혹하리 만큼 잔인한 시장의 수요로부터 해방된 미래를 약속한 미국의 또 다른 기술 이상의 유토피아적 근원을 재발견할 필요가 있다.

3 기술 천국의 이상

　모든 사회는 미래에 대한 이상화된 이미지를 창조한다. 그것은 국민들의 상상력과 정력을 이끌어 주는 하나의 횃불과도 같은 비전이다. 고대의 유대인들은 젖과 꿀이 흐르는 약속의 땅으로 인도해 줄 것을 기도했다. 후일, 기독교 성직자들은 하나님의 나라에서 영원한 구원을 약속했다. 현대 시대에 있어 미래의 기술 유토피아에 대한 아이디어는 산업 사회를 인도하는 비전의 역할을 해왔다. 한 세기 이상 동안 유토피아적 몽상가와 과학 및 문학자들은 기계가 인간의 노동력을 대체하여 풍요와 여가가 넘치는 노동자가 거의 없는 사회를 그려냈다.
　미국만큼 기술-유토피아적 비전이 열렬히 받아들여진 곳은 없었다. 두 가지의 위대한 철학적인 조류가 함께 미래에 대한 독특한 새로운 이미지를 만들어 내게끔 한 것은 젊은 미국의 비옥한 지적 토양이었다. 그러한 조류의 첫번째 것은 하늘나라와 영원한 구제에 초점을 둔 것이고, 두번째 것은 자연의 힘과 시장의 견인력에 초점을 맞추었다. 미국이 독립국의 지위를 가진 지 한 세기가 지나면서부터 이러한 두 가지의 강력한 철학적 지향들이 손에 손을 잡고 미국을 정복하기 시작했다. 1890년 변경 지대가 공식적으로 마감됨에 따라 변경 지대의 성격을 그렇게 차별화했던 천년왕국과 공리주의적인 에너지가 현대의 과학 및 기술 등의 새로운 프런티어로 방향을 돌렸다. 새로운 초점은 미국을 농촌 사회에서 도시 사회로 그리고 농업 경제에서 산업 경제로 전환시킨 남북전쟁 이후 엄청난 경제적 변화와 일치했다.

19세기의 마지막 4/4분기에 미국의 전망과 의식을 재형성해 준 새로운 과학적 발견이 급속한 발전을 했다. 전기라는 도구보다 더욱 더 중요한 역할을 한 것은 없었다. 서부 개척자의 위대한 성취는 대륙을 횡단하고 황야를 문명화된 평원으로 바꾼 것에 있다면 새로운 개척자인 과학자 및 기술자는 자연의 좀더 원시적인 힘인 전기를 길들였다고 주장했다. 프랭클린 Ben Franklin이 최초로 원시적인 전기의 힘과 씨름한 지 100년 뒤 벨 Alexander Graham Bell과 그의 제자들은 강력하고도 수수께끼와 같은 전류를 성공적으로 이용하고 신기술 프론티어의 발전을 위해 전류를 도구화하였다. 전기로 먼 거리를 순간에 횡단할 수 있었다. 시간의 흐름이 거의 동시성으로 압축될 수 있었다. 전보와 전화, 전력, 영화 및 후일 라디오는 인간에게 시간, 공간 및 자연에 대해 신과 같은 권능을 부여해 주는 과감한 영역의 확장이었다.

1886년 전기가 뉴욕 백화점 상점의 창문들을 최초로 밝혔다. 사람들에게 미친 효과란 황홀지경이었다. 《일렉트리컬 리뷰 *Electrical Review*》는 밝은 조명에 대한 지나가는 행인의 반응을 회상했다. 〈마치 나방이 오일 램프에서 하는 것과 같이 사람들이 떼를 이루어 흩어지며 혼란스러웠다. …… 전깃불이 미국 한 도시의 작은 한 부분에 나타나자마자, 상점에서 상점으로, 거리에서 거리로 퍼지고 있는 지금까지도 빛에 대한 수요가 빠르게 퍼져 나가고 있다.〉[1]

새로운 매체는 너무나 강력한 것이어서 당시의 과학자 및 기술자는 전기의 폭넓은 사용이 도시를 푸르게 만들고 계급간의 갈등을 치유하며 새로운 재화에 대한 부를 창출하고 밤을 낮같이 밝혀 주며 노인병을 치료하고 세계에 평화와 조화를 가져다 줄 것이라고 예측했다.[2] 그들의 제어되지 않은 낙관주의는 당시의 경향을 반영했다. 미국은 급속하게 새로이 출현하는 산업혁명의 지도자가 되어 가고 있었다. 전국에 산재해 있었던 자그마한 간이 공구 및 염색 가게에서 정식 교육을 받지 못한 많은 〈땜장이〉들이 상업의 거래를 빠르게 하고 제조업의 성과를 개선할 희망으로 무수히 많은 기계 및 전기 기구를 갖고 실험을 하느라 여념이 없었다. 한때, 진기했던 기계가 흔해 빠진 것이 되었고 새로운 〈현대〉 생활 방식의 필수 불가결한 구성 요소가 되어 버렸다.

이미 중요한 상업적인 힘이 되어 버린 기계는 19세기의 마지막 4/4분기에 있어 문화적 성상(聖像)으로 변했다. 기계적 세계관은 소위 과학자들에 의해 우주의 비유로 오랫동안 숭앙을 받아 왔다. 프랑스의 수학자이며 철학자인 데카르트는 자연에 대한 급진적인 사고를 기계로 발전시킨 최초의 사람이었다. 데카르트의 공리적인 세계에 있어서, 기독교도의 자애롭고 온유한 목자인 하나님, 즉 신(神)은 질서 정연하고 예측할 수 있으며 자기 영속적인 기계와 같은 우주를 만들고 움직이는 우리와는 멀리 떨어져 있는 듯한 냉철한 기술자인 신으로 대체되었다. 데카르트는 자연으로부터 생명력을 벗겨내고 창조와 피조물을 수학과 기계적인 유사물로 축소해 버렸다. 심지어 그는 동물을 〈영혼이 없는 자동 제어〉로 그 동작은 스트라스버그의 시계 Strasbourg clock에 맞추어 춤을 추는 자동화된 꼭두각시와 별반 다를 바 없는 것으로 묘사했다.[3]

과학적인 비유가 대중적인 것이었지만 기계적인 세계관이 19세기의 3/4분기 동안 미국인에게는 커다란 영향을 미치지는 못했다. 훨씬 더 대중적인 것은 미국의 낭만적인 농업의 과거를 말해 주었던 유기체적 비유들과 오랫동안 꿈꾸어 온 천년왕국의 미래를 말했던 종교적인 비유들이었다. 농촌의 삶의 방식에서 산업 사회로의 변화는 기계적 세계관의 확산에 새로운 사회적 여건을 제공해 주었다.

기술은 새로운 세속적 신이 되었고 미국 사회는 그 자신감을 자신의 강력한 새로운 도구의 이미지로 재빨리 개조하였다. 과학자, 교육자, 작가, 정치가 및 기업인들은 인간의 모습과 성격을 기계적인 용어로 재구성하여 인간 및 모든 생명체를 현대 상업의 가장 정교한 기계의 작동 원리와 성과와 같은 복잡한 기계로 생각하였다. 많은 미국인들은 약 100년 전 〈단 하나의 명칭으로 우리의 시대를 특징지으라고 한다면 우리는 우리의 시대를 영웅적이며 철학적이고 도덕적인 시대가 아닌, 어떤 다른 것보다도 기계의 시대로 명명할 유혹을 느낀다고 새로운 기계 문화에 관한 글을 써온 영국의 사회 비평가인 카알라일 Thomas Carlyle의 견해에 의심 없이 공감했다. 〈그 단어의 모든 의미로도 그것은 기계의 시대이다······ 인간은 손에 있어서 뿐만 아니라 머리와 마음에 있어서도 기계적으로 성장을 해왔다.〉[4]

그러한 〈기계적인 사고의 틀〉은 미국의 영원한 특징이 되었고 미국의 그 후 세대들도 기계 문화를 찬양하며 생명력이 있는 유기체적 세계에 속한 모든 것을 본질상 기계적으로 보게끔 만드는 세계관에 고착되었다. 새로운 시대에 있어서 인간은 자신들을 단순한 생산의 수단인 도구로서 생각하기 시작했다. 반 세기도 채 안 되어 기술의 비전은 미국민을 하나님의 군사에서 생산의 요소로 그리고 신의 형상으로 만들어진 지각력 있는 존재에서 기계의 모습을 한 도구로 바꾸어 놓는 데 성공하였다.

▎엔지니어링 유토피아

신기술의 세계관을 전파하는 사람들은 당시 인기가 높았던 공상과학 작가들이었다. 1883년에서 1933년 사이 수십 명의 미국 작가들은 물질적인 쾌락과 무한한 여가가 있는 기술 유토피아인 지구상의 미래 왕국에 대한 미덕을 칭송하는 펄프 종이에 쓴 소설을 다임 스토어(10센트 상점)에 쏟아냈다. 하룻밤 사이에 굶주린 대중들은 새로운 세속 신학을 신봉하게 되었다. 영생 구원의 유구한 기독교관이 세속적인 천국에 대한 새로운 신념으로 바뀌어지고 있었다. 새로운 신은 과학자와 기술자들로 이들은 그들의 천재성과 전문성으로 기적을 만들어내고 아주 정확한 수학적 계산과 과학적인 실험의 지배를 받는 천년왕국의 통치에 관련된 문제를 풀 수 있는 도움을 줄 수 있었다. 그들의 근면함과 과학적인 원칙에 대한 끊임없는 신념과 기계 기술의 기적과도 같은 힘의 대가로 국민들은 그들의 희망과 꿈이 마침내 실현되어 기계가 조정하는 세계인 새로운 유토피아에 들어 설 그날이 그리 멀지 않음을 기대할 수 있었다.

새로운 기술 왕국의 사도 가운데 주역은 벨라미 Edward Bellamy로 1888년에 발행된 그의 저서 『뒤돌아보기 Looking Backward: 2000~1887』는 베스트 셀러가 되었고 그 책 한 권만으로 수백만의 미국인을 기술 구원이라는 새로운 복음으로 개종하게 만들었다. 또 다른 대중 공상과학 소설의 작가에는 모리슨 George Morrison과 서스톤 Robert Thurston 등이 있었는데 이들은 전문 기술인이었다. 마차 제작자인 토마스 Charney Thomas와 저명한 발명가인 질레트 King Camp Gillette 역시 새로운 공상과학 장르의 대중 작가 중의 한 사람이었다. 새로운 서적들이 다루는 많은 제목은 천년왕국 유(類)로 미국의 역사에 있어 가장 위대한 두 번의 종교적인 깨우침을 주었고 거대한 대륙의 식민지 개척에 힘을 주었던 기독교 복음 전통과 아주 흡사한 관련성을 보여 주고 있다. 울리지 Charles Woolridge의 『지구의 완성 Perfecting the Earth』, 모리슨의 『신시대 New Epoch』 및 머빌 Albert Mervill의 『위대한 자각 The Great Awakening』 및 클라우 Fred Clough의 『황금 시대 The Golden Age』는 좀 알려진 작품 가운데 하나이다. 그 밖의 제목들은 상업적인 맥락으로 만들어져 미국의 또 다른 위대한 전통인 공리주의와 관련성을 제시한다. 이 중에는 하워드 Albert Howard의 『백만장자 The Milltillionaire』, 디바인 Paul Devinne의 『번영의 시대 The Day of Prosperity』 및 롭 Harold Loeb의 『기술자 지배 체제에서의 삶 Life in a Technocracy』 등이 있다.[5]

기술 유토피아는 성공적으로 영생 구원의 기독교적 관념과 미국의 공리주의적 정신을 새롭고 강력한 문화의 종합체로 만들어 놓았다. 현대의 직업 윤리에서 헌신적이고 성실한 노동자가 넘쳐흐르는 국가가 과학 및 기술을 이용하여 우리를 위대한 부와 여가가 넘쳐흐르는 세속의 왕국으로 인도해 준다는 생각은 사회 및 경제의 지배적인 패러다임으로서 오늘날까지 그 역할을 계속하고 있다.

초기의 공상과학 작가들이 제시한 미래의 이미지는 강력한 것이고 약 1세기가 지나도록 놀랍게도 영향을 받지 않았다. 많은 작가들은 새로운 세속의 동산을 교외로 나가는 도로가 약 700마일까지 이르고 동심원내의 중심 핵으로부터 뻗어나가는 일련의 메갈로폴리스(거대 도시)로 상상했다. 「백만장자」에서 하워드는 미국을 매우 〈강력한 전기의 힘〉으로 움직이는 스무 개의 메갈로폴리스로 나누었다.[6]

이러한 거대 도시의 중앙에는 수많은 성당의 탑같이 하늘을 찌를 듯한 수백 개의 거대한 빌딩이 있다. 유토피아의 방문객은 3만 6000개의 건물과 아름다운 꽃과 나무로 장식된 널찍한 거리를 감싸안은 대리석 궁전의 도시를 본 것을 말한다. 〈이같이 끝 없는 아름다움의 구상을 상상할 수 있는가?〉라고 물었다.[7]

이처럼 거대한 메갈로폴리스는 그 창조주에 의해 질서 정연하게 계획되고 합리적으로 조직되어 그곳에 사는 모든 사람들이 보다 나은 선(善)을 위해 효율적으로 운영되는 사회적인 기계로 보였다. 흡사 수학적 원칙에 따라 만들어진 것과 같은 메갈로폴리스는 말끔하고 질서가 정연하였다. 그들의 환경은 깨끗하고 심지어 방부제 처리가 되어 있고 새로이 에워싼 인공적인 환경의 종합적 성격에 적합하다. 전기와 깨끗하고 조용하며 눈에 보이지 않는 모든 동력원이 사회적 기계를 움직인다. 유토피아 거주인들은 생활 여건을 다음과 같이 기술한다. 〈우리의 공중 화장실은 최상의 것이고 누구나 접근이 용이하다. 우리의 도로는 포장이 잘되어 있고, 과거, 불이 사용되었던 모든 것에 전기가 사용됨에 따라 매연과 찌꺼기, 먼지 및 재를 볼 수 없다. 알루미늄과 유리로 만든 우리의 건물과 가구는 자동으로 움직이는 아주 정교한 기계가 청소를 한다. 청결하지 못한 물질인 세균은 가장 강력한 살충제와 벽에 뿌려져 모든 틈새를 파고드는 충전수에 의해 살균된다.〉[8]

신기술의 유토피아에서 모든 것은 과학의 주의 깊은 눈 아래에 놓여 있다. 심지어 기후도 강력한 기계에 의하여 기술적으로 통제가 가능하다. 〈날씨를 완벽하게 통제할 수 있다.〉고 한 이상주의자는 말한다.[9]

새로운 유토피아에서의 생산은 자동화되어 있다. 『황금 시대』에서 클라우는 노동자가 거의 없는 공장을 방문한 얘기를 한다. 〈순찰 때 유토피아의 방문객들이 본 것은 눈으로 보기에 경이로운 것들이었다. 소리를 내지 않고 움직이며 완벽히 일을 해내는 엄청난 수의 경이로운 기계들〉이 그것들이다.[10] 미래의 이러한 세계에서 〈모든 직업은 …… 산업적이다.〉[11] 어린이들은 아주 어린 나이부터 실질적인 기술 훈련을 받고 새로운 기술 질서의 과학자, 엔지니어 및 기술자로 길러진다.

기술 유토피아인들은 새로운 에덴과 같아 보이는 일상 생활에 대하여 글을 썼다. 사실상 그들 설명 중 대부분의 것은 보다 많은 여가의 삶을 위해 인간을 해방시켜 줄 많은 새로운 종류의 노동 및 시간 절약 기계에 대한 설명을 포함한다. 물론, 이 모든 것들은 전기라는 기적으로 움직인다. 그들은 정확히 전기 세탁기 및 건조기, 진공 청소기, 에어컨, 냉장고, 쓰레기 처리 및 심지어 전기 면도기까지 예측했다. 지하의 공기 배관은 공장과 도매상, 배급상 및 소비자를 연결하여 상품을 모든 가정 및 메갈로폴리스의 가장 먼 구석까지도 선적해 줄 수 있는 24시간 파이프 라인을 제공해 준다. 〈지하의 공기 배관은 거대한 제작소와 같아 열차나 배가 끊임없이 상품을 깔때기 모양을 한 아가리에 쏟아 넣으면 그 반대의 끝에서는 50만 명의 아주 복잡한 개인적 욕구에 맞추어 파운드나 온스, 야드나 인치, 파인트나 갤론 등으로 포장을 한 상품이 나온다.〉고 유토피아의 한 시민은 말한다.[12]

이와 같이 발명의 모든 것은 모든 종류의 성가신 가정의 일과 노동에서의 해방을 의미한다고 새로운 유토피아인들은 주장한다. 새로운 질서의 목표는 더욱 더 많은 첨단의 기술을 이용하여 기업의 정보가

생각할 수 있는 안락하고 경제적이며 편리한 모든 것과 걱정으로부터의 해방을 제공하는 것이다.[13]

대부분의 기술 유토피아인들은 미래에 대한 그들의 상상력이 미국과 그 밖의 곳에서 100년 안에 실현될 것이라고 믿었다. 그들은 과학과 기술이 신의 영감과 간섭을 대체하여 기독교인들이 생각해 왔던 어떠한 것보다도 강력한 새로운 종류의 현세 신학을 만들어낼 것이라고 확신한다. 한 소설에서 주인공은 〈내세(來世)가 바로 이곳이다.〉라고 선언한다. 〈우리는 내세에서 살고 있다.〉 유토피아의 또 다른 시민은 〈하늘나라가 지구상에 있을 것〉이라고 선언한다.[14]

공상과학 소설가들은 수없이 많은 독자들을 그들이 생각하는 기술 이상(理想)으로 마음을 돌리도록 기술에 대한 〈찬사〉를 확산하기 위한 많은 일을 하였으나 미국의 대중을 가장 흥분시켰던 것은 정성을 들인 국제 박람회의 개최였다. 몇 개의 국제 박람회가 미국에서 개최되었는데 1893년 시카고의 콜럼비아 박람회를 필두로 1939~1940년의 뉴욕 국제 박람회로 그 절정을 이루었다. 박람회는 수백만의 관람객을 끌어들였다. 모든 박람회는 당시 공상과학 작가들에 의해 이미 예견되었던 주제를 많이 이용하였다. 그 중심 메시지는 과학 및 기술이 계속하여 새로운 프런티어로 진입해 황야를 개발하고 자연의 힘을 순화하며 인간 재능의 발현 방향을 재정립하는 한편 공학적 신조(信條)의 필요 기준에 적합하도록 문화를 재조정하는 것이었다. 기업체 및 정부가 후원했던 박람회는 사람들에게 그들을 기다리고 있는 깜짝 놀랄만한 기술의 미래를 최초로 3차원적으로 언뜻 볼 수 있는 기회를 부여했다. 판단과 통찰력이 수세대의 미국인들을 사로잡아 그들을 진보 시대의 진정한 신자로 만들었다.

1930년대의 경제 공황 동안, 박람회는 더욱 더 중요한 역할을 하였다. 실업 상승과 사회적 불안에 대한 우려로 박람회 조직자들은 꺼져가는 미국의 정신에 다시 불을 붙이고 박람회를 새로운 유토피아가 곧 도래한다는 아이디어를 파는 기회로 사용하였다. 뉴욕의 국제 박람회에서 흥행주들은 새로운 기술 사회의 임박을 강조하기 위하여 〈내일의 세계〉라는 주제를 선택했다. 많은 박람회는 새로운 가정용 제품의 원형과 정교한 수송 형태 및 시장에서 곧 이용할 수 있는 텔레비전을 포함한 새로운 통신 방법들을 선보였다. 그들의 목표는 박람회 관객들에게 새로운 희망을 주고 보다 나은 내일에 대한 그들의 갈망을 불러 일으켜 2세대 이상이나 동기 부여의 수단으로서 그리고 세속적인 교리 문답의 역할을 훌륭히 해왔던 기술 진보의 정신으로 다시 한번 그들에게 활력을 불러일으켜 주는 것이었다.

뉴욕 박람회의 정문이 보이는 아치의 통로에는 〈과학의 탐구 Science Explores〉, 〈기술의 실천 Technology Executes〉, 〈인간의 순응 Man Conforms〉이라는 단어가 인쇄되어 있다. 입장의 대가로 관객들은 그들 앞에 길게 놓인 기술의 전망에 의해 아연해졌을 것이다. 과학 및 기술에 대한 그들의 신념 및 믿음은 풍요와 여가가 넘치는 미래의 사회에 의해 보답받을 것이다. 기술은 새로운 노예가 되어 인간을 해방시켜 놀게 하고 빈둥거리게 하며 보다 높은 사명을 추구하도록 할 것이다.

1950년대 및 1960년대 자동화 혁명을 예견한 크라이슬러 Chrysler는 박람회 관객들에게 플리머스 자동차가 자동으로 조립되는 모습을 보여 준 〈미리 보는 내일 In Tune with Tomorrow〉이라는 제목의 실험적 영화를 선사했다. 애니메이션 및 3-D로 만들어진 그 영화는 춤추는 스프링과 밸브, 스스로 움직여 엔진 블록에 들어가 조립되는 크랭크 축, 〈바다 건너 내 애인 My Bonnie Lies Over the Ocean〉이란 노래에 맞추어 〈내 몸은 공장 어느 곳에〉를 부르며 자동차에 움직여 들어가는 4개의 〈타이어〉를 보여 주었다.[15] 재치가 넘치고 재미있게 만들어졌지만, 명백한 메시지는 생산 라인의 자동화는 현실로 다가올 것이고 우리들이 일에 대해 생각하는 방식을 영원히 바꾸어 놓는다는 것이었다.

20세기 초 미국인들에게 있어서 기술 유토피아의 새로운 이상은 강력한 외침이 되었다. 이민자와 본국 태생 할 것 없이 모두가 과학 지평선 저 너머 그들을 기다리고 있는 유토피아인 새로운 약속의 땅으로의 행진에 함께 하기를 갈망했다. 1920년대에 리프맨 Walter Lippman 은 〈과학의 기적은 무한〉한 듯하다고 글을 썼다. 〈한때 교회의 사람들이 행사한 많은 지적 권한을 과학자들이 획득해야 하는 것은 놀라운 것〉은 아니다라고 리프맨은 말했다. 물론, 과학자들은 그들의 발견을 기적으로 말하지 않는다. 그러나 보통 사람들에게 있어서 그것들은 기적과 아주 똑같은 특징을 갖는다.[16]

▎효율 예찬

모든 기술 유토피아주의자들은 한때 종교적인 중요성에 가려져 희미했던 영국의 시간 가치가 새로운 기계 문화 속에서 강력하고 새로운 세속적인 시간 가치로 변한 효율의 창조력과 회복 능력에 사로잡혀 있었다. 그들은 좀더 효율적인 기계와 좀더 효율적인 시간의 이용은 노동자가 없는 미래로 이끌어 엄청난 물질적 풍요와 무한한 자유 시간을 주리라고 믿었다.

현대의 효율 개념은 19세기 새로운 과학적 분야인 열역학의 실험 과정에서 나타났다. 동력으로 움직이는 기계를 실험하고 있었던 엔지니어는 열의 유량과 엔트로피의 손실을 측정하기 위하여 〈효율 efficiency〉이라는 용어를 사용했다. 〈효율〉은 공정 중에서 최소의 에너지와 노동 및 자본을 소비하여 최단 시일 내에 생산할 수 있는 최대의 산출량을 뜻하게 되었다.

경제적 과정에서 효율이라는 관념을 가장 대중화시킨 사람은 테일러 Frederick W. Taylor였다. 1895년에 발간된 『과학적 관리법 Scientific Management』의 원칙은 작업장을 조직화하는 데 있어 표준적인 참조 사항이 되었으며 그 밖의 많은 사회를 조직화하는 데 사용되었다. 경제사가인 벨 Daniel Bell은 테일러에 대해 말한다. 〈어떤 사회적인 격변이 어느 한 사람에게 돌릴 수 있다면, 삶의 방식으로서 효율의 논리는 테

일러에 근거한다.〉[17]

스톱 워치를 이용하여 테일러는 개별 노동자의 과업을 가장 작은 유형(有形)의 확인 가능한 작업 요소로 나누고 최적 성과 조건 하에서 달성 가능한 최적 시간을 확인하기 위해 개별 요소를 측정했다. 그의 연구는 노동자의 성과를 1초의 소수 부분까지도 측정했다. 노동자 직무의 개별 구성 요소에서 달성된 평균 시간 및 최적 시간을 계산하여 테일러는 귀중한 초(抄) 및 심지어 100분의 1초 단위까지 절약하기 위하여 가장 사소한 성과 측면을 어떻게 변경해야 하는가에 관한 권고를 할 수 있었다. 과학적 관리법은 〈노동에 대한 체계적인 연구이고 노동을 가장 단순한 요소로 분석하여 이러한 개별 요소에 대한 노동자의 성과를 체계적으로 개선하는 것이다.〉라고 브레이버만 Harry Braverman 은 말한다.[18]

기계 및 인간의 문화에 대한 그 적응성으로 효율은 작업장과 현대 사회의 대부분을 지배하게 되었다. 기계에 있어서 에너지 및 속도의 투입/산출 비율을 측정하기 위한 시간 가치가 인간의 작업 및 모든 사회의 활동에 쉽사리 적용될 수 있었다. 이해할 수 있는 모든 힘과 활동은 공리적이고 생산적인 목표에 도움이 되었다. 지금부터 인간과 기계는 상대적인 효율에 근거하여 가치가 측정되고 부여된다. 1912년 《하퍼스 매거진 Harper's Magazine》의 편집자들은 〈엄청난 일이 이 나라의 발전에서 일어나고 있다. 보다 높은 효율을 향한 운동의 확산과 함께 국민 생활에 있어서 새롭고 매우 향상된 시대가 시작되었다.〉라고 썼다.[19]

효율의 열풍은 20세기의 1920~30년대에 미국을 휩쓸었다. 좀 더 효율적으로 되어 작업을 수행하는 데 필요한 노동의 양을 단축하고 그러므로 더욱 더 많은 부와 자유 시간을 얻을 수 있다고 많은 사람들이 생각했다. 효율 사회는 전국의 사무실과 공장, 학교 및 시민 단체에서 확립되었다.

개혁자들은 과학적 관리법의 원칙에 근거를 두고 시장의 운영에 있어 좀 더 합리적인 접근 방법을 촉구하였다. 당시의 경제학자들은 기업의 임무를 주주를 위해 이익을 창출하는 만큼과 똑같이 기술의 진보 및 효율의 목표를 앞당기는 것으로 보았다. 몇 년 뒤 갈브레이스John Kenneth Galbraith는 그의 저서『신산업국가 The New Industrial State』에서 기술의 숙련 및 생산 능률에 대한 새로운 경향을 구체화하였다. 그는 거대 기업의 권력이 〈테크노스트럭처 techno-structure〉로 옮겨간다는 것을 발표했다. 갈브레이스는 〈더욱 더 정교해지는 기술의 도입과 관련, 현대 기업의 점증하는 복잡성은 '특별한 재능'과 효율적인 기계처럼 기업을 움직일 수 있는 과학적 마인드를 지닌 새로운 종류의 경영자를 필요로 한다.〉라고 했다.[20]

이 시대의 진보주의자들은 정부의 탈정치화 및 과학적 관리법의 원칙이 지방, 주 및 연방 정부의 프로그램에 도입되기를 요구한다. 전통적인 정치의 조작과 음모로부터 많은 개혁 운동가들이 순수히 행정적인 것이라고 여긴 문제들을 보호하기 위한 노력으로 연방 통신 위원회 및 증권 거래 위원회 등의 새로운 규제 기관이 1930년대에 만들어졌다. 개혁자들은 새로운 전문 경영인 세대가 행정 구조 전반에 걸친 정치적 임명자들을 대체하여 정부를 보다 효율적이고 과학적으로 만들기를 희망하였다. 정치 기술을 행정의 과학으로 대체하기 위하여 새로운 전문 학교가 과학적 관리의 원칙을 통치에 어떻게 적용하는가를 학생들에게 가르치기 위하여 설립되었다.

지방에서는 도시 계획이 대중화되었다. 수백 개의 도시가 상업 및 주거 개발을 보다 효율적으로 관리하고 도시의 공공 사업 및 서비스를 운영하기 위하여 계획 위원회 및 관련 관청을 만들었다.[21] 많은 도시는 시장을 도시계획자 및 지방 행정관으로 대체하였다. 일반적으로 건축가, 엔지니어 및 기타 전문가로 그들의 과업은 정치적인 후견 및 지방 공공 사업의 연방 보조금 등과 같은 옛 체제를 신속하고 효율적인 서비스 관리로 대체하는 것이었다.

효율 운동은 미국 생활의 모든 영역에 도달하여 사회가 산업 기계 문화의 시간적 기준에 맞게끔 다시 만들어졌다. 곧이어 대중 잡지 및 저널은 미국의 교사 및 행정가들이 대단히 비능률적이고 다음 세대 노동자의 잠재적인 생산적 공헌을 소모시키고 있다고 주장하면서 미국의 교육 제도에 대해 열을 올리기 시작했다. 《새터데이 이브닝 포스트 Saturday Evening Post》는 많은 학교의 경영 관리에 비효율성이 있다면 그와 같은 일은 사무실이나 상점에서 용인될 수 없을 것이라고 경고했다.[22] 1912년 여름, 《레이디스 홈 저널 Ladies' Home Journal》은 실업의 상승, 기근, 근친상간, 방탕 등을 미국의 젊은이를 생산적이고 효율적인 젊은이로 준비시키는 데 실패해 온 비효율적인 교습 방법에 그 탓을 돌리면서 〈공립 학교는 실패하였는가?〉라는 제목의 통렬한 기사를 실었다.[23] 같은 해, 전국 교육감 연례 회의에서 참석자들은 〈효율에 대한 요구는 미국 전역의 어느 곳에서나 느낄 수 있고 그러한 요구는 매일 더욱 더 집요해진다는 것을 들었다.〉〈여타 기업체와 마찬가지로 학교 역시 효율의 시험대에 서야 한다는 훈계를 받았다.〉고 말했다.[24]

효율의 도그마는 심지어 일상 생활의 가장 개인적인 부분에까지 옮겨졌다. 1912년 그와 같은 열풍은 〈새로운 가계(家計)〉라는 제목을 붙인 《레이디스 홈 저널》 속의 기사 발표로 가정에까지 도달했다. 작가인 프레더릭 Christine Frederick은 미국 전역의 가정 주부들에게 가계를 좀 더 효율적이고 생산적으로 할 시기가 왔다고 알려 주었다. 프레더릭은 그녀가 자신도 모르게 가사에 비효율적인 접근을 계속함으로써 귀중한 시간을 낭비해 왔다는 사실을 독자들에게 털어놓았다. 〈수 년 동안, 설거지 거리를 분류해 닦아, 옆에다 놓는 동작들을 세지 않더라도 씻기에서만 80가지의 잘못된 동작을 하고 있다는 것을 알지 못했다.〉[25] 작가는 독자들에게 〈배열이 잘못된 주방에서 걷게 됨으로써 시간을 낭비하지는 않습니까……〉〈꼬리를 물고 나타나는 집안 일을 위치에서 위치로, 일에서 일로 신속히 끝낼 수는 없을까?〉라고 물었다.[26]

▌ 민주주의에서 테크노크라시로

엔지니어링의 가치가 20세기 개막기에 미국의 문화에 침투하여 미국 문화를 재형성시켰다. 미국 소년들은 흥분과 기대로 서부 개척 시대의 마감과 기술 개척 시대의 개막을 환영하였으며 장난감 총과 카우보이 모자를 버리고 이렉토(Erector: 건물 짓기) 세트로 재빨리 바꾸어 버렸다. 1915년의 이렉토 설명서는 〈이렉토가 거대한 마천루나, 사무실, 공장 및 공공 건물에서 사용된 실제 구조물 모양을 한 대들보가 있는 유일한 건물 짓기〉였다고 말한다. 그 회사는 미국의 어린이들을 초대해 〈전동기로 움직일 수 있는 데릭(기중기의 일종), 기계 공장, 전함, 비행기, 유명한 다리〔橋〕의 복사품 및 아치 등〉을 만들도록 하였다.[27]

남북전쟁 이후의 영웅인 카우보이는 기술 시대의 민간 엔지니어인 새로운 영웅과 합류되었다. 엔지니어는 수십 권의 베스트셀러 소설과 백 편이 넘는 무성 영화에서 주인공으로 등장했다. 미국의 젊은 층을 겨냥한 스위프트 Tom Swift 소설들은 마법과 같은 과학과 경이로운 신기술에 대한 언급으로 가득 차 있었다. 1922년 6000명의 고등학교 3학년 학생들에 대한 전국적인 조사 결과 31퍼센트가 넘는 학생들이 그들의 직업으로 공학을 선택했다고 한다.[28]

효율의 도구로 무장한 엔지니어는 신 제국의 건설자였다. 그의 거대한 작품은 어디에서나 볼 수 있었다. 거대한 마천루와 강력한 교각과 댐이 미국의 전역에서 세워졌다. 작가인 티치 Cecilia Tichi는 〈엔지니어들은 2세기 반이 넘는 국가의 경험 속에서 각인된 영혼의 임무를 새롭게 하였다. 그는, 사실 그렇게 보였지만, 산업 사회의 미국을 천년왕국으로 직접 이끌 것이라고 약속했다.〉[29]

국가와 엔지니어링 및 효율 이념과의 밀착은 수많은 사회적 비평가들의 주의를 끌었다. 멘크켄 H. L. Mencken은 온 나라가 엔지니어가 되어가고 있다고 꼬집었다. 침대 제조업자는 〈수면(睡眠) 엔지니어〉로 미용사는 〈외모 엔지니어〉로, 쓰레기 청소부는 자신들을 〈위생 엔지니어〉로 부르기 시작했다.[30] 맹렬한 독립심, 대담무쌍, 상식 등이 미국의 프론티어에서 가장 귀중한 가치였다면 조직 능력 및 효율은 더욱 더 산업화된 도시의 미국에 있어 새로이 선망받는 가치였다. 1928년 미국은 후버 Herbert Hoover라는 엔지니어를 백악관에 최초로 진입시킬 수 있었다.

새로운 엔지니어링 가치에 대한 대중의 몰입은 너무나 효과적이어서 심지어 1929년 경제공황이 닥쳤을 때도 미국인들은 기술 이상주의를 옹호했다. 그들은 그 대신 그들의 분노와 공포를 그들이 생각하기에 미국의 새로운 영웅인 엔지니어들의 고귀한 이상과 목표를 약화시키고 훼방했던 탐욕스러운 기업인들에게 터뜨렸다. 적지 않은 미국인들이 1921년 미국의 기업인들에 대해 통렬한 정면 공격을 한 경제학자이자 사회 이론가인 베블렌 Thorstein Veblen의 초기 비판에 동의했다. 베블렌은 상업적인 탐욕과 시장의 비합리성이 기술적 의무를 약화시키고 대대적인 낭비와 비능률을 만들어 냈다고 주장했다. 그는 국가의 경제를 전문 엔지니어들에게——그들의 고귀한 규범이 금전적이고 편협한 관심사 밖에 있는——위탁함으로써 경제가 구원을 받고 미국을 새로운 에덴 동산으로 변혁시킬 수 있을 것이라고 주장했다. 베블렌은 〈미국의 생산적인 산업이 체계적인 전체로서 잘 조직화되고 이윤의 극대화만을 쫓는 무식한 기업인에 의해 잘못 관리되기보다는 재화와 용역의 생산 극대화를 목표로 하는 유능한 기술자에게 관리된다면 그에 따른 재화와 용역의 산출량은 현 수준을 수백 퍼센트나 능가하게 될 것〉이라고 믿었다.[31]

베블렌은 가장 엄격한 효율 기준을 사용하여 비능률의 뿌리를 뽑고 흡사 잘 조율된 메가톤급 기계와 같이 국가를 조작하는 전문 엔지니어가 운영하는 국가를 상상했다. 후일, 최악의 경제 공황 동안 스스로 테크노크라트 Technocrats라 부르는 자칭 개혁자 집단은 베블렌의 외침을 받아들여 미국이 엔지니어들에게 독재에 가까운 권력을 부여해줄 것을 촉구했다. 테크노크라트는 〈인간의 민주주의와 정치·경제에 대한 철학적인 개념들은 총체적으로 결핍되어 있고 미 대륙의 기술 지배를 위한 어떠한 설계 요소에도 기여하지 못한다.〉고 주장하면서 대중 민주주의에 대한 경멸에 사로잡혀 있었다.[32] 테크노크라시의 지지자들은 〈인간에 의한 통치〉보다도 〈과학에 의한 통치〉을 선호했고 자연과 인간 및 기계 사용의 효율 극대화를 위하여 국가의 자원을 집합하여 재화 및 용역의 생산에 대한 의사 결정을 할 수 있는 권한을 지닌 테크네이트 technate라는 전국 단체의 설립을 옹호했다.

테크노크라트는 기술 유토피아의 이상을 정치적인 과정에 직접적으로 통합하려는 당시의 가장 가까운 정치적 운동으로 나왔다. 새로운 운동의 지도자들은 미국민들에게 좀 더 나은 내일에 대한 그들의 꿈을 다양한 곳에서의 노동 현실로 변혁하기를 촉구했다. 〈테크노크라시에서 과학은 낭비와 실업, 배고픔과 수입의 불안정을 영원히 추방한다 …… 과학은 빈곤의 경제를 풍요의 시대로 바꾼다 …… (그리고) 기능적인 능력은 기괴하고 소비적인 비능력을, 사실은 추측을, 질서는 무질서를, 산업 계획은 산업 혼란을 대체한다.〉[33]

테크노크라시 운동은 1932년 미국의 상상력을 사로잡았다. 《리터러리 다이제스트 Literary Digest》는 〈테크노크라시가 맹위를 떨치고 있다.〉고 선언했다. 전국에서 그것은 얘기되고 설명되는 한편 경이로워지고 찬양되며 혹평을 받았다.[34] 그 성공은 단기적이었다. 지도자 간의 내부 다툼은 그러한 운동을 적대적인 파벌로 분열시켰다. 그때 역시, 히틀러의 유성과도 같은 권력 부상과 제3제국의 기술 효율에 대한 광적인 집착은 많은 사회적 사상가와 적지 않은 유권자들로 하여금 미국에서 테크노크라트들의 기술 독재 요구를 재고하도록 만들었다. 기술적인 세계관은 미국의 항공기들이 일본의 도시에 원자 폭탄을 투하하였던 1945년에 한층 더 중요한 후퇴를 경험했다. 전 세계는 급작스레 기술 이상주의의 어두운 면을 보게 되었던 것이다. 전후 세대는 미래를 창조할 수 있을 뿐 아니라 파괴할 수도 있는 현대 기술의 무시무시한 힘을 항상 떠올리며 처음으로 살아가게 되었다.

러시아의 인공 위성 발사와 1950년대 및 1960년대 냉전의 우주 경쟁은 기술 이상주의에 다시 한번 불을 붙인 계기가 되었다. 전 세계의 젊은이들은 우주 시대의 새로운 영웅들을 앞다투어 흉내내기 시작했다. 꼬마 소년, 소녀들은 언젠가 우주 비행사가 되어 우주선을 통제하고 우주의 가장 먼 곳을 여행하는 꿈을 꾸었다. 챌린저 승무원들이 폭발 사고로 추락해 사망했을 때, 수백만의 학생들은 불신의 눈으로 현대 과학 및 기술의 위대한 약속과 함께 미래 기술 천국의 이상을 전심으로 믿었던 한 세대의 희망과 꿈의 일부분이 결코 이전에 없었던 의심의 나락으로 떨어지는 것을 보았다.

최근의 기술적인 다른 불운은 일반적인 비관주의를 증가시켜 한때 무한에 가까운 기술 유토피아 세계관에 대한 열의를 침묵시켰다. 값싸고 효율적인 에너지원을 찾아온 인류의 탐구에 대한 답변으로서 오랫동안 예고되었던 원자력은 드리마일 원자력 발전소 사고와 체르노빌 원자력 발전소에서의 파국적인 용해(溶解)와 폭발 이후 위협적이고 위험한 것이 되었다. 늘어만 가는 전 세계의 공해 위협은 전 세계 사람들이 진보라는 이름으로 현대의 기술이 가한 끔찍한 환경의 희생을 인식함에 따라 기술 이상주의를 더욱 더 약화시켰다.

최근 현대 기술에 대한 위협과 실망이 커져 한때 무적의 이미지인 기술의 미래를 손상시키기는 하였으나 언젠가 과학과 기술이 인류를 고통과 고난의 삶으로부터 해방시켜 준다는 꿈과 풍요와 여가가 넘치는 세속 왕국에의 관점은 아직까지 살아 있고 놀랍게도 젊은 세대 중 많은 사람들 사이에 울려 퍼져 있다. 우리의 아이들은 강력한 정보 초고속 도로를 따라 10억 분의 1초의 속도로 여행을 하면서 가상 현실 및 가상 공간의 세계로 들어가 그곳에서 전통적인 세속의 한계를 초월해 기술적으로 울타리 쳐진 우주의 주인이 되기를 꿈꾸고 있다. 그들에게 있어, 기술-유토피아의 꿈은 백 여 년 전 그들의 위대한 선조 세대들이 편리와 편의의 기술적으로 구조화된 미래에 대한 비전에 그들의 생각을 처음으로 돌린 것만큼이나 아주 현실적이고 강력한 것이다.

오늘날, 미래의 기술 천국에 대한 오랜 역사의 유토피아의 꿈이 눈앞에 와 있다. 정보 및 통신 혁명의 기술은 다가 오는 세기에 있어서 오랫동안 예견되었던 꿈인 노동자가 거의 없는 세계를 내민다. 얄궂게도, 우리가 기술의 열매인 유토피아의 꿈에 한층 더 가까이 왔다고 보이면 보일수록 미래에 더욱 더 많은 결함 사회(디스토피아)가 나타난다. 이는 일자리를 잃어 가는 수백만의 노동자들에게 추가적인 여가를 만들어 주는 것을 생각하지 않고 시장의 힘이 계속해서 생산과 이윤만 창출하기 때문이다.

첨단 기술 정보 시대가 우리의 문 앞에 있다. 그 도래가 끝없는 생산과 소비, 노동이 계속 강조되는 기술 확산의 가정이 위험스럽게 재현될 것인가? 아니면, 첨단 기술 혁명이 인간의 노동력을 기계로 대체하고 궁극적으로 인류를 해방하여 〈후기 시장 시대 Post-market era〉로의 여행을 시켜주는 오랜 숙원인 유토피아의 꿈을 실현시켜 줄 것인가? 이는 새로운 역사 시대로 진입하려고 애를 쓰는 세계에 있어 가장 커다란 문제이다.

2부

제3차 산업혁명

4 하이테크 미개척지로의 이전

　노동자가 거의 없는 정보 사회로의 이전은 경제적 패러다임의 큰 변화로서 세번째이며 마지막 단계가 될 것이다. 이 변화는 재생 가능한 에너지 원천에서 재생 불가능한 에너지로의 이전이며 생물학적 힘의 원천에서 기계적 힘의 원천으로의 이전이라는 특징을 지닌다. 오랜 역사 동안 인류의 생존은 토양의 비옥함이나 계절 변화와 밀접한 관련이 있어 왔고, 또한 지구상의 모든 경제 상황도 태양, 기후, 생태학적 환경에 의해 제약되어 왔다. 경제 활동의 속도는 바람이나 물, 동물, 인간의 힘을 에너지로 이용함에 따라 결정되었다.
　후기 중세의 몇 가지 발전은 경제 생활이 기계의 힘을 중심으로 전면적으로 전환되는 기반을 제공했다. 영국에서는 지방의 생태학적 역량에 무리한 압력이 주어지자, 새로운 무역로의 개발과 인구 증가, 도시와 시장 경제의 성립을 통해 경제 활동의 흐름이 증가되었다. 인구 증가에 따라 더 많은 건물 건축과 난방을 위해 숲의 나무들이 베어졌고, 또 함대를 건조하기 위해서도 많은 목재들이 소비되었다. 따라서 숲이 황폐해졌고 영국의 에너지 위기는 가속되었다. 이러한 에너지 위기는 아직 사용되지 않았던 새로운 에너지 원천(석탄)으로의 이전을 초래했다. 동시에 사보리 Thomas Savory라는 영국인이 지하의 광물로부터 물을 가열시키는 증기 기관을 발명하였다. 〈증기〉를 생산하는 기계와 석탄이 함께 출현함에 따라 근대 경제 시대가 시작되었으며, 이것이 인간의 노동을 기계의 힘으로 대체하는 긴 여행에서의 첫 걸음이 되었다.

1차 산업혁명에서, 증기 에너지는 석탄을 캐고, 섬유를 짜고, 다양한 상품들을 제조함으로써, 이전에 인간의 손에 의해 이루어지던 일들을 대신하게 되었다. 증기선은 노를 젓던 배들을, 증기 기관차는 말이 끌던 마차를 대신하면서 원재료를 이동시키는 과정을 매우 크게 개선시켰다. 증기 기관은 새로운 종류의 노예로서 이전의 인간과 동물을 합친 것보다 훨씬 큰 물리적 능력을 지니고 있었다.

2차 산업혁명은 1860년과 1차 세계대전 사이에 발생하였다. 석유가 석탄과 경쟁하기 시작했고 전기가 효과적으로 이용되었다. 이러한 새로운 에너지 원천이 창출되면서, 자동차가 생겨나고 전등으로 도시를 밝히고 사람들 간에 전신이나 전화 통화가 가능하게 되었다. 증기 혁명 때와 마찬가지로, 석유, 전기를 통한 2차 산업혁명에 의해 인간의 경제적 활동 부담은 기계에 의해 대체되었다. 광업, 농업, 수송, 제조 등 경제 과정에서, 기계와 결합된 생명 없는 힘이 인간과 동물의 일을 늘리고, 확대하여 결국에는 대체하였다.

2차 세계대전이 끝난 후, 제3차 산업혁명이 나타났다. 이 3차 산업 혁명은 사회가 경제 활동을 조직하는 방식에 중요한 영향을 미쳤다. 수치 제어 로봇과 진보된 컴퓨터와 소프트웨어가, 마지막으로 남아 있던 인간 영역 ── 지능과 관련된 사고 영역 ── 을 침범하기 시작한 것이다. 적절히 프로그램된다면, 이러한 새로운 〈생각하는 기계〉는 점차 개념적이고, 관리적이고 행정적인 업무를 수행할 수 있게 될 것이며, 또한 원재료의 추출에서 최종 재화나 서비스의 마케팅, 분배에 이르는 생산 흐름을 조정할 수 있게 될 것이다.

▎생각하는 기계

　많은 컴퓨터 과학자들은, 이 새로운 기계의 창조를 거의 신비로운 것으로 생각하게 되었다. 저명한 컴퓨터 과학자인 프레드킨 Edward Fredkin 은, 이 새로운 기술은 전 우주 역사에서 세번째로 대단한 사건이라고 주장하기에 이르렀다. 프레드킨은 〈첫번째 사건은 우주의 창조이다······ 두번째 사건은 생명의 출현이다······ 그리고 세번째는 인공 지능의 출현이다.〉라고 말했다.[1]

　인공 지능이라는 용어는, 1956년 다트머스 Dartmouth 대학에서 처음으로 인공지능 학회가 열렸을 때 만들어졌다. 오늘날 과학자들이 인공 지능에 대해서 이야기할 때, 그것은 일반적으로 〈인간에 의해 수행되면서 지능을 필요로 하는 기능을 수행하는 기계를 창조하는 기술〉을 의미한다.[2] 과학자들, 철학자들, 사회 비평가들이 단순한 계산에 대응되는 〈순수한〉 지능을 구성하는 요인들에 대해서 일치된 견해를 보이는 것은 아니지만, 컴퓨터가 복잡한 과업을 수행할 수 있으며, 그러한 과정을 통해 자아와 사회에 대해 우리가 지니고 있는 개념들을 근본적으로 바꿀 것임은 어느 누구도 의심하지 않는다.

　대부분의 컴퓨터 과학자들이 인공 지능을 천지 창조나 지구상에 생명이 처음 출현한 것과 같은 지위에 두는 것에 대해서 주저할지 모르나, 다음 세기 언젠가에 이 강력한 새로운 기술의 위력이 평균적인 인간의 지적 능력을 능가할 수 있게 될 것이라는 의견에는 거의 만장일치이다. 일본 정부는 최근에 인간 지능의 가장 미묘한 기능을 흉내 낼 수 있는 컴퓨터를 개발하는 연구 프로젝트를 10년을 예정 기간으로 하여 착수하였다. 〈실제 세계 프로그램 Real-World Program〉이라고 명명된 이 야심적인 노력은, 일본이 〈유연 정보 처리 Flexible Information Processing〉 또는 〈유연 논리 Soft Logic〉, 즉 인간이 의사 결정 때 사용하는 직관적인 사고 체계를 개발하고자 하는 시도이다.[3] 대량의 병행 처리 능력, 신경 네트워크, 광학 신호를 지닌 새로운 컴퓨터를 이용함으로써, 일본은 문서를 읽고, 복잡한 연설을 이해하고, 표정이나 몸짓에 담긴 의미를 해석하고, 심지어 행위까지 예측할 수 있는 새로운 세대의 인공지능 기계를 창조하려고 하고 있다.

기본적인 연설을 인지할 수 있을 정도의 지능을 지닌 기계는 이미 존재한다. 비비엔 시스템 앤 테크놀로지 BBN Systems and Technologies 사와 메사추세츠 주 뉴톤의 드래곤 시스템 Dragon Systems 사 등의 회사들은 30,000개의 어휘를 지닌 컴퓨터를 이미 개발하였다.[4] 생각하는 기계는 일상적인 연설을 이해하고, 의미 있는 대화를 수행하고, 심지어 의사 결정이나 추천, 답변에 필요한 추가적인 정보를 요청할 수 있다.

현재 전 세계에는 1억 대 이상의 컴퓨터가 있다. 그리고 다음 세기가 시작할 때쯤이면 약 10억 대 이상으로 늘어날 것으로 전망하고 있다.[5] 많은 컴퓨터 과학자들은 이러한 지능 기계가 인간의 개입을 필요로 하지 않고 그들 자신의 힘으로——실제로 그들 자신의 의식을 창조하는——진화할 수 있을 정도로 지적 능력이 높아질 날이 올 것이라고 생각하고 있다. 생각하는 기계 Thinking Machines Corporation 사의 힐리스 Daniel Hillis는 〈컴퓨터가 그들 자신의 복잡성을 처리할 수 있을 만큼의 복잡성 관리 능력을 지니게 되어, 진화하는 시스템을 가질 수 있게 될 것이다.〉라고 이야기했다.[6] MIT 대학 미디어 연구소의 니그로폰테 Nicholas Negroponte는, 컴퓨터의 새로운 세대는 행위 그리고 지능에 있어서 인간과 너무나 유사하여 그들을 기계적 수단으로보다는 차라리 동료나 친구로 여겨야 할 것이라고 말했다. 니그로폰테는 『건축 기계 The Architecture Machine』라는 그의 저서에서, 〈당신의 디자인 방법을 따르고 동시에 당신의 대화상의 개인적 특성을 분간하고 흉내내는 기계를 상상해 보라. 당신의 행위를 관찰한 후에 같은 기계가 당신의 대화 성과를 예측하는 모형을 구축할 것이다 …… 대화는 매우 친밀해져서——심지어 배타적일 정도로——대화자 혼자서는 생각해낼 수 없는 단지 상호 설득과 타협만이 할 수 있는 아이디어를 만들어낼 것이다.〉[7]

미래에는 과학자들이 비디오 화면 상에서 사용자와 대화를 할 수 있는 인간 얼굴 화상을 컴퓨터를 통해 창조함으로써, 그 기계들을 더욱 인간화시키고자 할 것이다. 21세기의 첫 50년 내에, 과학자들은 실제 시간과 공간에 존재하는 실제의 인간과 상호 작용할 수 있는 컴퓨터에 의해 창출된 홀로그래픽 이미지를 만들어내는 것이 가능할 것이라 믿고 있다. 커즈웨일 응용 지능 Kurzweil Applied Intelligence 회사의 최고 경영자인 커즈웨일 Raymond Kurzweil은, 이러한 3차원 이미지가 너무나 생생한 것이어서〈실제 인간과 구별할 수 없을 정도〉가 될 것이라고 전망한다.[8]

빠르게 진보하는 컴퓨터 영역에서의 선도적인 몇 가지 견해들은, 그들의 창조물을 기계적 부수물이라는 구식의 기계관으로 보지 않고 차라리 존경과 경의를 표해도 될 지적 존재로 여기고 있다. 네그로폰테는 인간과 컴퓨터 간의 파트너 관계가〈주인과 노예의 것이 아니라 자기 충족에 대한 욕구와 잠재력을 지닌 두 동업자간의 것이 되어야 한다.〉라고 말한다.[9] 힐리스는 컴퓨터와 그와의 관계를 표현하면서, 심지어〈나는 나를 자랑스러워하는 기계를 만들고 싶다.〉라고 말한다.[10]

▌플러그가 끼워진 종족

인간을 대신하는 기계 창조에 대한 꿈은 고대 시대까지 거슬러 올라간다. 2000년 전에 알렉산더 대왕은, 짐승들과 새 그리고 인간을 흉내낼 수 있는 움직이는 기계 automata를 묘사했다. 기계화와 기계 원리가 철학자들과 기능공들의 상상력을 사로잡았던 초기 산업 시대에도, 마찬가지로 움직이는 기계의 제작이 전 유럽의 관심사였다. 기능공들은 시와 산문을 쓰는 작은 기계 소년, 음악에 맞추어 춤을 추는 귀여운 기계 소녀, 훌륭한 재주를 부리는 갖가지 종류의 기계 동물들을 만들었다. 왕자들과 왕들이 많은 관심을 가졌던 그런 장난감들을 위해 유럽 전역에서 전시회가 열리곤 하였다. 가장 많은 공을 들였던 것 중 하나는, 상상력이 뛰어났던 프랑스인 기능공인 브캉송 Jacques de Vaucanson 의 〈두뇌가 있는 소년 brainchildren〉이었다. 1738년 브캉송은 완전히 자동으로 움직이는 자그마한 장난감 기계로 그의 동료들을 놀라게 하였다. 공기 밸브에 의해 움직이는 입술과 혀, 그리고 플루트의 접지점을 열고 닫을 수 있는 가죽으로 만든, 움직이는 손가락을 〈지닌〉 기계로 만든 인간 축소품이었다. 볼테르 Voltaire는 사람과 같이 생긴, 놀라운 작은 물건을 보고 브캉송에게 〈프로메테우스 Prometheous의 라이벌〉이라는 이름을 붙여주었다. 브캉송의 가장 위대한 업적은 기계 오리로서 이는 매우 다양한 일을 할 수 있는 자동화된 장치를 지니고 있으며 오늘날까지도 디자인에 있어서는 이를 능가하지 못하고 있다. 그 오리는 부리를 통해 물을 마시기도 하고, 곡식을 먹고, 구경꾼들이 볼 수 있도록 특별히 제작된 소화기를 통해 소화 과정을 반복하였다. 〈각각의 날개는 400개의 움직이는 조각들로 채워져 있고, 살아 있는 오리의 것처럼 열리고 닫힐 수 있었다.〉[11]

마치 살아 있는 듯이 움직이는 기계를 제작한 기능공들이 감각이 있는 창조물의 움직임과 물리적 특징들을 흉내내려고 노력한 반면에, 이와는 달리 몇몇 다른 기능공들은 인간의 사고를 흉내낼 수 있는 — 심지어 지능을 요구하는 복잡한 문제 해결이 가능한 — 복잡한 기계 장치를 만들고자 하였다. 최초의 자동 계산기는 1642년 파스칼 Blaise Pascal에 의해 발명되었다. 그의 기계는 곧 유럽의 화젯거리가 되었고, 파스칼이 〈산술 기계는 동물의 어떠한 행동보다도 사고에 가장 가깝게 보이는 결과를 산출한다.〉고 생각하게 만들었다. 철학자이자 발명가인 그는, 그의 발명품이 〈동물과 달리 의지를 부여받을 수 없다.〉는 것을 알고 그의 열정을 식혀버렸다.[12]

라이프니츠 Gottfried Wilhelm Leibniz는 계산기의 능력에 곱셈을 추가시킴으로써 파스칼의 업적을 보완했다. 그리고 1821년 바베지 Charles Babbage는 〈수학적 계산에 기계를 응용함에 대한 관찰〉이라는 제목의 논문을 썼다. 이 논문은 오늘날 근대 계산기에 대한 최초의 이론적 작업으로 간주된다. 후에, 바베지는 논리적이거나 계산적인 문제들을 해결할 수 있도록 프로그램된 새로운 형태의 기계, 분석 엔진 Analytical Engine을 고안해 냈다. 부분적으로 그때의 기술이 바베지의 생각을 충족시킬 만큼 충분하지 못했기 때문에 바베지의 기계가 완전하게 작동하지는 못했지만, 현대적 계산의 많은 특징에 대한 그의 예상은 매우 놀라운 것이었다. 바베지는 그의 설계에 펀치 카드, 심지어 프린터까지 — 타자기가 발명되기 50년 전에 — 포함시켰다. 바베지는 프로그램을 저장할 장치와 오늘날 현대 컴퓨터에 사용되는 것과 큰 차이가 없는 기계 언어도 개발하였다.[13]

최초의 완전한 기능을 지닌 현대 계산기는 19세기 후반에 버로우 William Burroughs에 의해 발명되었다. 버로우의 기계는 프로그램할 수 있는 것은 아니었지만, 상업적으로 크게 성공함으로써 계산기가 국가의 사업 영역에 도입되는 기반을 마련하였다.

1890년 미국 조사 통계국은 국가의 인구 조사를 수행할 수 있는 새롭고 혁신적인 방안을 공개 경쟁에 의해 얻고자 하였다. 그때까지 전국 단위의 인구 통계 조사는 매우 어려운 것이어서, 이전 인구 조사로부터 자료를 작성하는 데까지 7년 또는 8년이 걸리기까지 했다. 이 경쟁에서의 승자는 조사 통계국에서 일하던 홀러리스 Herman Hollerith라는 엔지니어였다. 이 젊은 발명가는 바베지에 의해 구상되었던 것과 유사한 펀치 카드를 이용하였다. 그는 또한 정보를 입력하는 키 펀치 기계와 핀 프레스 pin press라고 불린 카드 판독기를 발명하였다. 홀러리스의 전기 기계적 정보 기계는 1890년 인구 통계 조사를 2년 반 내에 끝마쳤는데, 이는 자료 정리에 소요되던 시간을 2/3나 줄인 것이었다. 이 발명가는 〈Tabulating Machine Company〉라는 자신의 회사를 설립하여 이 놀라운 새 기계를 시장에 내놓았다. 1924년 회사 이름은 아이비엠(International Business Machines, IBM)으로 바뀌었다.[14]

최초의 프로그램형 디지털 컴퓨터는 1941년 독일인 민간 엔지니어인 주세 Konrad Zuse에 의해 발명되었다. 그의 기계는 엔지니어의 계산 부담을 덜어주기 위해서 고안되었다. 그와 거의 동시에 영국 정보국은 독일의 군사 암호를 해독하는 데 도움을 주는 비프로그램형 컴퓨터를 발명했다. 로빈슨Robinson이라 불린 이 기계는 만 명 이상이 관련된 대규모의 정보 수집 작업의 중심이 되었다. 이 작업은 울트라 팀 Ultra Team이라 불렸는데, 성공적으로 독일의 암호 체계를 해독해 내어 연합군에게 독일의 전략 계획과 군대 이동에 관한 결정적인 정보를 제공하였다.[15]

1944년 하버드와 MIT의 과학자들이 프로그램형 컴퓨터를 개발하였는데, 이른바 〈Mark I〉이었다. 이 기계는 길이 50피트, 높이 8피트의 거대한 것이어서 〈괴물〉이라는 별명을 갖게 되었다.[16] 2년 후에 펜실베니아대학의 무어공학부의 과학자들은 좀 더 진보된 컴퓨터를 만들어 냈다. 전자 수치 통합 컴퓨터(Electronic Numerical Integration and Computer, ENIAC)는 1만 8000개의 라디오 튜브와 7만 개의 레지스터, 만 개의 축전기, 6000개의 스위치로 구성되어 길이 40피트, 높이 20피트가 넘었고 무게는 30톤 이상이었다.[17] 복잡하고 부족하긴 했지만, 이 기계는 현대 기술의 놀라운 업적이었다. ENIAC은 최초의 완전 전자 범용(프로그램형) 디지털 컴퓨터였다. 이 거대한 생각하는 기계는 매우 강력해서 이것이 작동될 때, 필라델피아의 전등불이 희미해졌다고 한다.[18] 일본인 컴퓨터 학자인 마수다Yoneji Masuda는 이러한 새로운 발명의 역사적 중요성에 대해 〈최초로 기계가 정보를 창출하고 제공하게 되었다.〉라고 말한다.[19]

ENIAC의 발명가들인, 에커트J. Presper Eckert와 마우슬리John W. Mauchly는 이 기계를 레밍턴 랜드Remington-Rand 사에 판매하였고, 그곳에서 이 기계는 〈Universal Automatic Computer, UNIVAC〉이라는 새로운 이름을 얻게 된다. 조사 통계국은 1950년 인구 조사의 계산을 돕기 위하여 UNIVAC을 구매하면서 최초의 상업적 소비자가 된다.[20] 1951년까지 6대의 전자식 컴퓨터가 작동하고 있었다. CBS 텔레비전이 아이젠하워 대통령의 스티븐슨Adlai Stevenson 상원 의원에 대한 압도적 승리를 성공적으로 예측하는 데 UNIVAC을 사용하였고, 이를 통해서 일반인들도 처음으로 이 이상한 새 기계에 주목하게 되었다.[21]

2년 전까지 컴퓨터의 상업적 잠재력을 무시했던 — 전 세계 시장에서 단지 25대만이 구매될 것이라 예측했던 — IBM 사가 갑자기 이 새로운 기술을 받아들여 1953년에는 Model 650을 한 달 임대료 3000달러로 시장에 내놓았다. 그러나 또 한번 IBM은 시장의 잠재력을 과소평가하여, 시장 수요가 단지 몇백 대에 그칠 것이라 예측하였다. 그러나 미국의 경제는 상승기에 있었고 몇 년 내에 수천 대의 IBM 컴퓨터가 판매되었다.[22]

초기의 컴퓨터들은 높은 전압을 요구할 뿐 아니라 많은 열을 발생시켰기 때문에 많은 문제점을 발생시키곤 했다. 또한 제작하는 데 복잡하고 비용이 많이 들었고, 고장도 자주 일어났다. 그러나 오래지 않아 과학자들이 작은 반도체, 즉 트랜지스터로 값비싼 진공관을 대체하게 되었다. 2세대 컴퓨터는 컴퓨터의 크기와 비용을 비약적으로 감소시키면서도 컴퓨터의 용량과 효용을 증가시킴으로써 산업에 일대 혁명을 가져왔다. 1950년대 후반에 집적회로가 일련의 공정을 통해 생산됨으로써 컴퓨터의 3세대가 시작되었다. 1970년대 초에는 고밀도 기술과 고집적 회로에 기반한 컴퓨터가 나타남으로써, 다시 한번 비약적으로 비용을 감소시키고 공정을 간소화함으로써, 컴퓨터가 거의 모든 산업 국가에서 이용되기 시작했다.[23]

▌컴퓨터에게 일시키기

1950년대의 프로그램형 컴퓨터의 출현은 많은 호응을 얻었다. 공정이 급격하게 재구조화되어 생산 과정은 거의 완전히 자동화되도록 설계되었다. 1947년 4월 포드 자동차 회사의 부사장인 하더 Del Harder는 〈자동화부 automation department〉를 신설했다. 〈자동화〉라는 명사가 사용된 것은 이것이 처음이었다.[24] 컴퓨터 산업은 자동화와 컴퓨터화를 일반 대중의 머리 속에 동의어로 만들어 버렸지만, 하더는 컴퓨터 산업의 발전을 예상하지 못했다. 더구나 그의 새로운 부서는 조립라인에서의 생산성을 증진시키고 공정 속도를 촉진시키기 위해 이미 존재하던 기술인 수력, 전기 기계, 기체 역학 등을 더 많이 사용했다.

〈자동화된 공장〉에 대한 이야기가 유명해져서 《포춘 Fortune》지는 〈무인 기계의 위협과 약속이 가까이 다가왔다.〉라고 이야기했다.[25] 2명의 캐나다인인 브라운 J. J. Brown과 리버 E. W. Leaver에 의해 씌어진 〈인간 없는 기계 Machines Without Men〉라는 도전적인 제목의 논문이 6개월 후 이 잡지에 게재되었다. 그 두 사람은 작업자 없이 자동으로 작업이 이루어지는 미래의 공장을 상상하였다. 두 저자들은 기계화의 많은 혁신적 성과물과 전자 혁명의 무한한 잠재력을 지적하면서 작업자 없는 공장의 시대가 곧 도래할 것이라고 결론지었다. 이들은 인간의 노동은 기껏해야 〈임시 변통의 수단 makeshift〉으로 낮추어 보면서, 새로 개발된 통제기술은 〈어떤 인간적 한계에 의해 제약되지 않는다.〉고 주장하였다. 기계들은 24시간 노동하는 것을 꺼려하지 않으며, 배고픔이나 피곤을 느끼지 않는다. 기계들은 인간이 같은 작업을 할 때보다 오류가 적을 뿐 아니라, 적절하게 움직여지지 않을 때조차도 중앙 통제실에 경보를 알려준다.[26]

이 논문이나 이후의 유사한 논문들은 모두 거대한 새로운 비전을 제시하고 있다. 그것은 3차 산업혁명에 대한 전망이다. 자동화 공장이라는 주제는 관심 있는 사람에게만 들렸다. 2차 세계대전이 끝나자 노동 흐름이 불안정하게 되고, 전쟁 기간 동안 임금 동결이 강제되고 단체 교섭상의 분규는 금지되어온 데 대한 노동자들의 분노와 이를 보상 받으려는 열망이 노동자들을 조직적으로 경영진에 도전하게 만들었다. 1945년부터 1955년 사이에, 미국은 4만 3000회 이상의 노사 분규를 경험했다. 이는 산업 역사상 노사 분쟁이 가장 집중적으로 발생된 기간으로 기록되었다.[27]

경영자들은 전통적으로 경영자의 영역이었던 곳에 대한 노동자들의 침범으로 인식하면서 점점 더 관심을 가지게 되었다. 고용, 해고, 승진, 사규 제정, 복지 후생, 안전 등 많은 문제들이 단체 협상 과정에 맡겨지게 되었다. 《비즈니스 위크 Business Week》는 〈경영 영역에 대한 더 이상의 침범에 대해서는 조치를 취해야 할 때가 왔다.〉고 경고하였다.[28]

노동자들의 요구 증가라는 위협에 대처하고 생산 수단에 대한 예전부터의 통제권을 유지하기 위해서, 미국의 대기업들은 그들의 생산성과 이윤을 증가시키면서도 위협적인 노동자들을 제거할 수 있는 자동화라는 신기술에 주목하게 되었다. 이 새로운 기업 전략은 성공하였다. 1961년 미국 하원의 한 분과위원회는 다가올 5년 동안 자동화가 작업에 미칠 영향에 대한 통계를 발표하였다. 전국 철강 노조 The Steel Workers Union는 9만 5000명의 인원 감축을 보고하였으나, 생산성은 오히려 121퍼센트 증가하였다. 전국 자동차 노조(United Auto Workers, UAW)는 자동화에 의해 16만 명이 감원되었음을 보고하였다. 전국 전기 노조(International Union of Electricians, IUE)는 전기 산업에서의 8만 명의 감원을 보고하였으나, 생산성은 20퍼센트 이상 증가하였다.[29] 1956년에서 1962년까지 미국 제조 분야에서 150만 명 이상이 직업을 잃었다.[30]

1960년대 초에 공장에 컴퓨터가 도입됨에 따라서, 노동자 없는 공장이라는 경영자들의 꿈은 현실에 한 걸음 다가서게 되었다. 새로운 〈생각하는〉 기계는 델 하더가 포드 자동차 회사에서 최초로 자동화부를 설립할 때 예상했던 것보다 훨씬 넓은 범위의 과업을 관리할 수 있었다. 컴퓨터에 의한 자동화라는 새로운 접근 방법은 수치 제어(Numerical Control, N/C)라 불렸다. 수치 제어를 통해, 강철이 어떻게 제련되고 용해되고 깎아지고 죄어지고 칠해지는지에 대한 작업 지시들이 컴퓨터 프로그램에 저장된다. 컴퓨터 프로그램은 기계 도구가 부품을 생산하는 방법뿐 아니라, 조립 라인의 로봇이 부품들을 조립하여 제품을 만드는 방법 또한 지시한다. 수치 제어는 〈아마도 헨리 포드가 움직이는 조립 라인의 개념을 도입한 이래로 가장 중요하고 새로운 발전〉이라고 평가받고 있다.[31] 경영진의 관점에서 보면, 수치 제어는 효율과 생산성을 증진시키고 동시에 작업장 수준에서 인간 노동의 필요성을 감소시키는 것이다.

지금까지 작업자들의 머릿속에 자리잡고 있던 기술, 지식, 전문 능력들은 효과적으로 자기 테이프로 이전되었고, 이를 통해 제조 공정이 원격 조정될 수 있으므로 생산 현장에서의 직접적인 감독이나 간섭의 필요성이 줄어들 수 있었다. 수치 제어를 통해, 공장 현장이나 제조 공정에 영향을 미치는 많은 결정들이 노동자로부터 프로그래머나 경영진으로 이전된 것이다. 새로운 자동화 기술의 이점이 경영에서 없어진 것이 아니었다. 이제 제조 공정의 속도를 포함한, 생산의 모든 영역에서 더 엄격한 통제가 수행될 수 있었다. 경영자들은(특히 제조 부문의) 새로운 자동화 혁명에 흥분하여 이를 찬양하고 다녔다. 시카고의 경영 자문 회사인 콕스 앤 콕스Cox and Cox 사는 기계 장치 등을 수치 제어를 통해 통제한 것에 대해 보고하면서, 〈관리 혁명이란, 사람을 관리하던 것을 기계를 관리하는 것으로 대체하는 것이다.〉라고 선언하였다.[32] 아서 디 리틀Arthur D. Little Inc. 사의 스미스Alan A. Smith는, MIT에서 처음으로 수치 제어를 직접 본 후 그의 동료들이 느끼고 있는 것을 요약하여 프로젝트 조정자의 하나였던 맥도너프James McDonough에게 편지를 보냈다. 스미스는 컴퓨터에 의한 수치 제어 도구를 〈인간 작업자로부터의 해방〉으로 특징지었다.[33]

자동화가 산업 전반에 퍼지고 국가 전체에서 이루어짐에 따라서, 인간과 공동체에 영향을 미치기 시작하였다. 처음으로 영향을 받기 시작한 집단은 미국의 〈흑인〉이었다. 자동화가 미국 흑인에 대해 미친 영향은 거의 알려져 있지 않지만, 20세기 사회사에서 가장 주목할 만한 이야기이다. 흑인 공동체의 경험은 적절히 분석될 필요가 있다. 왜냐하면 그 분석은, 새로운 자동화 기술에 의한 리엔지니어링이 이루어지고 있는 현재의 상황이 사람들에게 어떤 영향을 미칠 수 있는가를 이해하는 역사적인 자료를 제공해 줄 것이기 때문이다.

# 5 기술과 흑인의 경험

20세기 초에 미국 흑인 인구의 90퍼센트 이상이 여전히 남부에서 살고 있었다.[1] 흑인의 대다수는 그들이 최초로 미국에 끌려온 이래로 큰 변화가 없이 농업에 종사하고 있었다. 비록 남북전쟁이 흑인들에게 정치적 해방을 가져다주었지만, 그들은 그들을 거의 노예 상태로 묶어두는 착취 경제 시스템에 여전히 종속되어 있었다.

흑인들은 중대한 정치적 권리를 얻었음에도 불구하고, 남북전쟁과 그후의 짧은 재건 기간 이후에는 백인 농장 소유자들이 소작 제도를 통해 이전의 노예들에 대한 통제권을 다시 획득하였다. 굶주리고 땅도 없고 일거리들을 몹시 갖고 싶어 하였던 흑인들은, 새로운 소작 제도에 의해 어쩔 수 없이 저당잡히게 된 것이다. 새로운 소작 제도에서 그들은 농지와 주택, 씨앗, 농사 용구, 노새를 지급 받고 대신 이에 대한 대가로 경작물의 40퍼센트를 지주에게 바쳐야 했다. 원칙상으로는 나머지 경작물이 소작인인 흑인에게 돌아가야 했으나, 사실상 그렇게 되지 않았다. 매달의 경비에 충당하도록 소작인에게 제공된 돈이 항상 너무 적었기 때문에, 소작인은 어쩔 수 없이 그 농장이 경영하는 잡화점으로부터 물건을 외상으로 가져올 수밖에 없었다. 물건은 종종 값이 높게 매겨져 있었고 외상에 대한 이자는 터무니없이 높았다. 그 결과 추수가 다가왔을 때 소작인들은 그들 몫인 경작물 60퍼센트의 가치보다 더 많은 돈을 지주에게 빚지게 되었고, 따라서 그들은 어쩔 수 없이 지주에게 더욱 더 종속되게 되었던 것이다. 또한 지주들은 종종 장부를 조작하여 소작인들을 속였다. 폭력에 의해 뒷받침되는 엄격한 차별 정책이 백인의 우월성을 강화시키고 흑인 노동자를 더욱 무기력하게 만들었다.

대부분의 흑인 소작인들은 목화를 경작했는데 목화는 가장 노동 집약적인 경작물이었다. 추수 때 목화를 따는 것은 힘든 일이었다. 노동자들은 일할 때 무릎으로 기거나 구부려야 했다. 목화의 부드러운 솜 부분은 계속해서 손을 찌르는 질긴 줄기로 둘러싸여 있었다. 어깨 주위에 가죽끈으로 된 75파운드의 주머니에 목화를 따서 집어넣었다. 목화 따기는 해 뜰 무렵부터 해 질 녘까지 계속되었고, 그 시간 동안 익숙한 일꾼은 200파운드 이상을 딸 수 있었다.[2]

주택은 원시적인 수준의 것으로 난방이나 하수구가 마련되어 있지 못했다. 아이들 또한 농장에 나가서 일해야만 했기 때문에 학교를 가는 것은 거의 불가능했다. 이 소작 제도는 단지 이름만 바뀐 노예 제도였던 것이다. 제1차 세계대전 동안 그리고 전후 얼마 동안 계속해서 수많은 흑인들이 남부의 가난으로부터 도망치고자 북부의 도시로 이주하였다. 전쟁 동안에 외국으로부터의 이민이 끊어지자 북부의 공장주들은 미숙련 노동자들을 몹시 필요로 했고, 남부의 흑인들 중에서 많은 사람들이 충원되기 시작했다. 많은 흑인들에게 북부의 공장에서 생활비를 벌어 더 좋은 생활을 할 수 있다는 전망은, 정든 가족과 친구들을 뒤로한 채, 떠나기에 충분한 이유처럼 여겨졌다. 그러나 북부 도시에서의 삶은 불확실하고 위험이 큰 것이었으므로, 대부분의 흑인들은 그대로 머무르는 것을 선택했다.

그러던 1944년 10월 미시시피 삼각주에서 흑인들의 환경을 영원히 변모시키는 사건이 일어났다. 10월 2일에 3000명으로 추정되는 사람들이 목화 따는 기계의 최초의 성공적인 시범을 보기 위해서 미시시피 주의 클라크스데일 외곽에 있는 목화 농장에 모였다. 레만 Nicholas Lemann 은 그의 〈약속된 땅 The Promised Land〉이라는 책에서 이렇게 묘사했다. 〈밝은 빨강 색의 목화 따는 기계는 목화의 하얀 줄을 따라 움직였다. 각각의 기계는 앞에 물레 가락 줄을 설치했는데 그것은 금속 이빨로 가득한 커다란 입처럼 보였고 수직으로 뻗어 있었다. 대략 인간의 손만한 물레 가락들은 회전해서 목화를 따냈고 이를 튜브를 통해 끌어들여 기계의 윗부분에 설치된 커다란 철사로 된 바구니에 달았다.〉

이를 본 모든 사람들은 매우 놀라워했다. 한 시간 동안에 한 일꾼은 20파운드를 딸 수 있었던 반면, 그 기계는 똑같은 시간에 천 파운드를 딸 수 있었다. 50명 분의 일을 할 수 있는 것이다.[3]

남부에 목화 따는 기계가 도착한 시기는 적절한 것이었다. 왜냐하면, 전쟁으로부터 돌아온 많은 흑인 군인들이, 재건 기간 후에 그 동안 실제적으로 그들을 노예 상태로 묶어 두었던 짐 크로 Jim Crow 법안과 인종 차별 법령에 대해서 도전하기 시작하던 때였기 때문이다. 조국을 위해 싸웠고 인종 차별이 없는 외국과 미국의 다른 주들을 둘러보았기 때문에, 많은 퇴역 군인들은 더 이상 현재의 상황을 받아들이려 하지 않았다. 어떤 이들은 그들의 환경에 의문을 제기하기 시작했고 어떤 이들은 행동하기 시작했다. 미시시피 주의 그린빌에서 네 명의 흑인 퇴역 군인이 투표를 위한 등록을 법정에 요구했다. 계속되는 거절에 이들은 FBI에 탄원하였고 FBI는 요원을 파견해서 그들이 미시시피 주에서 투표할 수 있도록 도왔다.[4]

미시시피 주와 남부 여러 주 백인들은 이에 대해서 걱정하였다. 그러나, 변화의 소리는 갈수록 커졌고 오랫동안 소작 경제를 유지해 왔던 협정들을 파기하겠다고 위협하기에 이르렀다. 미시시피 삼각주의 한 저명한 농장 경영자는, 남부의 백인 지주들이 채택할 수 있는 새로운 대안을 지방의 목화협회에 편지로 썼다. 그의 이름은 리처드 홉슨 Richard Hopson이고 새로운 목화 따는 기계의 시범을 보였던 땅의 주인인 홉슨 Howard Hopson의 형제였다. 그 편지에서 홉슨은 미시시피 삼각주에서 증가되고 있는 흑백 긴장에 대해 숙고하면서 다음과 같이 이야기했다. 〈현재 우리가 부딪치고 있으며 시간의 흐름에 따라서 점점 더 심각해질지도 모르는 인종 문제의 심각성을 우리가 알고 있다고 확신합니다…… 저는 예전의 소작 제도로부터 기계화된 영농의 완성을 위한 새로운 시스템으로 신속하게 변화하고 있는 미시시피 삼각주의 농장주들을 강력히 옹호합니다…… 기계화된 영농은 이전의 소작 제도에서 필요로 하던 노동력의 극히 일부분만을 필요로 합니다. 따라서 흑인과 백인의 인구 비중이 비슷해질 것이며 자동적으로 이것은 인종 문제의 처리를 용이하게 만들 것입니다.〉[5]

1949년에는 남부의 목화 중 단지 6퍼센트만이 기계에 의해 추수되었지만, 1964년에는 78퍼센트가 되었다. 그 후 8년 후에는 100퍼센트가 기계에 의해 추수되었다.[6]

흑인들이 남부의 농업 지역에서 일하기 위해서 노예로서 끌려온 이후로 처음으로 흑인들이 더 이상 필요 없게 되었다. 하룻밤 사이에 소작 제도가 기술에 의해 쓸모가 없게 된 것이다. 농장주들은 수백만의 소작인들을 땅에서 쫓아냈고 이제 그들은 집도 없고 일자리도 없게 되었다. 다른 발전들 또한 이러한 경향을 재촉했다. 연방 정부 정책으로 1950년대에 목화 재배 면적이 40퍼센트 감소했다.[7] 감소된 면적의 많은 부분이 숲이나 목초지로 바뀌었는데 이런 것들은 노동력을 거의 필요로 하지 않았다. 전쟁 후에 트랙터 생산에 대한 수량 제한이 많이 느슨해져서 농장에서 인력 대신 트랙터 이용이 가속되었다. 화학 제초제의 도입으로 노동력은 더욱 더 감소되었다. 전통적으로 흑인 노동자들은 잡초를 직접 제거하여 왔다. 연방 정부가 농장 노동자에 대한 최저 임금을 올리자 대부분의 남부의 농장주들은 손으로 제거하는 대신 제초제를 이용하는 것이 훨씬 경제적이라고 판단했고, 이제 흑인들은

더 이상 고용될 곳이 없었다.[8]

　기계화로 인해 남부 농장 지대에서 밀어내고 북부 공업 도시에서 더 높은 임금으로 끌어당기는 것이 결합하여, 레만이 〈역사상 가장 거대하고 급속한 국내 인구 이동의 하나〉라고 말한 것을 만들어내었다. 500만이 넘는 흑인들이 1940년과 1970년 사이에 일자리를 찾기 위해서 북쪽으로 이주했다.[9] 이동 경로는 조지아, 캐롤라이나, 버지니아로부터 대서양 연안을 따라 뉴욕과 보스톤으로 가는 것, 미시시피, 테네시, 아칸소, 앨라배마 주로부터 북으로 시카고와 디트로이트로 가는 것, 텍사스와 루이지애나로부터 서쪽으로 캘리포니아로 가는 것이 있었다. 이주가 끝났을 때 흑인의 반수 이상이 남쪽에서 북쪽으로, 시골 생활에서 도시의 산업 프롤레타리아로 옮겨 갔다.[10]

　농업의 기계화는 수백만의 농장주와 농장 노동자들을 땅에서 떠나게 하면서 농업 전체에 큰 영향을 미쳤다. 더군다나 흑인들은 기계화가 신속하고도 강하게 퍼져나갔던 남부의 목화 재배 지역에 밀집해 있었기 때문에, 더욱 즉각적이고 큰 영향을 받았다. 많은 다른 농장주들과 달리 흑인들 대부분은 땅을 소유하지 않고 있었다는 사실도 중요하다. 대부분은 농장주에게 종속된 소작인들이었다. 즉 화폐 경제 밖에 있었으므로 그들이 가용할 수 있는 자본이 없었고 따라서 그 공동체를 휩쓸었던 기술의 거대한 폭풍을 뚫고 나갈 방법이 전혀 없었다. 마틴 루터 킹 목사는 1965년에 앨라배마 주에 있는 한 농장을 방문했을 때, 미국 화폐를 본 적이 없는 소작인을 만나 매우 놀랐다고 말했다.[11]

　노예 해방 선언보다도 목화 따는 기계가, 농장 경제로부터 흑인들을 해방시키는데 훨씬 더 효과적이었다. 그러나 그것은 엄청난 대가를 수반한 것이었다. 토지로부터의 강제 퇴거와 잇따른 수백만 명의 가난한 흑인들의 북부로의 이동은, 곧 상상하지 못할 정도의 사회적, 정치적 영향을 미쳐 심지어 미국의 협약 정신을 시험할 정도까지 되었다. 1947년에 남부의 변호사이자 사업가인 콘David Cohn은 정치도 이러한 폭풍에 주의를 기울여야 한다고 요구했다. 그는 이렇게 경고했다.

이 나라는 산업혁명 이래로 가장 큰 변화 과정에 막 들어섰다. 앞으로 몇 년 안에 500만 명이 땅에서 떠날 것이다. 그들은 어디로 가야만 할 것이다. 그러나 어디로? 그들은 무엇인가 해야 할 것이다. 그러나 무엇을? 그들은 주택도 필요할 것이다. 그러나 어디에 주택이 있는가?

이들의 대부분은 도시 생활에 대해 전혀 무방비인 농장 흑인들이다. 어떻게 산업은 이들을 흡수할 것인가? 이들은 노동 시장에 어떤 영향을 미칠 것인가? 미국의 인종 관계에 어떤 영향을 미칠 것인가? 이들, 즉 농장 기계화의 희생자들은 다시 인종 갈등의 희생자가 될 것인가?

미국이 수백만 명의 사람들과 국가의 전체 구조에 영향을 미치는 문제점에 대해 신속하게 대처하지 않는다면, 엄청난 비극이 있을 뿐이다.[12]

▍기술들 사이에 끼여

흑인들은 북쪽으로 이주하는 동안엔 몰랐지만, 제2의 과학 기술 혁명이 이미 시카고, 디트로이트, 클리브랜드, 뉴욕의 제조 공업에서 일어나서 다시 한번 그들에게서 일자리를 빼앗아갔다. 이때 이루어진 경제적 변화가, 도시내의 새로운 빈민 계급과 나머지 세기 동안 널리 퍼질 사회적 불안과 폭력이라는 현상을 양산해 낸 것이다.

처음에 흑인들은 자동차, 제철, 고무, 화학, 포장육 산업의 미숙련 직종에서나마 제한된 수의 일자리를 얻을 수 있었다. 북쪽의 산업 자본가들은 파업을 분쇄하거나 외국으로부터의 노동자 이민이 감소할 때, 빈자리를 메우는 존재로 그들을 인식했다. 북부에서 흑인 노동자들의 형편은 1954년까지는 서서히 향상되어 갔으나, 그때부터 40년 동안 역사적인 하락이 시작되었다.

1950년대 중반에 자동화가 미국 제조업에서 주요한 역할을 차지하기 시작했고, 이는 흑인 노동자들이 밀집된 산업인 비숙련 직종에 심각한 시련으로 다가왔다. 1953년부터 1962년까지 160만 명의 블루칼라 직종이 제조업 분야에서 사라졌다.[13] 1947년부터 1953년까지 백인의 실업률이 4.6퍼센트, 흑인의 실업률이 8.5퍼센트 이하였으나, 1964년에 백인의 실업률이 단지 5.9퍼센트인 반면 흑인의 실업률은 무려 12.4퍼센트로 증가하였다. 1954년 이후로 미국에서 흑인 실업률은 백인 실업률의 2배를 기록해 오고 있다.[14] 1964년에 〈흑인 운동의 문제점〉이라는 책을 쓴 민권 운동가 칸 Tom Kahn은 이렇게 빈정거렸다. 〈그것은 마치 흑인을 경제적 위치에 올려놓고서 인종 차별이 잠시 옆에 비켜서서 과학 기술이 그들의 위치를 파괴하는 것을 지켜보는 것과 같다.〉[15]

1950년대 중반부터 회사들은 더욱 더 자동화된 제조 설비를 갖춘 공장을 새롭게 부상하는 교외의 공업 지구에 짓기 시작했다. 자동화와 교외에로 공장 이전은 미숙련 흑인 노동자에게 큰 위기를 가져왔다. 시 중심부에 있는 오래된 다층의 공장들은 새로운 자동화 기술에 더 적당한 새로운 단층의 공장에 자리를 내주고 말았다. 도시에서의 토지 이용 제한과 세금의 증가는 큰 단점으로 제조업을 새롭게 부상하는 교외로 밀어냈다. 북부 도시 주위에 새롭게 건설된 주 간(州間) 고속도로와 도시 간 고속도로의 연결은 교외에 공장을 이전시키는 강력한 촉매제로 작용하였고 상품의 운반 수단으로 기차보다 트럭이 더 우위에 서게 했다.[16] 마침내 노동 비용을 감소시키고 노동 조합의 힘을 약화시키려는 고용주들은 공장의 이전을 공장과 전투적인 노동 조합의 집중을 막으려는 한 수단으로 보게 되었다. 결국 반노동 조합의 감정이 공장을 남부나, 멕시코, 해외로 이전하게 만든 것이다.

자동화와 교외화라는 새로운 기업 전략은 자동차 산업에서 즉시 나타났다. 디트로이트에 있는 포드의 리버 루지 단지는 오랫동안 포드의 많은 공장의 기함(旗艦)과 같은 존재였다. 루지 River Rouge 공장은 또한 전미 자동차 노조의 가장 격렬하고 전투적인 지역 조합의 본산이었고 그 회원 중 30퍼센트 이상이 흑인이었다. 전미 자동차 노조 UAW의 600여 지역 조합 중 가장 강력해서 단 한 차례의 파업으로도 포드사의 전체 조업을 불가능하게 만들 수 있었다. 루지 단지가 확장할 많은 여지가 있었음에도 불구하고 포드 경영진들은 생산의 많은 부문을 교외의 새로운 자동화된 공장으로 옮겨 노동 조합을 약화시키고 제조 공정에서의 지배력을 되찾기로 결정했다.[17]

1945년에 루지 공장에는 8만 5000명의 종업원이 있었다. 그러나 15년 후 3만 명에 못 미치는 수준으로 떨어졌다. 역사학자 수그루에 Thomas J. Sugrue는 1940년대 후반부터 1957년까지 포드 사가 자동화와 공장 확장에 25억 달러 이상을 사용했다는 것에 주목했다. 포드 사에 이어 GM이나 크라이슬러도 그 뒤를 따랐다. 〈3대 자동차 회사들은 새로운 자동화된 공장들을 디트로이트 근처를 둘러싸는 교외에 20개나 건설하였다.〉[18]

자동차 업계를 뒷받침하는 부품 업계들도 1950년대에 생산 자동화를 시작했다. 특히 기계 용구, 용수철, 자동차 부품, 다른 금속 제품을 제조하는 회사들이 특히 그렇다. 거대한 자동차 회사들이 그들의 생산 공정을 통합하여 새로운 자동화된 생산 라인에서 더욱 더 많은 부품들을 제조해서 디트로이트의 브리그 공업회사 Briggs Manufacturing나 머레이 자동차 부품회사 Murray Auto Body 같은 많은 자동차 부품 제조 업체들이 1950년대 중반에서 후반 사이에 문을 닫아야 했다. 디트로이트에서 제조 직종의 수는 생산의 자동화와 교외화의 결과로서 1950년대 중반에 엄청나게 줄어들게 되었다.[19]

흑인 노동자들은 몇 년 전에는 남부에서 목화 따는 기계에 밀려났는데 이제는 새로운 기계화의 희생물이 되었다. 1950년대에 크라이슬러 사에서 7425명의 숙련 노동자들 중에 단 24명이 흑인이었다. GM에서는 1만 1000명 이상 중에서 단 67명이었다. 생산성과 실업률 지수는 그 나머지를 대변해 준다.[20] 1957년과 1964년에 제조 물품량은 2배가 된 반면에 노동자의 숫자는 3퍼센트가 줄었다.[21] 새로운 자동화의 첫 희생자는 대부분 흑인 노동자였고 이들은 새로운 기계에 의해서 첫번째로 감원되는 비숙련 직종에 있어서 대부분을 차지했다. 북부와 서부 산업 지대에서의 제조 공정에서 자동화와 교외화는 계속해서 비숙련 흑인 노동자로부터 일자리를 빼앗아 갔고 결국 수만의 영구 실업자를 남기게 되었다.

1960년대 공장에 도입된 컴퓨터와 수치 제어 기술은 기술의 노동력 대체를 더욱 가속화했다. 4대 도시인 뉴욕과 시카고, 필라델피아, 디트로이트에서 흑인은 비숙련 노동력의 상당한 부분을 차지하고 있었는데, 백만 명 이상이 제조업과 도소매업에서 자리를 잃어버렸고 많은 부분이 기술에 의한 것이었다. 작가인 보그스 James Boggs는 흑인 공동체에서의 많은 사람들의 관심사를 대변했다. 〈인공 두뇌화는 흑인의 일자리를 없애고 있다.〉[22]

기업들이 교외로 이주하자 수백만 명의 백인 중산 계급의 가족들이 뒤따라서 교외에 자리를 잡았다. 1960년대와 1970년대에 도시 중심부는 점차 흑인화, 빈곤화되었다. 사회학자인 윌슨 William Julius Wilson에 의하면 〈도시 중심부에 살고 있는 흑인들은 1960년에 52퍼센트에서 1973년에는 60퍼센트로 증가한 반면 백인들은 31퍼센트에서 26퍼센트로 감소했다.〉고 한다. 윌슨은 이러한 도시에서의 교외로의 이주가 도시내 세금의 계속적 감소와 공공 서비스의 가파른 퇴조와, 수백만 명 흑인들이 영구적 실업과 공공 보조금의 계속되는 사이클에 걸려들게 되는 원인이 되었다고 말했다. 1975년에 뉴욕에서는 거주자의 15퍼센트 이상이 공공 보조금을 받고 있었고 시카고에서는 19퍼센트나 되었다.[23]

1980년대에 북부 도시들이 부분적으로 새로운 정보 산업의 중심축이 되어 되살아나고 있었다. 수십 개의 주요 도시들이 〈상품의 생산과 분배의 중심부로부터 행정과 정보 교환, 고도의 서비스 제공의 중심부로 변해가고 있었다.〉[24] 새롭게 등장하는 지식에 기반한 산업은 고도로 숙련된 화이트칼라와 서비스 노동자에게 더 많은 일자리를 제공했다. 그러나 많은 흑인들에게 이러한 새로운 도시 부흥은, 고용과 임금에 있어서 높은 교육을 받은 백인과 미숙련된 흑인들 사이의 격차를 더욱 더 증가시킬 뿐이었다.

지난 25년 동안 흑인들에게 유리했던 중대한 고용상의 발전은 공공 부문에서였다. 1960년대와 1970년대에 흑인들은 공공 부문의 고용에서 55퍼센트의 순증가를 기록했다.[25] 존슨 Lyndon Johnson 대통령이 주창한 위대한 사회 Great Society 정책에 따라 많은 흑인 전문 인력이 연방 정부에서 일자리를 얻을 수 있게 되었다. 또한 지역적인 수준, 주 정부 수준에서도 자동화와 교외화라는 새로운 힘에 의해 일자리를 뺏긴 흑인 공동체를 위해 사회 서비스와 복지 정책과 관련된 일자리가 제공되었다. 1960년에 고용된 전체 흑인 중에서 13.3퍼센트가 공공 부문에서 일하고 있었는데, 이 비율이 10년 후에는 21퍼센트 이상으로 증가하였다.[26] 1970년까지 정부는 흑인 남자 대졸자 중 57퍼센트와 흑인 여자 대졸자 중 72퍼센트를 고용하였다.[27]

▍자동화와 도시 하급 계층의 형성

자동화와 공장을 교외에 이전하는 기업의 전략은, 흑인 사회를 두 개의 구분되고 떨어진 경제 집단으로 쪼개버렸다. 수백만의 비숙련 노동자들과 그들의 가족들은 사회역사학자들이 말하는 하층 계급이 되었다. 하층 계급이란 비숙련 노동이 더 이상 필요 없고 하루 벌어 하루 먹는, 또한 이러한 상황이 세대에서 세대로 전승되는, 계속적으로 실업 상태에 있는 사람들이다. 또 다른 하나의 집단은 흑인 중산 전문 인력들인데, 도시의 하층 계급을 도와주도록 만들어진 많은 공공 지원 프로그램에 관련된 사람들이다. 이러한 시스템은 브라운 Michael Brown과 이리 Steven Erie가 말한 일종의 〈복지 식민주의 welfare colonialism〉로서, 흑인들은 그들 자신의 종속 상태를 관리하도록 요청받고 있는 것이다.[28]

공공 부문으로 많은 흑인들을 흡수하지 않았다면, 자동화가 1960년대와 1970년대 흑인에게 가져온 충격에 의해 미국은 더 많은 영향을 받았을 것이다. 1970년 초에 사회학자인 빌헬름 Sidney Willhelm은, 〈자동화로의 전환 기간 동안 미국 정부는 노동력에 대한 최대 고용주가 되었다. 특히 흑인 노동자에게 더욱 그러했다. 정부가 없었다면 흑인들의 실업률은 엄청나게 높아졌을 것이다.〉라고 말했다.[29]

또 다른 한편으로 일반 대중들은, 풍요한 흑인 중산층에 대한 이미지 때문에 자동화와 신기술에 의한 최대 희생자였던 수많은 흑인 하층계급의 곤경에 주의를 기울이지 않았다.

과학 기술에 의한 실업은 미국 흑인 사회를 근본적으로 바꿔놓았다. 계속적인 실업 상태는 미국 도시에서의 범죄율을 증가시켰고 흑인 가족의 전반적인 해체를 가져왔다. 통계 수치는 참으로 놀라울 정도다. 1980년 후반까지 젊은 흑인 남자 4명 중 1명은 감옥에 있거나 집행 유예 상태였다. 수도인 워싱턴에서조차 18~25세의 흑인 남자 중 42퍼센트가 감옥에 있거나 집행 유예이거나 재판을 기다리고 있거나 경찰에 의해 쫓기고 있었다. 젊은 흑인 남자 사망의 주요 원인은 살해당하는 것이다.[30]

1965년에 상원 의원인 모이니한 Daniel Patrick Moynihan은 〈흑인 가족의 고용, 소득, 시련 Employment, Income, and the Ordeal of the Negro Family〉에 대한 보고서를 출판했다. 여기에서 그는 〈흑인 아버지의 실업이 흑인 가족의 붕괴를 가져왔다.〉고 주장했다.[31] 그 보고서가 쓰여졌을 당시, 흑인 아기들의 25퍼센트가 사생아였고 흑인 가족의 약 25퍼센트는 여자가 가장이었다. 여자가 가장인 편부모 가정은 전형적으로 복지 의존의 사이클에 놓여 있어서 세대에서 세대로 수많은 10대 미혼모와 높은 퇴학률이 계속되는 복지 의존이 뒤따랐다. 오늘날에도 총 흑인 가족의 62퍼센트가 편부모 가정이다.[32]

이러한 통계 수치는 수많은 미숙련 흑인 노동자가 현재의 리엔지니어링과 다운사이징에 의해서 해고될 때 더 늘어날 것 같다. 평등 고용 기회 위원회 Equal Employment Opportunity Committee가 발간한 보고서에 따르면, 1990년과 1991년에 사라진 18만 개의 제조업 일자리 중

약 1/3을 흑인 임금 노동자들이 차지하고 있다.[33] 흑인들은 1990년대 초에 화이트 칼라와 서비스 직종에서도 많은 인원이 감원당했다. 《월 스트리트 저널》에 따르면, 그 이유는 〈흑인들은 수지가 맞지 않는 산업에 집중해 있다. 사무직, 숙련 직종, 반숙련 직종, 미숙련 직종이든간에 흑인 노동자의 반 수 이상이 감원이 이루어지는 회사가 속한 4개 직종에 일자리를 가지고 있다.〉[34] 유색 인종의 진보를 위한 전국협회 (National Association of Advancement of Colored People, NAACP)의 노동국 장인 존슨 John Johnson은, 〈백인들이 아직까지 깨닫지 못하고 있는 것은 백인들이 경기 후퇴기에 있을 때 흑인들은 불경기에 있다는 것이다.〉 라고 말했다.[35]

컴퓨터 시대의 초기인 40년 전에 인공 지능의 아버지라 불리는 위너 Norbert Weiner는 새로운 자동화 기술의 역효과를 경고했다. 〈자동화 기계는 경제적으로 노예 노동자와 같은 것이다. 노예 노동과 경쟁하는 노동이라면, 노예 노동에 의한 경제적 결과 또한 받아들여야 한다.〉[36] 인공 지능 혁명에 의해 황폐해질 첫 번째 사회는, 미국의 흑인 사회이다. 자동화 기계의 도입으로 예전에 농노로서 다음엔 소작인과 북부 공장 지대의 미숙련 노동자로서 오랫동안 경제 피라미드의 하부에서 일해 온 수백만의 흑인들은, 더 싸고 감정이 없는 형태의 노동력에 의해 대체될 것이다.

미국 역사상 처음으로 흑인은 더 이상 경제 체제에서 필요하지 않게 되었다. 빌헬름 Sidney Willhelm은 『누가 흑인을 필요로 하는가? Who Needs the Negro?』라는 그의 책에서 현재 일어나고 일들의 역사적 중요성을 요약하고 있다. 〈자동화의 시작과 함께 흑인들은 압제의 상태로부터 무용지물의 상태로 떠밀려갔다. 흑인은 경제적으로 착취된다기보다 이제는 불필요한 존재가 되었다. 다수의 백인들은 더 이상 소수의 흑인을 착취할 필요가 없다. 자동화가 진행됨에 따라 백인들은 흑인들을 무시하는 상황이 발생하기가 쉽다. 즉 기계화의 완벽한 적용과 자동화에 대한 의존을 통해서 미국의 백인 사회는 흑인들을 처분해

버릴 수 있게 되었다. 결과적으로 흑인들은 착취되는 노동력에서 버려진 것으로 변하게 되었다.〉[37]

버밍햄 감옥에서 편지를 쓰면서 킹 목사는, 〈자신이 보잘 것 없는 존재라는 자의식과 영원히 싸우고 있는 미국 흑인들〉의 자아상이 점점 악화되어 감을 슬퍼하였다.[38] 마르크스의 노동을 착취당하는 산업 예비군도 〈보이지 않는 사람〉이라는 엘리슨 Ralph Ellison의 유령이 되어버렸다. 자동화는 수많은 흑인 노동자들을 폐품으로 만들어버린 것이다. 자동적으로 미국 흑인들을 생계 때문에 백인 권력 구조에 의존케 하고 속박하던 전통적인 경제적 제약은 사라졌다. 많이 사라지고 잊혀진 얘기지만, 미국의 도시 흑인들은 그들의 좌절과 분노를 분출시켜 거리로 나오기도 하였다. 1965년에 와츠에서 시작된 폭동은 디트로이트와 다른 북부 공업 도시로 퍼져나갔다. 와츠에서의 폭동 이후에 한 거주자가, 그들을 폭동으로 이끈 분노에 대해 직접 이야기하라는 정부에 대해서 간결하게 경고하였다. 〈백인들은 사람들의 분노를 억누를 수 있다고, 그리고 사람들이 분노를 곧 잊어버리게 될 것이라고 생각한다. 그러나 그렇게 되지는 않았다.〉[39]

그 당시에 모든 시민 지도자들이 정확하게 그 문제를 진단한 것은 아니다. 많은 흑인 단체의 전통적인 지도자들은 계속해서 흑인들의 곤경을 단지 정치적인 면에서만 인식하였다. 그들은 사회적 차별이 이러한 위기의 원인이고 반차별법이 적절한 방지 대책이 될 수 있을 것이라 주장했다. 그러나 그들 중 몇몇은 경제에서 벌어지는 일들이 미국의 미래에 불길한 결과를 가져다줄 것이라며, 흑백의 관계에서 좀 더 근본적인 변화가 필요하다고 보았다. 그 주제에 대한 신랄한 주장을 담은 그의 책 결말에서 빌헬름은 〈기술 혁명의 과소평가는 이에 수반되는 착취당하는 존재에서 무용지물의 존재가 된 인종 혁명의 과소평가를 가져온다. 즉 새로운 과학 기술 시대의 시작인 현재를 단순히 산업화가 계속되는 것으로 잘못 판단함으로 인해, 일자리를 빼앗긴 흑인들을 기다리는 완전히 다른 인종간 관계를 예견할 수 없게 한다.〉[40]라고 예측했다. 결국, 빌헬름의 예측은 들어맞았다. 오늘날 수백만 명의 흑인은 자신들이 영원한 하층 계급에서 꼼짝할 수 없고 희망이 없다는 것을 알고 있다. 기술도 없고 필요로 하지도 않고, 그들의 노동의 상품 가치는 새로운 하이테크 세계 경제에서 그들을 대체해 버린 자동화된 기술에 의해 사실상 쓸모가 없어져 버렸다.

6 자동화에 대한 대논쟁

　1960년대 초반부터, 인권 지도자들이 흑인 사회에서의 자동화의 결과에 대하여 경고를 시작하였고, 다른 사람들은 전체 사회에 대한 보다 광범위한 의미를 이야기하기 시작하였다. 경제와 고용에 대한 자동화의 가능한 효과에 관한 전국적인 논쟁이 1960년대 초에 주로 흑인 사회의 실업 증가에 의해 불붙으면서 대두되었다.

　1963년 3월 프린스턴 대학의 첨단 학문 연구소 Institute for Advanced Studie 소장인 오펜하이머 J. Robert Oppenheimer가 이끄는 저명한 과학자, 경제학자, 학술원 회원 등은 미래 미국 경제의 자동화에 대한 경고와 이 주제에 대해 대통령에게 국가적인 토론을 요구하는 공개적인 편지를 《뉴욕타임즈 The New York Times》에 발표하였다. 자동화 혁명, 병기(兵器) 혁명, 인권 혁명 등 사회에서 발생하는 세 가지 새로운 혁명적인 변화에 대한 분석으로부터 나온 이름인 삼중 혁명 Triple Revolution에 관한 임시 위원회 Ad Hoc Committee에서 새로운 자동화 기술은 수입과 일의 관계에 기본적인 변화를 가져오고 있다고 논의되었다. 앞서의 저자들은 역사 이래 현재까지 〈경제적 자원은 생산에 얼마나 공헌했느냐에 따른 기준으로 항상 분배되었다.〉라고 지적하였다. 현재 이러한 역사적 관계는 컴퓨터에 기반한 신기술에 의해 위협받고 있다. 〈새로운 생산의 시대가 시작되었다. 이러한 조직의 원리는 산업화 시기나 농경 시대와는 다르다. 컴퓨터와 자동 조절 장치의 결합에 의해 자동화 혁명이 발생되어 왔는데, 이는 점차 인간의 노동력을 적게 필요로 하는 거의 무한한 생산 능력을 가진 시스템을 낳는다.〉[1]라고 그들은 경고하였다.

위원회는 또한 〈자동화에 의해 경제계로부터 쫓겨난 여러 집단들 중 흑인들이 가장 많은 타격을 받았다. 그러나 조만간 경제계에서 수많은 노동자들의 자리를 잃게 할 보다 생산적인 직무를 새로운 컴퓨터 혁명이 담당하게 될 것〉[2]이라고 예측하였다. 대통령과 의회는 새로운 노동 절약 기술 때문에 유휴 인력이 된 많은 이들에게 기금을 나누어 주는 방법으로 〈권리의 문제로서의 적정한 수입〉을 모든 시민에게 보장할 것을 촉구하였다.[3]

임시 위원회의 경고는 백악관의 관심을 사로잡았다. 1963년 7월 케네디 대통령은 자동화에 관한 국가 위원회의 설립을 요청하였다.[4] 6개월 후, 린든 존슨 대통령의 연두 교서에서 자동화, 기술, 경제적 진보에 관한 위원회의 창설을 제안하였다. 그 해 봄, 의회에서 공청회가 개최되었고 위원회를 설치하기 위한 법률이 제정되었다.[5]

▌중간 길을 향해 나가는 정부

1965년에 발행된 위원회 보고서는 자동화 혁명에 대해 정부의 즉각적인 대응이 필요하다는 측과, 특히 기업에서 기술 대체는 경제적 진보의 일반적인 결과이며 이는 결국 건강한 경제에 의해 흡수될 것이라고 주장하는 측 사이의 중간적인 위치로 조절하려는 시도를 하였다.

〈한쪽의 극단적인 관점에 따르면, 세계(또는 최소한 미국일지라도)는 우리의 경제 제도들과 수입을 얻는 고용의 개념이 진부화되기에 충분한 생산 풍요 상태의 직전에 놓여 있다. 우리는 이러한 관점에 대해 반대한다…… 어쨌든 우리는 또한 기술 변화로부터의 영향과 관련된 심각한 사회적·경제적 문제의 존재를 부인하는 또 다른 극단의 안일한 관점에 대해서도 반대한다.〉[6]

이상하게도, 정부 보고서의 저자들이 그들과 비판가들 사이에 거리를 두고자 노력하였으며 그 이슈들에 대해 중도적 접근을 하였음에도 불구하고, 그들의 많은 연구 결과들은 삼중 혁명에 관한 오펜하이머 위원회 Oppenheimer Committee에 의해 제시된 주장들을 강화시켰다. 예를 들면, 그들은 신기술 혁명이 미국의 흑인 사회에 파괴적인 영향을 끼칠 것이라는 점을 인정하였다. 보고서에서는 다음과 같이 언급하고 있다.

> 목화 따는 기계와 거대한 수확 콤바인으로부터 화학 비료와 살충제에 이르는 현대 농업 기술은 노동자들을 도시로 급격히 이주시키는 결과를 낳았으며 심각한 도시 문제를 가져왔다.
> 농업 기술 혁명은 많은 흑인들에게 어려움을 가중시켰다. 농촌으로부터 밀려난 많은 사람들은 생계를 위해 도시로 이주하였다. 그러나 많은 사람들이 도착한 그 당시에 진보하는 기술은 그들에게 적합한 많은 반숙련과 비숙련 제조업 일자리의 수를 감소시켜 왔다. 과거 2년 동안의 발전에도 불구하고, 한국전쟁이 끝난 후보다 공장의 생산·유지 직무 수가 70만 개 정도 적다.[7]

요컨대 오펜하이머와 삼중 혁명의 저자들이 말했던 것처럼 〈기술은 일이 아니라 일자리를 없앤다.〉라고 정부위원회는 주장하였다. 양편 모두가 주장한 것처럼, 만약 경제계에서 종업원이 필요 없는 일을 만들어내고 있었다면 노동 절약 기술과 생산성 향상 때문에 늘어나는 해고 종업원들에게 수입 원천과 구매력을 제공하기 위해서는 어떠한 형태의 정부 개입이 필요했을 것이다. 위원회는 다음과 같은 점을 인정하였다. 〈생산 잠재력의 증가에 따라 구매력과 수요의 증가를 맞추는 것이 경제 정책의 끊임없는 의무이다. 그렇지 않으면, 기술 발달에 의해 창출된 생산 잠재력은 유휴 능력의 낭비, 실업, 그리고 빈곤으로 빠져든다.〉[8]

결국 대통령 위원회는 자동화에 의해 야기된 문제에 대해, 기술 대체가 경제적 진보로 가는 과정에서 발생된 필연적이고 일시적인 상태라는 결론을 내림으로써 종전의 입장에서 견해를 바꾸었다. 최근 경기의 호전과, 대부분 베트남전을 위한 병력 증강 때문에 발생된 실업의 하락은 그들이 신중하게 낙관하는 데 용기를 북돋워 주었다. 위원회는 〈베트남전의 격화로 인해, 아직도 실업률이 더욱 더 하락할 것으로 전망된다.〉[9]는 것을 받아들였다. 미래 예측은 제쳐놓고 그 보고서의 저자들은 〈방위비 증가를 위한 단기적인 필요성 때문에 국가가 그것을 등한시해서는 안 된다.〉라고 경고하였다.[10] 그러나 그 경고는 전쟁의 북소리와 군사 경제의 증강에 의해 압도당해 버렸다.

■ 노동 조합의 굴복

수년간에 걸쳐 기술 대체에 대한 관심이 증가한 후에, 자동화에 대해 오랫동안 지속되어 온 논쟁이 1960년 중반에야 실패로 끝이 났다.《포춘 Fortune》의 기고문에서 실버만 Charles Silberman은 〈자동화가 고용에 미친 영향은 주로, 불길한 예측에의 경쟁에 몰두한 것처럼 보이는 사회 과학자들에 의해 격렬하고 무책임하게 과장되어 왔다.〉고 선언하였다.[11]

기술적인 실업에 대한 문제에 적절하게 대답하지 못한 것은 부분적으로 노동 조합의 실수 때문이다. 수많은 미국 종업원들의 목소리를 대변하는 노동 운동은 자동화의 이슈에 관해 반복적으로 이야기했지만 결국 노동 운동의 지지자들에게 해만 입힌 채 경영층과 운명을 같이하고 말았다.

누구보다도 새로운 자동화 기술의 장기적 영향력을 명확하게 감지할 수 있는 위치에 있었던 인공 두뇌학의 대가인 위너 Nobert Weiner는 광범위하고 지속적인 기술 실업의 위험에 대해 경고하였다. 그는 〈노동 수요에서 이러한 변화들이 계획성 없이, 잘못 조직된 방식으로 우리에게 다가온다면, 우리가 지금까지 보아온 실업들 중에서 가장 긴 실업 기간에 처하게 될 것은 당연하다.〉라고 했다.[12]

위너는 그 자신과 동료들이 개발중인 고도 기술의 미래가 너무나 두려워져서 전미 자동차 노조 United Auto Workers(UAW)의 위원장인 로더 Walter Reuther에게 경청을 호소하는 내용의 특이한 편지를 썼다. 그는 로더에게 자동화 혁명은 〈의심할 바 없이 종업원 없는 공장을 이끌어낼 것이다.〉라고 경고하였다. 위너는 〈현재의 산업 구성상 그런 공장에서 기인하는 실업은 재앙이 될 수 있다.〉고 예견하였고, 로더에게 노동 조합이 이 문제를 다루는 일치된 전국적 캠페인을 할 경우에는 그가 전면적으로 후원하고 개인적인 성의를 다하겠다고 약속하였다.[13]

로더는 처음으로 공감을 하고 조심스럽게나마 의회의 위원회나 공공 연설에서 위너의 염려를 되풀이하여 말하기 시작하였다. 〈경제가 그 기술들을 가지고 제품과 서비스의 양을 흡수하는 데 필요한 구매력을 발생시키는 데 실패했다.〉고 그는 경고하였으며, 연방 정부는 〈필요한 수요를 창출해야 한다.〉고 강력히 권고하였다.[14]

다른 노조 지도자들은 수백만의 일자리를 위협하는 새로운 과학 기술의 힘에 반대한다고 조심스럽게 말하였다. 미국 노동 총연맹-산업별 노조회의 AFL-CIO의 힘있는 의장인 미니 George Meany는 새로운 노동 절약 기술들은 〈급속하게 이 사회의 저주의 대상이 되어 가고 있다. 엄청난 속도로 노동자가 더욱 더 줄어들게 만들고 그것이 경제 전반에 무엇을 의미하는지 생각해 보지도 않는다.〉고 경고하였다.[15]

그러나 이러한 공식적인 설득에도 불구하고, 노조들은 단체 교섭 과정의 이면에서는 보다 타협적이었다. 역사가인 노블 David Noble은 「생산의 힘 The Forces of Production」이라는 글에서 대부분의 노조들은 자동화를 둘러싸고 있는 논쟁에서 경영층에 굴복하였다고 하였다. 노조 지도자들은 현대판 기계 파괴 Luddities와 진보에 대한 장애물로 낙인찍히는 것을 두려워하여 소극적이 되었다. 로더 자신의 노동 조합을 포함하여 많은 노동 조합들이 새로운 노동 절약 기술들을 공개적으로 수용하였다. 1955년 UAW는 연차 총회에서 그들 회원 명부를 심각하게 침식시키기 시작하는 자동화의 힘에 대한 결의안을 발표하였다. 〈UAW는 자동화와 기술 발전을 환영한다. 우리는 더 큰 기술 발전이 더 큰 인류의 발전을 낳게 할 정책과 프로그램을 찾는 공동 노력에 협력하겠다.〉[16]

노동자들은 노동 절약 기술을 수동적·능동적으로 수용하여 2차 세계대전 이후 줄곧 구가하였던 원동력을 잃기 시작하였다. 노조는 구석에 몰리자 단체 교섭에서의 요구 사항을 생산과 작업 과정의 통제에 관한 문제에서 직무 재교육에 대한 요청으로 전환하는 등 신속하게 뒤로 물러났다. 생산의 기계화에서 자동화로의 역사적 변화 직전에 노동 운동계에서는 재교육에 대한 요구를 하기로 결정하였다. 그런데 이는 수많은 비숙련 직무들이 새로운 컴퓨터 기술에 의해 없어지는 동안 숙련되고 기술적인 직무의 수는 증가할 것이라는 믿음에서였다. CIO는 1955년 〈자동화〉라는 제목의 팸플릿에서 새로운 전략을 발표하였다.

자동화된 기계와 전자 컴퓨터의 도입으로 인해 일시 해고와 함께 요구되는 기능 수준의 향상을 초래할 것 같다…… 부분적으로 기업과 노조 사이의 공동 협의에 의해서, 그리고 높은 고용의 시대에 자동화의 도입을 예정하고 있고 마찰을 인정하며 노동력의 규모를 감축하고 종업원들을 재교육할 시간을 허락한다는 관리자들의 계획에 의해서 노동 대체에 대한 전망은 완화될 수 있다.[17]

AFL-CIO는 1960년 연차 총회에서 단체 교섭에서 재교육 조항을 요구하는 여러 가지 결의안을 통과시켰다. 사용자들은 노동자들의 새로운 요구들을 적극적으로 용인하려 하였다. 재교육 프로그램을 도입하는 비용은 현장에 새로운 자동화 기술의 도입에 대해 노동자와 길고 오래 끄는 싸움을 하는 것보다 부담이 훨씬 적다. 1960년과 1967년 사이에 직무 재교육에 대한 조항을 포함하고 있는 단체 교섭이 12퍼센트에서부터 40퍼센트 이상까지 증가하였다.[18] 노동 조합측은 직무 재교육을 촉진하기 위해 그들의 정치적 힘을 연방 법률 제정에 빌려주기도 하였다. 1962년에 AFL-CIO는 자동화에 의해 대체된 노동자들에게 재교육을 제공하기 위해 계획된 인력 개발 훈련법 Manpower Development Training Act의 통과를 노동자가 적극적으로 지지하도록 이끌어냈다.

    재교육에 대한 기회 때문에 기술에 대한 통제 문제를 포기함으로써 노동 조합은 그들의 효과적인 교섭력의 많은 부분을 상실하였다. 통제의 문제들이 강력한 우선 순위로 남아 있었다면, 노동 조합은 자동화에 의해 야기된 생산성 증대에 노동자 참가를 보장하였을 경영층과의 단체 교섭을 성공적으로 협상할 수 있었을 것이다. 짧아진 근무 시간과 임금의 인상은 생산성 증가로 이어질 수도 있었을 것이다. 그 대신 노동 조합 측은 나이든 노동자들에게 직무 안정을 제공하고 현존하는 노동력의 감축을 중지하며 재교육의 기회를 자동화 기기를 다룰 수 있도록 하는 것으로 제한한다는 협정에 만족하여 항복하였다.

    자동화가 비숙련 노동력의 숫자를 줄인다는 노동 조합의 생각은 옳았지만 반면 고도의 숙련을 요하는 많은 일자리가 새로운 기술에 의해 어떻게 창출될 것인가에 대해서는 매우 과대평가하였다. 그들은 가능한 어디에나 노동자를 기계로 대체하고 이렇게 함으로써 노동 비용을 줄이고 생산에 대한 통제를 줄이며 이윤 폭을 향상시키려는 경영층의 단순한 결정인 자동화 혁명의 핵심 동력과 맞붙어 싸우는데 실패하였다. 몇몇 노동자들은 재교육을 받고 더욱 더 고도의 숙련을 요하는 일을 찾았지만 대부분은 그렇지 못하였다. 너무나 많은 대체된 노동자들이 있었고 매우 적은 새로운 고도 기술의 직무가 생겨났을 따름이었다. 그 결과 노조는 조합원들을 잃기 시작하였다. 결국 자동화는 노조의 가장 중요하고 유일한 무기인 파업을 무너뜨렸다. 새로운 기술로 인하여 경영자들은 파업 동안 소수의 노동자와 함께 공장을 운영할 수 있었으므로 사실상 단체 교섭 테이블에서 중대한 양보를 얻어내는 노동 조합의 능력이 손상되었다.

칭찬할 만하게도 많은 노동 조합들은 〈어쩔 수 없는 것〉을 막고 노조원들을 위해 가능한 한 많은 양보를 얻어내려고 시도하면서 저항하였다. 부두 노동자, 정유 공장 노동자들, 인쇄 직공 노동 조합들은 자동화의 맹공격으로부터 그들의 조합원들을 보호하기 위하여 파업, 태업과 가능한 다양한 방법들을 사용하였다. 국제 인쇄 기술자 노동 조합 The International Typographers Union(ITU)은 자동화에 관하여 보다 호전적인 조합 중 하나이다. 1966년에 ITU의 뉴욕 지부는 〈식자실로 들여올 수 있는 기술의 종류에 관한 절대적인 권한을 조합에게 준〉 뉴욕 신문 출판업자들과의 노동 협정을 확보할 수 있었다. 8년 동안 국제 인쇄기술자 노동 조합은 뜨거운 철판 인쇄로부터 차가운 철판 인쇄로의 교체를 막아낼 수 있었고 식자실의 자동화를 막을 수 있었다. 뉴욕타임즈, 데일리뉴스, 뉴욕포스트 등 3개의 대형 신문사는 차가운 철판 인쇄에 대한 노동 조합의 저지가 결국은 그들의 경쟁자들을 파산시킬 것이라는 기대로 국제 인쇄 기술자 노동 조합에게 그 현장에의 새로운 기술의 도입에 관한 통제권을 준다고 하는 1966년 계약에 동의하였다. 그것은 정확히 발생했던 것이다. 그 기간 동안 뉴욕의 6개의 작은 신문사들은 망했는데 왜냐하면 부분적으로 그들은 뜨거운 철판 인쇄와 관련된 노동 비용의 증가를 더 이상 감당할 수 없었기 때문이었다. 1974년까지 노동 조합은 작은 신문사들의 파산과 수백 개의 일자리의 손실에 대해 책임이 있다고 간주되었다. 전국 언론과 기업계에서는 국제 인쇄 기술자 노동 조합을 발전에 역행한다고 비난했고 더 심하게는 노동 조합이 그렇게 열심히 수호하기 위하여 싸웠던 바로 그 일자리의 손실에 대해서 비난했다.[19]

노동 조합에 대한 공공의 압력이 증가하자 1974년 노동 조합의 지도자들은 식자실에 새로운 기술 도입에 대한 거부권을 철회하겠다는 협정에 서명함으로써 경영층과 대중에 항복하였다. 그 대신에 노동 조합은 현재 고용된 식자공에 대한 종신 고용을 보장받았고 상당한 액수의 조기 퇴직 프로그램도 보장받았다. 그 협정은 역시 어느 정도의 기간 동안 단계적으로 계획적인 인력의 감축을 요구했다. 신문업자는 그 역사적인 협정이 장기적으로 노조에 대한 죽음의 종소리를 의미한다는 것을 알았기 때문에 단기 임금과 복지에 대한 양보를 하고자 하였다. 노조 측에서는 자동화와 여론의 압력 증가 때문에 꼼짝할 수 없다고 생각하고 노조가 결국 소멸되어 가는 것에 전적으로 따르면서 한편에서는 남아 있는 노조원을 위해 노조가 할 수 있는 최상의 조건을 확보하기로 단단히 결심하였다. 수년 후에 전 뉴욕타임즈 노동 리포터인 라스킨 A. H. Raskin은 과거에 일어났던 일을 회고했다. 그는 다음과 같이 기술하였다. 〈1974년 계약을 협상하는 데 그렇게 관대했던 뉴욕 신문업자의 흔쾌함은 그 협약안이 인쇄 노동 조합의 마지막 환호를 보여주는 것임을 알고 있었기 때문이었다. 노동 조합은 자동화된 인쇄 방법에 관한 거부권을 철회한 데 대해 높은 대가를 강요하기에 충분한 힘을 가지고 있었지만 자동화의 출현으로 인하여 노조는 사실상 미래 권력을 박탈당하였다. 고참자가 은퇴하거나 사망하고 기존의 식자실이 사라져감에 따라 노동 조합이 현재 예상할 수 있는 것은 급속한 몰락 뿐이다.〉[20]

결국 경제 전반을 휩쓴 기술력은 매우 강력한 적으로 판명되었다. 해외 경쟁에서의 큰 손실에 의해서 뿐만 아니라 새로운 기술 혁신의 계속적인 물결에 의해 노조원 수가 줄어들어 미국의 블루칼라 노동 조합은 역사적 후퇴를 시작했고 지금은 미국 경제 생활에서 한때 그들의 뛰어난 역할을 허무하게나마 상기하는 정도로 남아 있다.

오늘날 자동화에 대한 걱정이 다시 들리고 있다. 그러나 지금은 과학 기술에 대한 싸움이 행해지는 분야는 전 미국 경제와 전 세계 시장의 상당 부분을 포괄할 만큼 급격하게 넓어졌다. 1세기 전에 주로 경제의 제조 부문을 다루었고 가난한 흑인 노동자와 육체 노동자에게 영향을 준 기술적 실업에 관한 쟁점들은 지금은 경제의 모든 분야에서 사실상 모든 집단과 계층의 노동자들에 의해 제기되고 있다.

과거 25년 동안 전통적인 제조업에서의 흑인 노동자와 블루칼라 노동자들의 쓰디쓴 경험이, 수백만의 추가적인 노동자들이 대량의 기술 대체에 의해 하는 일이 없어져 가고 있는 미래에 대한 예언자이다. 새로운 인공 지능 기계가 더욱 더 많은 숙련을 요하는 일과 직무를 흡수하면서 경제 피라미드 위쪽으로 올라감에 따라 아직까지 대부분이 흑인과 도시민인 미국의 하층 계급에 백인과 교외 거주인이 증가하게 될 것이다.

자동화, 기술 및 경제 발전에 관한 전국 위원회가 보고서를 발표한 이래로 30년 동안 세계는 급격하게 변해 왔다. 노동자가 없는 세계에 대한 위너 Nobert Weiner의 예견은 산업 국가에서 빠르게 사회 전체의 관심사가 되어 가고 있다. 수백만 명이 기술 혁명에 의해 그들의 직업을 잃게 되고 세계 구매력이 급락함에 따라 3차 산업혁명은 엄청날 정도의 전 세계적인 경제 위기를 가져오고 있다. 1920년대에서와 같이 우리는 우리 자신이 위험스럽게도 또 다른 불황에 직면해 있는 것을 발견했지만, 어떤 세계 지도자도 세계 경제가 잠재적으로 문명에 대해 매우 깊은 영향을 미칠, 노동 시장을 냉혹하게 축소시키는 방향으로 나아가고 있는 가능성을 생각하려는 것으로 보이지 않는다.

어느 나라의 정치가들도 세계 기업계에서 일어나고 있는 변화의 근본적인 본질을 파악하지 못하고 있다. 전 세계에 걸쳐 기업 중역 회의실, 공장 건물과 소매점에서는 조용한 혁명이 계속 진행되고 있다. 기업계에서는 기업조직을 재구성하고 사실상 조직을 재발명하느라 바쁜데, 이는 새로운 정보와 온라인으로 신속히 연결되는 통신 기술의 엄청난 배열에 따라 효과적으로 운영할 수 있는 새로운 경영과 마케팅 구조를 창조하려는 데 목적이 있다. 그 결과 전 세계의 경영 기법이 급진적으로 변했다. 이것은 다음 세기에 수많은 노동자의 역할이 과연 무엇인지에 관한 의문이 생겨나도록 만든다.

린 경영, 하이테크 생산과 세계적 교역의 등장은 1960년대 중반에 시작되었다. 자동화에 관한 전국 위원회에서 발표한 보고서의 잉크가 채 마르기도 전에 세계 경제가 노동자 없는 미래를 위해 조직적인 기반을 잡는 후기 포드주의 시대로 역사적인 전환을 시작했다.

7 포스트포디즘

1960년대 중반에 미국인들은 일본 기업내 경영 활동에서 일어나고 있는 전면적인 변화에 대해 거의 알고 있지 못했다. 한 세대가 못 되어 이 일본 기업들은 미국과 세계로 하여금 그들이 경영하는 방법에 대해 재고하도록 만들었다. 1965년에 미국은 지구상에서 가장 힘있는 나라였다. 미국의 군사력은 핵 무기와 우주 산업에서 러시아의 발전에 의해 지위가 흔들릴지라도 여전히 막강하였으며 미국의 기술은 세계에서 부러움의 대상이었다.

미국 기업들은 1960년대의 국제 무역과 상업을 지배하였다. 전 세계의 사람들은 그들이 물건을 구입할 때 미국 상품을 최상의 품질이라는 확신을 가지고 〈미제 Made in America〉를 찾았다. 미국 내에서 임금은 오르고 있었으며 수백만의 미국인들은 중산층 생활에 적합한 복지를 즐겼다.

또한 1965년은 미국 기업들이 세금을 뺀 이윤이 전후 매우 높은 10퍼센트로 오른 해이기도 했다. 그 당시에 누구도 그것을 예상할 수 없었을 것이지만 그것은 미국 경영상에서 기준이 되었는데 그 때가 기업계에서 지속적으로 이윤이 오르는 마지막 전성기였다. 1970년대까지 기업 이윤은 6퍼센트 이하로 떨어졌다. 이러한 이윤의 하락은 국내적·국제적 요인들이 혼합된 데 있었다.[1]

미국 소비 시장은 소비재로 포화 상태가 되어 버렸다. 1979년에는 미국인 두 사람 중에 한 사람꼴로 차를 소유하고 있었고 90퍼센트의 미국 가정에서 냉장고, 세탁기, 진공 청소기, 라디오, 전기 다리미와 토스터기를 가지고 있었다. 수요가 점점 줄어드는 동시에 미국 시장에 대한 외국의 경쟁이 증가하고 있었다. 싼 수입품이 미국 내에서 범람하였고 그로 인해 미국 기업의 시장 점유율이 급격하게 떨어지게 되었다. 1969년과 1979년 사이에 국내 제품에 비해 수입 공산품의 가치는 14퍼센트에서 38퍼센트까지 치솟았다. 1980년 중반까지 미국에서 생산되는 제품에 쓰인 1달러 당 미국 가정과 기업들은 수입 제품에 45센트를 지출하고 있었다.[2]

기업의 세금과 미국인 노동자 임금의 증가로 인해 기업의 이윤은 훨씬 더 감소되었다. 석유 수출국 기구 OPEC의 원유 금수 조치로 인해 에너지 원가가 상승하여 1970년대 후반과 1980년대 초반에 기업 이윤은 더 떨어지게 되었다. 레이건 대통령 재임 동안에 미국의 보호산업, 특히 항공, 원거리 통신 및 트럭 운송 산업에 대한 규제 철폐의 결정 때문에 전통적인 거대 기업과 영역을 확장하려는 새로운 진입자들 사이에서 시장 점유율에 대한 경쟁이 가속화되었다. 또 다시 이윤은 감소하였다.

호경기 동안에 만족하고 있었던 보수적인 기업들은 그들이 직면한 새로운 환경을 자세하게 검토하기 시작하였다. 해외로부터의 증가하는 경쟁과 국내의 각 산업내의 커다란 경쟁에 직면하게 되자 기업들은 원가를 줄이고 시장 점유율과 이윤을 증가시키는 새로운 방법을 찾게 되었다. 그들은 이익이 적은 이 때에 생산성을 향상시키기 위해 새로운 컴퓨터와 정보 기술에 눈을 돌렸다. 1980년대에 미국 기업들은 정보 기술에 1조 달러를 투자했다.³⁾ 전체 투자 중 88퍼센트 이상이 효율성을 증가시키고 비용을 감소시키기 위해 서비스 부문에 쓰였다. 실제로 1992년까지 미국 내 모든 화이트 칼라 노동자 각각이 정보처리 하드웨어에 쓴 비용이 만 달러에 육박하였다.⁴⁾ 많은 투자를 했음에도 불구하고 생산성이 1년에 약 1퍼센트 정도로 서서히 증가하였다. 경제학자들은 〈생산성 패러독스〉에 대해서 이야기하기 시작하였다. 하버드 대학의 러브만Gray Loveman 같은 몇몇 사람들은 해결 방법을 찾는 많은 이들에게 높은 주목을 받았던 기술 혁명이 완전히 실패했다고 공공연히 말하였다. 〈우리는 정보 기술의 실질적인 성장으로 인한 생산성이 상당히 증가 —— 몇몇 경우에는 어떠한 생산성 증가라도 —— 했다는 증거를 찾지 못했다.〉라고 러브만은 그의 동료들에게 말했다.⁵⁾

기업의 최고 경영자들이 새로운 정보 기술을 적대시하기 시작하자마자 생산성 패러독스는 갑자기 사라졌다. 1991년에는 시간당 산출이 2.3퍼센트까지 증가했고 1992년에는 생산성이 거의 3퍼센트까지 상승하여 20년 이상 동안에 어느 해보다 가장 큰 업적을 낳은 해가 되었다.⁶⁾ MIT의 슬로안 경영 대학은 1년에 약 2조 달러를 생산한 380개 이상의 거대 기업에 대해 1987년부터 1991년까지 5년 동안 모은 생산성 자료를 발간하였다. 10년 전에 정보 기술에 지불했던 것보다 많은 돈이 회수되기 시작했다는 것을 보여주는 생산성에 대한 자료는 인상적이었다.

그 연구의 저자인 브린욜프슨Erik Brynjolfsson과 히트Lorin Hitt는 1987년에서 1991년 사이, 컴퓨터 자본에 대한 투자 수익률이 제조업 부문에서 평균 54퍼센트, 제조업과 서비스 부문을 합치면 평균 68퍼센트가 된다는 것을 발견하였다. 컴퓨터는 〈생산성을 높일 뿐만 아니라〉, 다운사이징과 기업 규모의 축소에 놀라울 정도의 공헌을 했다고 브린욜프슨은 말하였다.⁷⁾ 다른 사람들과 마찬가지로 월스트리트에 생산성 패러독스 문제를 제기했던 모건 스탠리 Morgan Stanley 사의 로치 Stephen Roach는 〈미국 경제는 1960년대 이후 첫번째로 생산성이 주축이 된 회복기로 접어들기 시작하였고, 정보 기술의 사용을 통해 능률 향상이 실현되었다.〉라고 주장하면서 먼저 번의 단서 조항을 취소하였다. 생산성 향상의 많은 부분은 화이트 칼라 부문과 서비스 산업에서 생겨나고 있다고 로치는 말한다.[8]

생산성 향상을 좀더 빨리 얻지 못한 것은 새로운 노동 절약·시간 절약 정보 기술 때문이 아니라는 것이 로치와 그 밖의 관련된 사람들에게 점점 명백하게 되었다. 국제 경제에 관한 버클리 원탁회의 Berkely Roundtable on the International Economy의 보러스 Michael Borrus는 〈모든 기업이 컴퓨터를 올바로 사용하고 있다고 해도, 만약 그들 중 하나라도 잘못 쓰고 있다면, 둘은 서로 상쇄된다.〉[9]라고 주장하였다.

철도 수송과 전화, 그리고 우편 통신을 사용하던 시절인 백 년 전에 전 세계의 미국 기업들은 재화와 서비스를 생산하고 분배하기 위해 조직되었다. 그들의 조직 기구는 컴퓨터 시대 기술의 스피드, 민첩성, 정보 수집 능력을 다루는 데 완전히 부적절한 것으로 판명되었다.

▌구식 경영

근대 경영은 1850년대 철도 산업에서 태어났다. 초창기, 열차는 단선 철로를 따라 운행하였다. 선로를 따라 열차가 움직이도록 하는 것이 안전한 운행을 유지하는 가장 중요한 요인이 되었다. 웨스턴 레일로드 Western Railroad 사는 승객과 승무원이 사망한 1841년 10월 4일 열차의 정면 충돌을 정점으로 하여 허드슨 리버 Hudson River 철도에서 일련의 사고를 경험하였다. 이에 대하여 철도 회사는 철도 기술자로부터의 보다 체계적인 자료 수집 과정과 철도 직원에게 보다 빠른 중요 일정 정보의 전달 등 조직적 관리의 정교한 변화를 통해 늘어나는 안전 문제에 대응하였다. 그 경영 혁신은 웨스턴 레일로드 사를 〈미국 기업 경영에서 최초로 현대적이고, 잘 규정된 내부 조직 구조〉로

만들었다고 역사가인 챈들러 Alfred Chandler는 말한다.[10]

　1844년 전신의 발명은 커뮤니케이션을 매우 용이하게 하였는데, 이는 열차가 대륙을 횡단할 수 있도록 하였다. 또한 철도와 전신은 국내 시장이 약 3,000마일로 확대되도록 핵심적인 수송과 커뮤니케이션의 하부 구조를 제공하였다. 이러한 신시장의 욕구를 충족시키기 위해, 여타의 기업들도 점점 더 정교화된 경영 체제를 채택하기 시작하였다. GM의 슬로안 Alfred Sloan이 1920년대 사업부제 조직 모형을 도입하였을 때, 현대 기업은 성숙해 갔으며, 이는 미국 경제의 이면에 있는 추진력이었다.

　현대 기업은 위계적 경영 구조라고 그 특징을 정의내릴 수 있다. 실제로 모든 현대 기업 조직도를 보면 현장 스태프와 생산 노동자들은 계층의 맨 바닥에 있고, 전문 관리 스태프는 계층의 위쪽에 있으며, 최고 경영자는 맨 꼭대기에 위치하는 피라미드처럼 나타난다. 기업 조직 사다리의 각 단계에 있는 종업원들은 직무가 할당되어 있고, 피라미드의 바로 상층에 대해 직무에 대한 책임을 지니고 있다. 생산, 분배, 마케팅에 관한 중요 정보는 각각의 단계에서 처리되고 나서 명령의 체계를 따라 올라간다. 결국은 최고 경영층에 도달한 다음 의사 결정에 사용된 정보는 다시 방향을 바꾸어 그 다음 아래 계층으로 전달되고 기업 구조 각각의 하위 차원에서 수행된다. 현재 거대 기업의 조직도는 계층 내에 계층을 담고 있다. 재무와 회계, R&D, 마케팅과 광고와 같은 부서들은 거대한 보다 큰 구조 내에 속한 그 자신의 명령 체계를 가지고 있다.

　기업 계층의 맨 하부에는 제품을 만들고 옮기거나 기업의 상표인 실질적인 서비스를 수행하는 일을 하는 미숙련·반숙련 인력이 위치한다. 세기가 바뀔 즈음 능률에 대한 전문가인 테일러 Frederick Taylor에 의해 처음 제창된 과학적 관리의 고전적 방향을 따라 하부 계층의 직무는 모든 의무와 목표에 대해 엄격하게 정형화되어 있다.

　20세기의 대부분, 이러한 형태의 경영 자본주의가 미국과 유럽 경제를 지배하였다. 조직 제도는 기업 계층에서 상하로 정보 흐름의 양 과 정과 기업의 여러 직능을 조정하고 통제하는 점점 더 비대해진 중간 경영 계층에 많은 부분을 의존하였다.

노동성 장관인 라이시 Robert Reich는 현대 기업과 군대의 관료 제도를 비교하였다. 각각의 예에서, 명령 구조의 하위 수준에서는 독립적인 의사 결정의 여지가 점점 적어지는 탑다운 방식의 의사 결정 체계이다. 증대하는 노동의 분화와 표준화된 제품에 중점을 두는 대량 생산과 분배의 시대에, 〈계획들이 정확히 수행되려면, 절대적 통제가 필요했다.〉고 라이시는 말한다.[11]

기업 조직의 경영 시스템은 거대한 거인과도 같다. 강력한 생산자는 대량의 표준화된 제품을 생산할 수 있으나 국내·국제 시장의 급격한 경기 변동에 대처하기에 필요한 재빠른 변화를 할 수 있는 유연성은 부족하다. 1950년대 말에서 1960년대 초 그들의 권력이 정점에 달했을 때, 500개의 거대 기업은 국내 산업 산출물의 반을 생산하였고, 비공산권 산업 산출물의 거의 1/4을 생산하였다. 그들은 국내 인력의 12퍼센트 이상을 고용하였다. 세계에서 가장 큰 회사인 GM은 1955년 미국 국민 총생산의 약 3퍼센트를 벌어들였다.[12]

1980년대 미국 기업의 파워는 정보 혁명의 신기술을 이용하여 보다 잘 정비된, 매우 다른 조직으로 무장한 새로운 세계적 경쟁자들로부터 도전받고 있었다. 새로운 경영 형태는 2차 세계대전 이후 일본의 자동차 산업에서 처음 나타났다. 자동차를 만드는 새로운 접근 방법은 디트로이트에서 사용된 관리와 매우 급진적으로 다른 것으로 나타났다. 자동차 산업 평론가들은 일본 생산 방식을 후기 포드 생산 방식이라고 부르기 시작하였다.

워맥 James Womack, 존스 Daniel Jones, 루스 Daniel Roos는 그들의 저서 『세상을 바꾼 기계 The Machine That Changed the World』에서 지난 세기에 걸쳐 일어났던 자동차 제조에서의 혁명적인 변화에 대해 고찰하고 있다. 그들은 부유한 영국 의회 의원인 엘리스 Evelyn Henry Ellis

경에 대해 자세히 언급하고 있다. 엘리스 경은 자동차를 〈주문〉하기 위해 1894년 팬하드 Panhard와 리베서 Levassor의 파리 기계 회사를 방문하였다. 회사의 소유주인 팬하드와 리베서는 그가 원하는 자동차에 대한 생각을 말하는 엘리스 경을 만났다. 그들의 숙련공들은 자동차의 설계 작업을 시작하였고, 파리의 다른 기계·자재 가게에서 만든 부품을 주문하였다. 고객 주문 부품들은 팬하드와 리베서의 가게에 모아졌고, 자동차를 만들기 위해 손으로 조립되었다. 팬하드와 리베서에 의해 매년 만들어진 수백 대의 다른 자동차들과 마찬가지로 엘리스경의 자동차는 독특하고 각 개인 고객의 바로 정확한 기준을 충족시키기 위해 만들어졌다. 엘리스 경은 자신의 자동차를 소유한 최초의 영국인이 되었다.[13]

20년이 채 못 되어 포드 Henry Ford는 엘리스 경이 손으로 만들어진 자동차에 대해 지불한 것보다 아주 적은 비용으로 매일 수천 대의 똑같은 형태의 자동차를 생산하였다. 포드는 서로 교환 가능한 부품을 사용하여 표준화된 제품을 대량 생산한 최초의 자동차 생산자였다. 각 개별 부품들이 항상 정확하게 똑같이 잘려지고 동일한 형태를 가지게 되었기 때문에 이러한 부품들을 조립할 숙련공이 없어도 그들은 각각을 빠르고 쉽게 부착시킬 수 있었다. 조립 공정을 빠르게 하기 위해, 포드는 공장 현장에 시카고 가축 방목장의 거대한 도살장에서 그가 지켜보았던 최초의 혁신인 이동 조립 라인을 도입하였다. 종업원들 앞으로 직접 차를 가져오게 함으로써 그는 생산 공정에서의 소중한 시간을 줄이고 공장에서의 이동 속도를 통제할 수 있었다.

1920년 경 포드는 1년에 2만 대 이상의 자동차를 대량 생산하였다. 조립 라인에서 앞서 나온 자동차와 뒤에 나온 자동차는 모든 면에 있어서 동일하였다.[14] 포드는 T형 모델에서 흑색이기만 하면 고객들이 원하는 어떠한 색상을 선택할 수 있다고 농담한 적이 있었다. 이렇게 대량 생산되고 표준화된 제품의 원리는 반세기 이상 제조업의 주범이 되었다.

다른 거대 제조 기업과 마찬가지로 포드와 디트로이트 자동차 회사들은 최고 경영층에서 현장에 이르는 엄격한 계층 라인을 따라 조직되었다. 엄격한 테일러식으로 자동차를 조립하는 인력의 숙련된 지식은 무엇이든지 짜내졌으며 생산 속도에 대한 독자적인 통제는 거부되었다. 설계와 공학적 기술, 그리고 모든 생산과 작업 일정에 대한 의사 결정은 경영층에게 맡겨져 있었다. 조직 계층은 부서로 나누어졌는데, 각각은 특정 직능이나 활동에 책임을 지고 있으며, 모든 부서는 최종 권한이 최고 경영층의 손에 있는 상향적 명령 체계에 따라 책임을 진다.

▌린 생산 방식으로의 전환

대량 생산 체계는 자동차 산업에서 기타 산업으로 널리 퍼지고 경영과 거래를 어떻게 매우 잘 수행할 것인가에 대해 두 말할 것 없는 세계적 기준이 되었다. 〈미국식 방법〉이 1950년대 세계 시장에서 절대적인 성공을 구가하던 것에 반해, 2차 세계대전으로부터 회복하려고 발버둥치는 일본의 자동차 산업은 생산에 대한 새로운 접근을 시도하기 시작하였다. 초기 수공업 생산 방식에서 유래된 일본 자동차 산업의 운영에 대한 가정은 대량 생산의 것과는 다른 것이었다. 이 회사는 도요다였으며, 이 새로운 관리 과정은 린 생산 lean production이라고 불렸다.

린 생산 이면의 지도 원리는 새로운 관리 기법과 보다 적은 자원과 노동으로 보다 많은 산출을 생산하기 위한 점점 더 성력화된 기계를 결합하려는데 있다. 린 생산 방식은 수공업과 산업 생산과는 매우 상이하다. 수공업 생산에서는, 손 도구를 사용하는 스스로 숙련된 작업자들이 구매자의 디자인에 따라 각각의 제품을 정교하게 만들었다. 각 품목들을 한 번에 한 개씩 만들었다. 대량 생산에서는, 〈숙련된 전문가들은…… 비싸고 단일 목적을 위한 기계를 관리하는 미숙련이나 반숙런 작업자들에 의해 만들어지는 제품을 설계하였다. 이러한 것들은 대량의 표준화된 제품으로 생산된다.)[15] 대량 생산에 쓰이는 기계들은 매우 비싸기 때문에 어떠한 일이 있어도 정비를 위한 가동 휴지(休止) 시간을 피하도록 해야 한다. 이 때문에 경영진은 투입 요소가 바닥나거나 생산의 흐름이 느려지지 않도록 하기 위해 여분의 재고와 종업원의 형태로서 〈완충물〉을 추가한다. 마지막으로, 기계에 대한 많은 비용의 투자는 신제품을 위한 신속한 기계 설비 교체를 할 수 없도록 한다. 고객은 다양함을 잃고서 싼 가격이라는 이익을 획득한다.

반면, 린 생산 방식은 〈전자의 높은 비용과 후자의 경직성을 피하면서 수공업과 대량 생산의 이점을 결합한다.)[16] 이러한 생산 목적을 충족시키기 위해, 경영진들은 매우 다양하게 선택된 많은 양의 제품을 생산하는 자동화된 기계와 함께 일하기 위해 조직의 각 수준에 있는 다양하게 숙련된 종업원 집단을 팀으로 합친다. 린 생산 방식은 〈가느다랗다 lean〉라고 워맥, 존스, 루스 등은 말한다. 왜냐하면, 〈린 생산은 공장에서 반 정도의 인간 노력, 반 정도의 공장 공간, 기계에 대한 반 정도의 투자, 신제품을 개발하기 위한 반 정도의 시간에 반 정도의 처리 시간 등 대량 생산과 비교하여 모든 면에 있어 적게 사용하기 때문이다. 또한 이는 필요 재고의 절반 이하를 유지토록 하고, 보다 적은 결함을 유발하며, 보다 많은 지속적인 제품의 다양성을 낳는다.)[17]

일본식인 린 생산은 전통적인 관리 계층을 없애고 생산 시점에서 함께 일하는 다능화된 팀으로 대체하는 데서 시작한다. 일본의 린 공장에서는 설계 기술자, 컴퓨터 프로그래머, 공장 노동자들이 생각을 공유하고 현장에 대한 직접적인 공동 의사 결정을 수행하면서 긴밀한 상호 작용을 한다. 정신과 육체 노동을 분리하며, 모든 의사 결정은 경영진이 보유하는 고전적인 테일러의 과학적 관리 모형은 버려지고 자동차 제조 공정에 참여하는 모든 사람의 모든 정신적 능력과 직무 경험을 이용하는 협력적 팀 접근 방법이 선택된다. 예를 들면 과거 대량 생산 모형에서는, 연구 개발이 공장과 분리되어 있었으며 연구소 안에서 이루어졌다. 과학자와 기술자들은 연구소 내에서 신모델과 신모델 생산을 위한 기계를 설계하고, 그 다음 대량 생산을 위한 세밀한 지시서와 일정에 따라 공장 현장을 변경한다. 린 생산이라는 새로운 시스템 하에서는, 공장 현장이 연구 개발을 위한 연구소가 된다. 이곳에서는 〈지속적인 향상〉을 위해 활용되는 생산 공정내 모든 전문가와 생산 공정과 최종 제품의 정교함이 결합된다.

과거 미국의 자동차 회사에서는 각 공정이 항상 기술 엘리트의 엄격한 통제 아래 있었던 것에 비해, 여러 부서에서 파견된 종업원들은 신형 자동차를 설계하는 데에도 참가한다. 널리 알려진 바대로, 동시적 엔지니어링은 다음과 같은 원리에 기반한다. 즉 신자동차의 설계, 규모의 증가, 생산, 분배, 마케팅, 판매에 영향을 받는 모든 사람은 각 부서의 특정 요구와 요건 사항을 고려하는지를 확인하고 전체 생산이 이루어지기 전에 잠재적인 문제점을 정확하게 찾아내는 데 도움을 주기 위해 새 차의 개발에 될 수 있으면 일찍 참여하여야 한다. 제품 비용의 75퍼센트 정도까지는 개념적 단계에서 결정된다고 몇 년 동안의 연구에서 제시되고 있다. 신제품을 시장에 출시할 때 6개월의 지연만으로도 33퍼센트까지 이익이 줄어들 수 있다.[18] 설계 단계에서 모든 사람들을 참여시킴으로써 주요한 최종 원가를 최소로 유지시킬 수 있다는 것을 일본의 기업들은 발견했다.

지속적인 향상의 개념은 카이젠(Kaizen, 改善)이라고 불리는데, 일본 생산 방식에서 성공의 열쇠라고 여겨진다. 혁신이 드물게 일어나고 또한 가끔은 한 가지만 바뀌는 방식으로 일어나는 구식 미국 모형과는 달리, 일본의 생산 시스템은 매일의 운영의 일부로 지속적인 변화와 향상을 촉진하기 위하여 구축되었다. 카이젠을 획득하기 위해, 경영진은 모든 종업원의 집단적인 경험을 이용하고 공동 문제 해결을 소중히 여긴다.

현장 작업 팀들에게 생산 공정에 관한 보다 많은 재량권이 주어진다. 기계가 고장나면 감독자에게 알리고 그러면 감독자는 기계를 고치기 위해 기술자를 현장으로 호출하는 디트로이트의 자동차 제조업자들이 사용하는 방법과는 매우 상이한 일본의 방식은 만일 기계가 고장나거나 라인의 진척이 느리면, 가끔 작업자가 스스로 장비를 고치며 공정에서 정체가 일어나는 곳을 제거한다. 종업원들이 생산 공정에 아주 가까이 있기 때문에 보다 적은 기계 고장과 함께 보다 유연하게 라인이 운영되어 예상되는 문제들에 대해 보다 잘 대비되어 있으며 문제가 발생하더라도 신속하고 효율적으로 처리한다. 다시 말하면, 다음과 같은 자료가 이를 증명해 준다. 하버 James Harbour에 의해 수행된 자동차 산업에 대한 연구에 따르면, 미국의 설비는 가동 시간 중 50퍼센트 이상이 제 구실을 못하고 있었던 반면, 일본 자동차 공장의 기계들은 가동 시간 중에서 15퍼센트 미만만이 운영되지 못했다.[19]

팀에 기반한 직무 형태는 기능공의 개발을 촉진하여 보다 많은 효율을 창출한다. 생산 부문의 많은 직무에 대한 숙달은 개별 종업원들에게 총체적인 제조 공정에 대한 보다 나은 이해를 가져다준다. 따라서 이는 문제점을 지적하고 개선을 위한 제안이 팀 상황에서는 효과적으로 사용될 수 있다. 종업원들의 직무가 어떻게 보다 큰 생산 공정에 적합해지는 것인지를 노동자가 알도록 하기 위해, 일본 기업들은 종업원들에게 기업 내에서 창출된 모든 컴퓨터화된 정보에 접근할 수 있도록 한다. 한 일본인 관리자는 그의 회사가 종업원과 정보를 공유하는 것에 중점을 두는 중요성을 다음과 같이 설명하였다. 〈우리의 가장 중요한 임무 중의 하나는 우리 종업원 모두를 기꺼이 완전하게 협력하도록 하는 데 있으며, 그들 스스로 자신을 계속적으로 향상시키는 것을 원하도록 만드는 데 있습니다. 이를 얻기 위해서는 온갖 정보를 모든 이에게 공평하게 제공하는 것이 필요합니다…… 모든 종업원들에게는 회사 내의 컴퓨터화된 '모든' 정보에 접근하는 권리가 주어져 있습니다.〉[20]

의사 결정이 지속적으로 경영 계층의 상위 단계로 밀어 올려지는 예전의 기업 경영 모형과는 달리, 일본의 팀웍 모형은 의사 결정 권한을 될 수 있는 한 관리 단계의 아래 방향으로 밀어 내리려는 시도를 한다. 이는 기업 내에서 보다 평등한 분위기를 조성하며, 경영진과 종업원들 사이의 마찰을 줄인다. 대부분의 일본 자동차 회사에서 노동자와 경영층은 같은 식당과 주차장을 사용한다. 종업원뿐 아니라 경영자도 회사의 유니폼을 입는다. 보다 개방적이고 긴밀한 업무 관계를 촉진시키기 위해 관리자들은 생산 시설 바로 옆의 현장에 개방된 책상에 앉는다. 대부분의 관리자들은 현장 인력으로부터 직접 선발되었기 때문에, 그들 업무 팀에 있는 종업원들의 특별한 요구 사항을 보다 잘 이해할 수 있을 것이며, 그들 업무팀 구성원들과 긴밀한 개인적 유대 관계를 견고히 하기 위한 준비가 보다 잘되어 있을 것이다. 이러한 일본 시스템에서의 종업원들은 생산 공정 향상을 토의하기 위해 정규 근무 시간 전이나 후에 〈품질 관리 분임조〉라는 특별한 모임을 갖기까지 한다. 최근의 조사에 의하면, 일본 노동자들의 76퍼센트가 품질 관리 분임조에 참여하는 것으로 밝혀졌다.[21]

또한 일본 생산 모형은 소위 〈적시 just-in-time〉생산 또는 무재고 생산이라고 불리는 것에 역점을 둔다. 〈적시〉라는 생각은 1950년대 도요다 자동차의 오노 Taiichi Ohno가 미국을 방문하였을 때 얻었다. 오노는 자동차 공장보다도 미국의 거대 슈퍼마켓에서 더 감명을 받았다. 고객이 원하는 만큼의 필요한 양을 슈퍼마켓의 진열장에 정확히 계속 쌓아두는 속도와 효율성에 대해 다음과 같이 회상하였다. 〈슈퍼마켓은 고객이 1) 필요한 것을, 2) 필요로 하는 때에, 3) 필요한 양만큼 얻을 수 있는 곳이다…… 이것이 우리가 〈적시〉목표에 접근하는 데 도움을 줄 것이라고 생각하였고, 1953년 우리는 이 시스템을 주공장의 기계실에 실제로 적용하였다.〉[22]

워맥, 존스, 루스는 그들이 방문했던 매사추세츠 주 프레밍햄의 GM 현장과는 다른, 일본에 있는 도요다 공장의 외관 때문에 어리둥절하게 되었던 경험을 이야기했다. GM에서는 생산 라인의 설비와 부품들이 정지되어 있었으며, 종업원들은 아무 것도 하지 않은 채 떼를 지어 다니기만 하였다. 한 주 정도의 재고가 통로에 쌓여 있었고, 쓰레기통은 불량 부품과 함께 쌓여 있었다. 이와는 뚜렷이 대조를 이루는 도요다 공장의 통로는 깨끗하였으며 〈작업장에 있는 모든 종업원들은 자신들의 일을 하고 있었다. 한 시간 이상의 재고가 쌓여 있는 작업장은 없었다. 불량 자재가 발견되자 말자, 종업원들은 즉시 딱지를 붙이고 교체를 위해 품질 관리 센터로 보냈다.〉[23]

미국인들의 생산 철학은 〈상황에 맞는 just-in-case〉 생산에 기반하고 있다. 자동차 제조업자들은 불량품을 대체하거나 설비 불량을 예상하여 전체 생산 라인을 따라 원재료와 설비에 대한 많은 여분의 재고를 저장한다. 일본 경영의 관점에서 본다면 이러한 공정은 손실이 많으며 불필요한 과정이다. 일본의 시스템인 적시 생산은 정확한 품질 관리 기준과 잠재적인 문제가 생산 공정에서 중요한 고장을 일으키기 전에 찾아내기 위해 설계된 위기 관리에 기초하고 있다. GM과 도요다의 생산 철학에서 근본적인 차이점은 각 회사의 결산 수치에서 나타난다. 두 공장에 대한 MIT의 연구를 살펴보면, 도요다 설비에서는 〈1년에 대당 4.8평방피트의 작업장에서 0.45퍼센트의 불량률로 자동차 한 대를 만드는 데 16시간이 걸린다. GM의 프레밍햄에서는 8.15평방 피트에 1.3퍼센트의 불량률로 거의 31시간이 걸린다.〉[24] 도요다는 보다 적은 불량률과 절반의 노동력으로써 자동차를 보다 좁은 공간에서 더 빨리 만들 수 있었다.

최근 일본의 제조업자들은 공장보다는 연구실에 보다 더 유사한, 종업원이 거의 없는 자동화된 생산 설비를 가진 〈미래의 공장〉을 만들기 위해 새로운 린 관리 기법과 보다 성력화된 컴퓨터와 그 밖의 정보 기술들을 결합하였다. 사회과학자인 케니 Martin Kenney와 플로리다 Richard Florida는 외관상으로 물리적이라기보다는 지능적인 새로운 린 공장들에 대해 다음과 같이 말한다. 〈포드 식의 대량 생산을 포함하여 과거의 산업 생산 형태 아래에서는 대부분의 일은 물리적이었다…… 디지털화의 출현은 생산에 있어 추상적인 지능의 중요성을 증가시킨다. 따라서 종업원들은 이전에 지적인 활동이라고 생각했던 것들을 능동적으로 맡아야 한다. 이러한 새로운 환경에서 종업원들은 기름과 땀으로 뒤범벅되지 않는다. 왜냐하면 공장이 실험과 기술 진보를 위한 연구실을 점점 닮기 때문이다.〉[25] 〈구조와 기능〉 보다는 〈과정〉을 강조하는 린 관리의 운영 가정은 일본 제조업자들을 새로운 컴퓨터에 기초한 정보 기술을 이용하는 데 이상적으로 적용시켰다.

■ 작업장의 리엔지니어링

일본에 의해 개발된 린 생산 경영 방법은 자동차 산업 분야 이상으로 퍼질 것이고 〈거의 모든 산업에서 모든 것을 변화시킬 것이다.〉라고 워맥, 존스와 루스는 예견하였다.[26] 그들의 낙관적인 전망은 지금 실현되고 있다. 일본에서 린 생산 모형을 빌려온 미국과 유럽 기업들은 새로운 컴퓨터 기술을 적용하기 위해 조직 구조에 변화를 도입하기 시작하였다. 리엔지니어링의 광범위한 부분에서 기업들은 기존의 피라미드 조직을 편평하게 하고 더욱 더 많은 의사 결정 책임을 네트워크와 팀으로 위양하였다. 이 리엔지니어링 현상은 사업을 수행하는 방법에 대해 근본적인 정밀 검사를 강요하고 있고, 과정으로는 많은 수의 종업원을 줄이며 수많은 일과 여러 범주의 직무를 제거한다. 미숙련 직무나 반숙련 직무들이 새로운 정보 통신 기술의 도입에 의해 계속해서 없어지는 동안 회사 체계에서 다른 직책들 역시 사라질 위기에 놓여 있다. 중간 관리자들이 가장 타격이 심한 집단이었다. 전통적으로 중간 관리자들은 조직 계층에서 위 아래의 작업 흐름을 조정하는 책임을 맡아 왔다. 정교해진 새로운 컴퓨터 기술의 도입으로 이러한 일들은 점차적으로 불필요해지고 비용이 많이 드는 일이 되고 있었다.

이 새로운 정보 통신 기술은 사회의 각계 각층에서 활동을 증가시키고 흐름을 가속화시켰다. 경쟁에서 살아남기 위해서는 더욱 신속한 반응과 빠른 의사 결정 등 시간의 압축이 요구된다. 10억분의 1초 문화 nano-second culture가 등장하자 전통적인 경영의 통제와 조정 기능은 매우 느려서 실시간으로 조직에 유입되는 정보의 속도와 양에 전혀 부응할 수 없다. 정보 시대에〈시간〉은 중요한 자산이며 구식의 계층 조직 경영 때문에 궁지에 빠진 기업들은 결단을 요구하는 정보의 흐름에 보조를 맞출 만큼 빠르게 의사 결정하는 것을 기대할 수 없다.

오늘날 점점 더 많은 기업들이 그들의 조직 계층을 해체하고 여러 개의 직무를 하나의 과정으로 통합함으로써 더욱 더 많은 중간 관리층을 없애고 있다. 그런 다음 그들은 이전에는 기업내의 서로 다른 부서와 위치에서 일하던 여러 사람들이 수행하던 조정 기능들을 수행하기 위해 컴퓨터를 사용하고 있다. 러브만 Gray Loveman은 기업의 재구성으로 인하여 조직도에서 중간 관리층이 빠르게 제거되고 있다고 말한다. 최고 경영층의 운 좋은 몇몇을 위해 보다 나은 직무를 개발하는 동안〈보통의 중간 관리직무〉에 종사하는 남녀들은 기업의 리엔지니어링과 정교한 신정보 통신 기술의 도입에 때문에〈괴롭힘을 당한다.〉고 그는 지적하고 있다.[27)]

부서들은 불가피하게 의사 결정 과정을 지연시키는 부와 과를 만든다. 정보를 처리하고 중요한 의사 결정을 조정하기 위해 서로 일할 수 있는 인력을 네트워크나 팀에 재배치함으로써 기업들은 그러한 경계를 없애고 있다. 이렇게 함으로써 여러 부서와 권력 계층 사이에서 항상 지체를 수반하는 보고서와 메모들을 피하게 된다. 컴퓨터가 이 모든 것을 가능하게 한다. 지금은 회사내 어느 곳에 있는 종업원이건 조직 전반에서 생기고 지시된 모든 정보를 입수할 수 있다.

정보를 빨리 얻을 수 있다는 것은 활동의 통제와 조정이〈행동에 더욱 가까운〉더욱 더 낮은 명령 계층 수준에서 빠르게 이루어질 수 있다는 것을 의미한다. 컴퓨터에 기초한 기술의 도입은 수직적이라기 보다는 동일한 수준을 따라 네트워크를 운영하기 위해 전통적 기업 피라미드를 무너뜨리는 수평적인 정보의 흐름을 가능케 한다. 구식의 의사 결정 피라미드에서 느린 상하 이동을 제거해버림으로써 정보는 새로운 컴퓨터 기기의 성능에 상응하는 속도로 처리될 수 있다.

해머 Michael Hammer와 챔피 James Champy의 저서인 『기업 리엔지니어링 Re-engineering the Corporation』은 현재의 재구조화 현상에 공공의 관심을 집중시켰는데 해머와 챔피는 리엔지니어링 작업이 실제로 어떻게 행해지는지 설명하기 위해 IBM 신용 기금의 예를 들고 있다. IBM 신용 기금은 IBM 고객들이 구입한 컴퓨터 설비에 자금을 조달한다. 리엔지니어링을 하기 전에는 자금 조달을 원하는 고객의 요구가 처리되기 위해서는 몇 개의 부서와 의사 결정 단계를 거쳐야만 했고 처리되기까지는 종종 많은 시일이 걸렸다. 14명 중 한 사람이 종이 한 장에 정보 사항을 적는다. 그러고 나면 그 종이는 위층의 신용과로 전달되는데 그곳에서 두번째 사람은 컴퓨터에 정보를 입력하고 고객의 신용을 조회하였다. 신용 조회 사항은 판매 청구서 원본에 붙여져서 영업 부서로 보내진다. 각 부서는 그 부서의 컴퓨터를 사용하기 때문에 부서에서는 고객의 요구에 맞추기 위해서 계약 조건을 수정하고 나서 청구서에 특별한 조건을 첨부하였다. 그러고 나서 그 청구서는 컴퓨터를 사용하여 고객에게 부과할 적당한 이자율을 결정하는 담당자에게로 보내진다. 청구서에 정보 사항이 적혀 사무 담당 부서에 보내진다. 그 부서에서 절차를 따라 모아진 모든 정보는 다시 처리되어 견적서에 기입된 후 그 견적서는 특별 우편으로 IBM의 판매 대리점들에게 넘겨졌다.[28]

판매 대리점에서는 자금 조달에 대한 고객의 요구를 처리하는 데 너무나 느리게 응답해 주는 데 실망을 했고, 그 결과 고객들이 주문을 취소하거나 다른 회사에서 자금 조달 방안을 찾자 대리점은 이에 대해서 불평을 하였다. 두 명의 IBM 관리자들은 이러한 지체 현상에 대해 염려한 나머지 직접 다섯 부서들을 모두 돌아다니며 고객의 요구를 조사하고, 며칠 동안 직원 책상 위에 청구서가 쌓여 있어 일상적으로 발생하는 지연이 없이 정보를 처리하고 있는지 각 부서에 물어보았다. 그 결과 그들은 전체 주문을 처리하는 데 걸리는 시간은 90분이 덜 걸린다는 것을 밝혀냈다. 나머지 7일은 〈한 부서에서 그 다음 부서로 청구서가 옮겨지는 데〉 쓰인다.[29] IBM 관리자들은 5개의 개별 사무실을 없애고 고객의 자금 조달 요구를 다루는 일을 〈거래 구성자 deal structurer〉라고 불리는 한 명의 〈사건 담당자 case worker〉에게 넘겼다. 컴퓨터를 능숙하게 다룰 수 있는 사무직원 한 사람이 지금은 전체 과정을 다루고 있다. 해머와 챔피에 따르면 IBM의 오래된 경영 구조를 자세히 살펴보았을 때 〈그들은 대부분이 사무적인 일, 즉 데이터베이스에서 신용 등급을 찾고 표본 모델에 숫자를 넣으며 표본 계약서 파일에서 계약서 이면에 적힌 상세한 계약 조항을 찾아서 적어 넣는 것이었다. 이러한 일들은 모든 데이터와 자료를 얻을 수 있는 사용이 쉬운 전문가용 컴퓨터로 지원받을 때 충분히 한 사람의 능력으로 해치울 수 있다.〉[30] IBM 신용 기금은 처리 과정에서 더 적은 인력을 사용하여 자금 조달 요청을 처리하는 데 7일이나 걸리던 것을 4시간이 채 안 되는 시간으로 줄였다. 해머와 챔피에 따르면 사건 담당자나 사건 담당팀은 독립된 부서와 수직 명령 체계에 의존하던 과거의 계층 조직이 관리 활동을 수행하던 것보다 10배나 더 빠르게 생산 활동을 수행한다고 한다.[31]

해머는 〈리엔지니어링은 다음 수십 년 동안 일자리에 엄청난 영향을 끼칠 것〉이라고 믿고 있다. 전 MIT 교수인 그는 심지어 리엔지니어링의 제1의 물결인 이 기간 동안에도 얻을 수 있는 〈상당한 생산성 수익량이 아직도 남아 있다.〉라고 말한다. 해머는 〈짜낼 수 있는 것을 우리가 실제로 거의 짜내 버렸다고 나는 생각하지 않는다.〉고 말한다. 해머에 따르면 경제를 리엔지니어링하게 되면 현재 리엔지니어링이 일어나는 것과 비교하여 볼 때 비공식적인 집계로 약 20퍼센트 정도의 실업을 유발할 수 있다는 것이다.[32]

리엔지니어링 혁명은 그 대부분의 극적인 성공 중 일부분을 소매 부문에서 거두었다. 신속한 반응 시스템은 전체 분배 과정에 필요한 시간과 노동을 줄이고 있다. 바코드 사용으로 인하여 소매업자들은 계속적으로 정확히 무슨 물건이 팔리고 있으며 양이 얼마나 남아 있는지 최신의 기록을 유지할 수 있다. 판매 시점(POS) 자료의 도입으로 가격 책정과 회계원의 실수를 없애고 상품에 정찰 가격을 붙이는 데 쓰이던 시간을 상당히 줄였다. 선적 컨테이너에 바코드를 표시(SCM)함으로써 거래처에서 기록하고 내용물을 조사하기 위해 열어 보지 않고도 화물 내용을 조회할 수 있게 되었다. 또한 기업에서는 전자 자료 교환(EDI)으로 구입 주문서, 송장과 대금 지불과 같은 정보 사항을 종이 문서에서 전자 송신으로 대체할 수 있었는데 그 결과 수송과 사무 처리의 필요성이 줄어들었다. 이러한 모든 정보 수단으로 기업에서는 유통과 의사 소통의 전통적인 경로를 우회할 수 있게 되었고 고객의 요구를 충족시키기 위해 정시재고량을 확보하여 도매점 및 공급자들과 신속하고 직접적으로 거래할 수 있다.

거대 디스카운트체인인 월마트 Wal-Mart가 성공하게 된 요인에는 이러한 새로운 정보 기술들을 이용하는 데 있어 개척자적인 역할을 한 것이 있다. 월마트는 판매 시점에 판독기 scanner로 모아진 정보를 프록터 앤 갬블 Procter & Gamble 같은 공급자에게 전자 자료로 직접 보내는데 공급자들은 차례로 수송할 품목과 양에 관한 결정을 한다. 그러면 공급자들은 도매상을 거치지 않고 상점으로 곧바로 수송한다. 이런 과정은 구매 주문, 선하 증권, 수중의 많은 재고량을 제거하여 주고 주문, 선적과 저장을 다루는 전통적 과정의 각 단계에서 요구되던 노동을 없앰으로써 사무 비용을 줄인다.[33]

새턴 Saturn 자동차 소매상인들은 고객이 원하는 자동차의 특별한 사양과 색상을 입력하기 위해 전시장에서 컴퓨터 단말기를 이용하고 그 정보 사항을 전자적으로 직접 생산 공장에 보낸다. 그러고 나면 제조업자는 고객의 요구대로 자동차를 만든다. 〈주문 생산 방식〉은 보유 중인 다량의 재고 유지 비용을 낮추면서 고객의 충성도에 대한 기업 경쟁력으로서 점점 더 보편화되고 있다.[34]

일본의 내셔널 자전거 회사 National Bicycle Company는 신속한 반응과 주문 생산 방식에서 더욱 앞서 있다. 전시장에 있는 기계는 고객을 측정하고, 캐드(computer-aided design, CAD) 시스템을 사용하여 고객에게 알맞은 자전거의 크기와 모양을 맞추어준다. 그 다음 고객은 브레이크, 체인, 타이어, 변속 장치의 모델과 색깔을 선택한다. 심지어 고객은 자전거에 개인 전용의 이름을 붙이는 것도 선택할 수 있다. 그러한 정보는 회사 공장에 전자적으로 보내지고 주문 생산 방식의 자전거 완제품이 제조되고 조립되어 수송되는 데까지는 3시간이 채 걸리지 않는다. 그런데 아이러니컬하게도, 그 회사는 시장 조사를 통해 다음과 같은 사실을 발견하였다. 즉 자전거가 너무 빨리 만들어져서 고객의 감격을 저하시킨다는 것이다. 그래서 회사는 고객이 〈기대의 기쁨〉을 경험할 수 있도록 하기 위해 의도적으로 1주일 동안 운송을 늦춘다.[35]

전국의 기업들은 시간을 절약하고 노동 비용을 줄일 수 있는 리엔지니어링을 이용하기 위해 끊임없이 새로운 방법들을 찾고 있다. 점차 컴퓨터는 판매원, 회계원, 트럭 운전사, 창고 관리자, 수송 부서 인력과 청구서 발송 부서 인력의 필요성을 제거하면서 필요한 정보를 제공하고 경제 순환에서 일어나는 활동의 조정과 흐름을 구성하는 데 도움을 준다. 새로운 정보 통신 기술이 모든 기업 계층 단계에 있는 일들을 없애면서, 기업내 중간 관리자들을 특히 불안하게 하였다. 작가인 데이비도 William Davidow와 멜런 Michael Malone은 점점 의견이 일치하여 다음과 같이 요약하고 있다. 〈컴퓨터는 사람보다 최대의 정보를 더욱 정확하고 저렴한 비용으로 모을 수 있다. 컴퓨터는 요약문을 전자의 속도로 만들어 낼 수 있고 정보를 빛의 속도로 의사 결정자에게 보낼 수 있다. 가장 흥미로운 것은…… 때때로 이러한 정보가 너무 좋고 분석이 너무나 정확해서 실행상의 결정이 오래 걸리지 않는다는 것이다. 아주 멀리 있는 관리자보다도 상황을 직접 처리하는 잘 훈련된 종업원이 지금은 더욱 신속하고 더욱 반응이 쉬운 형태로 의사 결정을 할 수 있다.〉[36]

민트 Franklin Mint는 6개이던 관리자 계층을 4개로 줄이고 판매 부문은 2배로 늘렸다. 이스트만 코닥 Eastman Kodak 사는 관리 계층을

13개에서 4개로 줄였다. 인텔 Intel 사는 운영 관리 계층 10개를 4개로 줄였다.[37] 보크-워너 Borg-Warner 사의 인사부 부담당자인 오브라이언 John D. O'Brien은 〈'스태프 기능'은 1990년대 언젠가는 사라지게 될 것이다.〉라는 예견을 하였다.[38]

직무의 리엔지니어링은 모든 종류의 일을 최근 어느 때보다도 대량으로 제거하고 있다. 일본에 있는 니코 연구소 NIKKO Research의 조사에 따르면 일본 기업에 100만 명 이상의 〈여분의〉 노동자들이 리엔지니어링과 새로운 정보 기술에 의해 대체될 수 있다고 추정한다.[39]

기업의 리엔지니어링은 현재 초기 단계에 있을 따름이며, 이미 실업은 증가하고, 소비자의 구매력은 하락하고 있으며, 국내 경제는 수평화된 거대 기업 관료 제도의 여파로 인하여 비틀거리고 있다. 이러한 모든 문제들은 보다 치열한 세계 경쟁에 직면해 있으면서 생산성을 향상시키고 노동 수요를 줄이기 위해 기업들이 점차 성력화된 기술을 사용함에 따라 몇 년 후 급속하게 가속화될 것 같다. 점점 더 적은 종업원으로 농장, 공장, 사무실, 소매점포에서 제품을 생산하고 마케팅, 판매하는 전망은 더 이상 생각할 수 없는 것은 아니다. 농업, 제조, 서비스 부문의 최근 기술 발전과 경향에 관한 연구에 의하면, 노동자가 거의 없는 세상이 빠르게 다가오고 있으며, 사회가 그러한 세상에 대해 광범위한 영향을 논의하거나 모든 영향에 대해 준비할 충분한 시간을 갖기도 전에 노동자가 거의 없는 세상에 도달하게 될 것이라고 한다.

3부

전 세계 노동력의 감소

8 더 이상 농부가 필요 없는 세상

첨단 기술 혁명은 보통 농업과 연계되어 생각되지 않는다. 그러나 자동화에 있어 가장 인상적인 발전 가운데 일부분이 농업에서 진행되고 있다. 최근 세인의 관심은 기술 발전으로 인한 노동력 대체가 제조업 및 서비스 부문에 미치는 영향에 집중되어 있는 한편, 똑같은 정도의 심오한 기술 혁명이 현대 농업의 본질을 변화시키고 있고 그러한 과정에서 전 세계 농업 노동력의 미래에 관한 심각한 문제가 제기되고 있다.

지구상의 거의 절반에 가까운 인간들이 아직까지 농사를 짓고 있다. 그러나 현재 정보 및 생명 과학의 새로운 약진으로 다가오는 21세기의 중엽에는 옥외 농업의 많은 부분이 사라지게 될 것이다. 식량 생산에 있어서의 기술 변화는 생존을 위하여 농토에 의존하고 있는 24억의 사람들에게 있어 형언할 수 없는 결과와 함께 농부가 없는 세상으로 이끌고 있다.[1]

농업의 기계화는 이미 100여 년 전에 시작되었다. 1880년, 1에이커의 보리 농사를 수확하기 위해서는 20명 이상의 시간당 노동력이 필요했다. 1916년 경에는 그 수치가 시간당 12.7명으로 줄어 들었다. 불과 20년 뒤에는 시간당 6.1명만이 필요하게 되었다.[2] 농업 부분에 있어서 생산성 향상은 너무나 급속하고 효과적이었기에 1920년대 말경에는 경제 불안이 작황의 실패에 의해 더 이상 야기되지 않았고 그 보다는 과잉 생산에 의해 발생하였다. 농업 부분의 기계화가 산업 사회의 승리로 예고된 것이다. 당시 지도적인 농업가는 〈우리는 더 이상 보리를 재배하고 있지 않습니다. 우리는 보리를 생산하고 있습니다…… 우리는 경작자나, 농부가 아닙니다. 우리는 판매할 제품을 생산하고 있습니다.〉라고 자랑스럽게 얘기했다.[3]

미국 농업의 기술 변화는 100년이 조금 넘는 기간 동안 미국을 농업 사회에서 도시 및 산업 국가로 변모시켜 놓았다. 1850년 노동인구의 60퍼센트가 농업에 종사했다. 그러나 오늘날 노동력의 2.7퍼센트만이 직접적으로 농업에 종사하고 있다. 2차 세계대전 이후 1500만 명 이상의 미국의 남녀가 농촌을 떠났다.[4]

농업 인구의 감소로 좀 더 적은 수의 인력이 좀 더 큰 규모의 농지를 경작하게 되었다. 1935년과 1987년 사이의 평균 농작 규모는 139에이커에서 462에이커로 늘어났다.[5] 고가의 기계 자본 비용과 규모의 경제로 인해 생산성 향상은 소규모 생산자보다는 대규모 생산자를 선호하게 만들었다. 오늘날 미국의 3만 2023개 대규모 농장이 농산물 총 판매액의 38퍼센트 이상을 차지하고 있다.[6] 비록 농업 인구가 300만 명도 안 되지만, 그러한 작은 인구가 2000만 명 이상을 고용하는 식품 산업을 떠 받쳐주고 있는 것이다.[7] 고도로 산업화된 도시 문화 속에서 대부분의 사람들은 식품 및 섬유 산업이 미국의 최대 단일 산업이라는 사실에 놀랄 것이다. 국민 총생산의 20퍼센트 이상을 그리고 노동력의 22퍼센트가 미국의 농촌에서 재배되고 있는 농작물과 사육장 및 농업 공장에서 사육되는 가축에 의존하고 있는 것이다.[8]

1850년대 중엽 말(馬)이 끄는 철제 쟁기로 출발했던 농업의 기계화는 농촌에 첨단의 컴퓨터된 로봇이 등장함에 따라 오늘날 드디어 완성 단계에 이르렀다. 농업 기계화의 약사(略史)는 인간을 대체하고 궁극적으로 생산 과정으로부터 인간을 없앤 현대 기술의 엄청난 잠재력을 잘 보여 준다. 지난 세기 수공(手工)의 목재 쟁기가 철제 쟁기로 대체됨에 따라 농업의 생산성이 엄청나게 향상되었다. 일리노이 주의 디어리 John Deere는 1837년에 철제 날이 있는 최초의 쟁기를 만들어 냈다. 철제 쟁기는 무겁고 딱딱하게 들러붙은 일리노이 주의 농토를 경작하는 데는 너무나도 효과적이어서 〈노래하는 쟁기〉로 알려지기 시작했다. 1850년 중반 존 디어리 사는 연간 만 개 이상의 철제 쟁기를 생산하였다. 좀더 가벼운 쟁기로 농부들은 쟁기를 끄는 동물을 소에서 말로 바꾸고 농토를 가는 속도를 빠르게 하여 파종에 필요한 노동 시간을 단축시켰다.[9]

새로운 철제 쟁기로 봄철의 파종 시간이 단축되는 한편 동시에 기계식 수확기의 등장으로 수확 속도가 매우 빨라졌다. 1840년대 말 경에 농부들은 수공의 도구를 이용하여 수확을 하고 있었다. 말이 끄는 철제식 수확기는 곡식을 수확하는 데 필요한 노동 시간을 절반 이상이나 단축시켜 놓았다. 사이러스 맥코믹 Cyrus McCormick 사의 수확기는 1850년대 폭넓게 사용되어 19세기 나머지 기간에 걸쳐 농사용 장비의 대명사가 되었다. 탈곡기 역시 대중화가 되었다. 서부에서는 그 무게만 15톤이 되고 40필의 말이 끄는 거대한 곡물 콤바인이 35피트 폭의 곡물 더미를 자를 수가 있었다.[10]

최초의 가솔린 트랙터는 1892년 아이오와에서 존 프로이리히 John Froehlich에 의해 만들어졌다. 1910년 경에는 2만 5000대의 트랙터가 미국에서 사용되었다. 1917년 포드 Henry Ford는 값싼 가격으로 대량 생산한 트랙터인 포드손 Fordson을 판매하기 시작했다. 바로 그 다음날 트랙터는 엄청나게 팔렸다. 1920년 경 24만 6000대의 트랙터가 전국의 농장에서 사용되었다.[11] 20년 뒤, 160만 대 이상의 트랙터가 농촌에서 여러 종류의 일을 하는 데 사용되었고 1960년 경에는 470만 대 이상의 트랙터가 농촌에서 이용되고 있었다.[12] 한때 농촌의 주요 동력이었던 말, 당나귀, 소 등은 사라져 갔고 내연 엔진에 의해 사실상 없어지고 말았다. 1950년대 초 일하는 말이 미국의 농촌에서 자취를 감추게 되었다.

트럭 역시 같은 기간중에 농촌에서 증가했다. 1915년 2만 5000대의 트럭이 농업용으로 사용되었다. 1980년 경에는 350만 대 이상의 트럭이 사용되었다. 가솔린 엔진을 붙인 트랙터, 트럭 및 수확기 등은 오늘날 농촌의 힘든 일들을 해내고 있다.[13]

농업의 기계화는 좀더 균일하고 기계로 취급하기 더욱 더 쉬운 다품종 및 변종을 개발하려는 새로운 농작물 육종 기술과 함께 추진되고 있다. 우리는 이미 기계식 목화 수확기 picker의 예를 든 바 있다. 초기의 기계식 목화기가 비효과적이었던 이유는 목화의 둥근 꼬투리가 수주에 걸쳐 불규칙하게 열려 부분적으로 수확하면서 목화밭 속을 움직이는 것이 어려웠기 때문이었다. 농작물 육종자들은 마침내 목화의 꼬투리를 줄기 위로 높이 자라게 하고 보다 빨리 개화시켜 기계식 목화 수확기가 처음으로 실행 가능하게끔 새로운 목화 육종을 개발하였다.[14]

토마토 역시 육종업자와 농업 기술자간의 공생적인 관계의 또 다른 예이다. 동시에 개화하고 기계식 수확기의 취급을 견뎌낼 정도로 강력한 새로운 토마토 품종이 1960년대 개발되었다. 특히 새로운 품종을 수확하기 위해 새로운 수확 기계가 설계되었고 1963년부터 1987년 사이의 24년도 안 되는 기간 내에 멕시코 이민 노동력이 수작업으로 한 수확을 기계식 수확으로 전환시켜 놓았다.[15]

좀 더 균일하고 기계로 취급하기가 수월해진 것은 차치해 두더라도 농작물 생물학자들이 개발한 새로운 거의 모든 품종은 작황이 매우 좋은 농작물이었다. 초기의 혼합형 옥수수 품종은 에이커 당 수확량을 3배까지 증가시켰다.[16] 산업용 질소 비료의 도입으로 농작물의 수확이 급증하였고 좀 더 밀도 있는 농업 방법이 가능하게 되었다. 농토는 더 이상 비옥함을 회복하기 위해 묵혀 둘 필요가 없었고 인공 화학 약품의 사용량 증가로 농토는 반복해 사용할 수 있었다. 생산량 증가는 보다 많은 생산량을 산출하기 위해 좀 더 적은 수의 농부 및 농토가 필요하다는 것을 의미한다.

생산성이 높은 단일 경작 방식의 도입과 함께 화학용 살충제와 제초제가 광범위하게 사용되었다. 단일 경작 방식은 식물의 기생충 감염과 질병에 민감하고 잡초에도 약한 것으로 밝혀졌다. 살충제, 제초제 및 살균제의 도입으로 농토를 관리하는 데 필요한 농촌의 노동 인력이 크게 감소했다.

가축 농업 방법 역시 금세기 내내 더욱 더 기계화되고 산업화되었다. 혁신적인 육종 기술과 전문화된 사육 및 새로운 동물 약품은 농업용 가축의 성장과 생산성을 크게 향상시켰다. 소와 돼지의 공장 사육과 가금(家禽)의 공장식 사육으로 대규모 운영자가 육류, 낙농 및 기타 가축 관련 제품을 대폭 감축된 인력으로 대량 생산할 수 있게 되었다. 1980년대 중서부의 거대한 소 사육장은 한번에 5만 두 이상의 소를 취급할 수 있었다. 오늘날 약 15개의 축산 회사가 무생물 제품 생산에서 사용하는 방법과 거의 다를 바 없는 최신의 공장식 방법을 이용하여 1년에 37억 마리의 닭을 생산하고 있다.[17]

농업에 있어 기계적, 생물학적, 화학적 혁명으로 수백만의 농업 노동자가 일자리를 잃게 되었다. 1940년대와 1950년대 사이에 농촌의 노동력은 26퍼센트가 감소하였다. 그 다음 10년 동안 노동력은 다시 한 번 35퍼센트이상 감소하였다. 1960년대의 감소는 더욱더 극적이다. 잔여 농업 노동력의 약 40퍼센트가 단 10년 동안 기계에 의해 대체되었다.[18] 동시에 농업의 생산성은 신석기 혁명의 개막 이후 어느 시점보다도 지난 100년 동안 향상되었다. 1850년에는 한 사람의 농부가 네 사람을 먹여 살리기에 충분한 식량을 생산했다. 오늘날 미국에서는 단 한 사람의 농부가 78명 이상의 사람을 먹여 살리기에 충분한 식량을 생산한다.[19] 농업의 생산성은 지난 50년 동안 주목할 만한 발전을 이룩했다. 1940년대에는 25퍼센트, 1950년대에는 20퍼센트, 1960년대에는 17퍼센트의 향상을 이룩하였다. 1980년대 농업의 생산성은 28퍼센

트 이상이 증가하였다.[20]

이러한 혁혁한 생산성 향상은 가계 농업에 있어 엄청난 영향을 미쳤다. 고수확 고생산은 금세기 줄곧 공급 과잉의 위기를 초래했고 농부들은 계속해서 가격을 내려야 했다. 가격 침체로 농부들은 고정비 및 경비를 충당하기 위해 더욱더 많은 생산을 해야 했고 결국 공급 과잉과 가격 하락의 사이클을 영구화하는 결과를 초래했다. 1930년대의 대공황 이후 농산물의 가격을 인위적으로 유지하고 생산을 감축하기 위해 농부들로 하여금 생산을 하지 말도록 장려금을 지급하는 가격 및 상품 지원 방법이 사용되었다. 다시 한번 공급이 수요를 창출한다는 〈세이의 법칙 Say's Law〉은 잘못되었다는 것이 입증되었다. 제조 및 서비스업 이상으로 농업 생산은 농촌 가계와 지역 사회에 끔찍한 결과를 가져오는, 비효과적인 수요에도 불구하고 늘어만 가는 생산으로 진퇴양난에 빠지게 되었다.

지난 세기 농업 노동력의 대규모 대체와 이동은 수백만의 사람들에게서 생존 가능한 임금을 빼앗아 갔다. 현재 미국 전역의 침체된 농촌 지역에는 900만 명 이상의 사람들이 빈곤선 이하에서 살고 있는데, 이 모두는 미국을 세계 제1의 식량 생산국으로 만들었고 미국 농업을 모든 국가의 선망의 대상으로 만들었던 농업 기술 진보의 희생자들인 것이다.[21]

▌ 농업과 소프트웨어

농업 인구의 감소는 농업용 소프트웨어와 농사용 로봇 기술의 발전과 함께 앞으로 가속화될 전망이다. 농업용 소프트웨어는 환경을 감시하고 문제 지역을 발견하며 개입 전략을 고안하여 실행 계획을 집행하는 데 있어 농부를 지원하기 위해 이미 개발중에 있다. 가까운 미래에 컴퓨터화된 〈전문가 시스템 expert systems〉은 농토에 설치되어 있는 컴퓨터 연결 탐지기를 통하여 기상 변화, 토양 조건 및 기타 변수를 수집하고 그러한 정보를 이용하여 농부들에게 구체적인 권고를 제공할 것이다. 고도로 전문화된 로봇은 컴퓨터가 지시하는 많은 실행 계획을 수행하기 위하여 컴퓨터로부터 명령을 받을 것이다.

많은 전문가 시스템이 현재 전국적으로 시험중에 있다. 버지니아 공과대학 Virginia Tech은 농작물 윤작 계획 시스템(Crop Rotation Planning System, CROPS)을 개발하여 토양 침식과 영양소 및 살충제의 용해, 빗물의 양에 대한 위험을 평가하는 데 있어 농부를 지원하고 있다. 농부는 토양의 유형, 지형, 토지 사용 및 농지 규모 등에 관한 자료를 컴퓨터에 입력한다. 컴퓨터는 입력된 정보를 이용하여 에이커 당 목표와 이윤 목표를 환경 위험이 수용할 수 있을 정도의 수준으로 감소시켜줄 필요성과 균형시켜 줌으로써 총괄적인 농업 생산 계획을 수립해 준다.[22] 전문가 시스템은 관개, 비료, 영양소, 잡초 및 해충 관리, 제초제 적용에 관한 통합 농작물 관리의 의사 결정에 있어 농부를 도울 수 있도록 개발되었다.

농무성은 목화 관리용 온라인 전문가 시스템을 개발하였다. GOSSYM/COMAX라 불리는 전문가 시스템은 기상 자료를 수집하고 최적의 농업 목표를 달성하기 위하여 언제 물을 대고 비료를 줄 것인가를 예측하는 시뮬레이션 모델을 사용한다. 이 시스템은 이미 15개 주의 500여 목화 농장에서 사용 중이다. 미 농무성USDA 농업 연구 서비스부는 해충이 (저장된 보리에 있어) 문제가 되는지 여부와 가장 적절한 질병 예방 또는 치료 조치를 선택하는 데 있어 도움을 줄 수 있는 독자적인 전문가 시스템을 개발했다. 펜실베니아 주립대학은 GRAPES라 불리는 비슷한 시스템을 개발하여 농부에게 포도 농장의 해충 및 질병의 위험성을 평가하고 그러한 문제를 경감할 수 있도록 권고할 수 있도록 하였다. 마니토바 Manitoba 대학은 농부가 각기 다른 토양 기준과 습도에 따라 최적의 비료 배합을 선택할 수 있도록 비료 선택 자문 역할을 하는 전문가 시스템을 개발하였다.[23]

전문가 시스템은 가축 농업 관리에 있어서도 개발되어 사용 중에 있다. 미네소타 대학은 전문가 소프트웨어를 개발하여 가축의 유방염을 진단하는 전문가 소프트웨어를 개발해 왔다. DHI 신체 세포 자료를 분석함으로써 컴퓨터는 전문적 평가를 할 수 있고 적절한 치료 조치를 제시할 수 있다. 이 대학은 분뇨 관리에 있어 도움되는 것을 포함하여 낙농을 위한 몇 개의 다른 전문가 시스템을 개발해 왔다. 기타 전문가 시스템은 상업용 축우의 유지 및 출하 시기는 물론 양과 돼지를 어떻게 관리할 것인가에 관한 것을 농부에게 알려준다. 가금(家禽) 생산에 사용되는 전문가 시스템인 XLAYER는 가축의 채산성에 영향을 주는 80개가 넘는 생산 관리 문제를 진단하고 권고할 수 있다.[24]

개별적인 전문가 시스템 이외에도 농업용 소프트웨어 회사는 농부 개개인이 저널의 논문 및 농업 관련 자료를 전 세계 어느 곳이든지 즉각적으로 연결하여 전체 내용을 찾아볼 수 있는 시스템을 개발중에 있다. 산업 분석가들은 1990년대 말까지 광범위한 생산 문제 및 재무 문제에 관하여 농부가 복잡한 의사 결정을 내릴 수 있도록 정보를 제공하게끔, 많은 개별 전문가 시스템이 통합되기를 희망하고 있다.

현재 농업 경영자의 15~27퍼센트만이 컴퓨터를 경영의 도구로 사용하고 있다. 그렇지만 과학자들은 20년 이내에 농업의 사실상 모든 측면, 즉 생각할 수 있는 농업 관리의 모든 가능한 측면에서의 감시, 분석, 권고 등이 컴퓨터의 통제하에 있을 것임을 예측하고 있다.[25]

신세대의 첨단 컴퓨터 추진 로봇들은 농지에 남아 있는 수공에 의한 많은 작업을 대체하여 현대의 농업을 자동화된 옥외 공장으로 변혁시킬 수 있을 수 있었다. 이스라엘의 농부들은 이미 첨단의 로봇 농업에 상당한 진전을 이룩해 왔다. 팔레스타인의 이민 노동력을 사용하는 데 있어 잠재적인 안보 위험을 우려한 이스라엘 사람들은 기계 농업 노동자(로봇 : 역주)를 개발하기 위하여 농업 공학 연구소the Institute of Agricultural Engineering에 의존하였다. 더욱 더 많은 키부츠 자치 지역내에서 작물 사이의 농로를 따라 자기 스스로 움직이는 기계가 해충제를 농작물에 살포하는 장면을 보는 것은 특이한 일이 아니다. 〈기계에

맡겨 두고 점심 식사 하러 갑니다.〉라고 한 이스라엘 농부가 말했다.[26]

이스라엘은 현재 농업 공학 연구소와 퍼듀 대학의 연구원들이 공동으로 개발한 로봇 멜론 수확기를 실험중에 있다. 로봇 수확기는 멜론, 호박, 양배추 및 양상치 등 둥근 또는 〈결구형(結球型)〉 농작물을 옮겨 심고, 재배하여 수확하는 데 사용될 수 있다. ROMPER(로봇 멜론 수확기)라 불리는 로봇이 트레일러의 프레임에 탑재되어 설치된 카메라를 이용하여 숨겨져 잘 보이지 않는 작물을 찾아내기 위해 선풍기 바람으로 잎사귀를 한 곳으로 눕히는 동안 농작물의 열을 탐색한다. 탑재된 컴퓨터는 영상을 분석하고 밝게 빛나는 둥근 짐을 찾아 수확될 작물을 찾아낸다. 더욱 더 인상적인 것은, ROMPER가 작물이 수확될 수 있을 정도로 숙성하였는지 여부를 냄새로 확인할 수 있다는 것이다. 특수 센서들이 에틸렌(농작물의 개화를 촉진하는 자연 발생적 호르몬)의 수준을 측정하여 작물의 숙성도를 판단할 수 있다.[27]

수확 기간 동안 3만 명 이상의 팔레스타인 사람들이 이스라엘 농부들에 의해 고용된다. ROMPER 및 기타 자동화 기계의 도입은 경제적 전망에 중대한 영향을 미칠 것이다. 농업 공학 연구소를 관장하는 볼카니 연구소의 소장인 사단 Ezra Sadan은 〈우리가 기계화를 한다면, 많은 팔레스타인 사람들이 굶주릴 것이라는 사실을 받아들일 필요가 있다.〉고 말한다.[28] 미국의 퍼듀 대학의 과학자들은 ROMPER가 금세기 말이면 모든 인디애나 지역에서 사용될 것이라고 전망하고 있다.[29] 유사한 연구 개발 노력이 서부 유럽에서 진행중으로 과학자들은 농토를 경작하고 씨를 뿌리는 인공 지능과 첨단 센서기로 무장한 자동화 로봇 도입을 희망하고 있다.[30]

가축 관리에 있어서도 로봇이 사용될 태세를 하고 있다. 호주 양털 회사 Australian Wool Corporation는 고임금의 전문 양털깎이를 대체할 수 있는 로봇화된 양털깎이 기계를 실험 중이다. 양이 지상에서 집어 올려져 철제 우리 모양을 한 설비에 고정이 된다. 로봇에는 컴퓨터와 〈일반적인〉 양의 털을 깎는 소프트웨어 프로그램이 내장된다. 일단 양이 털을 깎기 위해 고정이 되면 로봇은 양을 탐색하고 그 자료가 일반 프로그램에 입력되어 양에 적합한 고유의 프로그램을 만들어 낸 후 로봇 양털깎이가 양의 둘레를 정확히 깎아 낸다. 자동화된 양털깎이는 겁에 질린 양의 몸체에서 불과 0.5센티미터가 떨어진 부분의 털까지 깎아 내도록 프로그램되었다. 〈이 단계에 이르면 양은 온통 정신이 나가 숨을 가쁘게 몰아 쉬고 몸을 쥐어 짜면서 이리저리 꿈틀거립니다.〉라고 그 광경을 구경한 사람이 설명한다. 바람직한 털깎이 방식은 양의 등을 두 번 강하게 밀어 대고 깎인 부분으로부터 복부에 이르게끔 양의 옆 부분을 깎아 내려가는 것이다. 로봇 팔은 움직이는 목표물에 털깎이를 고정하여 양의 몸에 상처를 내지 않고 피부 가까이의 털까지 말끔이 깎아 마치 펑크식 록 가수의 모양을 만들어 낸다.[31] 로봇 양털깎이는 금세기 말 이전까지 완성되어 완전히 실용될 전망이다.

로봇화된 컴퓨터 시스템은 이미 젖소의 사육에도 사용되고 있다. 젖소마다 식별용 목걸이를 목 주위에 채운다. 낙농장 인부는 컴퓨터에 젖소별 배식수와 매일 주어져야 할 사료의 양을 입력한다. 젖소가 사육장으로 들어 간다. 젖소의 목에 부착된 식별 목걸이는 사육장 기계의 금속판과 접촉하여 컴퓨터로 하여금 특정의 젖소를 식별하게 한다. 컴퓨터는 젖소가 할당된 사료를 먹었는지를 확인한다. 그렇지 않았다면, 컴퓨터가 동력 스위치를 작동시켜 송곳 모양의 기계 장치를 움직이게 한다. 이 장치는 다시 젖소에게 사료를 주게 된다.[32]

과학자들은 현재 좀더 진일보한 감시 시스템과 컴퓨터 통제 시스템을 개발하기 위해 노력 중이다. 연구자들은 센서가 동물의 피부에 장착되어 외부 환경 조건을 감시할 날이 멀지 않다고 말한다. 예를 들어, 센서에 감지된 외부 환경의 어떠한 변화로도 조명, 선풍기, 식수 등을 끄고 켤 수 있게끔 조정한다. 혈액, 우유 및 오줌의 내용물 변화 역시 자동적으로 컴퓨터에 의해 감시, 분석되어 젖소가 다음 번에 자동화된 사육장에 들어와 있는 동안 배급 사료 속에 적절한 약물을 투약 처리한다.[33]

전문 잡지인 《사이언스 Science》에서 일리노이 농과대학의 부학장인 홀트 Donald A. Holt는 마치 일본의 신설 온-라인 무인 공장과도 같이 컴퓨터와 로봇에 의해 사실상 운영되는 완전히 자동화된 미래의 농장을 그려 놓고 있다. 장면은 6월의 아침 어느 중서부 농장.

밤새, 농사용 컴퓨터가 현재의 비료, 종자, 연료, 살충제 공급 및 가격, 일기, 시장, 해충 및 병해 예측, 구매자 오퍼 등에 관한 정보를 얻기 위해 몇몇 지역 단위 및 전국 단위의 데이터 베이스에 전화를 걸었다. …… 밤새 컴퓨터에 의해 수집되어 처리된 정보가 침실의 모니터에 나타난다.

코 걸이와, 귀에 부착된 센서 및 내장된 장치가 농장 가축의 생리적 상태를 측정하기 위해 검색된다. 자동식 사료 분쇄기와 믹서가 밤새도록 잘 작동하였다. 모든 가축들이 자동 사육되고 급수되며 가축별 사료량이 배분되어 기록되고 소모량이 추정되어 기록된다. 모든 농촌의 건물 및 설비의 환경 조건이 밤사이 계속적으로 분석되고 수용 가능한 표준 및 일정에 따라 검토된다. 조명 조절, 냉난방, 건습, 통풍 및 가축의 분뇨를 처리하는 세부 행동이 컴퓨터에 의해 실행된다. 원격 계기로 컴퓨터는 농지에 설치된 소형의 이동식 기상국의 자료를 검색한다. 이 특별한 날, 컴퓨터는 강변의 모랫속의 낮은 토양 습도를 예측하고 농지내에 있는 관개 시스템을 작동시킨다. ……하나의 시뮬레이터는 콩밭의 뚝새풀 감염을 다루는 데 있어 기상 조건이나 농작물 성장 단계에 비추어 오늘이 최적 시기임을 확인하고 광전자(光電子) 제초제로 치료를 한다. 이 제초제는 정밀한 마이크로-프로세서와 기계의 조종, 지상 풍속, 펌프의 압력…… 및 성분의 혼합 비율 등을 감시하는 고성능 제초 지상 설비에 의해 뿌려질 것이다.[34]

홀트는 컴퓨터화된 수확 설비 및 농부에게 최신의 금융 자료 및 권고를 지원하게끔 고안된 전문가 시스템의 이용을 포함한 농촌에 있어서 자동화된 생산 절차를 상세하게 설명하였다. 이러한 시나리오 가운데 많은 부분이 이미 존재하며 그 밖의 기술들은 초기 개발 단계이다. 연구자들은 완전히 자동화된 공장 농업이 20년이 채 안 되어 이루어질 것이라고 예측하고 있다.

▌ 분자 농업

새로운 정보 기술과 로봇 공학은 농업 경영의 본질을 변화시켜 거의 모든 활동 분야에 있어 인간의 노동력을 기계로 대체시키는 한편 새로운 유전자 접합 기술은 농작물 및 가축이 생산되는 방식을 바꾸어 놓고 있다. 유전 공학은 공학의 방법을 유전자의 조작에 적용하는 것이다. 이 공학의 방법에는 품질 관리, 양적인 측정 기준, 정확성, 효율 및 효용을 포함한다. 새로운 생물 공학의 장기적인 영향은 〈불의 기술〉이 지난 5000년간 역사의 과정에 미친 영향과 맞먹을 정도로 중대한 것이다. 수천년 동안 인간은 불을 사용하여 금속 광석을 태우고 섞고 단조하고 녹여 유용한 물질들을 만들어 왔었다. 지금은 최초로 분자 생물공학자들이 생물학적 경계를 넘어 유전자 물질을 가감하고 결합, 봉합, 삽입, 편집함으로써 과거 자연에 존재하지 않았던 새로운 미세 유기체, 농작물 및 동물의 변종 등을 만들어내고 있다. 불의 기술에서 생물학 기술로의 이동은 획기적인 것으로 미래의 세대들이 생물학적 영역과의 관계를 재형성하는 데 있어 잠재적으로 중대한 결과를 가져올 것이다.

비록 과학계의 일부에서 유전자 결합 기술을 전통적인 육종 기술의 정교한 연장선으로 인식하고 있지만 다른 과학자들은 유전 공학이 자연을 조작하는 데 있어 이미 알려진 절차와는 질적으로 다르다는 것을 인정하고 있다. 세 가지 예를 들어 전통적인 육종 방법과 새로운 유전 공학 기술 간에는 엄청난 차이가 있음을 예시하고자 한다.

펜실베니아 대학의 브린스터 Ralph Brinster 박사와 연구진은 인간의 성장 호르몬 유전자를 시험관 속에 있는 생쥐 태아의 생물학적 코드에 삽입했다. 태아는 암놈 생쥐에 이식되어 성장했다. 출생 때, 그 생쥐는 생물학적 구조에 있어 완전한 기능을 하는 인간 유전자를 가지게 된 것이다. 인간의 성장 호르몬을 가진 생쥐는 보통의 생쥐에 비해 그 크기가 거의 2배였고 인간의 유전자가 그 새끼 대(代)까지 연속해서 유전되었다. 두번째 실험에서 과학자들은 개똥벌레에서 빛을 발하도록 하는 유전자를 담배 나무의 유전자 코드에 삽입하여 그 식물이 하루 24시간 동안 빛을 발하도록 하였다. 세번째 실험에서 데이비스에 있는 캘리포니아 대학의 과학자들은 세포 융합 기술을 사용하여 한 마리의 양과 염소의 태아 세포를 결합, 두 가지 동물과 전혀 관련이 없는 변종을 만들고 그 태아를 대리모(代理母) 격인 암컷 양에 이식, 집 geep을 출산시켰다. 이 기괴한 새로운 동물인 키메라(그리이스 신화 속의 괴수: 역주)는 염소의 머리와 양의 몸을 하고 있다.[35]

이러한 실험 중 어느 것도 전통적인 육종 기술을 사용하여 달성된 것은 없다. 말과 당나귀를 교배하여 노새를 만들듯이 전통적인 육종 방법을 이용하여 몇몇의 생물학적 경계를 교배하는 것이 가능하지만 자연은 그 가능성에 제약을 가한다. 새로운 유전자 결합 및 세포 융합 기술은 과학자로 하여금 전혀 관련성이 없는 종 species의 유전자를 재결합하여 사실상 거의 모든 생물학적 영역의 교배를 가능하게 하였다. 종이란 더이상 개별 단위로서의 유기체적 용어로 간주되지 않고 그 보다는 실험실에서 적절한 조작으로 재편집되어 재순서화되고 재결합되는 프로그램화된 유전자의 작은 상자가 있는 중요한 틀 mainframes로 인식되어야 한다.

생산의 관점에서 볼 때 유전자 결합의 중요성은 최초로 생명체의 구성 요소 수준에서 생명체를 조작하는 것, 즉 생명을 개별적인 유전자 특질의 조립체로서 다루는 능력에 달려 있는 것이다. 생물학적 영역에 따른 제약을 제거하고 미세 유기체 및 농작물 및 동물을 요소 조립의 블럭으로 축소시킴으로써 과학자들은 생명을 하나의 제조화된 과정으로 조직화하였다.

생물학 기술의 엄청난 경제적 잠재력으로 화학, 약품, 농업 및 의료 회사가 유인되어 하나의 새로운 생명 과학 복합체를 형성, 그 영향력이 지난 20세기 석유화학 복합체의 영향력에 필적하거나 뛰어넘을 정도이다. 1980년 미국의 대법원은 GE 사의 실험실에서 만들어져 공해상에서 유출된 기름을 먹도록 설계, 제작되어진 미세 유기체인 유전공학 피조물에 최초의 특허권을 부여하였다. 1987년 특허 및 상표청은 특허권 보호를 최초로 하나의 제조품으로서 인간이 만든 피조물과 식별 가능한 생물체에까지 확대하였다. 오늘날 수천 종의 미세 유기체 및 농작물이 6종의 동물과 함께 특허를 받았다. 200종 이상의 유전 공학 동물들이 현재 특허 및 상표청의 특허 승인을 기다리고 있다. 유전공학 생명체에 대한 광범위한 특허권 보호를 해줌으로써 생명이 없는 것과 같은 동일한 공학적 방법과 상업적 이용을 전제로 하여 정부는 생명체도 제조된 발명품의 자격을 지닌다는 아이디어를 인정한 것이다.

전 세계적 농업 산업 복합체는 다가오는 세기에 있어 석유 화학에 기초한 농업이 유전자에 기초한 농업으로 전환되기를 희망하고 있다. 이러한 목적에서 연구자들 및 업계는 실험실에서 수천 종의 농작물 및 동물들을 실험하고 있는 것이다. 여타의 제조 과정에서와 마찬가지로 주요 목표는 생산성을 증대하고 필요 노동력을 줄이는 것이다.

살충제 비용 및 농작물을 감시하고 약을 뿌리는 데 소요되는 노동력을 제거하기 위하여 과학자들은 해충에 저항력이 강한 유전자를 농작물의 생물학적 코드에 직접 삽입하는 실험을 하고 있다. 연구원들은 바칠루스 더린진시스 *Bacillus thuringiensis* (Bt)라 불리는 포자 형성 박테리아 내에 있는 독소 코드의 유전자를 분리하여 무성생식을 시켜 담배, 토마토, 목화 및 기타 농작물의 생물학적 구조에 삽입을 시켰다. 교차 유전자 식물은 해충을 죽이는 Bt 독소를 계속하여 공급을 한다.[36]

과학자들은 또한 유전자를 농작물에 성공적으로 삽입하여 일반적인 제초제에 견딜 수 있도록 만들었다. 몬산토 Monsanto 사는 자사 제초제인 〈Roundup〉에 내성이 있는 유전 공학 농작물을 만들어 냈다. 그 회사는 새로운 유전자 종자에 대한 특허를 획득하고 얻어낸 특허 종자와 제초제를 하나의 패키지로 판매하기를 희망하고 있다.[37]

다른 회사에서는 현재 유전자를 농작물에 이식하여 가뭄 또는 극도의 더위와 추위에 좀더 잘 견딜 수 있게 하는 실험을 하고 있다. 과학자들은 냉해에 내성을 높여 주기 위해 물고기로부터 냉해에 강한 유전자를 토마토의 유전자 코드에 이식했다. 가뭄과 열, 추위에 대한 내성을 개선하기 위해 특정의 유전자를 농작물에 이식하는 능력은 값비싼 관개 시스템과 냉해 보호 설비를 만들어 설치, 관리할 필요성을 줄여주어 수십억 달러의 기자재 및 노무 비용을 절감할 수 있다. 연구자들은 심지어 질소-고정 유전자를 비 질소-고정 농작물에 전이시켰다. 분자 생물학자들은 유전자 공학에 의한 농작물은 화학 약품을 제작, 운송하여 토양에 적용하는 데 필요한 노동력 및 질소 비료의 필요성을 실질적으로 감소시킬 것이다.[38]

유전자 공학은 가축 농업에 있어 가축의 생산성을 높여주고 필요한 노동력을 절감하는 데 이용되고 있다. 소 성장 호르몬(Bovine Growth Hormone, BGH)은 자연 발생 호르몬으로 젖소의 우유 생산을 촉진한다. 과학자들은 실험실에서 성장 촉진 호르몬을 성공적으로 분리하여 산업용으로 무성생식시켰다. 유전 공학에 의한 성장 호르몬이 소의 등에 주사되고 그로 인해 10~20퍼센트의 좀더 많은 우유를 생산하게 된다. 몬산토 Monsanto, 아메리칸 시아나미드 American Cyanamid, 엘리 릴리 Eli Lilly 및 업존 Upjohn 등 4개 사는 논쟁이 많았던 제품을 시판하기 위하여 10억 달러가 넘는 연구 개발비를 투자하였다.

젖소의 생산성을 크게 증대시킴으로써, 유전자 공학에 의한 BGH는 북미, 유럽, 및 기타 지역에서 수많은 낙농 농가의 생계를 위협하고 있다. 우유의 공급 과잉과 가격 침체, 비효과적인 수요에 직면한 미국과 기타 산업 국가들은 가격 지지 및 보조금 정책을 장기간 추구하여 낙농업자들이 계속 낙농업에 종사하도록 하였다. 현재, 미국에서 BGH의 상업적 도입과 함께, 더욱 더 많은 양의 우유가 생산이 되어야 하는데 이는 좀더 많은 가격 지지를 요구한다. 클린턴 행정부의 예산 관리청 OMB의 한 보고서에 따르면 정부의 우유 지원 계획은 BGH의 시장 도입으로 지원 금액이 1995년 한 해 동안 1600만 달러 이상이 증가할 전망이다.[39] 수 년 전에 시행된 또 다른 연구에 따르면 BGH가 시장에 도입되고 3년 이내에 남아 있는 미국 낙농업자들의 1/3 이상이 과잉 생산, 가격 하락 및 소비자 수요 감소로 인해 사업에서 손을 떼야만 할 것이라고 예측했다.[40]

많은 산업 분석가들은 BGH가 위스콘신과 미네소타와 같은 주의 소규모 가족 농가를 희생양으로 삼아 캘리포니아의 거대한 기업식 농가에 혜택을 줄 것이라고 주장했다. 대규모 영농은 자동화되어 우유를 판매하는 데 필요한 노동력을 현저히 감소시켜 줌으로써 좀더 적은 젖소로 보다 많은 양의 우유를 생산할 수 있다. 생산성을 더욱 더 증대시키기 위하여 연구자들은 젖소의 임신 초기 단계에서 가속화된 성장 호르몬을 젖소의 생물학적 유전자 코드에 직접 삽입함으로써 주사 투입 없이 성숙한 젖소가 보다 많은 양의 우유를 생산토록 하는 실험을 현재 하고 있다.

양돈업자들은 사육의 효율성을 높이고 돼지의 중량을 늘이기 위해 돼지 성장 호르몬 PST을 실험중에 있다. 기술 평가청 OTA의 최근 보고서에 따르면 성장 호르몬을 30일에서 77일간 주사받은 돼지가 고기의 질을 떨어뜨림이 없이 하루 약 10~20퍼센트에 달하는 중량 증가와 함께 사육의 효율성을 15~35퍼센트까지 향상시켰으며 지방 섬유질 및 유지질을 50~80퍼센트까지 감소시켰다고 한다.[41]

호주 아델레이드 대학 University of Adelaide의 과학자들은 보통의 돼지보다 30퍼센트 정도 효율적이고 7주 정도 빠르게 시장에 출하할 수 있는 유전 공학에 의한 돼지를 만들어 내는 데 성공하였다. 좀더 빠른 생산 일정이란 1파운드의 고기를 만들어 내는 데 좀더 적은 노동력이 소요된다는 것이다. 호주의 과학 및 산업 연구소는 정상적인 것보다

30퍼센트나 빠르게 성장하는 유전 공학에 의한 양(羊)을 만들어내는 데 성공하였는데 양털의 성장을 보다 빠르게 하기 위하여 양의 유전자 코드에 유전자를 이식하는 작업을 진행 중이다.[42] 과학자들은 심지어 인간과 소의 유전자를 물고기에 이식하여 보다 빠르게 성장하는 연어, 잉어 및 송어를 만들어내려 하고 있다. 한 연구에서 송어의 성장 호르몬을 다른 물고기에 이식시켜 성장율을 22퍼센트나 증가시켰다.[43]

1993년 위스콘신 대학의 연구자들은 단백질 프로락틴의 유전자 코드를 제거하여 알을 품는 암탉의 생산성을 증가시키려는 시도가 성공하였다고 발표하였다. 과학자들은 어미 닭이 알을 품는 데 너무나 많은 시간을 쏟는 것에 관심을 가졌다. 알을 품는 닭이 그렇지 않은 닭에 비해 1/4에서 1/3 정도의 적은 알을 낳았다. 보통 닭 무리의 20퍼센트 이상이 알을 품는 암탉으로 구성되므로 부화로 인하여 알을 낳는 생산성이 저하되어 양계업자로 하여금 많은 비용을 들게 한 것이다. 프로락틴 호르몬을 제거함으로써 연구자들은 암탉의 자연적인 부화 본능을 줄일 수 있었던 것이다. 유전 공학에 의한 새로운 암탉은 더 이상 모성 본능을 나타내지 않는다. 어미 닭은 좀더 많은 달걀을 낳을 뿐이다.[44]

교차 유전자에 의한 동물들이 그들의 유액 및 혈액내에서 유용한 약물을 만들어내어, 약품 공장의 역할을 할 수 있는 연구가 실험실에서 진행중이다. 새로운 분야인 〈약물업 pharming〉은 지난 10년 동안 출현하여 약물이 만들어지는 방법을 혁신하고 있다. 연구자들은 인간의 유전자를 성공적으로 양의 태아에 삽입시켜 성숙한 양이 인간의 단백질 알파-1-앤티트립신 alpha-1-antitrypsin을 만들어내도록 하였다. 앤티트립신은 기종(氣腫)을 치유하는 데 사용되며 정상적으로는 인간의 혈청에서 만들어진다. 그러나 그와 같은 소량으로는 수요를 충족시킬 수 없다. 스코틀랜드 에딘버그 제약 단백질 유한회사 PPL는 교배 유전자에 의한 양(羊)을 만들어 혈장에 의해 생산이 가능한 것보다 15배 정도의 앤티트립신을 만들어내고 있다. 생산성 향상은 너무나도 놀라운 것이어서 1000마리의 암양이 전 세계의 그 단백질 생산을 감당할

수 있게 되었다.[45]

버지니아의 폴리테크닉 주립 대학의 과학자들은 교차 유전자 방법을 사용하여 유액속에 단백질 C를 생산하는 돼지를 만들어냈다. 단백질 C는 혈액의 응고를 방해하는 물질로서 중풍 및 심장 마비 희생자들을 도울 수 있는 약물로서 제약 업계에 희망을 줄 수 있다.[46] 기타 교차 유전자에 의한 약물용 동물들이 전 세계에서 만들어지고 있다. 제약 회사는 생산성을 제고하여 이윤을 높이고 실험실 인력을 가능하다면 약품 농업으로 옮겨 대폭 감축하기를 희망하고 있다.

유전자 결합의 모든 성공은 컴퓨터의 노력과 첨단의 정보 기술에 의존한다. 컴퓨터와 소프트웨어는 유전자 정보를 해석하고 분리하여 분석하는 데 사용되는 수단이며 새로운 형태의 교차 유전자에 의한 농업용 가축 및 식물을 만드는 데 있어 불가결하다. 컴퓨터는 거시 및 미시 수준에 있어서의 생태계를 조작하는 데 있어 유용한 도구이며 새로운 농작물 및 가축의 육종 공학에 있어서 뿐만 아니라 농업 경영을 지원하는 데 있어 더욱 더 많이 활용될 것이다.

▌옥외 농업의 종말

컴퓨터 혁명과 생명 기술 혁명이 하나의 기술 복합체로 결합하는 것은 토지, 기후 및 계절의 변화라는 농업의 제약 조건으로부터 결별하여 식량 생산의 새로운 시대를 예고한다. 전통적인 농업은 다가오는 반 세기 이내에는 자취를 감출 것이며, 실험실의 분자 조작으로 옥외 농업을 급속히 대체하는 기술력의 희생물이 될 것이다. 농업 분야에 있어 최초의 기술 혁명은 동물과 인간의 노동력을 기계와 화학 약품으로 대체하는 한편, 새로이 출현하는 생물학 기술 혁명은 실험실 배양으로 농지 재배를 곧 대체하여 세계가 식량 생산을 바라보는 방법을 영원히 바꾸어 놓을 것이다. 굿맨 David Goodman, 소르쥐 Bernado Sorj

와 윌킨슨 John Wilkinson 등의 작가는 세계적인 식량 생산에 있어 진행중인 변화의 역사적인 중요성을 다음과 같이 요약하였다.

……생명 기술과 자동화 사이에 나타나는 연관 관계는 식량 산업을 고도의 기술 산업 분야로 변혁시켜 하나의 보다 큰 포괄적인 원료 변환 산업 범위내에서 병합을 가속화하고 있다…… 농부들은 생명 공학 경영자에게 무릎을 꿇을 것이며 관찰은 소프트웨어에 의해 대체될 것이다. 그러므로 생명 기술과 정보 기술은 상호 연대하여 농업에 있어 새로운 생산 과정을 만들어낼 것이다. 이러한 관점에서 볼 때 생명 기술과 극소 전자 공학은 선사(先史) 이래로의 식량 산업의 종말과 함께 산업 시스템 및 후기 산업 사회의 광범위한 역동성내에서 통합될 것이다.[47]

화학 회사는 21세기 초엽까지 농사를 짓는 데 있어 농지의 필요성을 없앨 희망으로 옥내의 조직 배양 생산에 이미 엄청난 투자를 해왔다. 최근 들어, 미국의 두 생명 기술 회사는 실험실 내에서 식물 세포 배양을 통하여 바닐라를 성공적으로 만들어냈다. 세계 바닐라 농작물의 98퍼센트 이상이 마다가스카르, 리유니온 및 코모로스와 같은 작은 섬나라에서 재배된다. 세계 수확량의 70퍼센트 이상을 생산하는 마다가스카르에서는 7만 명의 농부가 그들의 생계를 위해 하나의 작물에 의존하고 있다.[48] 그러나 바닐라 생산에는 많은 비용이 든다. 바닐라 과수는 손으로 수분(授粉)을 해주어야 하고 수확과 가공 과정에 있어 각별한 주의를 필요로 한다. 현재 연구자들은 새로운 유전자 결합 기술로 바닐라 단백질 코드 유전자를 분리, 박테리아 분문을 통한 무성 생식으로 실험실 내에서 상업용 바닐라를 생산할 수 있으며 그 결과 열매, 식물, 토양, 재배, 수확 및 농부가 필요 없게 된 것이다.

새로운 생명 기술이 제3세계 국가의 경제에 미치는 잠재적인 영향에 대하여 광범위하게 논의한 바 있는 국제 농촌 발전 기금 RAFI의 무니 Pat Mooney와 U.N.의 세계 식량 농업 기구 FAO의 포울러 Cary Fowler

는 섬유-세포 공정이 어떻게 이루어지는지를 설명하고 있다. 〈섬유 배양 기술에 의해 바닐라 향을 내기 위한 기본적인 기술은 바닐라 나무로부터 아주 번식력이 강한 세포의 섬유를 선택하는 데 달려 있다. 그 다음엔, 세포 섬유를 공중에 떠 있는 배양액 속에서 번식시키게 된다. 배양 조건, 영양소 매체 및 신진 대사 등에 대한 세심한 통제가 화학 향(좀)의 복합물인 바닐라를 만들어내기 위해 사용된다.〉[49]

캘리포니아의 산 카를로스에 본사를 두고 있는 신예 생명 기술 회사인 에스카제네틱스 Escagenetics는 천연 바닐라를 생산하는 데 드는 극히 일부분의 비용으로 섬유 배양을 통한 바닐라를 만들어냈다. 천연 바닐라가 세계 시장에서 파운드당 1,200달러에 판매되고 있는 반면, 에스카제니틱스는 유전자 공학에 의한 바닐라를 파운드 당 25달러도 안 되는 가격에 판매할 수 있다고 한다. 그 회사는 최근 실험실에서 만들어낸 바닐라에 대하여 특허 보호를 신청해 놓은 상태이다. 전 세계 바닐라 시장의 규모가 2억 달러에 달함에 따라 에스카제닉스와 같은 회사들은 자사 제품이 판매되기를 희망하는 한편 곧, 천연 바닐라가 사라질 것이리고 확신하고 있다.[50]

인도양의 작은 섬나라에게 바닐라의 옥내 재배는 그야말로 경제적인 파국을 의미할 것이다. 바닐라 수출은 마다가스카르의 연간 총수출의 10퍼센트 이상을 차지한다. 코모로스에 있어 바닐라는 총수출의 2/3 이상을 차지한다. 종합적으로 보면, 바닐라를 생산하는 이들 세 나라 10만 명 이상의 농부가 수십 년 이내에 일자리를 잃을 것으로 전망된다.[51]

바닐라는 시작에 불과하다. 전 세계의 식품 향료 산업은 그 규모가 약 30억 달러에 달하고 연간 30퍼센트 이상의 성장이 기대되고 있다.[52] 영업비를 대폭 절감하고 생산성 및 이윤을 높여주는 새로운 생명 기술을 현금화하기를 바라는 회사들은 조직-세포 배양 식량-생산 방법을 모색하고 있다. 몇몇 생명 기술 회사는 서부 아프리카에서 재배되는 서머틴 thaumatin이라는 식물의 열매에서 추출한 감미료인 서머틴의 실험실 생산에 연구를 집중하고 있다. 서머틴이란, 지금까지 자연에서 발견된 가장 단 물질로서 그 원형의 것은 설탕보다도 약 10만 배나 달다. 1980년대 중엽, 서머틴 단백질 유전자가 네덜란드의 유니레버 Unilever 사 및 캘리포니아, 산타모니카 인진 Ingene 사의 과학자들에 의해 성공적으로 무성생식되었다.[53]

서머틴과 기타 감미료의 실험실 생산으로 이미 옥수수 감미료 및 뉴트라 스위트 Nutra Sweet와 같은 설탕 대체품의 소개로 타격을 받고 있는 세계 설탕 시장은 더욱 더 약화될 전망이다. 미국의 설탕 수입은 1981년 6억 8600만 달러에서 1985년 2억 5000만 달러로 감소했다.[54] 네덜란드의 한 연구에 따르면 실험실에서 만들어 낸 감미료가 몇 년 이내에 세계 시장에 밀어 닥침에 따라 제3세계 국가 1000만 명 이상의 농부가 일자리를 잃을 수도 있을 것이라고 전망했다.[55]

이제 막 과학자들이 실험실내에서 조직-배양 생산의 엄청난 잠재력을 막 탐구하기 시작한 것이다. 연구자들이 섬유 배양을 통해 오렌지와 레몬을 성공적으로 배양하게 되면서 몇몇 산업 분석가들은 오렌지를 재배할 필요 없이 오렌지가 실험실의 작은 통에서 재배되는 날이 멀지 않았다고 믿고 있다.[56]

최근 농무성의 연구자들은 엉성한 목화 세포를 영양소 통에 잠겨 놓는 방법으로 목화 세포를 성장시켰다. 목화는 세균 오염이 전혀 없는 메마른 조건에서 성장하기 때문에 목화가 무균의 거즈를 만드는 데 사용될 수 있을 것이라고 과학자들은 말하고 있다.[57] 비록 시험관내의 목화 생산이 유전자 결합 기술을 사용하지 않았지만, 그것은 농업 상품을 구성 부품화하여 대량 생산하는 잠재력을 보여준 또 다른 예이다.

많은 사람들은 섬유-배양이 식량 생산 시스템에 있어 농업의 시장 점유율을 계속적으로 축소시키는 불가피한 다음 과정으로 보고 있다. 좀더 나은 21세기를 위하여 더욱 더 많은 수의 농업 활동이 한편으로는 투입 부문과 또 다른 한편으로는 시장 부문에 의해 대체됨에 따라 농업의 중요성이 감소되어 가고 있다. 예를 들어, 화학 비료는 농촌에서 동물의 분뇨를 대체시켰다. 상업용 살충제는 작물의 윤작과 기계적인 경작, 수작업에 의한 잡초 제거를 대체했다. 오늘날 극소수의 농부들만이 자신의 농산물을 포장하거나 그것을 소매 시장에 수송을 하고 있다. 이러한 기능들은 농업 회사에 의해 더욱더 많이 수행되어 가고 있다.

현재 화학 및 약품 회사는 유전 공학 기술을 이용하여 농부를 대체하려 한다. 그 목적은 식량 생산을 유기체 및 옥외 과정을 거치지 않고 공장에서 분자 수준의 농업에 의해 완전한 산업 공정으로 전환하는 것이다. 로고프 Martin H. Rogoff와 롤린스 Stephen L. Rawlins 등의 농무성의 생물학자와 연구 관리자들은 농토에서 다년생 생명군 biomass 농작물만을 재배하는 식량 생산 시스템을 그리고 있다. 농작물이 수확되면 효소를 이용, 설탕 용해액으로 가공될 것이다. 그러한 용액은 파이프를 통해 도시로 수송되어 섬유 배양을 통한 대량의 과육(果肉)을 생산하는 데 필요한 영양소로 이용될 것이다. 과육은 〈흙에서 자라나는〉 농작물과 연관이 있는 재래식 형태를 본뜨기 위해 각기 다른 형태와 조직으로 재구성되고 조립될 것이다. 롤린스는 새로운 공장은 고도로 자동화되고 노동력을 거의 필요로 하지 않을 것이라고 말한다.[58)]

옥내 섬유-배양 식량 생산은 전체의 농업 부분에서 수백만의 일자리를 빼앗아 갈 것이다. 대부분의 농부가 불필요하게 되는 것 이외에도 소수의 농부만이 생명군 농작물을 관리하는 데 필요하기 때문에 연속 공정의 식량 생산은 농기계 제작업자 및 장거리 운송업자를 포함한 농업 부문 관련 보조 산업의 일자리 역시 없앨 것이다.

그와 같은 이점은 토지 이용의 감소, 토양 부식 감소, 농약 사용의 감소, 에너지 및 운송비의 절감 등을 포함한다고 조직-배양 농업의 지지자들은 주장한다. 실험실에서의 연속 공정에 의한 생산은 일일 수요에 따라 조정될 수 있으며 기후, 계절 변화 및 정치적 영향력에 영향을 받지 않음을 의미한다. 새로운 실험실 공정과 함께, 다국적 기업은 보다 적은 위험 부담을 갖고 세계 시장에 대한 보다 많은 경제적인 통제력을 발휘할 것이다. 실험실에서 유전자를 통제하는 일은 기후, 토지 및 제3세계 국가의 노동자를 통제하는 일보다는 말썽이 적을 것이다. 《식량 기술 *Food Technology*》지는 식량 생산에 있어 혁명적인 새로운 접근법이 갖는 경제적 및 정치적 이점을 다음과 같이 요약했다. 〈많은 향료 및 제품이 지구상의 먼 곳으로부터 오기 때문에 정권의 정치적인 불안정 또는 변덕스러운 기후로 인해 계절마다 균일하지 못한 공급, 원가 및 제품 품질을 야기하게 된다. 섬유-배양 공정에 있어서는 모든 매개 변수가 통제될 것이다.〉[59]

화학, 약품 및 생명 기술 회사가 점점 더 조직 배양에 의한 생산 방식으로 대체시킬 수 있어 세계 시장에서의 식량 제품의 가격을 현저히 낮춤으로써 천연 식품 생산 시대는 다가오는 10년 이내에 쇠락할 것 같다. 특히 제3세계에 있어 농부들에게 미치는 경제적 충격은 파멸적이다. 많은 제3세계 국가는 하나 또는 그 이상의 핵심 수출 농작물의 판매에 의존하고 있다. 조직 배양 대체는 국가 경제의 붕괴와 유래 없는 실업, 국제 채무 불이행 등을 의미하며 이는 제1세계 국가에 있어서의 상업은행의 불안정화 및 은행의 파산을 가져올 것이다.[60]

세계 농업에 있어 최근의 기술 혁신은 인류 역사상 어떤 기술 혁명이 지닌 것보다도 더욱 커다란 생산성 증대와 노동력 수요의 감소를 약속한다. 상업적 발전으로 인해 인간이 치르는 대가는 어마어마하다. 전 세계의 수많은 농업 인구가 경제적 과정으로부터 영원히 제외될 운명에 처해 있다. 그들의 극소화는 전 세계적으로 사회적인 격변을 야기하고 다가오는 21세기에 있어 신급진적 노선을 따라 사회 및 정치 생활이 재편될 것이다.

컴퓨터 및 생명 기술로 인해 이 세상이 농부가 필요없고 농부와는 무관하게 된다는 것은 심각한 문제다. 심지어 더욱 더 불안스러운 것은 전통적으로 일자리를 잃은 농촌의 근로자를 흡수해 왔던 제조업 및 서비스 분야가 자신들의 기술 혁명을 경험중으로, 경영 혁신으로 고도로 자동화된 작업 환경을 위해 수백만의 일자리를 없애고 있는 것이다. 초국가 기업은 신속한 통신과 린 생산 방식 lean production, 적기

JIT 마케팅 및 배급 관행 등의 새로운 시대에 접어들어 신세대 노동자인 실리콘 칼라에 더욱 더 의존하고 있다. 노동력의 많은 부분이 뒤처지고 있으며 그들은 새롭게 펼쳐지는 첨단 기술의 세계 경제에 다시는 진입하지 못할 것 같다.

9 블루칼라의 종말

미국 최초의 위대한 노동 운동가인 곰퍼스 Samuel Gompers는 그의 자서전에서 노동자를 위한 그의 평생의 노력을 형성하는 데 있어 심대한 영향을 미친 어린 시절의 한 경험을 다음과 같이 술회하였다. 〈나의 어린 시절에 있어 너무나도 생생한 기억 중 하나는 기계가 발명되어 견직물 직공의 기술을 대체해 버리고 그들의 일자리마저 빼앗아 갔을 때 그들에게 닥친 커다란 어려움이었다. 자신의 일을 빼앗긴 사람들에게는 어떤 방법도 없었다. 불행과 공포가 마을을 온통 죽음의 무거운 공기로 감싸 안았다. 좁은 거리엔 일자리 없이 무리를 지어 걸어가는 발자국 소리만이 울려 퍼졌다.〉[1]

산업혁명의 시작부터, 기계 및 무생명의 에너지가 생산을 촉진하고 제품을 만드는 데 필요한 노동력을 줄이기 위해 사용되었다. 1880년대 초, 아메리칸 타바코 American Tobacco, 퀘이커 오트 Quaker Oats, 필스버리 Pillsbury, 다이아몬드 매치 Diamond Match, 캠펠 수프 Campell Soup, 프록터 앤 갬블 Procter & Gamble, 에이치 제이 하인즈 H. J. Heinz

및 이스트만 코닥 Eastman Kodak 등은 제조업에 있어서 〈연속 공정식〉 기계를 실험하기 시작하였다. 이러한 기계들은 인간의 손길이 필요 없었고 많은 상품을 거의 자동적으로 만들어냈다. 노동자들은 단순히 재료를 기계에 넣고 기계가 제품을 만들고 포장하게 하는 것이었다.

1881년 본색 James Bonsack은 인간의 노동 없이 담배를 자동으로 마는 담배 기계를 특허냈다. 그 담배 기계는 〈순환식 테이프〉 위에 있는 담배를 잡아내어, 둥근 모양으로 압축시키고 테이프와 종이로 감아 담배 모양을 만들고 종이에 풀칠을 한 다음 긴 담배 막대를 적절한 담배 길이로 자르는 〈덮개 튜브〉로 옮겨 놓는다. 1880년대 말 경, 연속 공정의 기계가 매일 12만 개의 담배를 만들어냈다. 대부분의 숙련공은 하루 기껏해야 3000개의 담배를 만들 수 있었다. 새로운 기계는 너무나 생산적이어서 30대도 안 되는 기계가 소수의 노동자만을 이용해 1885년 전국의 담배 수요를 충당할 수 있었다.[2]

다이아몬드 매치 사는 1881년 연속 공정의 기계를 도입하여 수십억 개의 성냥을 자동 생산할 수 있었다. 같은 시기 프록터 앤 갬블 사는 연속 제조 방식을 비누 생산에 도입, 신제품인 아이보리 Ivory 비누를 10년도 채 안 되는 기간 내에 가정의 일상적인 이름으로 만들었다. 이스트만 George Eastman은 사진의 원판을 만드는 연속 공정 방법을 발명, 그의 회사가 전국적으로 두각을 나타나게끔 하였다. 필스버리와 다른 곡물 회사는 제분 작업에 연속 공정 기계를 도입, 대량의 고품질 밀가루를 저가에 생산하고 동시에 그러한 과정에서 훨씬 적은 노동력을 이용할 수 있었다.[3]

연속 공정 기술로 제조업은 새롭고 급진적인 접근법을 도입하게 되었다. 인력 요소를 거의 투입하지 않고 또는 전혀 투입하지 않는 상태에서 자동화에 의한 기계적 생산 방식은 더 이상 이상주의적인 꿈이 아니었다. 오늘날에는 새로운 정보와 통신 기술로 훨씬 더 정교한 연속 공정 생산이 가능하게 되었다.

자동차 산업의 자동화

리엔지리어링과 기술 대체에 있어 가장 극적인 발전 가운데 몇몇은 자동차 산업에서 진행되고 있다. 앞서 말한 바와 같이, 후기 포디즘 post-Fordism이 전 세계의 자동차 산업을 급속히 변혁시키고 있는 중이다. 동시에, 후기 포드주의자의 구조 재편은 조립 라인에 종사하는 블루칼라 노동자의 대량 해고에서 출발한다. 세계 최대의 제조 활동인 자동차 산업은 연간 5000만 대 이상의 자동차를 생산한다. 드러커 Peter Drucker는 한때 사동차 제조업을 〈산업 중의 산업〉이라고 명명하였다.[4] 자동차 및 관련 산업의 기업들은 미국의 매 12개 제조업 직업 가운데 하나의 일자리를 만들어내고 5만 개의 부품 공급업자로부터 서비스를 받는다. 1930년대 열광적인 자동차 산업 지지자는 다음과 같이 환호했다. 〈연철의 소비를 2배로, 판금 유리의 소비를 3배로, 고무의 사용량을 4배로 만드는 제품을 시장에 내놓는 것이 산업 사회에 끼치는 결과를 생각해 보면…… 원료의 소비자로서 자동차는 세계 역사상 당할 자가 없을 것이다.〉[5]

세계 경제와 일자리에 있어 자동차의 중요성은 의문의 여지가 없다. 포드 Henry Ford가 최초의 이동식 어셈블리 라인을 설치한 때부터, 자동차 산업가들은 생산을 증대하고 노동력을 절감할 수 있는 무수히 많은 혁신을 실험해 왔다. 포드 자신도 인간의 노동력을 기술로 대체하는 회사의 능력에 자부심을 가졌고 과업을 힘이 들지 않는 단순한 공정으로 바꾸기 위해 새로운 방법 등을 계속해서 모색하였다. 그는 『나의 인생과 일 My Life and Work』이라는 그의 자서전에서 〈T형 자동차를 생산하는 데는 7882개의 과업을 필요로 하는데 그 중 949개의 과업만이 강력한 육체와 신체적으로 완벽한 사람을 필요로 한다〉고 주장하였다. 나머지 과업들의 경우, 670개의 과업은 두 다리가 없는 사람들로 채워질 수 있고 715개는 외팔이로, 10개는 장님들로 채워질 수 있다고 주장했다.[6]

어셈블리 라인에 대한 포드의 비전은 급속히 발전하고 있으며 현재 일본이 주도하고 있다. 산업 전문가들은 1990년대 말경에는 일본의 공장들이 자동차 완제품을 8시간도 채 못 되어 생산할 수 있을 것이라고 예측하고 있다.[7] 생산 시간의 단축은 적은 수의 노동자가 라인에 필요하다는 의미이다.[8]

일본의 뒤를 쫓아, 미국의 자동차 산업은 생산성을 향상하고 노무비를 절감하여 시장 점유율 및 이윤폭을 늘이고자 자신들의 공정을 혁신하기 시작하였다. 1993년 GM 사장인 스미스 John F. Smith, Jr.는 GM 공장에서 시급히 필요한 경영 혁신 실행 계획을 발표하고 생산 관행의 변화로 1990년대 말까지는 약 9만 개의 일자리 또는 노동력의 1/3이 없어지게 될 것이라고 추정했다. 이러한 감축은 1978년 이후 GM이 감축해 왔던 25만 개의 일자리 가운데 최고 수준이다.[9]

그 밖의 세계적인 자동차 업자들 역시 공정을 혁신하고 대규모의 노동자를 감축하고 있다. 메르세데스 벤츠 Mercedes-Benz 사는 1993년 9월, 1994년도에 15퍼센트의 설비 효율 향상을 목표로 하고 있으며 1만 4000개의 일자리를 없앨 것이라고 발표하였다. 산업 분석가들은 1995년경 독일의 자동차 업자들이 7개의 일자리 중 하나 정도를 줄일 수 있을 것이라고 예측했다. 전체 산업 노동력의 10퍼센트가 자동차 산업 및 관련 산업에 있는 국가에서 말이다.[10]

자동차 업계는 노동력 대체 기술을 비용을 절감하고 이윤을 향상시킬 수 있는 최고의 전략으로 보고 있다. 노무비가 총 원가의 10퍼센트에서 15퍼센트도 안 되는 사실에도 불구하고 이윤에 비해 매출액 중에서 커다란 비중을 차지하고 있어 새로운 정보 기술의 대체로 손쉽게 절감할 수 있다. 유엔의 국제 노동 기구 ILO는 노무비를 절반으로 줄임으로써 이윤을 3배로 늘일 수 있을 것이라고 추정하고 있다. GM은 노동력의 1/4을 줄이고 공정을 혁신함으로써 1995년에 연간 50억 달러 이상을 절감할 수 있기를 희망하고 있다.[11]

로봇은 자동차의 조립 라인에서 인간의 노동력을 대체하는 원가 절감의 대안으로서 더욱 더 매력적이다. 다른 자동차업자들보다 꽤 앞선 일본인들은 그들의 많은 생산 라인을 로봇화하였다. 마쯔다 Mazda 자동차는 1993년 일본의 호푸 공장에서 최종 조립 라인의 30퍼센트 정도를 자동화하는 것을 목표로 하고 있다고 발표하였다. 마쯔다 자동차는 2000년까지 50퍼센트 정도의 자동화된 최종 조립 라인을 갖기를 희망하고 있다.[12] 보다 우수한 지능과 유연성으로 무장한 〈똑똑한〉 로봇들이 시장에 진출함에 따라 자동차 업자들은 로봇이 원가 면에서 효율적이라는 이유로 로봇으로 노동자들을 더욱 더 대체하려 할 것 같다. 산업 전문 잡지인 《기계 및 생산 공학 Machinery and Production Engineering》은 회사의 견해를 솔직하게 피력하고 있다. 〈사람이 하는 일이란 그저 한 기계를 끄고 또 다른 기계를 작동시키는 것에 불과한 곳에서 어떤 기준에 의해서도 기계보다 더욱 더 동기 부여가 되었다고 볼 수 없는 노동자에게 고임금을 지불하는 것이 아주 매력 없는 일이 되어 가고 있고……로봇으로 대체하는 것은 불을 보듯 뻔한 일이 될 뿐만 아니라 금전적으로도 정당화하기 쉽게 되어 가고 있다. 더욱이 로봇은 작업 성과가 변덕스럽지도 않고 ……실무적인 목적에서도 로봇은 열심히 일하고 양심적이며 교대 시간의 시작과 끝이 일정하다.〉[13]

산업 공학자들은 현재 음성 통신, 범용 프로그램 언어, 경험에 의한 학습, 색깔 식별 능력이 있는 3차원 시각, 다단식 근접 조정, 도보 및 자기 조종 기술, 자기 진단 및 교정 기술 등 특별한 능력을 지닌 좀 더 발전된 기계 대리인을 개발하고 있는 중이다. 사회학자 왈레스 Michael Wallace에 따르면 그러한 목표는 가능한 한 인간의 능력에 가깝게 접근하여 인간이 제기하는 결근 및 퇴직 등의 문제를 피하면서 환경적 자료를 처리하고 문제를 해결하는 데 있다고 한다.[14]

로봇 한 대는 경제적인 측면에서 4명의 일자리를 대체할 수 있고, 하루 24시간을 계속해서 사용한다면 1년이 지나 자금을 회수할 수 있는 것으로 추정되고 있다.[15] 국제 로봇 공학 연맹에 의하면 1991년 전 세계 로봇의 숫자는 63만 대 였다. 그러한 숫자는 생각하는 기계가 더

욱 더 지능화, 다기능화, 유연화하기 때문에 다가오는 10년 이내에 급격히 증가하리라 예상된다.[16]

▌철강 산업의 컴퓨터화

전 세계 자동차 산업은 재빨리 공정을 혁신하고 노동력을 대체하는 정보 기술에 투자를 하는 한편 관련 산업 역시 똑같은 일을 진행중으로 그러한 과정 속에서 더욱 더 많은 일자리가 없어져 가고 있다.

철강 산업의 운명은 자동차 산업의 그것과 너무나 밀접하게 관련을 맺고 있으므로 자동차 산업에서 현재 진행중인 것과 똑같은 혁신적인 조직 및 생산의 변화를 철강산업에서 지켜 보는 일이란 놀라운 것이 아니다. 철강 산업은 산업의 동력에 있어 핵이다. 영국과 독일, 미국의 위대한 제강소가 현대의 산업 경제에 기간(基幹) 자재를 공급했다. 셰필드, 에센, 피츠버그와 같은 산업 도시에서의 거대한 용광로는 엄청난 양의 철광석을 녹여 부드럽게 둘둘 감아 말은 롤 roll 식의 철로 가공하여 철길을 만들고 기관차 및 후일 자동차를 제작하고 거대한 고층 건물 및 공장의 대들보를 주조하는 한편 미국의 거대한 평원인 서부 목장의 울타리 철조망 등을 만드는 데 사용되었다.

1890년 경, 미국은 철강 생산에 있어 선두 주자였다. 세계 최대의 앤드루 카네기 Andrew Carnegie 사의 용광로는 주당 2,000톤을 생산하였다. 19세기가 끝날 무렵, 미국의 현대식 제강소 하나는 19세기 중엽 한 제강소가 일 년 동안 생산한 만큼의 철을 하루에 생산할 수 있었다.[17]

철은 굴뚝 산업의 왕이요, 산업 사회의 일원이 되길 희망했던 모든 국가에 있어서 입회비였던 것이다. 미국은 우수한 기술과 조직 방법, 값싼 원자재의 접근 가능성 및 대륙 전역의 시장 덕택으로 철강 생산에 있어 두각을 나타냈다. 오늘날 그러한 경쟁력은 미국 기업이 철강 산업을 개조하였던 새로운 정보 기술을 따라가지 못함에 따라 심각하게 약화되었다.

작가인 케니 Martin Kenney와 플로리다 Richard Florida는 미국의 철강 산업의 쇠락 지대에서 한 시간 내의 거리에 있는 두 제철 회사를 비교한다. 처음의 제철 회사는 아주 오래되어 낡은 건물이 보기 흉하게 뻗어 있는 복합 건물로 거의 디킨스(Charles Dickens, 영국의 작가, 산업혁명 초기 공장의 어두운 면을 주로 묘사 : 역주)의 작업 조건에서 수백 명의 노동자가 일하는 건물을 연상시킨다. 기름과 검댕이가 달라붙은 노동자들이 녹여진 쇠를 철제 슬라브로 성형하는 노후된 철제 용광로에서 일을 하고 있다. 더러운 공장 바닥은 녹슬어 버려진 부품과 공구, 화학약품 깡통이 온통 흩어져 있다. 소음이 귀를 찢는 듯하다. 사람과 자재가 혼잡하게 오고 가는 가운데 감독자들이 서로 소리를 질러 지시를 내리고 머리 위로는 쇠줄에 묶인 철이 동굴과도 같은 공장을 가로질러 움직인다. 공장 밖에는 고장난 기계와 트럭이 보이고 녹슨 철제 슬라브 더미와 전기 코일들이 흩어져 있다.

두번째 제철 회사는 공장이라기보다는 마치 실험실처럼 보이는 번쩍이는 하얀 구조 건물이다. 안에는 밝은 채색의 기계들이 박판의 철을 생산하고 있다. 공장의 가운데에는 컴퓨터와 전자 장비로 가득차 있고 그 주위는 유리로 밀폐한 박스가 있다. 깨끗하고 단정한 작업복 차림의 작업자들이 생산 과정을 통제하는 컴퓨터를 프로그램하고 감시한다. 그들 중 어떠한 사람도 철을 직접 다루는 사람은 없다. 공장 자체가 거의 완전히 자동화되어 있고 1시간도 채 안 되는 시간 내에 냉각 처리되어 차가운 두루마리 식 철을 만들어낸다. 구형의 제철 회사에서의 동일 공정은 약 12일이 소요된다.[18]

가와사키 Kawasaki, 스미토모 Sumitomo 및 고베 Kobe 등 일본의 제철 회사와 함께 신일본제철 Nippon Steel의 컴퓨터화된 제철소가 일부는 미국 제철 회사와의 합작 형태로 미국에 공장을 설립하고 있다. 신형의 첨단 제철소는 종전의 분리식 공정을 마치 제지 공장의 제지 생산과 흡사한 하나의 단일 공정으로 통합시킴으로써 배치 batch식 공정

에서 고도로 자동화된 연속 공정으로 전환하여 성공적으로 철을 생산하고 있다.[19]

전통적인 냉각 및 롤링(감기) 공정에서는 두꺼운 철제 코일이 수많은 독립 공정을 거쳐 만들어지고 자동차, 냉장고, 세탁기 및 가정용 기구에 쓰이는 박편 철제로 변형된다. 우선 철제 코일이 표면의 녹과 산소를 긁어 내는 기계로 들어간다. 그 다음에, 철은 또 다른 기계로 옮겨져 화학 용액에 닮겨 세척 과정을 끝낸다. 그곳에서 건조 공정을 거친 후 적절한 두께의 철로 만들기 위해 압연 공장으로 보내진다. 마지막으로 철이 잘려지고 정리된다.[20]

신일본제철 및 기타 일본의 철강업자는 이러한 개별 단계를 모두 없애고 하나의 흐름으로 만들어 제철 작업을 혁신시켰다. 일본인들은 투입 및 분쇄 공정을 하나로 묶음으로서 시작했다. 그 다음에 세척 및 건조 공정을 결합했다. 컴퓨터 통제가 자동 생산에 추가되었다. 인랜드 철강 Inland Steel과의 합작 투자로 이루어진 신일본제철의 4억 달러 규모의 냉각 및 롤링식 제철소는 인디애나 주, 개리 Gary 인근에 위치하여 소수의 기술자 팀에 의해 운영되고 있다. 새로운 자동화된 공장에서 생산 소요 시간을 12일에서 단 1시간으로 줄임으로써, 인랜드의 경영자들은 회사의 노동력을 크게 줄일수 있게 되어, 두 개의 오래된 제철소를 폐쇄하고 수천 명의 노동자를 해고했다.[21]

철강 산업의 고용은 미니 제철소의 도입에 의해 엄청난 영향을 받아 왔다. 이러한 신형의 컴퓨터화되고 고도로 자동화된 공장은 전자 아크 용광로를 사용하여 조각철을 강철 막대 및 기둥식 제품으로 바꾸어 놓는다. 종합 제철소에 비해 운영비가 훨씬 저렴한 신형의 미니 제철소는 이미 미국에서 생산되는 철의 1/3을 만들어내고 있다. 미니형 제철소의 첨단 노동력은 소수이고 화학, 금속학, 컴퓨터 프로그래밍에 숙련되어 있다. 컴퓨터화된 제작 공정으로 미니형 제철소는 거대한 종합 제철소 노무비의 1/12도 안 되는 원가로 철을 생산할 수 있다.[22]

철 생산의 자동화 증가로 수많은 블루칼라 노동자들이 일자리를 잃어 왔다. 1980년, 미국의 최대 종합 철강 회사인 〈유 에스 스틸 US Steel〉(United States Steel)은 12만 명의 노동자를 고용하고 있었다. 1990년에는 단지 2만 명의 노동력으로 거의 똑같은 양의 철을 생산하였다.[23] 이러한 수치는 좀 더 발전된 신형의 컴퓨터화된 공정이 제조 공정에 도입됨에 따라 다음 10년에서 12년이 지나면 더욱 더 떨어질 것으로 전망된다.

린 생산 방식 lean production에 의한 철 생산 시대로 진입하기 위해 신형의 고도로 자동화된 제조 방법이 급진적인 경영 재편과 결합중에 있다. 철강 산업의 직무 분류는 너무나 복잡하고 엉켜 있어 공정 책임자조차도 얼마나 많은 직무 분류와 직무 영역이 있는지 확실히 알지 못한다. 몇몇 회사의 경우 300개에서 400개 정도의 각기 다른 직무 분류가 있다. 미국내의 합작회사와 같이 일본의 회사들도 전통적인 공장 운영을 혁신하고 공정 내의 직무 분류를 단순화해 왔다. LTV-스미토모 공장에서는 직무 분류 수가 100개에서 3개로 줄어 들었다. 새로운 직무 분류는 〈초급〉, 〈중급〉, 〈고급〉 등으로 나뉜다.[24] 시간급이 없어지고 노동자들은 월급을 받는다. 새로운 자율적 작업 팀은 현장의 공장 운영에 보다 많은 재량권을 부여받고 관리자의 수를 대폭 줄였다. 경영 계층 또한 단축되었다. 인랜드 철강은 경영 계층을 10단계에서 6단계로 축소하였다.[25] 똑같은 리엔지니어링 과정이 전 세계의 철강 회사에서 진행중에 있다. 국제 노동 기구에 의하면 1974년에서 1989년까지 OECD 국가에 있어 고용 수준이 무려 50퍼센트 이상 감소하였으나 완제품 철 생산량은 6퍼센트만 떨어졌다. 이 15년 동안 OECD 국가의 철강 산업에서 100만 개 이상의 일자리가 없어져 버렸다. 〈90퍼센트 이상의 경우에 있어, 고용 감소의 근본적인 설명은 산출량 수준의 변화가 아니라 생산성의 향상에서 찾아 볼 수 있다.〉고 국제 노동 기구는 말한다.[26]

철을 사용하여 제품을 만드는 여타의 산업 역시 린 생산 관행에 대한 새로운 강조를 반영하는 근본적인 혁신을 경험중에 있다. 금속 및 기계 산업이 사례에 맞는 좋은 예이다. 불과 30년 전 전미 기계공 노동조합 International Association of Machinist은 워싱턴에 있는 노조 본부의 정문 위에 〈강력한 100만〉이라는 간판을 걸어 놓았다. 그 뒤에도 그 표시판이 남아 있었으나 미국의 기계공의 숫자는 60만 명 이하로 줄어들고 말았다.[27]

전미 기계공 노동조합의 전임 위원장인 윈피싱어 William Winpisinger는 전 세계의 숙련 기계공의 숫자를 줄여왔던 자재 및 기술의 혁명적인 변화들을 예시한다. 그는 비행기 엔진의 부품을 만들기 위해 봉강이 전통적인 전문 기계공에 의해 절단, 연마, 마무리되는 것을 인용하였다. 오늘날에는, 분말 금속을 마치 시멘트 혼합물과 같이 포대에서 부어 부품의 모양을 한 압력 주형에 넣기만 하면 된다. 어떤 경우에는 가벼운 세라믹과 플라스틱이 분말 금속을 대신하여 똑같은 주형에 넣어진다.[28] 주형과 주물에 의한 정밀한 부품의 제작으로 수천 개의 숙련공 일자리가 없어졌다.

금속-기계 산업은 금속-주물 기계 공구, 롤링-밀 머신, 용접기구, 금속 절단 기계 공구, 특수 주물, 지그 및 설비 등을 포함한 예하 산업을 포괄한다.[29] 이같이 컴퓨터화된 모든 산업내에서 수치 제어기 NC, 컴퓨터 지원 설계 CAD, 제조 및 공학 시스템, 유연 제작 셀 및 자동 센서 검수 기자재 등은 숙련 기계공의 필요성을 감소시켰다. 윈피싱어는 〈우리가 작업을 더욱 더 용이하게 하는 발전의 길목에 서서 가로막을 필요도 없지만…… 새로운 기술로 인해 일자리를 잃을 수도 있는 노동자들을 보살펴 줄 준비를 하여야 한다.〉고 말한다.[30]

1979년과 1990년 사이에 금속 산업내의 고용은 연 평균 1.7퍼센트씩 감소해 갔다. 노동 통계국은 2005년까지 총 1만 4000명의 노동자가 추가로 일자리를 잃을 것이라고 예측했다. 운전원, 조립공, 노동자들에게 있어 고용 감소는 더욱 더 높아 현 시점과 다가오는 세기의 처음 10년(2010년) 사이에 실업률이 14퍼센트에 이를 것으로 예상된다.[31] 숙련 기계공이 국가의 보배요 전문 기능으로 존경받는 독일과 같은 국가에 있어서 새로운 자동화 공정은 국가 경제에 대한 경제적인 영향과 함께 강력한 심리적 충격을 줄 것이다.

▍실리콘 칼라 노동자

한 산업에 뒤이어 또 다른 산업에서 회사들은 인력을 기계로 대체하고 그러한 과정 속에서 산업 생산의 속성이 변화하고 있다. 리엔지니어링과 새로운 정보 기술에 의해 가장 영향을 받는 산업 가운데 하나는 고무 산업이다. 케니 Kenny와 플로리다 Florida는 테네시 주, 라베르그네 La Vergne에 있는 파이어스톤 Firestone 타이어 공장에 관한 얘기를 자세히 설명한다. 공장의 작업 여건이 너무나 형편없어 타이어가 실제 그곳에서 생산되고 있는지 믿기가 도저히 어려웠다고 한 노조 간부가 말했다.[32] 비록 이 공장이 파이어스톤 회사에서 기술적으로 가장 앞선 설비 가운데 하나이지만, 수 년에 걸친 부실한 노사 관계가 작업 환경을 너무나 악화시켜 생산은 거의 중단 상태에 이르렀다. 공장 바닥은 너무나 무질서하고 더러워, 담배 꽁초, 못, 종이 컵 등이 타이어 속에 끼어 있을 정도였다.

1982년 일본의 고무 제작업체인 브리지스톤 Bridgestone이 파이어스톤을 인수하여 자신들의 높은 린 생산 기준에 맞게끔 공정을 혁신하기 시작했다. 브리지스톤은 팀제를 도입하는 한편 조직의 계층을 8단계에서 5단계로 줄이고 직무 분류 수를 축소하고 품질 관리를 개선하기 위하여 직무 재훈련 계획을 실시하였고 생산 공정을 자동화하기 위하여 새로운 기자재에 7000만 달러를 투자하였다. 5년도 안 되어 타이어 생산은 월 1만 6400개에서 8만 2175개로 늘어났다. 같은 기간에 타이어의 불량률도 86퍼센트가 줄어들었다.[34]

미국에서 품질 좋은 타이어로 오랫동안 이름 높았던 굿이어 Goodyear 사도 유사한 성공 스토리를 주장한다. 굿이어 사는 1992년에 118억 달러의 매출액에 3억 5200만 달러의 이익을 기록했다. 이 회사는 1988년 2만 4000명이나 더 적은 인력으로 30퍼센트나 더 많은 타이어를 생산했다.[34]

브리지스톤과 굿이어의 경험은 전 세계의 여러 타이어 공장에서 복제되고 있다. 영국에서 또 다른 일본의 타이어 생산자인 스미토모 Sumitomo 사는 던롭 Dunlop 공장을 인수하여 린 생산 방식으로 전환하였다. 오늘날 30퍼센트 더 적은 인력으로 생산성이 40퍼센트 이상 향상되었다.[35]

자원 개발 산업 extractive industries 역시 자동화에 의해 영향을 받고 있다. 1992년 4만 5000개의 일자리가 미국의 광업에서 없어졌다.[36] 농업과 같이 광업은 거의 70년 동안 지속적인 기술 대체 과정을 밟아 왔다. 1925년 미국 노동력의 거의 1.3퍼센트에 가까운 58만 8000명이 5억 2000톤의 유연탄 및 갈탄을 생산했다. 1982년에는 20만 8000명의 남녀 노동력이 7억 7400만 톤을 생산했다.[37] 첨단 컴퓨터 기술, 신속한 채굴 및 운송 자재, 폭발 기술의 개선 및 새로운 가공 방법의 사용 등으로 광업 회사들은 1970년 이후 연 평균 3퍼센트의 생산량을 증가시킬 수 있었다.[38]

광산업이 점점 자동화되어 미국 탄광 지역에서 수만 개의 일자리가 없어졌다. 다가오는 세기의 10년 이내에 현재보다 24퍼센트가 적은 인력인 11만 3200명이 국내 및 해외의 수요를 충분히 충족시킬 수 있는 석탄을 생산할 것이다.[39]

광산업과 마찬가지로 화학 정제 산업도 기계로 인간의 노동력을 대체해 왔다. 텍사코 Texaco 사의 포트 아더 정유 공장은 1959년 디지털 컴퓨터 통제 장치를 도입한 최초의 화학 설비 공장이었다. 1959년과 1964년 사이 생산성은 급상승하였고 화학 산업의 노동력은 몬산토 Monsanto와 굿리치 Goodrich와 같은 회사가 운영 방식을 디지털 컴퓨터 통제로 전환함에 따라 11만 2500명에서 8만 1900명으로 줄어 들었다. 컴퓨터화와 연속 공정 방식에 의한 생산 관행의 혁신적 변화는 석유, 원자력 및 화학 노조 Oil, Atomic and Chemical Workers Union에 있어 그들의 노조원들이 1960년대 초 석유 정제 설비를 공격하였을 때 명백해졌다. 파업은 신규 자동화 설비에 있어서 생산을 그리 지연시키지 못하였다. 공장들은 사실상 스스로 운영되었다.[40] 화학 산업은 계속해서 생산 설비를 자동화하였고 더욱 더 많은 노동자를 해고하였다. 1990년과 1992년 중반 사이에 생산성은 증가한 반면 생산 및 감독직은 화학 산업 총인력의 6퍼센트나 감소하였다. 브레이버만 Harry Braverman이 지적하듯이 오늘날 화학 운전원들의 일은 일반적으로 깨끗하며 계기를 읽고 차트를 기록하는 일과 관련이 있다.[41]

결코 놀라운 것은 아니지만, 리엔지니어링과 자동화에 있어 가장 큰 진보 가운데 일부분이 전자 산업에서 일어나고 있다. 세계의 선도적인 전자 회사인 GE는 판매액을 3배로 신장시키면서 1981년 40만 명의 고용 수준을 1993년의 23만 명으로 줄여 왔다. GE는 1980년대 경영 계층을 축소시키고 고도로 자동화된 설비를 공장에 도입하기 시작했다. 버지니아 주 샤롯츠빌 Charlottesvilles의 GE 패넉 Fanuc 자동화 공장에서는 신규의 첨단 설비를 도입하여 구 설비에 비해 전자 부품을 회로판에 넣는 시간을 절반으로 줄였다.[42]

일본의 빅터 Victor 사에서는 자동화 설비가 캠코더 부품 및 자재를 64개의 로봇에 전달하면 로봇은 150개의 각기 다른 조립 및 검수 과업을 수행한다. 두 사람만이 공장의 현장에 주재한다. 지능 기계와 로봇이 도입되기 직전 빅터 공장에서는 150명의 근로자가 캠코더를 생산하는 데 필요했다.[43]

가정용품 산업에 있어 캐드, 엔지니어링 및 제조 시스템을 포함한 새로운 첨단 기술 기자재와 로봇 및 자동화된 콘베이어, 수송 시스템 등은 생산성을 증대하고 모든 단계의 생산 공정에서의 직무를 제거하였다. 1973년과 1991년 사이 미국의 가정용품 생산량이 연간 0.5퍼센트씩 증가하였다. 이 기간 중, 종업원-시간당 생산량은 평균 2.7퍼센트씩 증가했다. 다른 산업에서와 같이 새로운 노동력 및 시간 절약 기술의 도입으로 인한 생산성의 증가는 고용의 감소를 의미했다. 1973년과

1991년 사이에 고용은 19만 6300명에서 11만 7100명으로 줄어 들었고 노동 통계국은 고용율이 계속해서 감소할 것이라고 예측하고 있다. 2005년 경이면 1973년의 절반도 안 되는 고용 수준인 9만 3500명만으로 미국 가정 용품의 총 생산량을 생산할 것이다.[44]

가정용품 산업에 있어 제품별 생산 노동자의 감소는 어지러울 정도이다. 1973년 4만 9000명의 노동자가 냉장고 및 냉동 산업에 종사했다. 1991년에는 그 수치가 연평균 3.5퍼센트의 감소로 2만 5700명으로 줄어 들었다. 세탁기 제조업자는 노동력을 1973년의 2만 8300명에서 1991년의 2만 600명으로 축소시켰다. 가전제품 산업의 경우 이 기간 중 고용 수준은 5만 6300명에서 3만 1000명으로 줄어 들었다. 노동성에 따르면, 〈이러한 고용 감소 중 사실상 어떠한 것도 수입 증가나 수요 감소에서 기인한 것은 없다.〉고 한다.[45] 가정용품 산업에 대한 세부 연구에서 노동성은 이러한 고용 감소에도 불구하고 가전 제품 산업은 제조업에서 있어 성공적이라는 것을 발견했다. 가전제품에 대한 계속적인 수요의 강세는 매력적인 가격과 소비자에게 이용 가능한 제품 수의 의미 있는 확대를 반영한다.[46]

어떠한 산업도 섬유 산업만큼이나 산업혁명과 관련이 있는 산업은 없다. 200여 년 전 최초의 증기 기계가 영국의 양털 방적에 적용되어 제품 생산 방식에 있어서의 혁명의 시발점을 이루었다. 오늘날 여타 산업이 자동화 시대로 진입하기 위해 경쟁을 벌이는 반면, 섬유 산업은 노동 집약적인 재봉 과정으로 후진성을 면치 못하였다.

의류 산업에 대한 한 연구에 의하면 한 의상이 디자인 및 섬유 생산을 거쳐 소매점에까지 이르는 데는 66주 이상이 걸린다고 한다. 장기간의 리드 타임과 더딘 배급 일정으로 연간 250억 달러 이상의 판매 손실을 겪고 있다. 그와 같은 대부분의 손실은 유행의 변화나 계절 변화로 상점들이 가격을 낮추어 팔아야 하는 소매 라인에서 발생한다. 잠재적인 판매 손실은 또한 재고 부족에서도 기인한다.[47]

그러나 최근 섬유 제조업체는 린 생산 방식 및 첨단의 컴퓨터 자동

시스템을 도입함으로써 다른 제조업체를 따라잡기 시작했다. 목표는 유연 제작 및 적기 배달 시스템을 도입하여 주문을 개별 소비자의 요구에 맞게끔 맞춤복을 만드는 것이다. 영국의 얼라이드 섬유 Allied Textile Co., 파크랜드 섬유 Parkland Textile Co., 쿼트올드즈 Courtaulds 사는 로봇을 제조 공정에 도입하기 시작했다. 컴퓨터 지원 설계 CAD는 의복의 디자인 시간을 수 주에서 몇 분으로 단축시켰다. 컴퓨터화된 염색 및 마무리 시스템 또한 도입되었다. 컴퓨터화된 시스템은 의복의 저장, 취급, 포장 및 선적도 능률화하고 있다.[48]

의류를 재봉하는 일이 아직까지 노동 집약적이긴 하지만 기업들은 제조 공정 분야에서 생산 시간을 단축할 수 있었다. 몇몇 기업은 컴퓨터화된 자동 직물 배치 및 절단 기계를 사용하고 있다. 극소전자의 재봉기가 재봉실에 도입되어, 자동 절단에 이어 사전에 입력된 수의 바느질을 한다.[49] 의류 및 섬유 노동 조합 연맹 Amalgamated Clothing Textile Workers Union의 샤인크맨 Jack Sheinkman 위원장은 섬유 산업은 급속히 첨단 산업화되고 있다고 말한다. 샤인크맨에 따르면 〈노동 요소는 최근들어 현격히 감소되어 왔고 생산 과정 중 30퍼센트가 조금 넘는다. 나머지 과정은 모두 자동화되었다.〉[50]

새로운 기술은 산업 국가에 있어서 의류 제조를 저임금 국가의 기업들에 비해 가격 경쟁력이 있게끔 만들었다. 더욱 더 많은 제조 과정이 혁신되고 자동화됨에 따라 중국이나 인도와 같은 제3세계 수출 국가조차도 현재의 노동 집약적인 공정에서 보다 저렴하고 빠른 기계화된 생산으로 전환하도록 압력을 받을 것이다.

최고급 의류 제조와 같은 〈고숙련〉 제조업의 자동화로 이미 많은 일자리가 없어지고 있다. 최근 영국의 한 연구에서 조사한 섬유 회사들을 보면 생산성과 이익은 점점 증가하고 있는 반면 고용은 점점 감소되고 있는 것이 발견되었다. 예를 들어 얼라이드 섬유회사에서의 세전 이익은 1981년 및 1986년 사이에 144퍼센트가 증가하였으나 고용 수준은 2048명에서 1409명으로 줄어 들었다.[51]

사실상 모든 주요 제조 활동에서 인간의 노동력은 기계에 의해 서서히 대체되어 왔다. 오늘날 전 세계 수많은 노동자들은 경제적 격변기 사이에서 옴짝달싹 못하는 자신들을 발견하고 성력화된 기술의 도입으로 점점 밀려나버린다. 다가오는 21세기의 중엽쯤이면 블루칼라는 역사에서 사라져 버리는, 제3차 산업혁명과 보다 높은 기술 능률을 향한 끊임없는 행진의 희생물이 될 것이다.

10 최후의 서비스 노동자

40년 이상이나 서비스 산업은 제조업의 일자리 손실을 흡수해 왔다. 최근까지도 대부분의 경제학자와 기업의 지도자들은 그러한 추세가 계속되리라는 확신에 차 있었다. 그들의 희망은, 새로운 정보 기술이 서비스 산업 자체에 진입하여 생산성을 높이고 서비스 관련 전 산업에 걸쳐 인력을 대체함에 따라 희미해지고 있다.

1994년 2월, 《월스트리트 저널 *The Wall Street Journal*》은 새로운 정보 기술에 의해 수많은 근로자가 영원히 대체되어 감에 따라 서비스 산업에서 역사적인 전환이 진행되고 있다고 경고하는 기사를 전면에 실었다. 이 잡지에 따르면 〈미국의 거대한 서비스 부문이 생산은 지속적으로 늘어났으나 고용은 해마다 떨어졌던 농업과 제조업에 불어 닥친 것과 유사한 격변의 시기에 놓여 있는 것 같다…… 기술 발전이 현재 너무나도 급속하여 서비스 회사들은 신기술을 실행하거나 늘어나는 판매를 지원하기 위해 채용해야 하는 인력보다 더욱 더 많은 수의 노동자를 해고하고 있다.〉고 한다.[1]

AT&T는 6000명 이상의 장거리 교환수를 컴퓨터화된 음성 식별 기술로 대체중이라고 발표했다. 장거리 교환수의 1/3을 없애는 것 이외에도 이 회사는 11개 주의 31개 사무소를 폐쇄하고 400명의 관리직을 줄였다고 발표했다. 뉴저지에 있는 AT&T의 벨 연구소에 의해 새로이 개발된 신형 로봇 기술은 핵심 단어를 구별하여 통화자의 요청에 답변할 수 있다. 예를 들어 일단 전화를 거는 사람이 나오면 실리콘 교환수는 통화를 수신자 부담으로 할 것인지 아니면 개인 부담 혹은 제3자 부담으로 할 것인지의 여부를 묻는다. 전화가 연결이 되면 컴퓨터 시스템은 수신자에게 〈아무개 씨로부터 수신자 부담 통화를 받았습니다. 전화를 받으시겠습니까?〉라고 말한다. AT&T는 몇년 내에 장거리 교환수의 절반 이상을 로봇 음성 식별 기술로 대체할 수 있을 것이라고 예상하고 있다.[2]

새로운 실리콘 교환수는 AT&T가 최근 들어 40퍼센트나 적은 인력으로 50퍼센트 이상이 증가한 통화를 처리할 수 있게끔 하였다. 1950년과 1980년대 초 사이에 AT&T는 노동력을 대체하는 기술을 도입하여 서비스 산업을 주도해 왔다. 이 기간중에 회사는 전국적으로 14만 명 이상의 교환수를 없애버렸다.[3] 남아 있는 교환수의 상당 수도 1990년대 말경이면 해고 통지서를 받을 운명이다.

광섬유 케이블 네트워크, 디지털 교환 시스템, 디지털 전송, 위성 통신 및 사무 자동화를 포함한 최근의 기술 혁신은 연간 약 5.9퍼센트의 생산성 향상을 유지해 통신 산업이 새로운 첨단 기술 경제의 중요한 속도 조절자 중 하나가 되게끔 하였다. 생산성의 극적인 향상으로 전화 산업의 거의 모든 분야에서의 일자리가 사라지게 되었다. 1981년과 1988년 사이에 고용이 17만 9800명이 줄어들었다.[4]

실업자 중의 많은 사람들이 최근의 기술 혁신 결과로 해고된 설치공 및 수리공이었다. 이미 조립된 모듈식 장비의 도입으로 수리가 한결 편해졌고 유지 관리도 덜 필요하게 되었다. 플러그 내장형 전화기는 설치를 위해 항시 방문해야 하는 필요성을 없앴다. 신속한 접속 기능을 가진, 매설된 전화선은 수리의 필요성을 줄이고 신속한 수리가 가능하게 했다. 첨단의 컴퓨터와 소프트웨어를 사용한 디지털 교환 시스템은 전화의 서비스 양을 대폭 늘이는 한편 단위당 소요 노동력을 현격히 줄였다. 이는 중앙 사무실에 보다 적은 수의 설치공 및 수리공이 필요하다는 것을 의미한다. 중앙의 수리 사무실에 있는 근로자 수는 2000년 경이면 20퍼센트 이상이 감소할 것으로 전망된다.[5]

미국의 우편 서비스에서도 아주 똑같이 극적인 일들이 전개되고 있다. 1991년 프랭크 Anthony Frank 우편국장은 1995년경에 4만 7000명 이상의 인력을 시각 인식이 가능한 자동화 기계로 대체할 계획이라고 발표했다. 새로운 실리콘 분류기는 편지 및 카드의 주소를 읽을 수 있어 우편물을 수작업으로 분류하는 데 하루 4시간 정도가 소요되는 우체국 직원보다 빨리 우편물을 분류할 수 있다. 프랭크는 새로운 자동화 기술은 미국 우편 업무에 있어서 지난 200년 동안보다 오는 6년 동안이 우편물이 배달되는 방식에 더 커다란 변화를 가져올 것이라고 예측했다.[6]

■ 당신의 서비스에서

말을 이해할 줄 알고 원고를 쓰며 예전에 인간이 했던 일들을 수행할 줄 아는 컴퓨터는 서비스 산업이 점점 더 자동화의 영역하에 있게 되는 새로운 시대를 예고한다. 서비스 산업의 컴퓨터화와 자동화가 겨우 시작 단계이나 생산성과 고용에 영향을 미치면서 이미 경제 상태에 심각한 결과를 초래하고 있다. 모건 스탠리 사의 경제학자 로치 Stephen Roach는 〈서비스 산업은 일자리를 만들어 내는 미국의 무한한 동력으로서의 역할을 상실해 왔다.〉고 말하고 〈우리는 아직까지 서비스 산업을 대체할 새로운 산업의 출현을 보지 못했다.〉고 경고를 보내고 있다.[7] 뉴욕 시와 같은 세계적인 서비스 중심지가 새로운 전자 혁명의 경제적 충격을 느낄수 있는 최초의 장소가 되고 있다.

뉴욕 시의 경제는 1990년 회복되었으며 실업률의 상승과 빈곤 등의 증가에도 불구하고 번성하고 있다. 리엔지니어링과 새로운 정보 기술은 세계 최고의 서비스 센터에서 일의 본질을 바꾸어 놓고 있다. 서비스 산업은 생산성 및 이익의 급속한 향상을 경험하고 있는 반면, 좀 더 적은 인력을 가지고 그 일을 해내고 있다.

뉴욕 시의 10개의 직업 가운데 9개는 서비스 직종이다. 그들 중 많은 이들은 메릴 린치 Merril Lynch, 그레이 애드버타이징 Grey Advertising에서 아더 앤더슨 Arthur Andersen, 나이넥스 NYNEX에 이르는 많은 경영주들이 좀더 적은 인력을 갖고 보다 많은 일을 해낼 수 있는 방법에 있어 비약적인 발전을 이룸에 따라 일자리를 잃고 있다. 1989년에서 1993년까지 은행, 보험, 회계, 법률, 통신, 항공 운수, 소매 및 호텔과 같은 산업에서의 생산성 향상은 심지어 가장 낙관적인 예측가들의 기대를 앞질렀다. 같은 기간 중에 뉴욕은 35만 개 이상의 일자리를 잃었다. 《뉴욕타임즈 The New York Times》에 따르면 희소식은 〈궁극적으로 이런 주목할 만한 혁신은 치열해 지는 국제 시장에서 뉴욕의 경쟁력을 제고할 것이다.〉라는 것이다. 그러나 국제 시장에서의 성공의 대가는 뉴욕의 노동자에게 있어선 값비싼 것이다. 뉴욕의 전 예산 국장인 홀즈만 Elizabeth Holtzman은 고용이라는 그림을 명암이 분명하게 그렸다. 그녀는 〈우리가 향해 움직이는 곳은 고임금 일자리의 성장과 저임금 일자리의 위축이라는 두 도시의 이야기와 같다.〉고 말한다. 홀즈만은 새로운 저숙련의 일자리가 기술 이전에 따라 생긴 빈 공간을 채우지 못한다면 뉴욕은 사회적인 혼란과 범죄 및 빈곤의 증가 등 소요에 직면할 것이라고 경고한다.[8]

뉴욕이 직면한 경제적 문제는 미국의 전 지역 및 발달된 서비스 부문이 있는 모든 선진국에서 발생하고 있다. 사람에 의한 서비스와 더욱 더 많은 복잡한 서비스 기능이 지능 기계에 의해 수행되고 있는 중이다.

미국의 은행 및 보험 산업은 이미 제3의 산업혁명으로 이전을 시작했다. 미국에 있는 은행의 수는 2000년대에는 25퍼센트가 감소할 것이고 은행원의 20퍼센트 이상이 리엔지니어링과 자동화의 이중 과정으로 일자리를 잃을 것이다. 은행 부문에 대한 한 연구에서 앤더슨 컨설팅 Andersen Consulting 사는 자동화 및 공정 단순화의 적용으로 20~30퍼센트의 생산성 향상될 것이라고 결론지었다.[9]

클리블랜드의 소사이어티 내셔널 은행 Society National Bank은 고객 서비스 전화의 70퍼센트 이상을 음성 우편 시스템으로 처리하여 고객의 질문에 답변하는 시간을 크게 줄여 놓았다. 프로비던스의 플리트 금융회사 Fleet Financial Corp.에서 하루 24시간 동안 영업 활동을 하는 한 고객 봉사실은 월 백오십만 통의 전화를 처리하는데, 그 중 80퍼센트가 컴퓨터에 의해 완전히 처리되고 있다. 새로운 자동화 컴퓨터 시스템으로 플리트 사는 고객 서비스 인력의 40퍼센트를 줄일 수 있었다.[10]

한때 희귀했던 자동 출납기가, 미국 도시 및 교외의 도처에 보급되어 출납원의 수를 현저히 줄여 놓았다. 그 기계는 거래 시간을 단축하고 24시간 이용이 가능하여 출납원을 고용하는 데 드는 비용의 일부분으로 운영이 가능하다. 인간 출납원은 하루에 200건의 거래를 처리할 수 있고 주당 30시간을 일을 하며 8,000달러에서 2만 달러까지의 연봉에 부가급부를 받고 작업중 휴식과 휴가, 병가를 받는다…… 반면에 자동 출납기는 하루 2000건의 거래를 처리할 수 있고 주당 168시간의 일을 하고 연간 2만 2000달러의 운영비에 작업중 휴식이나 휴가가 필요없다.[11]

1983년과 1993년 사이에 은행들은 출납원을 자동 출납기로 대체하여 17만 9000명의 출납원 또는 해당 인력의 37퍼센트에 해당하는 노동력을 없애 버렸다. 2000년경이면 은행 고객의 90퍼센트 이상이 자동 출납기를 이용할 것이다.[12]

판매 시점 뱅킹의 이용이 광범위하게 늘어나고 있다. 많은 슈퍼마켓과 소매점이 계산대에 인출기를 설치, 고객들이 전자 체크를 통해 지불이 가능토록 하였다. 전자 체크는 자동적으로 그리고 즉각적으로 판매 시점에 은행 구좌에서 인출을 하여 수표 발행, 신용 청산, 취급, 분개, 기록 입력 및 기타 수표를 처리하는 데 필요한 절차를 없애버렸다. 2000년경이면 30~40퍼센트의 모든 은행 고객들이 온라인 현금 카드를 판매 시점에 사용할 것이다.[13]

은행의 많은 사무실 업무는 일상적이고 기계적인 것이어서 자동화가 용이하다. 더욱 더 많은 은행들이 수표 및 대출 처리를 외부 용역화하고 있다. 즉 다른 회사와 계약하여 은행의 사무실에서 취급되어 온 업무를 수행하도록 하는 것이다. 2000년경이면 미국 은행의 1/3 이상이 데이터 센터 운영을 외부 용역화할 것이다.[14]

보험 산업 역시 새로운 첨단 시대에 재빨리 접어들고 있다. 뮤추얼 베네피트 생명보험(Mutual Benefit Life, MBL)은 영업 활동을 혁신한 미국의 거대한 보험 회사 중 최초의 회사이다. 구 시스템하에서 신청서를 처리하는 데에는 5개 부서와 19명의 개별 인력을 수반하는 30단계가 필요했다. 대부분의 보험 배상 요구 신청서를 실제 처리하는 시간은 17분이 채 안 됨에도 불구하고 처리 기간은 22일 이상이 소요되었다. 나머지 시간은 사람과 사람 사이, 부서와 부서 사이에서 정보를 이송하는 데 잡아먹혔다. 베네피트 생명보험은 더디고 귀찮으며 복잡한 과정을 없애버리고 신청서를 처리할 한 사람의 사건 담당자만을 두었다. 첨단의 PC 워크스테이션으로 무장하고 답변을 돕는 〈전문가 시스템〉의 지원을 받는 사건 담당자는 4시간 안에 신청서를 처리할 수 있다. 현재 베네피트 생명보험에서의 평균 신청서 처리일은 불과 2일에서 5일이 걸린다. 노동력의 절약은 절약된 시간만큼이나 극적이다. 베네피트 생명보험은 100명의 현장 근무자를 없앨 수 있었으며, 한편으로 사건 담당자라는 새로운 형태의 감축된 노동력은 예전에 비해 2배에 해당하는 신청서를 처리할 수 있다.[15]

에이트나 생명 및 손해보험 Aetna Life and Casualty Co.도 경영 혁신에 있어 유사한 성공을 거두었다. 1992년 에이트나의 영업장은 3000명 이상의 인력을 가진 22개 사업장으로 불어났다. 조직 계층을 축소시키고 감독자와 대리인을 작업 팀 및 컴퓨터로 대체함에 따라 에이트나는 신청서 처리 기간을 15일에서 5일로 줄일 수 있었다. 오늘날 영업 활동은 불과 700명의 인력을 갖고 4개 사업장에서 하고 있다. 전체 인력의 9퍼센트에 가까운 5000명의 노동자를 해고시키면서, 에이트나는 이제 주요 사업부문을 재편하였다. 에이트나는 경영 혁신으로 연간 1억 달러 이상의 절감을 기대하고 있다.[16]

영상 기술, 전문가 시스템 및 이동식 컴퓨터는 새로운 리엔지니어링 병기(兵器) 중 핵심이다. 영상 시스템 Imaging System은 서류를 디지털화하고 광 디스크에 저장하므로 컴퓨터 작업을 하고 있는 사람은 즉각적인 이용이 가능하다. 전문가 시스템은 보험 신청서 및 배상 요구서를 즉시 처리할 수 있도록 하는 보험 전문가의 축적된 지식이 내장되어 있다. 이동식 컴퓨터는 대리인이 고객의 질문에 답변하도록 하여 신청서를 작성하고 배상 요구서를 현장에서 처리하게끔 하여 현장과 본사 간에 정보 처리로 왔다갔다 하는데 걸리는 많은 시간을 줄일 수 있게 하였다. 에이트나 사의 하트 폴드 소규모 사업 시장 그룹은 첨단의 소프트웨어가 설치된 랩탑 컴퓨터를 이용하여 고객이 있는 곳에서 회원을 등록하고 심지어 ID 카드까지 즉시 발행해 준다. 통상 두 달이 걸리고 엄청난 양의 서류와 노동력이 필요했던 신청서 처리 과정이 4시간이 안 되어 처리된다.[17]

▎가상 사무실

은행 및 보험 산업에서 진행중인 기술 변화는 화이트 칼라 및 서비스업의 모든 면을 새로이 규정짓는 혁신적인 개혁을 보여주고 있다. 이러한 변화의 핵심에는 서류를 처리하는 전통적인 사무실에서 전자 처리 작업으로의 혁신적인 전환이 있다. 서류없는 전자 사무실은 이제 현대 기업의 목표가 되어 버렸다.

산업혁명 기간 중 사무 기술 및 업무의 변화는 예외적으로 특이했다. 회상해 보면 잉크가 번지는 종이, 지우개가 달린 연필 및 펜 등이 150년 전에 도입되었다. 카본지(묵지) 및 키보드 타자기가 1870년대 사무실에 최초로 도입되었다. 키보드 계산기와 펀치 카드 도표 작성기 punchcard tabulator가 1880년대 말에 뒤따랐다. 등사판이 1890년에 발명되었다.[18] 전화와 함께, 사무 기술의 이러한 발전은 산업 자본주의의 성장 기간중에 기업의 생산성을 크게 증대시켰다. 현재 세계 경제가 제3의 산업혁명으로 완전히 바뀌어 감에 따라, 사무실은 가속화되고 있는 경제 활동의 흐름을 보다 잘 조정 통제하게끔 발전하고 있다. 전자 사무실은 1990년대 말경이면 수많은 사무직원을 없애 버릴 것이다.

매 영업일마다 미국에서는 6억 페이지의 컴퓨터 출력물이 나오고 7600만 개의 발송 서류가 발생되는 한편 종업원당 45장의 서류가 파일된다. 미국의 기업은 연간 1조 페이지의 종이를 소비하는 데 이는 지구의 전체 표면을 덮기에 충분한 양이다. 단 하나의 광 디스크는 1500만 페이지 분량의 종이를 저장할 수 있다. 오늘날 모든 정보의 거의 90퍼센트는 서류상에 저장이 되는 한편 5퍼센트는 마이크로 필름, 나머지 5퍼센트가 전자 매체에 보존된다.[19] 그러나 새로운 영상처리 기자재의 도입과 함께 기업체들은 그들의 사무실을 전자 사무실로 바꾸기 시작했다. 《비즈니스 위크 Business Week》가 관찰하듯이 영상 처리 장치의 덕택으로 작업자들은 우편실로부터 사람이 운반하는 속도가 아니라 전자의 속도로 서류의 디지털 화면을 사무실로 움직여 갈 수 있게 되었다.[20] 산업 분석가들은 미국의 영상 처리 시장이 지금부터 21세기 초엽 사이에 대단한 성장을 보일 것이라고 예측하고 있다.

시애틀에 있는 백화점인 노드스트롬 Nordstrom은 서류에 의한 내부 보고를 컴퓨터상의 전자 보고로 변경함에 따라 100만 달러 이상의 종이 값을 절약하고 있다. 전술한 바 있는, 에이트나 사는 더욱 더 인상적인 이익을 얻고 있다. 거대한 보험회사인 에이트나는 계속적으로 최신판으로 바꾸어야 하는 435가지의 매뉴얼이 있다는 사실을 발견했다.

경영층은 종이로 만든 프린트물을 없애고 대신 정보를 전자화하여 저장키로 결정했다. 회사의 정보 서비스를 책임지고 있는 로웬버그 John Loewenberg는 〈서비스 산업에 있어 종이는 혈관내의 콜레스트롤과 같다. 나쁜 종이는 동맥을 막는 내부의 물질이다.〉라고 말한다. 매뉴얼의 변화가 이루어진 지금은 매뉴얼이 전자화되어 4200명의 모든 현장 직원이 바로 이용할 수 있어, 식자, 교정, 인쇄, 대조, 제본, 선적 및 파일링 등이 필요없게 되었다. 에이트나 사는 전자 매뉴얼로 전환, 연간 600만 달러 이상을 절약할 수 있게 되었다. 매당 4.5센트가 드는 1억 페이지 이상의 부록 및 추록을 더 이상 보낼 필요가 없게 되었다. 서류일을 덜 한다는 것은 좀 더 적은 수의 인력이 필요하다는 것을 뜻한다. 에이트나 사는 하는 일이 매뉴얼을 가제하는 것에 불과한 사무원의 사무실을 모두 폐쇄시켜 버렸다.[21] 로웬버그는 정보를 전달하고 유지하는 데 있어 종이 없는 사무실이 훨씬 더 능률적이기 때문에 에이트나 사는 그러한 방향으로 재빨리 나아가고 있다고 말한다.[22]

컴퓨터 소프트웨어 산업의 많은 기업들은 종이 없는 사무실을 현금이 필요 없는 사회에 비유하고 대부분의 기업들이 다음 세기의 20년 이전에 새로운 사업 방법으로 전환할 것이라고 예측한다.

영국의 회사인 나이렉스 Nirex는 전자 메일을 운영하고 있다. 종이로 된 통신문이 문서 창구에 접수되면 서류의 전자 이미지가 스크린 상에 나타난다. 문서 담당 직원은 발송인, 발송일, 주소 등 발송 서류에 관한 중요 정보를 온라인 데이터 베이스에 입력을 한다. 그 다음 이미지를 적절한 사무실로 전자 발송하고 저장하는 워크스테이션 workstation 으로 전송한다.[23]

1993년 마이크로소프트 Microsoft 사는 제록스 Xerox, 휴렛 패커드 Hewlett-Packard, 캐논 Canon 및 컴팩 Compaq 등 세계적인 50개 회사와 제휴하여 기존의 모든 컴퓨터 시스템을 하나의 네트워크로 통합하는 합작 사업을 발표했다. 〈마이크로소프트 작업 Microsoft at Work〉이라 불리는 야심찬 노력은 완전히 디지털화된 전자 사무실의 시대를 도입하기 위해 계획되었다. 아주 가까운 미래에 회사들은 인간의 손길이 라곤 한 번도 닿지 않고 기록되어, 온라인 데이터베이스에 입력, 저장되고, 심지어 여러 장의 종이에 사본이 출력되어 확인, 전송된 전자메일을 접수할 수 있을 것이다.[24]

마이크로소프트 사는 경영자가 여행중에 서면 보고서를 받을 수 있도록 좀더 정교화된 전자 사무실 시스템을 이미 개발하고 있다. 보고서는 읽혀지고 심지어 난필의 메모까지도 해독할 수 있는 홈 오피스의 또 다른 기계로 직접 팩스 전송되어 다른 직원이나 공급자 및 고객에게 전자 송출할 깨끗하게 교정된 보고서로 준비된다.[25]

눈부신 새로운 첨단 전자 사무실 설비들은 완벽한 전자 사무실을 좀 더 현실에 가깝게 만들고 있다. 〈장기적으로 말[馬]이 우리 주위에 아직까지 있기는 하지만 말이란 단지 꼬마 소녀나 애마가들이 타기 위한 것으로, 우리가 말이 필요없게 된 것처럼 종이가 필요없게 될 것〉이라고 미래학 연구소장인 사포 Paul Saffo는 말한다.[26] 회사의 경영층은 실리콘 칼라의 사무실 노동력으로 수십억 달러의 생산성 향상은 물론 노동력 절감을 기대하고 있다. 수많은 사무 직원들에게 전자 사무실은 경력 계단의 끝을 의미한다.

미국의 비서직 종사자들은 전자 사무실 혁명의 최초의 희생자들이다. 비서들은 현재 45퍼센트에 해당하는 시간을 서류 정리, 메시지 전달, 문서 발송, 복사 및 임무 대기 등에 쓰고 있다.[27] 경제학자인 레온티에프 Wassily Leontief 및 더친 Faye Duchin은 전통적인 사무실에서 전자식 처리 사무실로 전환하면 비서 업무 시간의 45퍼센트와 사무실 관련 업무의 25퍼센트에서 75퍼센트를 절감할 수 있을 것이라고 말한다.[28] 비서의 숫자는 개인용 컴퓨터, 전자 메일 및 팩스기가 타자기, 문서 파일 및 일상적인 통신을 대체함에 따라 지속적으로 감소되어 왔다. 하버드 대학의 경제학자 메도프 James Medoff에 따르면, 1983년과 1993년 사이에 전국의 비서 인력은 약 8퍼센트가 줄어든 약 360만 명이라고 한다.[29]

전화 응접원 역시 그 수가 감축되고 있고 몇몇 회사에서는 모두 없어지고 있다. 벨 사의 지역 연구 사업단인 벨코어 Bellcore는 전화 응답과 메시지 기록 및 전화 추적까지도 할 수 있는 완전히 자동화된 컴퓨터 시스템인 전자 응접기를 현재 개발하고 있다. 일단, 전화가 걸리면 컴퓨터는 전화를 건 사람의 이름과 목적에 관한 짤막한 메시지를 전달하고 응답자에게 전화를 받을 것인지를 묻는다. 응답자가 전화받기를 원치 않는다면, 전화를 건 사람에게 다시 돌아가 응답자가 긴 메시지를 남길 수 있는 음성 우편으로 돌려 연결시켜 준다.[30]

지능 기계는 지속해서 사무 계층을 타고 올라가 일상적인 사무 업무 뿐만 아니라 전통적으로 경영층이 수행하던 일까지도 서서히 침범해 들어가고 있다. 아마도 그 중에서도 가장 유쾌하지 못한 것은 직업 신청서를 심사하기 위하여 수백 개의 회사에 첨단의 컴퓨터 채용 시스템이 설치된 것이다. 캘리포니아에 있는 리슈믹스 Resumix 사는 유나이티드 테크놀로지 United Technologies 사에 컴퓨터 채용 시스템을 설치하였다. 광학 스캐너(탐색기)는 하루에 접수되는 400개의 이력서의 이미지를 작은 파일 캐비넷 크기의 컴퓨터 데이터 베이스에 저장한다. 리슈믹스 시스템은 이력서 한 장을 3초 이내에 읽고 응시자에 대한 적절한 회신문을 만들어낼 수 있다. 그리고 공간식 텍스트 이해 및 발췌 방식을 이용하여, 개별 이력서를 보고 응시자의 학력, 기능 및 숙련도, 경력 사항 등을 검토한다. 프로그램내의 정교한 논리 과정을 이용하여 리슈믹스 시스템은 어떠한 직무에 어떤 지원자가 적합한가를 결정한다. 리슈믹스 시스템과 인사 관리자를 비교한 현장 시험 결과 실리콘 작업자가 평가 작업에 있어선 동일한 숙련도를 보여주고 지원서를 처리하는 데는 훨씬 더 빠른 것으로 나타났다.[31]

새로운 정보 및 전기 통신의 기술은 업무의 센터로서 사무실이 덜 필요하게끔 하고 있다. 휴대용 팩스, 모뎀 및 무선 랩탑 컴퓨터는 지방이나 집에서 업무가 가능하게끔 만들었다. 1992년과 1993년 사이에 원거리 상근자 telecommutee의 수가 약 20퍼센트가 증가하였다. 약 800만 명의 사람이 원거리 상근을 한다. 한 조사에 의하면 2000년대에는 미국 노동력의 20퍼센트 이상이 파트 타임이나 집에서 일을 할 것이라고 한다.[32]

시간을 압축시키고 공간을 붕괴시킴으로써 새로운 전자 마법은 사무실의 개념을 공간 개념에서 시간 개념으로 바꾸어 놓았다. AT&T와 같은 회사는 〈가상 사무실 virtual office〉이라는 개념을 도입했다. 종업원들은 휴대용 컴퓨터, 팩스 및 무선 전화가 완비된 이동식 사무실을 제공받아 집으로 보내진다. 노동자의 생산성을 제고하기 바라는 회사들은 원거리 상근을 미래의 물결로 보고 있다. AT&T의 원거리 상근 전문가인 토마스 Russell Thomas는 〈우리가 원거리 상근을 채택하기 전까지만 해도 사람들은 한 시간 반이나 차를 타고 사무실에 출근하여 몇 시간 있다가 고객을 만나기 위해 한 시간이나 차를 타고 가고 다시 사무실로 돌아와 퇴근하였다. 분명히 그곳에는 생산성의 커다란 손실이 있다.〉고 말한다.[33]

원거리 상근은 종업원의 생산성을 증대시킬 뿐 아니라 일을 하는 데 필요한 사무실의 공간의 양을 줄여 놓는다. 던 앤 브래드스트리트 소프트웨어 Dun & Bradstreet Software 사는 원거리 상근 계획을 실행함으로써 부동산 비용을 30퍼센트나 줄였다.[34]

몇몇 회사는 가상 사무실이라는 개념을 받아 들이고 심지어 〈호텔링 hoteling〉이라는 아이디어를 도입하고 있다. 고객을 만나거나 회의를 개최하기 위하여 사무실 사용이 필요한 종업원은 호텔링 관리자에게 전화를 걸어 좌석을 사전에 예약한다. 종업원이 도착하기 전에 관리자는 종업원의 이름을 문에 붙여 놓고 심지어 심리적인 안정감을 주기 위해 가족 사진을 책상 위에 올려 놓는다.

뉴욕의 회계 법인인 언스트 앤 영 Ernst and Young 사는 시카고에 있는 사무실 공간을 37만 평방 피트에서 30만 평방 피트로 줄이고 호텔링 프로그램을 실행했다. 부장 이하의 모든 사람은 책상이 없게 되었다. 지금 그들이 사무실을 사용하기 원하면 예약을 해야 한다. IBM은 5000명 이상의 책상을 없애 버리고 그들에게 집에서 자동차 안에서 또는 고객의 사무실에서 일을 하라고 지시했다. 그로 인해 약 15퍼센트에서 20퍼센트의 공간 소요량이 절감될 것으로 예측된다.[35] 몇몇 직원은 감독이 없는 새로운 자유를 환영하는 한편 다른 사람들은 얼굴을 맞대며 일하는 동료애와 사회적 상호작용을 그리워한다.

제미나이 컨설팅 회사 Gemini Consulting Company의 부회장인 패터슨 Steve Patterson은 오늘날 더욱 더 많은 회사에서 전통적인 사무실 환경에서보다 노동자들이 서로 얼굴을 보는 기회가 줄어 들고 있다고 말한다. 패터슨은 사무실 공간을 줄여 원가를 절감하는 것은 보이지는 않지만 아주 똑같이 중요한 회사의 응집력 및 회사에 대한 충성심의 약화 등 상호 작용의 감소에 따른 심리적인 비용과 비교하여 고려할 필요가 있다고 한다.[36] AT&T의 경리 담당 중역진은 일주일에 한 번씩 저녁에 함께 만나 사업 얘기를 나누고 서로 교제하는, 은유적 표현인 〈가상 냉각기 virtual water cooler〉를 만듦으로써 예전의 사회적인 유대를 복원하려 시도했다.[37]

공간 분리에 따른 심리적인 충격을 완화하기 위하여 영국의 캠브리지에 있는 올리베티 연구소 Olivetti Research Laboratory와 같은 회사들은 전자식 대면 회합의 형태로 컴퓨터로 다섯 사람 정도가 대화를 나누고 함께 일을 하는 것을 실험하고 있다. 각 컴퓨터의 화면은 5개의 분할된 화면이 있어 화상회의 참가자가 정보를 나누고 함께 일을 할 때 화면에서 서로의 얼굴을 볼 수가 있다. 책상 위에 있는 비디오 컴퓨터로 회사의 경영진은 〈전자 통신이 결여하고 있던 유연성과 인간적인 따뜻함을 다시 가질 수 있기를 희망한다.〉고 말한다.[38]

▌도매업과 소매업의 다운사이징

사무실이 지능 기계에 의해 혁신되고 있는 동안, 여타 부분의 모든 서비스 경제 역시 혁신되고 있다. 도매 및 소매업 부문에서 그러한 변화는 극적인 것이었다. 중간 관리층과 같이 도매상이 전자 통신 시대에서 더욱더 거추장스러워지고 있다. 7장에서 주목한 바와 같이, 월마트와 같은 소매상은 도매상을 건너뛰어 제조업자와 직접 거래하기를 선호한다. 컴퓨터화된 탐지 및 주사(走査) 장치가 계산대에 설치됨에 따라 소매상은 전자 자료 교환 EDI 장치를 통하여 제조업자의 창고에 직접 주문서를 발송한다. 다른 한편에는 컴퓨터화된 로봇과 원격 통제 배달 자동차가 있는 자동화된 창고가 인간의 육체적인 도움 없이 수분 내에 주문을 처리한다. 더욱더 많은 창고가 〈실리콘 감독자〉에 의해 운영이 되고 주임무가 설비를 감시하고 교통 정리 역할을 하는 최소한의 인력으로 통제된다. 자동화된 운반수단이 현재 마이크로-프로세서 운반 시스템 및 로봇화된 수직형 리프트와 결합되어 완벽한 저장 및 회수 시스템을 만들어내고 있다. 자동화된 창고는 노동력을 25퍼센트 이상 줄일 수 있다.[39]

앤더슨 컨설팅 회사는 창고 운영을 성공적으로 혁신한 천여 개 이상의 회사에서의 생산성 향상 및 노동력 절감에 관한 연구 보고서를 발간했다. 그 통계는 매우 인상적이다. 시드니에 위치한 개인용 컴퓨터 및 프린터 기기 제작사인 엡슨 오스트레일리아 EPSON Australia Limited 사는 창고 운영에 있어 66퍼센트의 서비스 리드 타임 단축, 50퍼센트의 공간 절약, 43퍼센트의 인건비 절감과 주문서 접수당 25퍼센트의 영업비 절감을 기록했다. 피아트와 푸조를 취급하는 부에노스 아이레스의 세벨 아르헨티나 Sevel Argentina 사는 28퍼센트의 공간 절약과 26퍼센트의 노동력을 절감했다. 스웨덴의 에스로브 Eslov에 위치하여 굴착기 부품 및 원료를 다루는 아이 엠 이 굴착기 IME Excavators 사는 리엔지니어링 이후 30퍼센트의 노동력 절감을 실현했다. 영국의 헤이스 미디에 위치하여 연예용 오락 소프트웨어를 생산하는 엔터테인먼트 유 케이 Entertainment U. K. 사는 거래당 19퍼센트의 운영비와 26퍼센트의 노동력을 절감했다. 스페인의 무르시아에 위치하여 야채 통조림을 취급하는 헤르난데즈 페레즈 Hernandez Perez 사는 80퍼센트의 고객 서비스 리드

타임과 50퍼센트의 공간 절약, 37퍼센트의 노동력 절감을 보였다.[40]

새로운 정보 기술은 소매상 및 제조업자를 하나의 연속 흐름 공정으로 결합시켜 도매상이 필요없게 만든다. 1992년 도매 산업은 6만 개의 일자리를 잃었다. 1989년 이후 도매 산업 부문은 25만 개 이상의 일자리를 없애 왔다.[41] 다가오는 세기의 초엽에는 우리가 아는 바와 같이 도매업은 자취를 감추고 전자 송신 통제에 있어서 혁명적인 혁신의 희생물이 될 것이다.

소매 사업장 역시 빠르게 그들의 운영 방법을 리엔지니어링하고 있으며 생산성 향상과 노무비 절감을 위해 가능한 곳이면 어디든 지능 기계를 도입하고 있다. 현대의 거대한 소매업은 1870년대 및 1880년대 미국에서 나타났다. 오늘날 체인 백화점이 총 민간 비농업 부문 노동력의 22퍼센트인 1,960만 명을 고용한 산업을 주도하고 있다.[42]

소매업 부문의 고용은 전후 소비자들이 40년간 물쓰듯 물건을 사들임에 따라 2차 세계대전 이후 몇십 년 동안 급격히 신장되었다. 그러나 1980년대 말에 들어 소매업 부문에 있어서의 고용은 다른 부문의 실업률 증가로 구매력이 위축됨에 따라 둔화되기 시작했다. 원가를 절감하고 이윤 마진을 개선하기 위한 노력으로 회사들은 인력을 컴퓨터화된 시스템과 자동화된 공정으로 대체하기 시작하였다. 1967년 및 1989년 사이에 소매업 부문의 연평균 고용 증가율은 3퍼센트에 가까웠으나 1990년대에는 고용 증가율이 대폭 감소되어 1.5퍼센트 이하에 머무를 것이라고 노동 통계국은 전망하고 있다.[43]

새로운 추세의 전형을 보여주는 예는 소매 부문의 거대 기업인 시어즈 로벅 Sears, Roebuck이다. 시어즈는 1993년 판매 사업단에서 5만 개라는 엄청난 일자리를 없애 14퍼센트의 고용을 감축했다. 그러한 감축은 시어즈의 수입이 10퍼센트 이상 증가했던 해에 감행된 것이다. 〈우리는 본질적인 문제를 묻고 있다〉고 시어즈 판매 사업단 담당 부사장인 루치 Anthony Rucci는 말한다. 〈우리의 인력은 가치를 증대시키고 있는가? 거기엔 가치를 증대시키지 못하는 불필요한 업무는 없애야 한다는

매우 강력한 공약이 있다.〉고 루치는 말한다.[44]

대부분의 소매점에서, 계산대에 전자 바코드 및 스캐너를 사용하여 계산원의 능률을 대단히 향상시킬 수 있었고 그 결과 필요 인력도 줄어들었다. 1992년 전국 소매 연합 National Retail Federation은 소매상을 조사한 결과 1993년 말경이면 소매상의 80퍼센트 이상이 바코드를 사용할 것이라는 것을 발견했다. 계산대 계산기와 다른 지능 기계의 사용 증가는 소매 부분의 고용이 〈왜 1990년을 정점으로 지금까지 약 40만 명이나 줄어들었는지를 설명해 준다.〉고 모건 스탠리 사의 로치 Stephen Roach는 말한다.[45]

계산원은 비서 및 경리직에 이어 세번째로 큰 사무 그룹으로 미국에서 백오십만 명이 고용되어 있다. 노동 통계국의 한 조사에 따르면 새로운 전자 주사 기계로 〈계산 완료 속도가 30퍼센트 증가되고 계산원 및 포장원의 단위당 소요 노동력이 10퍼센트에서 15퍼센트까지 줄어들었다.〉고 한다.[46]

몇몇 소매상은 계산원을 없애려 하고 있다. 미니애폴리스에 있는 크리스털 코트 쇼핑에 있는 로봇 뮤직 스토어에 들어가는 손님들은 유일한 종업원인 400파운드의 로봇을 맞게 된다. 상점의 중앙에 있는 원형의 유리 칸막이 내에서 움직이는 로봇에는 키보드가 설치되어 고객들로 하여금 원하는 노래를 30초간 시험으로 듣기 위해 보유중인 5000장의 CD 중 하나를 쳐서 입력할 수 있게끔 한다. 일단 CD가 선택되면 로봇의 비디오 영상기는 대금을 처리하기 위해 사용된다. 그때 로봇의 팔은 진열대 위에 있는 CD를 뽑아 손님에게 영수증과 같이 전달한다. 그 상점을 정기적으로 드나드는 23세의 한 젊은이는 사람보다 로봇이 낫다고 말한다. 〈사용하기도 편하고 말대꾸도 안 해요.〉[47] 언어 식별 및 대화 능력이 있는 보다 정교한 로봇은 다음 세기의 초엽쯤이면 백화점, 편의점, 간이 음식점 및 기타 소매 및 서비스 산업에서 일상적인 것이 될 것이다.

유럽의 한 대형 할인점은 고객이 신용 카드로 구입하기를 희망하는 제품이 있는 선반의 작은 홈에 신용 카드를 넣게끔 하는 새로운 전자 기술을 실험하고 있다. 그곳에는 쇼핑용 수레가 없다. 그 대신, 고객이 점포를 떠날 때 구매하고자 하는 품목이 이미 포장이 완료되어 대기 중에 있다는 것을 발견한다. 고객은 단지 신용 카드 용지에 서명을 하고 계산대에서 계산하지 않고 나가면 된다.[48]

소매 부문은 제조업의 자동화로 일자리를 잃은 수많은 블루칼라를 흡수하는 실업의 스폰지로서 오랫동안 역할을 해왔다. 소매업 스스로가 자동화 혁명을 경험함에 따라 문제는 이러한 노동자들이 어디로 가느냐가 되어 버렸다.

많은 경제학자들은 다른 부문의 기술 혁신으로 떠도는 노동자를 구원해 줄 산업으로 식품 산업을 본다. 그러나 심지어 그곳에서도 고용은 침체되어 있고 미숙련 및 준숙련의 서비스 종사자들에게 험난한 앞날을 예고한다. 식료품 산업은 1980년대 새로운 일자리를 만들어내는 데 있어 서비스 부문을 주도했다. 200만 명 이상의 신규 노동자가 지난 10년 동안 서비스라는 하나의 성장하는 소비자 시장에 고용되었다. 현재 고용 붐은 끝난 것으로 보인다. 1990년대 노동력 및 시간을 절약하는 새로운 기술의 결과 회사의 이익의 증가가 기대되나 식품 산업에서는 보다 적은 수의 인력이 필요하다. 노동성은 다음 15년 동안 고용 증가율이 절반으로 줄어들 것으로 전망하고 있다.[49]

많은 레스토랑에서 컴퓨터 시스템으로 전자 주문을 하기 때문에 웨이터는 주방까지 가야 하는 수고를 할 필요가 없다. 고객별 계산서를 준비하고 음식점 관리자 또는 공급자에게 바닥이 나는 재고를 보충해 주라고 알려주는 컴퓨터에 의해 똑같은 종류의 전자 발송이 이루어진다. 자동 주문 접수, 계산서 준비, 재고 보충 등은 노동력을 현저히 감소시킨다.

신종의 〈sous vide〉라 하는 정교한 요리 방법은 대규모의 중앙 식당에서 증기 투사식 오븐의 방열 주머니로 음식을 진공 상태로 조리하는 것이다. 음식은 화씨 30도에서 냉각되어 지역의 레스토랑으로 운반되며, 레스토랑에서는 고객이 주문을 할 때까지 냉장 상태로 보관된다.

오늘날 주방장이 된다는 것은 이미 준비된 냉동 식품을 뜨거운 물에 집어 넣거나 전자레인지에 3분 내지 7분 동안 넣는 것이다. 〈sous vide〉는 많은 레스토랑에서 20퍼센트 이상의 인건비를 절감시켰다.50)

차를 탄 채 들어가는 몇몇 패스트 푸드 레스토랑은 주문받는 사람을 메뉴표 상의 항목을 열거한 터치 스크린으로 대체하기 시작했다. 주문을 하기 위해, 손님이 하는 일이란 차에서 손을 내밀어 먹고 싶은 것을 나타내 주는 적절한 심볼을 누르는 것이다. 온라인-베이스에 의해 주문이 주방으로 즉시 전송되어 비디오 스크린에 나타나 주문이 완성됨에 따라 주문 과정에 사람이 필요없게 되었다. 차량 통과식 레스토랑은 현재 고도로 자동화되고 능률적이기 때문에 손님이 가장 많을 때 착석식 패스트 푸드 레스토랑의 경우 20명의 종업원이 필요한 데 비해 6명에서 8명의 종업원으로 해낼 수 있다.51)

자동 음료 조정 시스템 역시 설치중으로 경험 있는 바텐더가 있을 필요성을 줄여 놓았다. 이 시스템은 마이크로 컴퓨터에 의해 통제되며 마이크로 컴퓨터가 음료 주문을 처리 수레차에 내리면 수레차는 3초 이내에 주문한 음료를 배달한다. 동시에 컴퓨터화된 계산서가 준비되어 손님에게 건네진다. 자동 음료 조정 시스템은 20퍼센트에서 40퍼센트의 인건비를 줄였다.52)

소매 부문은 아직까지 도로나 고속도로 주변을 따라 영업중이다. 고객들은 물건을 사기 위해 상점에 간다. 그러나, 최근 들어 이제 막 깃을 달기 시작한 정보 고속도로가 사람들이 쇼핑하는 방법을 근본적으로 바꾸어 놓기 시작하여 상품을 시장으로 옮기고 매장에서 손님과 얼굴을 맞대고 봉사를 하는 것에 얽매인 모든 유형의 소매원들이 있을 필요성을 줄여 놓았다.

1993년 5월, IBM 및 블록버스터 비디오 Blockbuster Video 사는 새로운 합작회사인 뉴 리프 엔터테인먼트 New Leaf Entertainment Corporation 사의 설립을 발표했다. 뉴 리프 엔터테인먼트 사는 블록버스터의 3500개 소매망을 통해 즉시 주문 제작에 따른 오디오 컴팩트 디스크, 비디오 게임 및 비디오 카세트를 공급한다. 상점은 창고, 선적자, 트럭 운수업자, 적하용 도크 등의 고속도로 문화를 거치지 않고 정보 고속도로를 통해 제품을 고객에 전자 수송한다. 각 상점은 컴퓨터 스크린을 통해 고객이 주문을 선택할 수 있는 키오스크 kiosk를 보유할 것이다. 정보는 중앙 컴퓨터로 전송되고 중앙 컴퓨터는 주문 품목을 전자 복사하여 수 분내에 그 사본을 상점에 되돌려 전송한다. 상점의 기계들은 전자 정보를 CD 및 카세트에 복사하여 기록한다. 키오스크내에 있는 컬러 레이저 프린터 기는 보유 재고 품목에 있는 것과 똑같은 명확성과 느낌으로 표지 그림을 재현한다. 그와 같은 전자 배급 상품은 고객에게 고객이 원하는 물품이 항상 있다는 것을 확신시켜 준다. 블록버스터 사의 기술 사업단장인 런딘 David Lundeen은 새로운 전자 배급 시스템의 잠재력에 광적이다. 〈일곱 살짜리 아이가 어느 금요일 밤에 들어와 최신 비디오 게임을 원할 때, 다 팔렸을 가능성이 매우 높다. 그러나 이러한 시스템을 운영하면 매진이라는 것이 없다. 즉 수 분내에 전자 복사한 또 다른 것을 구할 수 있다.〉[53]

그 회사는 전자 배급 CD 및 카세트 당 3달러에서 4달러의 운송 및 취급비를 절감할 수 있을 것이라고 한다. 그 밖의 소매업자도 블록버스터의 선례를 쫓아 갈 것으로 보인다. 뉴 리프 사의 사업 개발 단장인 맥도날드 Jack McDonald는 〈영화, 소프트웨어 게임, 음악 및 사실상 생각할 수 있는 어떠한 종류의 오락물도 디지털 식으로 저장, 전기 통신을 통해 소매상점으로 연결되고 궁극적으로는 여러분의 안방까지 전달할 수 있는 디지털 기계의 전국적인 네트워크〉를 예견하고 있다.[54] 제품의 전자 송출은 앞으로 창고 및 운송 산업에 있어 수만 개의 일자리가 없어지는 것을 의미한다.

전자 선적은 소매업에서 일어나고 있는 혁명적인 변화들 가운데 있어 작은 부분에 불과하다. 전자 쇼핑 역시 재빨리 소매 시장을 파고 들어 판매원, 관리자, 재고 담당자, 유지 요원, 경비원 및 기타 소매 고용군을 형성하는 수만 명의 일자리를 위협하고 있다. 전자 쇼핑은 이미 연간 20억 달러의 산업이 되었고 연간 20퍼센트의 성장을 거듭하고 있다. 전국적인 정보 고속도로의 설치와 상호 교환 능력이 있는 수많은 케이블의 개설은 홈 쇼핑 서비스의 홍수를 예고한다. 기업들은 엄청난 양의 자금을 신종의 홈 쇼핑 텔리비전 네트워크에 쏟아 넣고 상점이 없는 쇼핑이 소매업에 있어 차기 성장 시장이 될 것이라는 것을 확신하고 있다.[55]

많은 산업 분석가들은 전자 홈-쇼핑이 연간 1조 달러에 달하는 소매 시장의 많은 부분을 잠식하고 쇼핑을 위해 시장에 갈 여유 시간이 없는 대부분의 근로 여성과 같은 고객에게 편의를 제공할 것이라고 지적한다. 전자 쇼핑은 소매업의 원가를 엄청나게 절감하는 접근 방법이라고 유 비 에스 증권 UBS Securities의 분석가인 수리스 Peter Suris는 말한다. 〈전자 쇼핑은 저렴한 원가 배분 시스템으로 수천 개의 상점이 있을 필요가 없고 상점별로 수천 품목의 재고가 있을 필요가 없다.〉[56]

미국 최대의 소매업자 가운데 일부는 전자 쇼핑 시장의 진입을 발표해 왔다. 알 에이치 메이시 R. H. Macy and Company 사는 1994년 24시간 쇼핑 채널 방송을 할 것이라고 한다. 메이시 사의 회장 겸 사장인 울만 3세 Myron E. Ullman, III는 〈TV 메이시는 하루 24시간, 일주일에 7일 동안 여러분의 백화점이 될 것이다〉라고 말한다. 메이시 사는 2000만 명의 가입자를 확보하고 처음 4년간 2억 5000만 달러가 넘는 수익을 기대한다. 텔레비전 시사 프로인 〈60 Minutes〉의 책임 프로듀서인 휴위트 Don Hewitt은 메이시 사에 지분을 갖고 있는데 그는 메이시 사의 새로운 방송 채널이 백화점을 본 뜬 세트를 설계하여 백화점에 있다는 시각적 모습을 재현할 것이라고 말한다.[57]

홈 텔레비전 쇼핑은 적시 소매업과 함께 미국의 고속도로 지향 소매 문화에 커다란 도전을 제기하고 있다. 《포브스 Forbes》는 소매업에 있어서의 새로운 혁명은 미국의 전통적인 소매 산업 및 1900만 명의 소매업 종사자들에게 있어 커다란 위협으로 보고 있다.[58] 1989년 이후, 41만 1000개 이상의 소매업 일자리가 사라져 갔고 텔레비전 브라운관이 판매원이 되는 현실 속에서 그러한 추세는 〈가속화되기만 할 것〉이라고 《비즈니스 위크 Business Week》는 말한다. 모든 지수들이 전통적인 소매업의 지속적인 감퇴와 홈 쇼핑 네트워크의 판매 증가를 가리킨다. 1982년 구매객들은 쇼핑 시장을 갈 때마다 평균 1.5시간을 보냈다. 1992년 평균 시간은 71분으로 줄어 들었고 방문하는 상점 수도 3.6개에서 2.6개의 상점으로 줄어 들었다. 쇼핑 센터의 소매 판매액도 1988년 및 1992년 사이에 3퍼센트가 줄어 들었다. 동시에 가정에서 신용 카드에 의한 구입은 1992년 420억 달러에 달해 1988년 대비 30퍼센트가 신장되었다. 주차하고 물건을 나르며 범죄와 그 밖의 말다툼에 싫증난 많은 고객들에게, 텔레비전 쇼핑은 대안이다.[59]

많은 회사가 온라인 컴퓨터 서비스를 이용하여 전통적인 소매 시장에서 사업들을 빼가고 있다. 39달러로 고객은 CUC 인터내셔널의 온라인 고객이 될 수 있고 좀 더 큰 액수인 49달러로는 소비자가 1년간 전화 회원이 될 수 있다. 그 회사는 수화물에서 가정용품에 이르는 25만 개 이상의 상표 제품에 대한 할인가를 제시한다. 1992년 CUC는 6억 4400만 달러의 수익을 기록하고 수백만 명의 전화 및 컴퓨터 구매 클럽 회원을 보유했다.[60]

고속도로 문화의 전성기 동안 소매업자 및 부동산 개발업자는 미국의 전역에 3만 9000개의 쇼핑 센터를 지었다. 홈 쇼핑이 본격화됨에 따라 이러한 쇼핑 센터들의 많은 부분이 진부화될 것이라고 포브스의 편집인은 말한다. 소매업의 계속적인 쇠락은 소매 부문에 있어서의 엄청난 고용 감소를 의미한다.[61]

▌전문 직업, 교육 및 예술의 디지털화

소매업에 대한 짤막한 조사가 제시하듯, 전자 정보 고속도로는 1950년대 말 및 1960년 대 초에 건설된 미국의 고속 도로망이 가져다 준 것보다 더 엄청나게 고용의 패턴을 바꾸어 놓을 것이다. 노동자의 총 분류가 숫적으로 줄어들고 몇몇 경우 사라질 것이다. 앞으로 정보 기술은 보다 정교화되고 저렴하며 폭넓은 범위의 정신 및 육체 활동을 더욱 더 통합할 수 있을 것이다.

지능 기계는 이미 전문 영역을 침식하고 있고 기계화의 압력에 면역된 것으로 오랫동안 여겨진 교육 및 예술 분야에 조차도 잠식해 들어오고 있다. 의사, 변호사, 회계사, 컨설턴트, 과학자 및 건축가 등은 특별히 설계된 정보 기술을 이용하여 전문성을 살리려 한다. 예를 들어, 컴퓨터화된 로봇이 복잡한 인간의 외과 수술에 이용되고 있다. 데이비스에 있는 캘리포니아 대학의 연구자들은 로보닥 Robodoc이라 불리는 250파운드의 로봇을 개발했다. 1992년 11월 7일, 로보닥이 최초로 인간의 수술을 지원했다. 수술은 골반 복원을 요하는 64세의 환자에 대해 이루어졌다. 로봇에는 CT 촬영기가 있어 넓적다리를 3차원의 영상으로 나타내 주고 로봇의 팔은 천공을 하는 데 사용되었다. 외과 의사는 환자의 넓적다리 뼈의 라이브(생) 화면을 불러내고 마우스를 이용, 이상적인 천공 지점을 선정했다. 환자를 절개하고 로봇을 수술 부위 뼈로 인도한 후 외과 의사는 계속하라는 진행 명령을 내리며 로봇은 고속의 드릴기로 천공을 했다.[62] 연구원들은 현재 눈, 귀, 뇌 수술에도 외과 로봇의 사용을 실험중에 있다.

교육 분야에 있어서 전국의 15만 2000명의 사서(司書)들은 인간의 노력으로 일을 수행하는 데 걸리는 시간의 극히 일부분으로 정보 고속도로를 통해 서적 및 논문을 탐색, 회수, 전자 송출할 수 있는 전자 데이터 시스템에 점점 더 많은 관심을 보이고 있다. 인터네트와 같은 데이터 네트워크는 몇 분내에 수천 개의 저널과 서적의 요약분을 제공한다. 구텐베르크 프로젝트 Project Gutenberg는 책과 원고 및 저널의 전체 내용을 컴퓨터 디스크에 디지털화하여 저장시키기 위한 프로그램 중의 하나이다. 첨단의 스캐닝 기술덕분에 책은 제본할 필요없이, 원고를 읽고 디스크 형태로 전환하여 지구상의 어느 곳에도 즉시 전송할 수 있는 기계에 입력이 될 수 있다. 산업 분석가에 따르면 전문(全文, full-text) 회수가 눈 앞에 있다. 그 시대가 도래하면 우리가 알고 있는 지방의 도서관은 거의 사라질 것이다.[63]

심지어 책을 쓰는 것도 지능 기계의 희생물이 되어 가고 있다. 1993년 출판 산업은 컴퓨터가 최초로 만든 소설이 나왔을 때 깜짝 놀랐다. 인공 지능이 있는 소프트웨어를 이용하여, 핀치 Scott Finch는 애플의 매킨토시 컴퓨터에 프로그램을 만들어 넣어 〈한때 단지 Just This Once〉라는 제목이 붙은 애정소설의 거의 3/4을 써낼 수 있었다. 이 소설은 단순하고 알기 쉽다. 〈그녀 앞에 웬 낯선 사람이 나타나자 너무나 놀라 자신도 모르게 뛰어 내렸다. 그리고 갑자기 정신이 돌아왔다. 그녀가 꿈을 꾸고 있었다고 생각하는 것도 결코 놀라운 일이 아니다.〉

호평을 받은 초판이 1만 5000부 이상이 팔렸다. 책의 발행인인 캐롤 인쇄 그룹 Carol Publishing Group의 슈라그스 Steven Schraggs는 실리콘 작가에 대한 그의 찬사엔 침묵하였지만 이러한 종류의 개척적인 노력이 미래에 있어 커다란 문학적 기여를 할 것이라고 확신하고 있다고 말했다. 〈문학적 특성에서 이 작품이 훌륭한 작품이라고 말하는 것은 아니지만 올해 출판되고 있는 수백개의 다른 애정소설 정도는 된다.〉고 고백했다. 발행인은 자신이 〈문학용 인공 지능의 작은 가장자리에 있는〉 프로젝트에 참여했다는 사실에 자부심을 느낀다고 말했다.[64]

비록 작가들이 단기적으로는 실리콘 작가로부터 어떤 위협도 느끼지 않지만, 음악가들은 음악이 만들어지는 방법을 급속히 재정의하는 첨단의 신세대 음성 합성 기계 장치에 의해 놀랄만한 충분한 이유를 갖고 있다. 1993년 벡스타인 피아노 공장은 파산이 선고되었다. 한때 작곡가인 슈트라우스 Richard Strauss가 이 세상에서 가장 아름답고 정교한 것으로 칭송했던 이 수공의 피아노를 더 이상 찾는 사람이 없다. 최근 들어 전 세계적으로 피아노 판매는 1/3에서 1/2 수준까지 줄어 들었고 반면에 디지털식 피아노는 같은 기간 중 30퍼센트 이상이 증가하였다.[65]

음성 합성기인 신서사이저 Synthesizer는 실리콘 음악가들이다. 신서

사이저는 음성을 디지털식으로 바꾸어 놓는다. 일단 디지털화가 되면 음성이 저장되고 필요하다면 다른 디지털 음과 결합하여 완전한 심포니 오케스트라를 만들어 낸다. 〈샘플링 sampling〉이라 불리는 과정에서 컴퓨터는 바이올리니스트인 하이페츠 Jascha Heifetz와 같은 위대한 음악가의 단일 음조 및 음색 혹은 음조의 결합을 기록할 수 있다. 개별 음조는 예술가들에 의해 결코 연주되지 않은 전혀 다른 연주로 재구성될 수 있다. 베이스 연주자인 나이들링거 Buell Neidlinger는 반음계의 모든 음색을 연주해 달라고 요청받은 곳에서의 녹음 광경을 설명했다. 녹음이 끝난 후 나이들링거는 커피 자동 판매기 뒤에 있는 방의 한 모퉁이에 샘플링 기계가 숨겨져 있는 것을 알아 차렸다. 〈그 놈의 기계가 나의 소리를 훔쳤어!〉라고 나중에 자세히 이야기했다. 그러므로 스튜디오는 그러한 음색을 이용하여 자유자재로 작곡하고 음악을 만들어 낼 수가 있다.[66]

샘플링은 뉴욕의 작곡가인 도지 Charles Dodge가 카루소 Enrico Caruso의 발표되지 않은 목소리를 성공적으로 디지털화하고 새로운 녹음을 하기 위해 그 음성을 사용하였던 1980년에 그 기원을 둔다. 오늘날 신서사이저는 텔레비전 광고의 50퍼센트 이상을 만든다. 실리콘 음악가들이 록 녹음, 텔레비전 쇼 및 영화 등의 배경음에 사용되고 있다. 「마이애미의 악마 Miami Vice」와 「라이트 스터프 The Right Stuff」, 및 「위험천만한 사업 Risky Business」, 「수잔을 찾아서 Desperately Seeking Susan」와 같은 영화에 사용된 음악은 하니스 John Harness라는 음악가가 작곡하여 녹음한 것으로 뉴욕에 있는 그의 집은 온통 컴퓨터화된 음악 기술로 가득 차 있다. 음악 산업에 있어 새로운 실리콘 시대의 음악가들은 〈합성자 synths〉로 불리고 있으며 악기를 사용하는 전통적인 음악가들은 〈청각 음악가〉로 불린다.[67]

미국 음악가 협회의 로스앤젤레스 전 부지부장인 디 바리 Vince Di Bari는 청각 음악가들의 녹음 일자리가 신서사이저로 35퍼센트 이상이 없어질 것이라고 추정했다.[68] 실리콘 음악가들이 미국의 극장, 클럽 및 심지어 오페라 하우스의 인간 음악가들을 대체하고 있는 중이다. 최근 워싱턴 오페라 사의 카를로 Don Carlo의 음악은 단지 지휘자와 두 대의 피아노 및 무대 중앙의 낮은 부분에 놓인 신서사이저 연주기만을 갖고 공연되었다. 브로드웨이에서 관리자들은 「그랜드 호텔 Grand Hotel」의 제작을 위해 오케스트라의 현악 8중주를 신서사이저 연주로 대체하고 있다. 롱비치에서는 음악가 노조와의 분규로 인해 두 대의 키보드 연주기로 음악가들을 대체하고 「헬로, 돌리 Hello, Dolly!」라는 작품을 제작하였다.[69] 키보드 연주기 또는 〈합성자 synths〉는 작품의 질을 떨어뜨리지 않고 여러 악기의 음을 낼 수 있어 원가를 대폭 절감하고 이 폭을 개선할 수가 있다.

많은 음악가들은 자신들의 처지와 디트로이트에서 자동화로 인해 일자리를 잃은 자동차 산업의 노동자의 처지를 비교한다. 헐리우드의 전문 트럼펫 연주자이자 미국 음악가 협회 AFM의 로스앤젤레스 지부장인 피터슨 Bill Peterson은 일자리를 잃은 비난의 화살을 신서사이저로 돌리고 〈이 괴물같은 기계〉라는 말로써 동료들의 분노를 표현했다.[70] 미국 음악가 협회의 뉴욕 802지역 지부장인 글라셀 John Glasel은 음악계의 다른 사람들과 마찬가지로 향후 회원들의 일자리의 안정성에 대해 우려한다. 〈이 놈의 기계들이 한 때 스튜디오의 음악가들이 해왔던 일들을 차지함에 따라 많은 사람들은 밥벌이가 없어져버리지 않을까를 걱정하고 있다.〉고 글라셀은 말한다.[71] 음악가들은 〈가공 음악〉이 〈진짜 음악〉을 대체하는 데 있어서의 예술적인 시사점에도 적지 않은 걱정을 한다. 〈미국의 모든 세대가 진짜 피아노 소리가 어떤 것인지를 모르는 날이 올 수도 있을 것〉이라고 한 음악가는 한탄한다.[72]

합성 음악보다 더 골치 아픈 것은 음악 및 텔레비전 연출자가 배우의 모든 시각 표현, 동작 및 음성 등을 분리하여 디지털화하고 저장한 다음 완전히 새로운 조합으로 재편, 새로운 역할과 연기를 효율적으로 창조해 낼 수 있는 〈모핑 morphing〉이라는 신기술이다. 벌써부터 헐리우드의 스튜디오들은 오래 전에 작고한 배우를 포함하여 많은 배우들을 새로운 영화 제작에 활용하기 위해 도서관에 있는 수천 개의 영화 중 일부를 디지털화하기 시작했다. 미국 영화 협회의 컴퓨터 연구소장인 마티노 Nick De Martino는 새로운 컴퓨터 기술로 음향 무대, 세트, 심지어 배우까지도 없애고 컴퓨터 은행에 저장되어 있는 몸 동작이나 표현을 갖고 만든 〈합성 연예인 synthespians〉으로 대체하는 것이 가능하다고 말한다. 예를 들어, 돈이 많이 들기는 하지만 영화「스타 트렉 Star Trek」의 78개 에피소드에서 스포크 박사와 커크 선장의 수천 개의 몸 동작이나 얼굴 표현 및 움직임과 음성 굴절을 뽑아낸 다음, 첨단의 컴퓨터 기술을 이용하여 배우들이 완전히 새로운 에피소드에서 연기하도록 재프로그램하는 것이 기술적으로 가능하다고 한다.[73]

1986년 터너 Ted Turner는 3,600편의 영화 도서관을 얻을 목적으로 엠 지 엠 영화사 MGM를 17억 달러에 사들였다. 일찌감치 터너는 새로운 영화나 텔레비전 쇼, 광고 및 컴퓨터, 비디오 게임의 디지털 자재원으로서 수천 편의 영화를 사용하는 것의 엄청난 상업적 잠재력을 깨달은 것이다. 터너의 인수에 대해 《포브스》의 편집자들은 〈캐그니 James Cagney가 곧 전보다 더 열심히 일을 할지 모른다.〉고 농담을 한다.

디지털화된 영상은 심지어 영화의 엑스트라를 만들어 내는 데 이용되어 영화사가 영화 장면의 배경 등장 인물을 고용하는 데 드는 수백만 달러를 절감할 수 있게 하였다.「베이브 The Babe」라는 영화에서 1000명의 엑스트라가 영상 프레임의 디지털 작업을 통해 만들어졌다. 이 디지털 작업은 영상 작업이 살아 움직이는 이미지로 끝난다는 점을 제외하고는 워드 프로세서의 잘라 붙이기 작업과 흡사하게 개인들을 구도화하여 잘라내고 그 모습들을 되는 대로 오려 맞추기식으로 붙임으로써 이루어진다.[74]

원가 절감을 갈망하는 영화사들은 새로운 작품 제작의 캐스팅을 위해 영화 도서관에 더욱 의존할 것 같다. 이미 험프리 보거트 Humphrey Bogart, 루이 암스트롱 Louis Armstrong, 캐리 그란트 Cary Grant 및 진 켈리 Gene Kelly가 디지털화되어 새로운 텔레비전 광고에 나오고 있다.[75] 살아 있는 배우와 연예인들은 오래 전에 작고한 배우들의 디지털화된 영상 뿐만 아니라 디지털화된 그들의 부분과 저장된 과거의 이미지와 더욱 더 경쟁해야 할 것이다. 합성 연예인의 시대란 이미 실업을 겪고 있는 산업에 있어 더욱 더 적은 고용을 의미한다.

초기 형성 단계이기는 하지만 제3차 산업혁명은 농업, 제조업 및 서비스 부문에 종사하는 수천만 명의 사람들을 밀쳐 내고 있다. 새로운 기술은 재화와 용역을 생산하는 데 필요한 전 세계적 노동력 감소와 함께 첨단 기술을 따라 세계 경제 시스템을 혁신하는 길을 열어 놓았다. 아직까지, 현재의 리엔지니어링과 자동화의 물결은 다가올 시대에 있어 생산성을 가속화하는 한편 더욱 더 많은 수의 노동자가 세계 경제에 있어 불필요하고 관련이 없게끔 만드는 기술 혁신의 바로 시작에 불과한 것이다.

경영 컨설턴트, 과학자 및 기술자들은 오늘날의 정보 기술은 다가오는 20~30년 후의 것에 비교하면 초보적이라는 사실을 재빨리 지적한다. 인텔 회장인 물리학자 무어 Gordon Moore는 기초적인 컴퓨터 계산력이 18개월마다 2배씩 증대되어 기술 변화가 놀라운 속도로 이루어지도록 한다고 지적한다.[76] 미래에 있어 첨단의 계산기와 로봇 공학, 지구를 감싸안은 통합 전자 네트워크가 더욱 더 많은 경제적 과정에 적용되어 만들고, 움직이고, 팔고, 서비스하는 데 있어 직접적으로 인간이 참여할 여지를 더욱 더 적게 만들고 있다.

4부

진보의 대가

11 첨단 기술의 승자와 패자

사실상 모든 기업의 지도자와 대부분의 주류 경제학자들은 제3차 산업혁명의 극적인 기술 진보가 확산 효과 trickle-down effect를 지녀 제품의 원가를 싸게하고 소비자의 수요 증대를 촉진하는 한편 새로운 시장을 만들어 냄으로써 보다 많은 사람들이 더 나은 보수를 주는 새로운 하이테크 직업 및 산업에서 일하게 될 것이라는 주장을 계속해 왔다. 그러나 일자리를 잃거나 일자리를 찾기가 힘든 많은 노동자들에게 있어서 기술의 확산 개념이란 어떠한 위안도 주지 못한다.

USX 사에서 종업원들은 기술의 확산 효과를 먼저 경험하였다. 1991년 3월 26일 미국의 선도적인 철강 제조업체인 USX는 펜실베니아 델라웨어 리버의 페어리스 공장에서 2000명을 감원한다고 발표했다. 공장 폐쇄의 소식은 많은 구조 개편 조치가 USX의 미래 시장 경쟁력을 증가시키기 위해 취해졌음을 나타내는 회사 성명서의 두번째 문단에 숨겨져 있었다. 해고된 노동자 가운데 한 사람인 밴디그리프트 Joe Vandegrift는 25년 이상이나 회사를 위해 일해 온 46세의 제철소 기계공이었다. 현재 해직 노동자 센터의 자문을 담당하고 있는 밴디그리프트는 해직 노동자들이 회사가 제공한 80개의 철거 작업 일자리 중의 하나에 지원하는 것을 돕고 있다. USX는 한때 세계 최대의 노천 제철소로 그곳의 용광로, 건물 및 기계 장치들을 철거할 계획을 하고 있다. 철제 구조물들은 좀더 효율적인 USX 공장으로 운반되어 그 곳에서 녹여져 고품질의 철로 주조해 쓸 예정이다. 그 공장의 전직 노동자인 그녀는 그렇게 오랫동안 알고 있었던 삶의 방식이 마침내 끝난다는 것을 확인하기 위해서라도 철거팀에 있고 싶다고 말한다. 회사의 벽돌공이었던 코너스 Rochelle Connors는 〈아마도 나에겐 좋은 치료법이 될 거에요. 철거되는 것을 보면 내 자신에게 정말, 다 됐다고, 이젠 없어졌다고, 다 끝났다고 말할 수 있을 거에요.〉라고 말한다.[1]

USX의 페어리스 공장에서 해고된 노동자 중 대부분은 일자리를 찾는데 어려운 나날을 보내고 있다. 많은 이들은 아직까지 그 지역에 남아 있는 싸구려의, 그것도 점점 줄어 들기만 하는 서비스업의 일자리를 얻는 데 필요한 재훈련에서 요구되는 아주 기본적인 읽기와 셈조차 할 줄 모른다. 애들이 대학에 다니고 집세와 자동차 할부금을 내야하는 불혹의 40대에 입에 풀칠을 할 수 있는 것이면 어느 것이든 필사적으로 찾고 있다. 불과 몇 년 전만 해도 집으로 3만 달러가 넘는 돈을 갖고 들어오던 사람들이 시간당 5달러를 주는 청소원이나 경비원 자리를 구한 것을 다행스럽게 여기고 있다. 그들과 그들의 가족이 2차 세계대전 이후 중산층이 되려는 꿈은 날라가 버렸다. 그 대신 그곳에는 그들을 버린 회사와 산업에 대한 절망과 분노만이 자리잡고 있다. 알콜 중독, 마약 및 범죄가 페어리스와 같은 지역 사회에서 늘어나고 있다. 배우자 학대와 이혼 역시 마찬가지다. 지금은 정적만이 흐르는 용광로에서 장엄하게 솟아 있는 9개의 굴뚝을 창에서 바라보며 밴디그리프트는 일자리가 없어진 것을 슬퍼한다. 〈오! 나의 타이타닉〉, 〈침몰하는 나의 배여.〉[2]

밴디그리프트와 코너스는 불과 14년 안에 정규 노동력의 50퍼센트인

22만 개 이상의 일자리를 빼앗아간 산업에 종사했던 두 명의 해고 노동자에 불과하다.[3] 제조업과 서비스 부문은 고용을 축소하고 있고 21세기 첨단 기술 세계에 있어 국제 경쟁력을 높이기 위해 자본 투자를 늘리고 있다. 리엔지니어링 혁명은 성과를 나타내기 시작했다. 1980년대 미국의 기업들은 92퍼센트의 세전 이익 증가를 기록했다(이 수치는 물가상승을 고려한 것이다.) 많은 주주들은 그들의 배당금이 10년도 채 안 되어 3배로 늘어난 것을 알고 있다.[4]

▌약자 쥐어짜기

주주들은 신기술과 생산성 향상으로 커다란 이익을 보았지만 그 혜택이 보통의 노동자들에게는 흘러들어 가지 못했다. 1980년대에 제조업 부문의 시간당 임금액은 7.78달러에서 7.69달러로 줄어들었다.[5] 1980년대 말에는 미국 노동력의 거의 10퍼센트가 풀타임 일자리가 없어서, 혹은 너무 낙심해 그러한 일자리조차 찾지 못하였기 때문에 실업, 반실업 상태에 있거나 시간제 노동을 하고 있었다.[6]

1989년과 1993년 사이에 180만 명 이상의 노동자가 제조 부문에서 일자리를 잃었는데 이들 중 많은 사람들은 자동화의 희생물로, 미국의 고용주 및 외국 회사에 의해 해고되었다. 외국 기업의 고도로 자동화된 공장과 보다 값싼 운영비로 인해 미국의 기업은 업무를 축소하고 노동자를 해고해야만 했다. 자동화로 일자리를 잃은 사람들 가운데 1/3만이 서비스 부문에서 그것도 20퍼센트나 삭감된 임금으로 새로운 일자리를 구할 수 있었다.[7]

고용에 관한 정부의 통계 수치는 종종 오도되고 실업 위기의 실상을 호도한다. 한 예로, 1993년 8월 연방 정부는 1993년 상반기에 미국에서 약 123만 개의 일자리가 생겨났다고 발표했다. 발표시 연방 정부가 잘못 말한 것은 약 60퍼센트에 해당하는 72만 8000개의 일자리가 저임금의 서비스 산업의 시간제였다는 것이다. 1993년 2월만 보더라도 미국에서 만들어진 36만 5000개의 일자리 중 90퍼센트가 시간제로 그들 중 대부분이 풀타임 고용을 찾는 사람들이다.[8] 점점 더 많은 미국의 노동자들은 생존을 위해 막다른 직업들을 선택해야 한다. 캔사스시에서 박편 금속 노동자였던 밀러 Craig Miller는 수백만의 미국 노동자들이 느끼는 절망을 잘 대변한다. 밀러는 시간당 15.65달러를 벌었던 TWA 사에서 해고되었다. 지금은 그와 그의 아내가 네 가지의 일자리를 갖고 그가 TWA 사에서 벌었던 것의 절반도 안 되는 돈을 번다. 클린턴 행정부가 신규 고용 창출에 대해 떠드는 것을 들었을 때 밀러는 억지 웃음을 지으며 말했다. 〈맞아, 그들이 말하는 일자리 중 우리가 4개나 가졌으니 말이야. 그래서 어쨌다는 거야?〉 밀러는 한때 그가 먹고 살 수 있는 꽤 괜찮은 일자리를 가졌을 때 받았던 돈의 일부분밖에 주지 못하는 몇 개의 저임금 일자리를 갖는 것이 좋은지 묻고 있다.[9] 1991년 미 상원 노동 위원회의 보고서에 따르면 미국 노동자들의 75퍼센트가 10년 전 그들이 받았던 것보다 더 낮은 임금을 받고 있다고 한다. 경제 정책 연구소 Economic Policy Institute의 경제학자인 베이커 Dean Baker는 한 때 각종 복지 혜택이 있는 고소득의 안정된 일자리를 가졌던 사람들이 〈세븐 일레븐이나 맥도널드에서 일을 한다.〉고 했다.[10]

새로운 시간제 일자리 중 많은 일자리가 주로 여성이 종사했던 비서직이나 출납원 및 웨이트리스와 같은 서비스 및 화이트 칼라 여역에 집중되어 있는 소위 핑크 칼라 지역에서 발견된다. 그러나 이런 저임의 일자리 중 많은 직업이 다음 10년이 지나면 사라질 것 같다.

더욱 더 많은 통계가 사실상 모든 부문에서 노동력이 감퇴하고 있는 것을 보여주고 있다. 한편으로는 자동화와 또 다른 한편으로는 지구상의 노동력과 경쟁해야 하는 미국의 노동자들은 자신들이 그 어느때보다 더 가깝게 경제적 생존의 한계 지대로 밀려나 있다는 것을 발견한다. 1979년 미국의 주당 평균 임금은 387달러 였다. 1989년에는 그 임금이 335달러로 떨어졌다. 1973년과 1993년간의 20년 동안 미국의 블루칼라 종업원은 15퍼센트의 구매력을 상실했다.[11]

평균 임금의 하락은 부분적으로는 노조 영향력의 약화에 기인한다. 임금 동결과 삭감은 1960년대 및 1970년대 노조 부문의 경제에서는 들어볼 수 없었던 것이다. 1981~1982년간의 경기 침체 때 노조는 최초로 영향력을 상실하기 시작했다. 1982년 단 1년 동안 단체 교섭에 개입한 노조화된 노동력의 44퍼센트 이상이 임금 동결 및 삭감을 받아들여 80년대 나머지 기간 동안의 선례를 낳았다.[12] 1985년에는 새로운 노동 협정의 적용을 받는 노동자의 1/3이 임금 동결 및 임금 삭감을 받아 들여야만 했다. 노동자를 대표하는 노조 조직율 하락으로 미국의 노동자들은 고용주와의 관계에서 자신들의 이익을 대표해 줄 효과적인 목소리가 없게 되었다. 경제 정책 연구소에 의하면 제조업 부문만 고려할 때 탈노조화란 3.6퍼센트 이상의 임금 하락을 의미한다.[13]

다운사이징과 린 생산 방식의 장점에 대한 고상한 선언 뒤에는 공공 부문에서 거의 논의된 바 없는 아주 다른 현실이 놓여 있다. 1980년대 제조업자들은 120만 개 이상의 일자리를 없앰으로써 시간당 1300만 달러를 절감할 수 있었다. 비내구성 제품 산업은 50만 개의 일자리를 없애 시간당 470만 달러를 절감했다. 제조업에서는 시간당 임금을 10.75달러에서 10.33달러로 낮춤으로써 시간당 310만 달러를 추가로 절약할 수 있었다. 전체적으로 미국의 임금 소득자들은 10년 전보다 시간당 2200만 달러를 덜 벌고 있는 것이다.[14] 경제 정책 연구소의 경제학자 번스타인 Jared Bernstein은 〈인건비의 삭감은 경제 및 사회에 이루 말할 수 없는 결과와 함께 노동력에 대한 투자를 하지 않는 쪽으로 이끌었다.〉고 말한다. 다운사이징과 리엔지니어링은 본질적으로 노동자들의 욕구보다는 고용주의 욕구를 채운다고 번스타인은 말한다. 시간당 임금이 1990년대의 중반에 접어들면서 계속 떨어지고 그 추세가 미래에도 지속될 것 같다.[15]

많은 노동자들에게 있어, 린 생산은 비참한 환경으로 몰락하는 것을 의미한다. 1994년의 보고서에서 조사 통계국은 풀 타임으로 일하면서 4인 가족 기준 최저 생계비 수준인 연간 1만 3000달러를 벌지 못하는 사람이 1979년과 1992년 사이에 50퍼센트가 증가하였다고 한다. 조사 통계국이 〈놀라운〉 것으로 부른 이 보고서는 미국 노동력의 몰락에 대한 또 다른 극적인 증거를 제시한다. 경제학자들은 그와 같은 몰락을 제조업 일자리의 감소와 세계 경제의 국제화에 그 탓을 돌린다.16) 미국 노동자로부터 빼앗은 부를 기업의 경영자나 주주들에게 강제적으로 배분함으로써 보수적 경제학자인 번스 Scott Burns와 같은 이는 〈1980년대에는 평범한 노동자들에게 강압된 복종심을 주입시키기 위해 기업에 대한 충성심이 이용되는 한편 미국의 기업 엘리트들은 호화롭게 살기 위해 더 높이 올라가기만 했던〉 살찐 고양이의 시대로 기록될 것이라고 말한다.17) 미국 노동자들이 겪는 어려움은 1970년대 및 1980년대에 출현한 하나의 단일 세계 시장 탓으로 일부 돌릴 수 있다. 전후 일본과 서부 유럽의 회복으로 국제 무대에서 미국의 기업들은 무시무시한 새로운 무역 경쟁자들을 만나게 되었다. 정보 및 원격 통신 기술의 새로운 발전으로 세계의 어느 곳에서나 상업하는 것이 보다 용이하게 되었다. 하나의 세계 시장 및 노동력 풀 pool의 출현은 미국 기업들로 하여금 1950년대 이후 노조와 맺어온 불안한 평화를 깨는 촉매의 역할을 하였다.

2차대전 직후 노조와 기업은 임금, 부가 급부 및 근로 조건을 놓고 격전을 벌렸다. 1950년대 중반에 비공식적인 타협같은 것이 이루어져 1970년대 중반까지 거의 손대지 않은 채 지속되었다. 노동 조합은 산업 평화와 협조를 약속한 대가로 보다 나은 임금 및 부가급부를 즐기며 적어도 조금은 생산성 향상을 공유했다. 거의 25년 동안 미국 노동자의 실질 임금은 매년 2.5퍼센트에서 3퍼센트가 인상되었다.18) 보건 혜택, 병가 및 유급 휴가 또한 향상되었다.

어렵게 얻은 혜택과 노사간의 〈타협〉은 1970년대 말 및 1980년대 초에 예전으로 돌아가기 시작했다. 해외에서 직면한 혹독한 경쟁과 이용 가능한 다른 나라의 값싼 노동력 뿐만 아니라 국내의 더욱 더 늘어나는 첨단의 노동 대체 기술로 미국의 기업들은 노조의 영향력을 약화시키고 경제 과정에서 인건비를 절감하는 데 노력을 집중시키기 시작했다. 1980년대 동안 미국 노동력의 80퍼센트가 임금이 평균 4.9퍼센트 하락했다.[19] 1970년대 초에 〈고등학교를 졸업한 사람들은 오늘날 현재 가치로 2만 4000달러를 벌었다.〉고 노동 경제학자인 레비 Frank Levy는 말한다. 오늘날 똑같은 사람이 약 1만 8000달러를 번다.[20] 노동자의 부가 급부 역시 감소했다. 연금 혜택을 받는 노동자의 비율이 1979년도의 50퍼센트에서 1989년도에는 42.9퍼센트로 하락했다.[21] 의료 보험 역시 약화되었다. 포스터 히긴스 Foster Higgins라는 컨설팅 회사의 연구에 따르면 미국 기업의 80퍼센트가 그들의 종업원에게 가족들도 보험의 적용을 받을 수 있도록 하는 데 1989년의 월 69달러에서 인상된 월 평균 103달러를 1993년에는 지불하도록 요구하고 있다고 한다.[22] 유급 휴가도 과거 10년 동안 제조업 노동자에게 있어 2.3일이 줄어 들었다.[23]

▌중산 계급의 몰락

최초의 자동화 물결이 블루칼라의 노동자에게 가장 큰 충격을 주었다고 한다면 새로운 리엔지니어링의 혁명은 기업계의 중간층에 영향을 주기 시작하여 미국 사회에서 가장 중요한 정치 집단인 중산 계급의 경제적 안정성과 안전을 위협하고 있다. 가장 최근의 리엔지니어링 희생자들은 부유한 교외에 살며 연봉이 여섯 자리가 넘는(10만 달러 이상), 관리직으로부터 해고된 사람들이다. 10년 전, 집의 앞마당에서나 한나절 교외의 거리에 개를 끌고 다니는 40세에서 50세 가량의 백인 남자를 보는 것은 이상하게 여겨졌다. 오늘날 일자리를 잃은 수천의 중간 관리자와 중역들은 일자리를 주겠다고 알려줄 전화를 기다리며 집에 있는 자신들을 발견한다. 많은 사람들에게 있어서 그들이 바라던 전화는 결코 오지 않는다.

최근 《월스트리스 저널 Wall Street Journal》은 교외의 새로운 해직자를 그려냈다. 필라델피아의 메인라인 Main Line 근처 부유한 교외의 마을에 살고 있는 파커 John Parker는 회사의 구조 개편 기간 중 IBM에서 일자리를 잃었다. 몇 달 동안 그는 이력서를 출력하고 직업 안내서를 검토하며 침실이 6개 있는 집에 틀어 박혀있었다. 〈처음엔 근무 시간 중에는 집 밖으로 나가고 싶지도 않았어요.〉라고 파커는 말한다.

43세의 중역이었던 그에 따르면 〈이웃들이 나를 보고 왜 직장을 빼먹고 있는지 의아해하는 것〉을 두려워 했다고 한다. 그의 고립은 어느 날 굉음을 듣고 도로 포장공들이 작업을 하는 밖으로 달려 갔을 때 깨졌다. 그가 한쪽 모퉁이에서 쳐다 보았을 때 두 명의 친구들이 자신을 바라보는 것을 보고 깜짝 놀랐다.

〈오후에 두 자리가 바로 자네들이었군, 자네들이 사무실에 없었어라고 말하려는 듯이 우리들은 서로를 멍하니 쳐다보았다.〉[24]고 파커는 말했다.

지방 도서관 사서인 캐다즈 Ann Kaidasz는 3년 전 한낮에 도서관을 드나드는 중년의 회사원들을 알아채기 시작했다고 한다. 그들은 경제 출판물을 읽거나 다우존스의 《주간 구인 National Business Employment Weekly》을 꼼꼼하게 읽곤 했다. 〈맨처음 그들은 항상 셔츠에 넥타이를 매고 말끔한 차림으로 들어 왔다.〉고 캐다즈는 말한다. 〈그러나 조금 지나면 그들은 점점 초췌해 가고 때론 자신들이 다시는 일자리를 얻지 못할 것이라는 두려움을 얘기합니다.〉[25]

점점 더 많은 수의 해직자들이 포기 상태에 이른다. 몇몇은 닫힌 문 뒤에 숨어 더욱 더 많은 시간을 컴컴한 거실에서 일그러진 얼굴을 하고 텔레비전을 본다. 일부는 알콜에 손을 댄다. 다른 사람들은 애들을 학교와 과외 활동에 데려다 주고 데려 오는 등 가사를 맡은 남편으로서 자질구레한 집안 일을 돌보기 시작한다. 몇몇은 샤프롱이나 코치를 자원한다.

많은 지역 회사가 해고된 중산층을 돕기 위한 지원 그룹을 만들어 왔다. 펜실베니아의 브라인 머르Bryn Mawr에서 전환기의 중역이라는 프로그램에서는 해고된 중역들을 매주 월요일 아침 9시에 불러들여 자신들의 느낌을 얘기하고 걱정을 나눈다. 일자리를 찾고 일자리 없이 불확실하게 사는 문제가 항상 대화의 주류를 이룬다고 한다.[26]

파커는 소위 〈몰락하는 중산층〉이라 불리는 새로운 인구 통계 분류 중에 속한다. 1980년대 150만 개 이상의 중간 관리층 일자리가 없어졌다. 1990년대에는 그 폭이 고위 관리층까지 확대되고 있는 중이다. 드러커는 경영자 계급은 〈경매장의 노예와 같은〉 느낌을 갖기 시작했다고 말한다. 많은 사람들이 동등한 수준의 부가급부를 주는, 걸 맞는 일자리를 찾을 기회도 없이 내보내지고 있다.[27] 일자리를 찾은 사람들은 종종 엄청나게 줄어든 임금과 직무할당을 받아 들인다. 전환기의 중역이라는 프로그램에 참가한 사람 중의 한 사람인 스코트Jerry Scott는 최근에 보수가 45퍼센트나 줄어든 일자리를 찾았다. 몇몇 사람들은 H&R Block 사와 같은 곳에서 임시직을 찾아 내는 것으로 끝내고 시간당 5달러에 대한 세금 환급을 준비하게 된다.[28]

미국의 전역에서 리엔지니어링 혁명의 충격 속에 중산층의 일자리가 사라져 가고 있다. 미국의 고속도로 문화를 따라 교외에 거주하는 수백만 가족들이 잔디밭 정면에 〈판매〉라는 표시를 걸어 놓고 소유물을 팔며 짐을 싸고 있다. 대공황 이후 그들은 최초로 소득 사다리를 내려가고, 린 생산 및 급속한 자동화와 세계 시장 경쟁의 희생물이 되어 가고 있다. 조사 통계국에 따르면 미국의 중산층의 수는 1969년 인구 대비 71퍼센트에서 1990년대 초 63퍼센트로 떨어 졌다고 한다.[29]

중산층의 감소는 지난 10년 동안 가정의 부인네들이 일자리로 뛰어들지 않았다면 훨씬 더 컸을 것이다. 1980년대 초에는 직장보다는 가정에 부인을 둔 부부들이 더 많았다. 1980년대 말 경에는 결혼한 부부의 45.7퍼센트가 가족을 부양하기 위해 일을 해야 했고 33.5퍼센트만이 한 사람이 돈을 벌어오는 부부였다.[30] 그러한 통계는 개별 임금 소득자의 급료가 1980년대 내내 떨어지는 것을 보여준다. 가외 수입이 없었다면 많은 가정이 중산층 대열에서 낙오되었을 것이다. 1989년도에는 가외 수입조차도 개별 급료의 임금 삭감을 보충하기에 충분하지 못했다. 평균적인 미국 가정이 1989년과 1990년 사이에 2퍼센트의 수입 손실을 경험하였다.[31]

미국 중산층의 몰락은 대학 교육을 받은 사람들 사이에서 가장 잘 나타난다. 1987년과 1991년 사이에, 대졸 노동자의 실질 임금이 3.1퍼센트가 떨어졌다.[32] 대졸 노동자는 미국 경제에서 관리직의 대다수를 구성하고 새로운 기술 발전과 리엔지니어링의 관행에 의해 쓸려나가고 있는 것이 바로 이들의 일자리이다. 최근 졸업자의 36퍼센트 이상이 대학교 학위를 필요로 하지 않는 일자리를 택해야만 했다. 이 수치는 5년 전에 비해 15퍼센트가 상승한 것이다. 미시건 주립대학의 고용 연구소 Employment Research Institute가 종합한 통계에 의하면 대학 졸업자의 직업 시장은 2차 세계대전 이후 최악이라고 한다.[33] 회사의 모집 활동이 미국의 대학 캠퍼스에서 줄어 들었다. 그나마 있는 일자리는 경쟁이 치열하다. 하나의 일자리에 수천 명의 대학 졸업자들이 지원하는 것은 특이한 현상이 아니다. 《포춘 *Fortune*》의 500대 기업들이 그들의 노동력을 축소하고 인간에 의한 경영을 실리콘에 의한 경영으로 재빨리 대체함에 따라, 줄어만 가는 미국 중산층의 일원이 되기를 갈망하는 많은 대학 졸업자들의 전망은 어둡기만 하다.

■ 새로운 세계인

비록 정보 기술 혁명이 중산층 임금 소득자의 운을 심각하게 쇠퇴하게 하고 노동 시장에 진입하는 대학 교육을 받은 신세대 노동자들의 기회를 박탈하였지만 미국의 기업을 움직이는 소수의 최고 경영진에 있어선 이것은 커다란 혜택이었다. 자동화와 수치 제어기가 최초로 도입된 이후 지난 반세기 동안에 있은 생산성 향상 및 이윤 증대의 많은 부분이 최고 경영자의 수중에 들어 갔다. 1953년 최고 경영자에 대한 보상은 기업 이익의 22퍼센트에 상응했다. 1987년에는 그것이 61퍼센트나 되었다. 1979년 미국의 최고 경영자들은 평균 제조업체 노동자 소득의 29배였다. 1988년에는 평균적인 최고 경영자가 보통의 공장 노동자 소득의 93배를 벌고 있다. 이러한 수치들을 올바르게 설명하기 위해 케네디 집권시 포춘의 500대 기업에 있는 전형적인 최고 경영자는 연간 19만 달러를 벌었다는 것을 알아야 한다. 1992년에는 그들의 평균 소득이 120만 달러에 달한다. 1977년과 1990년대 초 사이에 미국 기업 최고 경영자의 급료는 220퍼센트가 상승하였다. 미국의 제조업체 노동자들이 생산성 향상과 이윤을 경영자와 똑같은 정도로 공유하였다면 오늘날 공장의 평균 노동자는 연간 8만 1000달러 이상을 벌었을 것이다.[34] 심지어 《비즈니스 위크 Business Week》의 편집자들조차도 〈경영자의 급료는 공장의 노동자에서 교실의 선생님에 이르는 많은 사람들의 인상분과 전혀 균형이 맞지 않게 상승하고 있다.〉고 인정하고 만다.[35] 최고 경영자와 그 외의 미국 노동자간의 임금 및 부가 급부의 격차 확대는 미국을 소수의 부유한 세계인인 엘리트들이 더욱더 빈곤해 가는 노동자와 실업자들의 더 큰 국가로 둘러싸인 두 개의 국가로 심각하게 양극화하고 있다. 한때 미국 번영의 상징이었던 중산층이 급속히 사라져 장차 미국의 정치적인 안정에 불길한 결과를 예고하고 있다.

미국 내의 부의 집중도는 1963년 및 1983년 사이에 상당히 안정적으로 유지되었다. 그러나 1980년대에는 소득 격차가 급격히 벌어지기 시작했다. 1980년대 말경에는 가장 부유한 0.5퍼센트의 가정이 1983년에 비해 4.1퍼센트가 증가한, 가계 순자산의 30.3퍼센트를 소유하였다. 1989년 상위 1퍼센트의 가정이 미국 총수입의 14.1퍼센트를 벌어들였고 총 순자산의 38.3퍼센트와 미국 금융 자산의 50.3퍼센트를 소유하였다.[36]

달러 기준으로 미국 임금 소득자의 상위 5퍼센트가 그들의 수입을 1979년의 12만 253달러에서 1989년 14만 8438달러로 증가시킨 반면 인구 중 가장 가난한 20퍼센트가 연간 9990달러에서 9431달러로의 수입 감소를 경험하였다.[37] 1980년대에는 임금이 깎이고 부가 급부가 줄어들며 심지어 일자리까지 잃었던 나머지 미국의 노동자들의 희생으로 부자는 갑부가 되었다.

억만장자와 마찬가지로 백만장자의 수가 1980년대 기록적으로 많아졌다. 1988년에는 1972년에 비해 18만 명이 늘어난 130만 명의 사람들이 100만 달러를 넘는 소득을 신고하였다. 억만장자의 수도 1986년 26개의 가문에서 불과 2년 뒤 52개의 가문으로 늘어났다. 83만 4000개의 부자집의 순자산이 현재 5조 6200억 달러를 넘는다. 이와는 대조적으로 미국 가정의 하위 90퍼센트의 순자산은 4조 8000억 달러에 불과하다.[38]

미국 인구 1퍼센트의 절반도 안 되는 사람들이 미국의 경제에 유래를 찾아볼 수 없는 정도의 영향력을 행사하여 2억 5000만 미국인의 생활에 영향을 끼치고 있다. 이 소수의 엘리트가 모든 기업 주식, 채권의 37.4퍼센트, 모든 미국 사기업 자산의 56.2퍼센트를 소유하고 있다.[39]

이 갑부층 바로 밑은 미국 노동 인구의 4퍼센트를 차지하는 약간 더 큰 계층이다. 그들은 주로 새로운 전문가들이나 고도로 훈련된 상징 분석가 또는 새로운 첨단 기술 정보 경제를 관리하는 지식 노동자들로 구성되어 있다. 380만 명도 채 안되는 이러한 소집단이 미국의 총 하위 임금 소득자의 51퍼센트에 해당하는 4920만 명 이상이 버는 만큼의 수입을 올린다.[40]

지식 부문의 엘리트로 구성되어 있는 상위 4퍼센트의 임금 소득자 이외에도 또 다른 16퍼센트의 미국 노동력이 대부분의 지식 노동자를 구성하고 있다. 미국 노동력의 20퍼센트를 나타내는 이들 지식 계급은 나머지 4/5의 인구를 합친 것보다 더 많은 1조 7550억 달러를 받는다. 이들 계급의 수입은 심지어 미국의 다른 임금 소득자들의 수입이 계속 감소함에도 인플레이션을 감안한 후에도 매년 2퍼센트에서 3퍼센트씩 계속 증가하고 있다.[41] 지식 산업의 노동자들은 문제를 확인하고 처리하며 해결하기 위한 첨단 정보 기술의 사용에 의해 통합된 하나의 다양한 집단이다. 그들은 후기 산업 및 후기 서비스 세계 경제를 구성하는 정보의 흐름을 만들고 조작하며 공급하는 사람들이다. 그들의 부류에는 과학자, 디자인 엔지니어, 토목기사, 소프트웨어 분석가, 생명기술 연구자, 홍보 전문가, 변호사, 은행가, 경영 컨설턴트, 금융 및 세금 컨설턴트, 건축가, 전략 기획가, 마케팅 전문가, 영화 제작자 및 편집자, 예술 감독, 출판업자, 작가, 편집자 및 저널리스트가 속한다.[42] 생산 과정에 있어서 지식 계급의 중요성은 계속 증대하는 반면 노동자와 자본가와 같은 산업 시대의 전통적인 양대 집단은 그 중요성이 계속 감소하고 있다. 예를 들어, 1920년에는 자동차를 한 대 만드는 데 있어서 원가의 85퍼센트는 생산 노동자와 자본가에 의한 것이었다. 1990년 경에는 이 두 집단은 60퍼센트 미만을 받고 나머지는 설계자, 엔지니어, 스타일리스트, 기획가, 전략가, 금융 전문가, 최고 경영자, 변호사, 광고자 및 판매자 등등에게 배분된다.[43] 반도체는 더욱 더 명확한 예를 제시한다. 오늘날 반도체 칩 가격 중 3퍼센트가 원료 및 에너지의 소유주에게 돌아가고, 5퍼센트는 기자재 및 설비 소유주에게, 그리고 6퍼센트는 일상적인 노동 제공자에게 돌아간다. 원가의 84퍼센트 이상이 전문화된 설계 및 엔지니어링 서비스와 특허 및 저작권에 돌아간다.[44]

초기 산업 시대에 있어서 금융 자본과 생산 수단을 통제하였던 사람들은 경제의 운영에 있어 거의 완벽에 가까운 통제력을 행사하였다. 20세기 중엽, 한동안은, 그들도 생산 과정에 있어 중요한 역할로 어느 정도 영향력이 있었던 노동자 측과 기업 활동의 수단과 방법, 이윤의 배분에 관한 의사 결정에 있어 권력의 일부를 공유해야 했다. 노동자 측의 영향력이 현저히 약화되어 있는 지금 지식 노동자들은 경제의 방정식에 있어 좀 더 중요한 집단이 되고 있다. 그들은 제3차 산업 혁명의 촉매자요, 첨단 기술 경제를 움직이게 하는 책임을 가진 사람들이다. 그러한 이유에서, 최고 경영층과 투자자들은 첨단 사회를 움직이게 하는 지식과 아이디어를 소유한 지적 재산 창조자들과 더욱 더 권력의 일부를 공유해야만 하고 있다. 지적 재산권이 몇몇 산업에 있어서 금융보다 더욱 더 중요하게 되었다는 것은 놀라운 일이 아니다. 지식 및 아이디어에 대한 독점은 경쟁력있는 성공과 시장 위치를 약속한다. 그러한 성공에 돈줄을 대는 것은 거의 2차적인 문제가 되었다.

1990년대 첨단 기술 자동화 세계에 있어서 새로운 엘리트인 지식 노동자들은 그들을 세계 경제의 중심 무대로 올려 놓았던 핵심적인 기능을 가지고 부상하고 있다. 그들은 아주 빠른 속도로 새로운 귀족 계급이 되어가고 있다. 그들의 운이 차오름에 따라 엄청난 하위 서비스 노동자의 경제적 형편은 기울어져 모든 산업 국가에서 있어 가진 자와 가지지 못한 자 간의 새롭고 위험한 분열이 만들어 지고 있다. 뉴욕, 베를린 및 파리와 같은 도시의 변화하는 사회적 지형은 새로운 계급 분류에 대한 분명한 증거를 제시한다. 헤리슨 Bennett Harrison과 블루스톤 Barry Bluestone과 같은 사회사가는 펼쳐지는 사회적 역동성을 다음과 같이 묘사하고 있다. 〈노동 시장의 상층부는 경영자, 변호사, 회계사, 은행가, 경영 컨설턴트 및 그 밖의 기술적으로 훈련된 사람들을 포함하며, 그들의 일상 임무는 그들과 분명히 연결되어 있는 세계 기업 및 기업의 서비스를 조정하고 통제하는 핵심부에 위치하고 있다. …… 노동 시장의 하층부는 그 밖의 운이 별로 없는 도시 거주 집단으로 그들의 공통적인 기능이란 상층부 노동자들을 보조하는 것이다. …… 그들은 테이블에 대기하고 음식을 만들고 사무용품에서 옷에 이르는 모든 것들을 팔며 수십 개의 새로운 호텔에서 이부자리와 목욕 수건을 갈고 보관 및 육아 서비스를 하고 도시의 병원과 건강 센터, 학교 및 시청 안에 있는 낮은 수준의 일자리를 찾는 사람들이다.〉[45]

드러커는 출현중인 정보 사회가 직면한 중대한 사회적 도전은 〈후기 자본주의 사회에서의 양대 지배 계급인 지식노동자와 서비스 노동자 간의 새로운 계급 갈등〉이라고 기업계의 동료들에게 경고한다. 드러커의 우려는 노동자 계급에 의해 수행되는 더욱 더 많은 수의 서비스 일자리가 기계에 의해 대체되어 더욱 더 많은 노동자를 불어만 가는 도시의 하층 계급으로 내몰고 있음에 따라 다가오는 미래에 있어

더욱 더 분명해질 것이다.[46]

　비록 새로운 엘리트인 상징 분석가로 구성된 많은 전문가들이 세계의 최대 도시에서 일을 하고 있지만 거기에 대한 애착은 거의 또는 전혀 없다. 그들이 작업하는 곳은 그들이 들어가 일하는 전 세계적인 네트워크보다 훨씬 덜 중요하다. 이러한 의미에서, 그들은 그들이 사업을 하고 있는 어떠한 나라의 국민들보다도 서로간에 공통점이 많은 새로운 세계인 집단, 첨단 기술을 가진 유목 종족임을 나타내고 있다. 그들의 전문 기술과 서비스는 전 세계에서 팔리고 있다. 2020년 경이면 미국의 수입 중 60퍼센트 이상을 차지할 신흥 첨단기술의 국제 노동자 집단은 미래에 시민으로서의 책임을 뒤로 하고 그들의 수입과 소득을 국가와 전체적으로 공유해야 한다는 데 동의하지 않을 것 같다. 노동성 장관인 라이시는 다음의 것들이 가능하다고 한다.

　상징 분석가들은 예전에 비해 더욱 더 고립된 영역 속에 움츠러 들어, 그 곳에서 그들은 그들의 자원을 다른 미국인과 공유하거나 다른 미국인의 생산성을 개선하는 방식으로 투자를 하기보다는 축적하려 할 것이다. 그들 소득에 대한 더욱 더 작은 부분만이 과세되어 나머지 국민을 위해 투자될 것이다. ……그들의 세계적인 연결망과 좋은 학교, 안락한 생활 스타일, 훌륭한 의료 보험 및 풍족한 경호 요원 등으로 다른 사람들과 구분이 되는 상징 분석가들은, 노조에서 완전히 탈퇴할 것이다. 그들의 지방과 도시의 거주 지역, 그리고 그들이 일을 하는 기호 분석 지대는 나머지 미국인들과는 닮은 데가 없을 것이다.[47]

▌나머지 미국

　우리가 21세기로 진입함에 따라 두 개의 매우 다른 미국이 나타나고 있다. 새로운 첨단 기술 혁명은 가진 자와 가지지 못한 자 간의 긴장을 고조시키며 미국을 두 개의 양립할 수 없으며 더욱 더 적대적인 진영으로 양분할 것이다. 사회적 붕괴의 징후는 어느 곳에서나 찾아볼 수 있다. 심지어 보수적이라 할 수 있는 정치 예언가들조차 일어서서 주목하기 시작했다. 작가이자 정치 분석가인 필립스 Kelvin Phillips는 〈이중 경제〉의 출현을 우려하고 필라델피아와 더햄과 같은 첨단의 우편 서비스 도시가 새로운 세계 경제 구조 속에서 번영하고 있는 펜실베니아와 북캐롤라이나와 같은 주가 있는 반면 다른 지역의 주들은 제철소 및 섬유 공장을 잃고 수천의 노동자들이 구조 수당을 받고 있다고 지적한다.[48]

사포 Paul Saffo는 필립스의 우려에 동의를 표한다. 〈콜로라도의 텔루라이드와 같은 첨단 기술 지역에서는 뉴욕만큼 봉급을 받으면서 전자식 별장에 거주하는 사람이 있는가 하면 바로 옆에는 지방의 페스트푸드점에서 햄버거를 뒤집으며 시골의 콜로라도 봉급을 받는 사람이 있다.〉고 주목한다. 사포는 〈아주 부자인 사람과 가난한 사람이 얼굴을 맞대고 있을 때…… 그것은 완전한 정치적 다이너마이트와 같아…… 사회 혁명으로 갈 수도 있다.〉고 말한다.[49]

미국의 빈곤에 관한 1993년의 조사 통계국 보고는 부자와 빈자의 늘어만 가는 격차를 통계적으로 나타내 주고 있다. 그 연구에 따르면, 1992년 빈곤 수준에서 살아가고 있는 미국인의 수가 1962년 이후 그 어느 때보다 높았다. 1992년, 3690만 명의 미국인들이 빈곤 속에 살아가고 있고 이 수치는 1989년에 비해 540만 명이 늘어난 숫자이다. 미국의 빈민 중 40퍼센트 이상이 어린애이다. 흑인의 빈곤율은 현재 33퍼센트를 넘고 있고 에스파니아 계통은 29.3퍼센트를 기록한다. 모든 백인 중의 약 11.6퍼센트가 빈곤 속에 살고 있다.[50]

1992년 동안 미국의 빈민 중 40퍼센트 이상이 일을 했음에도 저임의, 때로는 시간제 일로서 적자를 면할 수 없었다.[51] 그들의 보잘것 없는 수입은 최소한 생존하기 위해서는 정부 지원의 구조 노력으로 보조를 해주어야 한다. 1992년 미국인 10명 중 1명 이상이 식량 배급권에 의존하였는데 이 수치는 1962년 그 연방 프로그램이 시작된 이후 최대의 비율이다. 900만 명이 지난 4년 동안 식량 배급 프로그램을 수혜 받아 식량 배급권의 지원을 받은 미국인의 수가 2740만명으로 늘어났다. 몇몇 전문가들은 또 다른 2000만 명이 현재 식량 배급권의 수혜 자격이 있으나 신청하지 못했다고 추정하고 있다.[52] 많은 신규 수혜자는 일자리를 갖고 있는 사람이며, 삭감된 임금이나 시간제 일자리를 갖고는 그들의 가족을 먹여 살리기에는 충분하지 못하다. 나머지 사람들은 국제 경쟁과 기업의 구조 개편 및 기술 대체의 희생물로 최근에 해고된 사람들이다.

정부의 식량 지원 프로그램 이외에도 5만 개 이상의 민영 은행, 식료품 저장실 및 영세민을 위한 무료 식당 등에서도 미국의 배고픈 사람들에게 음식을 배급하고 있다. 시카고에 있는 그레이터 시카고 식량 저장소는 1992년에 하루도 빠짐없이 매일 4만 8000끼니를 포함하여 2200만 달러가 넘는 음식을 배급하였다.[53]

미국의 배고픈 사람 중 대부분은 나이를 많이 먹은 노약자이다. 100만 명 이상의 노인들이 영양 부족 상태로, 보고서에 의하면 3000만 명 이상의 노인들이 정기적으로 끼니를 건너 뛰어야만 한다고 말한다. 배고픔은 미국의 젊은이 사이에도 종종 있다. 워싱턴에 주재한 구조 기구인 브레드 포 월드 Bread for the World가 준비한 연구 보고서에 따르면 미국에서 성장하는 4명의 아이들 중 1명은 배고픔의 고통을 받는다고 한다.[54] 브레드 포 월드의 경제 정책 분석가인 리브스 Don Reeves는 경제의 국제화와 급속한 기술 대체가 배고픔을 겪고 있는 미국의 많은 가정에 있어 〈주요한 요인〉이라 말한다.[55]

만성적인 기근은 의료 보험의 원가를 높이는 가장 큰 요인이다. 출생 시 미숙아와 영양 실조의 어린이들은 장기적으로 심각한 건강 문제를 갖고 성장하여 수십억 달러의 의료 보험 비용을 더 지출하게 만든다. 미국의 가난한 시민들 중에 많은 사람들은 적절한 의료 조치를 거의 받지 못하거나 접근할 수 없다. 1992년의 센서스에 따르면 가난한 사람들의

28.5퍼센트가 어떠한 종류의 의료 보험도 갖고 있지 못하고 있다 한다.[56]

최근에 해고된 사람들은 특히 질병에 취약하다. 유타 대학의 경제학자인 머바 Marry Merva와 파울스 Richard Fowles가 실시한 연구에 따르면 1퍼센트의 실업률 상승이 3.1퍼센트의 뇌일혈에 의한 사망을 증가시킨다고 한다. 일자리를 잃은 사람들은 스트레스의 증가와 우울증을 경험하여 예전에 비해 술과 담배에 더 많이 의존하고 건강식품을 덜 섭취함으로써 심장 마비나 뇌일혈의 가능성을 증대시킨다고 한다. 머바와 파울스는 30개 주요 거대 도시의 8000만 명에 가까운 사람들에 대해 연구했다. 평균 6.5퍼센트였던 1990~1992년의 실업율을 근거로 경제학자들은 심장 마비에 의한 3만 5307건의 사망 및 뇌일혈에 의한 2771건의 추가적인 사망이 높은 실업에 기인한다고 추정하였다. 해고와 발병율 사이의 높은 상관 관계에 비추어 정부가 개입하여 장기간 일자리를 찾지 못하는 노동자들을 위하여 적절한 사회적 안정망을 제공하여야 할 것이라고 파울스는 주장한다.[57]

아직까지 일자리를 갖고 있는 사람들도 장기적인 건강 문제를 겪고 있는데, 이는 고용주들이 완벽한 의료 욕구를 만족시켜 주기에는 너무나 제한적인 보건 관련 패키지를 제공하거나 부가 급부를 전혀 제공하지 못하기 때문이다. 조사 통계국의 보고에 따르면 3540만 명의 미국인들이 의료 보험 혜택을 받지 못했는데 이는 1년 사이 200만 명이 증가한 수치이다.[58] 많은 고용주들이 경비를 줄이기 위해 복지 수당을 줄이거나 없애 왔다. 다른 고용주들은 노동력을 축소하여 복리 후생비를 절감하기 위해 인간의 노동력을 기계로 대체했다. 아직까지도 다른 고용주들은 복리 후생비의 지급을 피하기 위하여 시간제 또는 임시직과 노동의 외부 용역화로의 전환을 꾀하고 있다. 그 결과 최소한의 복지 수혜를 받기 위한 적절한 의료 보험도 없이 더욱 더 질병에 공격받기 쉽고 위험에 처한 노동자 및 실업자들의 국가가 되었다. 오늘날 수많은 미국의 가정들은 단 한 번의 큰 질병으로 빚을 더 지게 되고 파산하여 결국엔 영원한 하층 계급의 나락으로 떨어지지는 않을까 하는 두려움을 항상 갖고 살아가고 있다.

가진 자와 가지지 못한 자 사이의 벌어져 가는 틈은 주택 소유와 주거에 관한 불안한 통계에서도 찾아볼 수 있다. 1980년대 보통의 미국인은 자기 수입의 37.2퍼센트를 우선 집을 사는 데 썼는데 이는 10년 전에 비해 29.9퍼센트가 올라간 수치이다.[59] 집 값이 오르고 실질 임금은 하락함에 따라 더욱 더 적은 수의 미국인들만이 자기 집을 살 수 있게 되었다. 1980년대 자신의 집을 살 수 있는 25세에서 29세의 성인 비율이 43.3퍼센트에서 35.9퍼센트로 줄어 들었다. 30세에서 34세의 연령층에 있는 사람들의 주택 소유율은 61.1퍼센트에서 53.2퍼센트로 줄어들었다. 그리고 35세에서 39세 집단의 경우 주택 소유율은 70.8퍼센트에서 63.8퍼센트로 하락했다.[60]

머리 위에 지붕을 두고 살 수 있을 정도로 〈복 받은〉 사람들 중에서 17.9퍼센트가 결함이 있는 구조물에서 살고 있다. 그 밖의 많은 사람들이 집 없이 거리와 도시의 긴급 피난소를 떠돌며 살고 있다. 1991년에 실시한 25개 도시에 대한 조사에 따르면 긴급 피난소의 사용을 요청한 사람이 12개월 동안 13퍼센트가 증가하였다. 현재 9만 명의 어린이를 포함하여 60만 명 이상이 한 번도 집을 가진 적이 없다.[61] 하원의 은행, 금융 및 도시 문제 위원회의 의원장인 곤잘레스 Heńry Gonzales는 〈우리들이 우리의 조국 미국에 유목민을 만들어왔다.〉고 주장한다. 곤잘레스는 〈미국엔 이 땅을 어슬렁거리며 돌아다니는 우리의 가족들이 있다. 그들 중 일부는 자동차와 다리 밑에서 기거〉하고 그 숫자도 매일 늘어나고 있다고 그의 동료들에게 경고한다.[62]

미국의 극빈자들은 농촌 지역과 도시 가운데 핵심 지역에 집중되어 있는데 이 두 지역은 지난 20년간 기술 대체에 의해 가장 심각한 타격을 받은 지역이다. 미국의 극빈자 중 42퍼센트 이상이 도시의 가운데 지역에 살고 있는 데 이 수치는 1968년에 비해 30퍼센트가 늘어난 것이다. 전국의 도시 극빈자를 지원하기 위한 사회적 비용이 연간 2300억 달러를 넘고 있어, 미국의 불어만 가는 부채와 늘어만 가는 연방 정부

의 적자를 걱정하는 시점에 특히 다리가 휘청하는 금액이다.[63]

더욱더 많은 수의 산업 분석가들은 빈곤의 증가를 국제 경쟁의 심화 및 기술 변화의 탓에 두고 있다. 도시의 노동자를 고용하는 경공업 산업들은 최근들어 25퍼센트 이상의 고용을 감축하였다.

《비즈니스 위크 Business Week》의 편집자들은 〈특별한 교육을 요하지 않는, 공장의 일자리에 의존했던 도시의 노동자들에게 있어서 실업이란 참을 수 없을 정도로 무서운 것이다.〉라고 말한다. 20대의 저숙련 백인 남성들은 1973년과 1989년 사이에 물가 상승을 감안하여 14퍼센트의 소득 감소를 경험했다. 흑인 남성의 경우는 더욱 심하다. 그들의 수입은 같은 기간 중에 24퍼센트가 떨어졌다.[64]

수백만의 도시 및 농촌의 사람들이 가난으로 고생하고 점점 더 많은 교외의 중산층 임금 소득자들이 리엔지니어링의 상처와 기술 대체의 충격을 느끼고 있을 때, 소수의 엘리트 미국 지식 노동자와 기업가 및 회사의 경영자들은 첨단의 새로운 국제 경쟁의 혜택을 거두어 들이고 있다. 그들은 그들 주위의 사회적 혼란에서 멀리 떨어져서 풍족한 인생을 구가하고 있다. 미국이 발견한 놀랄 만한 새로운 환경은 라이시 노동성 장관으로 하여금 〈이제 더 이상 똑같은 경제 생활을 영위하지 않는 동일한 사회의 구성원으로서 우리가 서로에게 빚진 것은 무엇일까?〉 하는 질문을 던지게 했다.[65]

12 노동자 계급을 위한 진혼곡

우리는 현격하게 대조되는 세계에 살고 있다. 우리 앞에는 컴퓨터와 로봇들이 힘들이지 않고 자연의 선물을 첨단의 신제품과 서비스로 끊임없이 만들어 내는 번쩍이는 고도 기술 사회가 어렴풋이 보인다. 깨끗하고 조용하며 아주 효율적인 정보 시대의 새로운 기계들은 세계를 우리의 손끝에 가져다 놓아 불과 100년 전만 해도 감히 상상조차 못했던, 우리의 주변 환경과 자연의 힘을 통해 할 수 있는 수단을 가져다 주었다. 표면적으로, 아주 잘 정리된 새로운 정보 사회는 초기 산업 시대의 디킨슨적 조건과는 닮은 점이 거의 없다. 강력하고 새로운 정신 기계들로 자동화된 일터는 고통과 고난으로부터 해방된 인류의 오랜 꿈에 대한 답변으로 보인다. 많은 지역 사회에서 희미한 불빛만이 보이는 2차 산업혁명의 공장은 사라져 갔다. 대기는 더 이상 공장 매연으로 덮혀 있지 않다. 공장 바닥, 기계 및 노동자들이 더 이상 기름과 검댕이로 범벅이 되어 있지 않다. 용광로에서의 〈쉬잇〉 소리와 거대한 기계들의 철컥거리는 소리는 지금은 아련한 메아리에 불과하다. 그곳에는 대신 컴퓨터들의 부드러운 〈휙〉 소리만이 자리 잡고 회로 및 작은 통로를 따라 정보를 가속화하여 처리하며 원료를 물건으로 풍부하게 만들어내고 있다.

이것이 언론에서, 학계 및 미래학자 간에 그리고 정부의 위원회 내에서 가장 자주 이야기되던 현실인 것이다. 새로이 출현하는 기술 유토피아의 이면, 즉 기술 발전의 희생자가 준비한 측면은 공식 보고서 및 통계 조사, 사라진 사람과 포기한 꿈에 대한 이따금식의 일화적인 이야기 속에 아주 희미하게 암시되어 있을 뿐이다. 또 다른 세계는 수백만의 소외된 노동자로 득실거린다. 이들은 제3의 산업혁명이 모든 산업과 부문에 퍼져감에 따라 첨단의 작업 환경 속에서 쌓여만 가는 스트레스와 일자리에 대한 불안감 등을 경험하고 있다.

▌하이테크 스트레스

품질 관리 서클과 팀웍 및 작업장에서의 노동자에 의한 보다 많은 참여 등에 관해 많이 이야기되고 글도 씌어졌다. 그러나 노동자로 하여금 포스트 포드주의자의 생산 관행의 요건에 복종하게끔 하는 데 이용되고 있는 작업의 탈숙련화, 가속화되는 생산 속도, 작업량의 증가 및 새로운 형태의 강압과 교묘한 위협에 대해서는 얘기되거나 씌어진 것이 거의 없다.

새로운 정보 기술은 세부 지시 사항을 기계에 직접 프로그램하여 입력함으로써 기계가 말 그대로 시키는 일을 수행하도록 함으로써 노동자가 아직까지 생산 과정에 행사하고 있는 조금이나마의 통제력을 제거하도록 설계되고 있다. 노동자들은 공장이나 사무실에서 독립적인 판단을 행사하지 못하도록 무력화되어 버려 전문 프로그래머가 사전에 지시한 결과에 대해 아무런 통제력을 갖고 있지 못하다. 컴퓨터 앞에서 경영자들은 노동자들이 따라야 할 세부 지시 사항을 〈일정 schedules〉

형식으로 만든다. 과업의 집행이 노동자의 손에 있기 때문에, 주관적인 요소가 생산 과정에 개입될 수 있다. 작업 일정을 실행할 때, 각 노동자는 자신의 고유한 인장(스탬프)을 생산과정에 찍는다. 일정에 따른 생산에서 프로그램 생산으로의 전환은 노동자와 작업의 관계를 근본적으로 바꾸어 놓았다. 공장이나 사무실에서 펼쳐지는 것은 자동화된 미래에 있어 개인적으로 결코 참가하지 않을 지도 모르는 또 다른 사람에 의해 사전에 프로그램된 것이다.

수치 제어기 NC가 1950년대 말 경에 처음 소개되었을 때, 경영자는 자동화가 공장의 작업에서 주는 보다 많은 통제 요소를 재빨리 이해했다. 공군 중장이자 조달 본부 부참모장인 어빈 C. S. Irvine은 1957년 전자 산업 협회의 한 연설에서 〈종이 위에 아무리 면밀하게 그려지고 명시되어도, (기계의) 완제품은 기계공의 해석보다 더 나을 수가 없다.〉고 지적했다. 어빈이 주장하는 수치 제어의 이점은 〈설계 명세서가 전자 임펄스의 객관적인 디지털 코드로 전환되기 때문에 판단의 요소가 디자인 엔지니어의 판단에만 한정된다. 단지 그의 해석이 공구에서 작업장으로 방향을 바꾼 것이다.〉[1] 다른 이들도 수치 제어에 대한 어빈의 열광에 공감한다. 1950년대 말경에, 로르 비행기 Rohr Aircraft의 총감독인 올레스텐 Nils Olesten은 모든 경영자의 마음속에 개인적으로 가지고 있었던 것을 공개적으로 말했다. 〈수치 제어는 경영자에게 기계에 대한 최대의 통제력을 제공한다. ……왜냐하면 기계 공구에 대한 의사 결정이 조작자의 손을 떠나 이제 펄스의 형태를 가진 통제 매체에 있기 때문이다.〉[2] 수치 제어를 그렇게 빨리 채택한 것은 생산성을 높이기 위해 현장의 의사 결정에 대한 보다 큰 통제력을 확고히 하려는 경영자의 욕구에 있었다.

수치 제어기가 처음으로 도입되었던 당시 시애틀 보잉 공장의 기계공은 자신들의 전문 기술이 자기 테이프기로 옮겨져 버린 많은 반숙련공 및 숙련공의 좌절감과 분노를 잘 나타내 준다. 〈질식될 것 같아요, 이제 더 이상 머리 쓸 곳이 없어요. 인형처럼 거기 앉아 망할 놈의 것

(4축의 NC 밀링기)을 쳐다 보기만 하면 되요. 늘 통제력을 갖고 내가 계획을 짜왔어요. 이젠, 누군가가 나대신 모두 결정을 해버렸구나 하고 느껴요.)[3]

물론 리엔지니어링과 새로운 정보 기술로 모든 회사들은 경영계측을 단축하고 생산 현장의 작업팀에게 더욱 더 많은 통제력을 부여했다. 그러나 그 의도는 생산에 대한 경영자의 궁극적인 통제력을 증대시키는 것에 있다. 심지어 어떻게 성과를 개선할 것인가에 관한 노동자들의 아이디어를 끌어내기 위한 노력 역시 공장 또는 사무실의 속도와 생산성을 높여 좀더 완벽하게 노동자의 잠재력을 사용하기 위한 것이다. 독일의 사회주의 과학자인 도제 Knuth Dohse와 같은 몇몇 비평가들은 일본의 〈린 생산은 경영자의 특권이 무한에 가까운 포드주의 조직 원칙의 실천에 불과하다.〉고 주장한다.[4]

지난 50년 동안 수집된 많은 통계 자료는 전 세계의 공장과 사무실에 도입되고 있는 많은 〈신〉경영 기법의 장점에 대한 심각한 의문을 제기한다. 예를 들어, 미국보다 연간 200~500시간을 더 일하는 일본의 공장에서는 어셈블리 라인에서의 생활은 너무나 속도가 빠르고 스트레스가 쌓이는 것으로 대부분의 노동자가 대단한 피로를 느낀다. 도요타 노동 조합에 의한 1996년의 조사에 의하면 회사의 20만 명의 노동자 중 12만 4000명 이상이 만성적인 피로로 고통받고 있다고 한다.[5]

과학적 관리의 원칙들이 오래 전 일본에 알려졌다는 사실을 주목할 필요가 있다. 일본의 자동차 제작자는 1940년대 말에 그 원칙을 열렬히 사용하기 시작하였다. 1950년대 중반 일본 기업들은 일본의 여건과 생산 목표에 아주 적합한 테일러리즘의 혼합 형태를 만들어 냈다. 7장에서 언급했듯이 포스트 포디스트 생산에서 작업팀은 생산성을 향상하기 위하여 계획 결정에 참여하는 스탭과 라인 종업원으로 구성된다. 그러나 일단 합의가 이루어지면 실행 계획은 자동적으로 생산 공정으로 들어가고 라인의 모든 사람들이 쉴새 없이 일을 한다. 노동자들도 생산 라인을 멈추도록 장려되고 다시 생산의 속도와 예측성을 높이기 위하여 현장에서 품질 관리 결정을 하게 된다.

작업이 어떻게 실시되어야 하는가에 대한 노동자의 발언권이 없었던 미국의 전통적인 과학적 관리법과는 달리, 일본의 경영자들은 동기부여 기법과 구식의 강압 방법을 결합하여 정신적, 육체적인 노력을 보다 완전히 착취할 목적으로 노동자의 참여를 일찌감치 결정하였다. 한편, 노동자들이 회사를 자신의 가정이나 안식처로 생각하고 회사와 일체감을 갖도록 하였다. 전술한 바와 같이, 일터를 떠나서도 QC 활동과 명절 때의 귀향과 여행을 포함한 그들 생활의 많은 부분은 회사 관련 프로그램과 관련이 있는 것이다. 회사는 〈종합적인 제도〉가 되어 〈사회 생활의 많은 측면에 영향력을 행사하고 있다〉고 케니 Kenney와 플로리다 Florida는 말한다. 이런 점에서, 일본 기업들은 종교 집단 또는 군대와 같은 또 다른 형태들의 종합적인 제도와 흡사하다.[6] 한편 노동자들의 충성에 대한 보상으로 노동자들은 평생 고용을 보장받았다. 일본의 노동자들은 종종 평생 동안 같은 회사에 다닌다.

경영자들은 때론 노동자들을 규율하기 위해 작업팀을 이용한다. 동료 평가 위원회는 반항적이고 둔한 노동자가 동료와 맞추어 일하도록 계속적으로 압력을 가한다. 작업팀은 결근한 노동자를 보충해 줄 수 있는 추가 인력을 지원받지 못하기 때문에 나머지 사람들이 더욱 더 열심히 일해 뒤처진 일을 따라잡아야 한다. 결과적으로 엄청난 동료의 압력이 노동자에게 가해져 정시에 일을 끝내도록 한다. 일본의 경영자들은 결근 문제에 있어 단호하다. 많은 공장에서 심지어 진단서를 제출한 병가를 포함하여 모든 결근은 노동자의 기록에 오른다. 도요타 공장의 노동자가 1년의 근무일 중 5일을 결근하면 해고될 운명에 처한다.[7]

캘리포니아에 위치하여 도요타 코롤라와 시보레 노바를 생산하기 위한 도요다와 GM의 합작 사업을 연구했던 작가인 파커 Mike Parker와 슬러터 Jane Slaughter는 일본식의 린 생산 관행을 〈스트레스에 의한 관리〉로 특징지었다. 도요다와 GM의 공장은 생산성을 향상하는 데 성공하여 노바의 조립 시간을 22시간에서 14시간으로 단축하였다.[8] 그들은 앤돈 보드 Andon board라 불리는 가공의 영상 디스플레이 overhead visual display를 도입하여 이를 달성했다. 각 노동자의 작업장은 직사각형의 박스로 나타내진다. 노동자가 작업이 지연되거나 도움이 필요하여 줄을 잡아 당기면 그의 사각형 지역에 불이 들어 온다. 불이 1분 이상 남아 있으면, 라인이 멈춰진다. 전통적인 공장에서 바람직한 목표는 그 불이 켜지지 않도록 하여 생산 작업이 원활하게 돌아가게 하는 것이었다. 그러나 스트레스에 의한 관리에서 경보등이 들어 오지 않는 것은 비능률을 상징한다. 이러한 아이디어는 시스템을 가속화하고 압박을 줌으로써 약점과 자연 부분을 찾아 새로운 설계와 절차가 실행되어 속도와 성과를 증가시키는 데 있다.

파커와 슬리터에 따르면, 시스템에 압박을 가하는 일은 라인의 속도를 빨리하고 인력이나 기계의 수를 줄이거나 노동자에게 더욱더 많은 과업을 부여함으로써 이룩될 수 있다. 아울러 공정의 균형은 항상 아주 잘 돌아가는 위치에 자원을 줄이거나 작업 부하량을 늘임으로써 달성될 수 있다. 일단 문제가 해결이 되면, 시스템은 더욱 더 압박을 받고 또다시 균형 상태를 이룬다. ······이상적인 시스템은 불이 켜졌다 꺼졌다 반복하면서 모든 작업을 운영하는 것이다.[9]

파커와 슬리터는 린 생산의 팀 개념은 가능하다고 생각될 수 있는 계몽적인 경영 방법과는 너무나 동떨어진 것으로 노동자의 관점에서 본다면 그것은 그들을 착취할 새롭고 더욱 정교한 방법에 불과하다. 작가들은 노동자들이 제한적이나마 계획 및 문제 해결에 참여한다는 것을 인정하였으나 그러한 참여가 자신들의 착취에 대한 자발적인 공범으로 만드는 것에 불과하다고 말한다. 스트레스에 의한 관리하에서 작업자가 라인의 약점을 확인할 수 있다. 제안이나 교정 조치를 취하면 경영자는 단순히 생산의 속도를 빨리하고 더욱더 시스템에 스트레스를 가한다. 핵심은 결코 끝이란 없는 연속적인 개선 과정 속에서 약점을 계속하여 찾아내는 것이다. 이러한 압박식 관리 방법이 노동자들에게 미치는 영향은 가히 파괴적이다. 라인이 더욱 빨리 돌아가고 전체 시스템이 압박을 받을 때 따라가기란 더욱 더 어려워진다. 과업들이 아주 정성을 들여 만들어지고 다시 정교화되어 또 다시 만들어졌기 때문에 경영자들은 어떠한 돌연한 고장도 작업자의 책임으로 돌린다. 앤돈 보드의 차임벨 소리와 불빛은 공정을 따라가지 못하는 사람을 즉각적으로 확인시켜 준다.[10]

일본식 관리의 공장에서 생산 속도는 때로 안전 사고의 증가를 유발한다. 마츠다의 100명당 재해율은 비교가 가능한 GM 크라이슬러 및 포드 자동차보다도 3배나 된다.[11]

일본에서 린 생산 관행하의 작업자 스트레스는 거의 병적인 수준에 도달하였다. 문제가 너무 심각하여 일본 정부는 과로사(過勞死)라는 신조어를 만들어 새로운 생산 관련 질병에 대한 병리를 설명하고 있다. 일본의 전국 공공 보건 연구소의 대변인은 과로사를 심리적으로 불건전한 작업 관행이 계속적으로 반복되어 노동자의 정상적인 작업 및 생체 리듬을 깨뜨려 신체내의 피로가 누적되고 만성적인 과중한 작업 조건으로 인해 기존의 고혈압이 악화되고 급기야는 치명적인 쇠약을 수반하는 것으로 정의하고 있다.[12]

과로사는 더욱더 전 세계적인 현상이 되어 가고 있다. 컴퓨터화된 기술의 도입으로 작업장에서의 활동의 속도와 흐름이 대단히 빨라져 수백만의 노동자들은 10억분의 1초의 문화 리듬에 적응해야만 한다.

▎생체 리듬과 과로

모든 다른 종족과 마찬가지로 인간이라는 종(種)은 오랜 진화를 거쳐 지구의 리듬과 회전에 맞추어진 무수히 많은 생체 시계들로 구성되어 있다. 즉 우리들의 신체적인 기능과 과정은 자연의 엄청난 힘인 해와 달과 계절의 주기에 맞추어져 있다. 근대의 산업시대까지만 해도 신체적인 리듬과 경제적인 리듬은 조화를 이루었다. 수공의 생산은 인간의 손과 몸의 속도에 맞추어져 있었고 동물이나 바람 그리고 물을 이용함으로써 얻어질 수 있는 동력에 의해 제약을 받았다. 증기의 힘과 후일 전기의 힘이 소개됨에 따라 재화와 용역을 변형하고 가공하여 생산하는 속도가 엄청나게 빨라져 생산 속도가 인간의 느린 생체 리듬과는 점점 더 조화롭지 않은 경제적인 쇠창살을 만들어냈다. 오늘날의 컴퓨터 문화는 너무나 작은 시간의 단위인 10억분의 1초로 움직여 인간의 감각으로는 도저히 경험조차 할 수 없다. 손가락을 한 번 까딱해도 200만분의 1초가 흐른다. 작가인 사이몬스 Geoff Simons는 무시무시한 컴퓨터 시간의 속도를 보여주는 비유를 끌어냈다. 〈두 대의 컴퓨터가 일정 기간 서로 서로 대화를 하는 것을 상상해 보시라. 그때 컴퓨터가 인간에 의해 무슨 얘기 나누었느냐는 질문을 받고, 그가 그러한 질문을 하기에 걸린 시간 내에, 두 대의 컴퓨터는 지구상에 호모 사피엔스가 200년 또는 300년 전에 최초로 나타난 이후 인간들이 나누었던 모든 단어들을 합친 것보다 더 많은 대화를 나누었을 것이다.〉[13]

산업 시대에 있어서, 노동자들은 기계의 리듬에 너무나 얽매여 〈닳아 빠졌다 worn-out〉라든가 〈고장이 났다 break-down〉라는 기계적인 용어를 사용하여 자신들의 피로를 표현하곤 한다. 현재, 더욱 더 많은 수의 노동자들이 새로운 컴퓨터 문화의 리듬에 통합되어 스트레스를 받을 때, 〈과부하 overload〉가 걸렸다거나 일을 대처할 수 없을 때 〈연료가 다 소모되었다 burn-out〉나 〈작동이 중지되었다 shut-down〉라는 표현을 쓴다. 이러한 완곡어들은 노동자들이 컴퓨터 기술로 정해진 속도에 얼마나 가깝게 맞추려 하였는지를 반영하는 것이다.

첨단 기술의 컴퓨터 문화에 기인한 스트레스에 대한 글을 광범위하게 써온 심리학자 브로드 Craig Brood는 작업장의 빨라진 속도는 작업자의 조급함만을 늘여 엄청난 스트레스를 유발한다고 말한다. 사무실 환경 속에서 사무직 및 서비스 사원은 컴퓨터와 마주 앉아 빛의 속도로 정보에 접하는 것에 익숙해 있다. 이와는 대조적으로 보다 느린 형태인 인간의 상호작용은 더욱 더 참을 수 없게 되어 늘어나는 스트레스의 원인이 된다고 한다. 브로드는 그 예로, 요점을 알아듣는 데 시간이 걸리는 전화 통화자에게 화를 내는 사무실 직원을 인용하였다.[14] 심지어 컴퓨터 그 자체도 더욱 더 많은 수의 조급한 사용자들이 더욱 더 빠른 반응을 원함에 따라 스트레스의 원천이 되어 가고 있다. 한 연구에 따르면 15초 이상의 컴퓨터 반응 시간은 사용자 측에 있어 조급함과 스트레스를 촉발한다고 한다.

컴퓨터에 의해 노동자의 성과를 감시하는 것 역시 높은 수준의 스트레스를 유발시킨다. 브로드는 그의 환자 중 한 사람이었던 슈퍼마켓 출납원의 경험을 자세히 말해준다. 앨리스 Alice의 주인이 전자 현금 등록기를 설치하였을 때 이 컴퓨터 기계는 중앙의 터미널에 출납원별로 그 날 얼마나 많은 품목의 스캐닝을 해대었는지에 관한 현재의 양을 송신하는 일종의 카운터였다. 앨리스는 더 이상 손님들과 얘기를 나눌 수 없었다. 왜냐하면 손님과의 잡담은 그녀가 계산을 위해 전자 스캐닝을 할 수 있는 품목의 숫자를 줄여 놓아 결국 일자리가 위협받게 되기 때문이다.[15]

캔사스에 있는 한 보수 서비스 회사는 종업원이 처리하는 통화의 수와 전화 통화 때마다 수집한 정보의 양을 집계하는 컴퓨터 계수기를 운영하고 있다. 스트레스를 받은 한 명의 노동자는 〈잡담을 원하는 친한 사람으로부터 전화가 왔을 때 그 전화가 점수에 나쁘게 작용하기 때문에 전화를 빨리 끊어야 한다.〉고 설명한다. 〈일을 하는 데 그런 것이 불쾌해요.〉[16]

기술 평가청이 발간한 〈전자 감독자 The Electronic Supervisor〉라는 제목의 1987년 한 보고서에 의하면 미국 사무직의 20퍼센트에서 35퍼센트가 첨단의 컴퓨터 시스템에 의해 감시를 받고 있다고 한다. 기술 평가청의 보고서는 종업원들이 〈지루하고, 반복적이며, 항시 긴장과 주의를 요하는, 작업 속도가 빠른 일을 하고 심지어 감독자는 인간이 아니라 미동도 하지 않는 컴퓨터 감독이 있는 전자 착취 공장의 오웰식 미래〉에 대해 경고하고 있다.[17]

생산성의 핵심 요소는 육체적인 것에서 정신적인 반응으로 억센 근육에서 두뇌로 바뀌어져 왔다. 회사는 계속해서 그들의 종업원과 컴퓨터 사이의 접촉을 최적화하려는 새로운 방법을 실험하고 있다. 예를 들어, 정보 처리 속도를 가속화하기 위한 노력으로 조작자가 17초 내에 스크린에 나타난 자료에 반응하지 않으면 사라지게 만들기 위해 몇몇 영상 표현 단위가 프로그램화되고 있는 중이다. 연구자들은 영상이 스크린에서 사라지기 위해 시간이 흐를 때 조작자들은 스트레스가 증가하는 것을 경험한다고 한다. 〈11초가 되는 시점부터 땀이 나고, 심장의 박동이 올라간다고 한다. 결국 조작자들은 엄청난 피로감을 느낀다.〉[18)]

비록 적지만, 일상적인 사무실의 미묘한 변화도 작업자의 스트레스 수준을 높인다. 브로드는 타이피스트인 카렌 Karen의 경험을 들려준다. 타자기에서 워드프로세서로 전환하기 이전에는, 카렌은 타자기에서 종이를 끄집어 내는 것을 그녀가 휴식을 하기 위한 신체적인 단서로 사용했다고 한다. 지금은, 컴퓨터의 단말기 앞에 앉아 카렌은 끝이 없는 정보의 흐름을 처리한다. 끝이나 휴식을 알려주는 자연적인 시점이 없다. 브로드에 따르면 카렌은 더 이상 사무실의 다른 비서들과 노닥거릴 시간이 없다고 한다. 왜냐하면 그들도 스크린에 붙어 앉아 자신들의 끝없는 정보 흐름을 처리하고 있기 때문이다. 〈오전이 끝날 무렵이면 피로감을 느끼고 그날 일을 제대로 끝마치기 위해 어떻게 힘을 보충해야 할까?〉 생각한다고 브로드는 말한다.[19)]

새로운 컴퓨터 기술은 정보의 양과 흐름 및 속도를 너무나 빠르게 하기 때문에 수백만의 노동자가 정신적으로 〈과중〉하고 〈소진〉된 느낌을 받는다. 과거 산업 경제의 빠른 속도로 생긴 육체적인 피로는 10억분의 1초의 새로운 정보 경제의 속도로 생긴 정신적인 피로에 비하면 아무것도 아니다. 전국 직업 안전 보건 연구소 NIOSH가 실시한 한 연구에 의하면 컴퓨터를 사용하는 사무직 노동자들은 비정상적으로 매우 높은 스트레스로 고통받고 있다고 한다.[20)]

아주 효율적인 첨단-기술의 경제는 전 세계 수백만 노동자들의 정신적, 신체적인 복지를 약화시키고 있다. 국제 노동 기구 ILO는 스트레스가 20세기에 있어 가장 심각한 건강 문제 중의 하나가 될 것이라고 말한다.[21] 미국만 하더라도 직무 스트레스로 결근, 생산성 감소, 의료 비용 및 보상 소송 등으로 연간 2000억 달러가 넘는 손실을 보고 있다. 영국에서, 직업 스트레스는 연간 국민 총생산의 10퍼센트 이상의 비용 손실을 초래한다. 1993년에 발간된 국제 노동기구의 보고서에 따르면 스트레스 수준의 상승은 공장 현장과 사무실에서 자동화된 새로운 기계에 의해 빨라진 속도의 결과이다. 특히 우려되는 것은 노동자들에 대한 컴퓨터의 감시라고 국제 노동기구는 말한다. 국제 노동 기구는 〈전자 감시를 받는 노동자들이 10퍼센트에서 15퍼센트까지 우울증과 긴장감, 극도의 불안감을 겪는다.〉는 위스콘신 대학의 연구 보고서를 인용하였다.[22]

높은 스트레스 수준은 위궤양 및 고혈압, 심장 마비, 뇌일혈 등 건강 관련 문제를 야기시킨다. 또한 스트레스 상승은 알코올과 약물을 남용하게끔 만든다. 메트로폴리탄 생명보험사 Metropolitan Life Insurance Company는 하루 평균 100만 명의 노동자가 스트레스 관련 질환으로 결근을 하는 것으로 추정하였다. 내셔널 생명보험사 National Life Insurance Company가 실시한 또 다른 연구에 의하면 표본 추출된 노동자의 14퍼센트가 직장에서의 스트레스로 지난 2년 동안 직장을 그만두거나 바꾸었다고 한다. 최근의 조사에서는 미국 노동자의 75퍼센트 이상이 자신들의 일들이 스트레스를 준다고 기술하고 그러한 압박감이 계속해서 올라가는 것으로 믿고 있다.[23]

1만 4000명 이상의 노동자가 매년 직무중 사고로 사망하고 220만 명이 신체 장애자가 된다. 비록 그러한 사고의 외관상 원인은 고장난 설비에서 생산의 속도까지 다양하나 스트레스가 그러한 실수를 촉발시킨 주범이라고 조사자들은 말한다. 국제 노동 기구의 한 조사관계자는 〈사고의 원인과 관련된 인적 요소 가운데 공통적인 원인으로서 유일하게 나타난 것은 사고 발생 당시의 높은 스트레스 수준이다…… 스트레스를 받고 있는 사람은 사고를 일으키기 쉽다.〉고 말한다.[24]

첨단 기술의 자동화된 작업 환경 속에서 일함으로써 늘어나는 스트레스 수준은 노동자들의 배상 소송에서 나타나고 있다. 1980년에는 모든 배상 소송의 5퍼센트 이하만이 스트레스와 관련된 것이었지만 1989년에는 15퍼센트가 스트레스로 인한 질병과 관련되어 있다.[25]

▌새로운 예비군

리엔지니어되고 자동화된 설비에서 작업 조건이 더욱더 노동자의 스트레스를 증가시키고 그들의 건강을 위협하면서, 변화하는 작업의 성격 또한 경제적인 불안정을 촉진하였다. 많은 노동자들은 더 이상 풀타임의 일자리와 장기적인 직업 안정을 얻을 수 없었다.

1993년 2월 미국에서 두번째로 큰 뱅크 아메리카 Bank America Corporation 사는 1200개의 풀타임 일자리를 시간제 고용으로 전환할 것을 발표하였다. 이 은행은 가까운 장래에 회사 직원의 19퍼센트 이하만이 풀타임 일자리를 가지게 될 것이라고 추정한다. 10명의 뱅크 아메리카 직원 중 약 6명은 주당 20시간이 안 되는 시간을 일하고 어떠한 부가 급부도 받지 못할 것이다. 지난 2년간 기록적인 이익을 경험한 이 회사는 좀 더 많은 일자리를 시간제로 돌린 것은 회사를 보다 탄력성 있게 만들고 간접경비를 줄일 목적이었다고 말한다.[26]

뱅크 아메리카만 그런 것이 아니다. 미국 전역에 걸쳐, 미국의 기업들은 영구 풀타임의 핵심 직원과 파트타임이나 조건부 노동자 등의 주변 인력으로 구성되는 이중 고용 시스템 two-tier system of employment을 만들어냈다. 멤피스에 위치한 나이키 Nike 사의 배급소에는 시간당 13달러 이상의 임금 및 부가 급부를 받는 120명의 영구직 직원들이 60명에서 255명에 달하는 임시직 직원과 함께 일하고 있다. 임시직 인력은 미국 최대의 임시직 서비스 회사인 노렐 서비스Norrel Service에 의해 공급이 된다. 임시직 서비스 회사는 직원 1명당 6.5달러의 시간 급을 받아 이중 2달러는 노렐에서 챙기고 나머지 시간당 6.5달러는 각 노동자에게 돌아가게 되는데 이는 나이키 영구직 직원의 시간당 보상액의 절반에 해당한다. 영구직 직원이 임시직 직원과 똑같은 일을 함에도 불구하고 커다란 임금 격차가 존재한다.[27]

노렐과 같은 임시직 서비스 회사는 미국의 기업에 매일 150만 명의 임시직 인력을 공급하고 있다. 미국의 최대 임시직 서비스 회사인 맨파워 Manpower 사는 56만 명의 노동자를 가진 미국의 단일 최대 고용주이다. 1993년 3400만 명 이상의 미국인이 〈조건부〉 노동자로 — 파트타임이나 계약 또는 프리랜서로 일을 하고 있는 〈조건부〉 노동자다.[28]

지난 15년 동안, 〈영구직 노동력에 비해 임시적 노동력의 더 커다란 증가가 있었다.〉고 맨파워 사의 프롬스타인 Mitchell Fromstine은 말한다.[29] 1982년과 1990년 사이에 임시직 고용이 전체 고용에 비해 10배나 빨리 성장하였다. 임시직과 계약직, 파트타임 노동자들은 현재 미국 노동력의 25퍼센트 이상을 차지하고 있다.[30] 이러한 수치는 1990년대의 마지막까지 지속적으로 증가할 것으로 예상된다. 국가 계획 위원회 National Planning Association의 부위원장이자 수석 경제학자인 벨로스 Richard Belos는 미국 노동력의 35퍼센트 이상이 2000년경이면 임시적으로 일할 것이라고 예측했다.[31] 조건부 노동자 쪽으로의 움직임은 임금을 삭감하고 의료 보험, 연금, 병가 및 유급 휴가와 같이 돈이 많이 드는 복지성 지급을 회피하기 이한 경영자의 장기적인 전략의 일환이다. 노동자에 대한 부가급부는 모두 합치면 영구직 풀타임 노동자가 일한 시간에 대한 총보상의 약 45퍼센트를 차지한다.[32] 벨로스는 조건부 노동을 하룻밤의 관계로 비유하는 한편 그것이 장기적인 관계를 형성하는 것이 아니라고 경고한다. 그는 조건부 노동은 미래에 있어 종업원의 충성심을 약화시킬 수 있으며 이는 기업에 잠재적으로 심각한 결과를 초래할 것이라고 우려한다.[33]

경쟁의 심화와 변덕스러운 경제에 직면한 많은 기업들은 핵심 인력을 감축하고 시장의 계절별 심지어 월별, 주별 추세에 신속히 대응하기 위하여 구하기 쉽고 자르기 쉬운 임시직을 고용하고 있다. 인적자원 자문가인 허친스 Nancy Huchens는 1990년대에 출현중인 새로운 조건부 노동력과 1980년대 기업계를 휩쓴 적시 JIT 재고 혁명 간에 유사점을 끌어냈다. 〈1990년대 혁명은 '적시 고용 just-in-time employment'을 향해 가고 있다…… 기업체는 사람을 회사가 필요한 때에만 쓸 것이다. '그 결과는 대단히 심각하다.'〉고 말하는 허친스는 미국이 아직까지도 적시 고용이 노동자의 경제 복지 및 심리적 안정감에 끼치는 영향에 대해 합의하지 못하고 있다고 경고한다.[34]

파트타임 임시적 노동자는 똑같은 일을 하는 풀타임 노동자에 비하여 20퍼센트에서 40퍼센트를 적게 번다.[35] 노동성에 따르면, 파트타임 노동자는 풀타임 노동자가 시간당 7.43달러를 벌었는데 반하여 1987년에 시간당 4.42달러를 벌었다. 풀타임 노동자의 88퍼센트가 회사측으로부터 의료 보험 혜택을 받는 반면 임시직 노동자의 25퍼센트 이하가 임시직 서비스 회사나 파견된 회사로부터 그 혜택을 받는다. 똑같이, 풀타임 노동자의 48.5퍼센트가 노동자 연금 계획의 수혜를 받는 반면 파트타임 노동자의 16.3퍼센트만이 연금 혜택을 받는다.[36]

기업체들은 또한 전통적으로 사내에서 취급되었던 재화와 용역을 외부 공급업자와 계약함으로써 인건비를 절감하고 있다. 외부 용역화 out-sourcing로 회사들은 노조를 회피할 수 있다. 외부 용역 공급업체의 대부분은 저임의 소규모 회사로 그들의 노동자에게 부가 급부를 거의 제공하지 않는다. 외부 용역화는 일본 경제의 영원한 특징으로 미국과 유럽에서 더욱더 대중화되고 있다. 정보 부문에 있어 서비스 외부 용역 시장은 1992년 120억 달러에 달했고 1997년에는 300억 달러를 넘어설 것으로 기대된다.[37] 크라이슬러는 완제품 가치의 70퍼센트 이상을 외부 공급자로부터 조달했다. 웨버 Paine Webber가 실시한 한 연구에 의하면 철강 산업 노동력의 18퍼센트 이상이 하청 계약자의 인력으로 구성되어 있다.[38] 전형적인 것이 개리 작업장에서 유 에스 스틸 U. S. Steel 사가 고용한 전직 파이프 조립공의 예이다. 과거에 그는 시간당 13달러를 벌었고 꽤 괜찮은 부가 급부를 받고 있었다. 해고 후, 그는 시간당 5달러에 아무런 부가 급부도 제공하지 않는 한 소규모 하청업체에서 일자리를 구할 수 있었다. 그가 새로 맡은 일이란 과거 자기가 다녔던 회사를 위해 부품을 만드는 것이었다.[39]

임시직에 종사하는 노동자는 응접원, 비서 및 핑크 칼라 사무직 등 켈리걸 Kelly girl 직종에 종사한다는 것이 대중의 인식이지만, 실제로는 거의 모든 산업 및 부문에서 영구직 노동자의 대체물로 이용되고 있는 현실이다. 1993년 임시직 서비스 회사는, 1992년에 비해 22만 4000명이나 늘어난 하루에 34만 8000명 이상의 임시직 노동자를 미국의 제조업체에 지원하였다.[40]

전문적 일자리 역시 임시화하고 있다. 《경영자 리쿠르트 뉴스 Executive Recruiter News》는 12만 5000명 이상의 전문 인력이 매일 임시직으로 일한다고 보고한다. 〈전문직은 임시직 노동자의 가장 빠른 성장 집단〉이라고 헤이 그룹 Hay Group이라는 보상 컨설턴트 회사의 시카고 관리 국장인 호프리츠터 David Hofrichter는 말한다. 올리버 인적자원 컨설턴트 Oliver Human Resources Consultants 회사 사장인 올리버 Adela Oliver 박사에 의하면 많은 기업체들이 여러 분야의 전문가를 계약 기준으로 빨리 뽑아올 수 있다는 것을 알기 때문에 부서 전체를 없애고 있는 중이라고 한다.[41]

연수 전문가인 페링톤 Dick Ferrington은 새로운 임시직 전문가의 전형적인 예이다. 현재 48세인 페링톤은 지난 9년 중 7년 동안 임시직으로 일해 부가 급부 없이 연간 10만 달러에 가까운 돈을 벌고 있다. 그는 실리콘 밸리의 생명 기술 회사인 시오스 노바 Scios Nova의 임시직 형태의 인적자원 부사장직에 재직중에 있다. 그의 계약 기간은 6개월간이다. 임시직 일감들이 비어 있는 기간중에는, 페링톤은 컴퓨터와 모뎀 및 팩스가 있는 그의 집에서 새로운 일거리를 찾는다.[42]

모든 전문 직종의 사람들이 다 페링톤과 같이 고임금의 임시직 일자리를 구한 것과 같은 행운이 있는 것은 아니다. 많은 전문 임시직 종사자들은 제록스에서 연간 2만 달러를 벌었던 전직 경리 담당중역인 술탄 Arthur Sultan이 겪은 것과 같은 종류의 어려움을 경험하고 있다. 술탄은 그의 본부가 폐지됨에 따라 해고되었다. 2년 이상 영구직 일자리를 찾아 왔던 술탄은 겨우 집세를 내고 들어오는 얼마를 가질 수 있는 임시직 일자리에 낙착을 보게 되었다. 전문직 분야에서 일자리를 발견할 수 없었던 술탄은 한때 3개나 되는 파트타임 일자리를 가져 운전수, 칼도 Caldor 백화점의 카메라 판매원 및 페퍼릿지 팜 Pepperidge Farm의 신용 관리자로서 1주일에 80시간을 일한 적이 있었다. 지난 9개월 동안 술탄은 페더럴 보증 보험회사 Federal Deposit Insurance Corporation 의 임시 금융 분석가로 일을 해 시간당 21달러를 벌었다. 지금의 일자리가 마음에 들지만 내일 아침에도 출근을 할 수 있을지 항상 걱정하고 있다. 〈일자리가 없는 것보다 더 나쁜 것 같아요.〉〈앞날을 기약할 수조차 없어요.〉[43]

그들의 전문 기술로 첨단 기술의 지식 경제속에서 일자리가 불안한 것에 대해선 면제되었다고 생각되어 왔던 과학자들조차 임시직으로 축소되어 가고 있다. 존슨 앤 존슨 Johnson & Johnson에서 밀러 맥주 Miller Beer에 이르는 회사에까지 과학자를 조달해 주는 전문 임시직 서비스 회사인, 온 어사인먼트 On Assignment Inc. 사는 1100명의 화학자와 미생물학자 및 실험실 기술자를 보유, 미국 전역에 인력을 제공할 채비가 되어 있다. 최근 들어 프리토 레이 Frito Lay 사는 최근에 개발한 옥수수 칩의 바삭함을 시험하기 위해 대학 교육을 받은 기술자를 요청, 온 어사인먼트의 전문 기술자가 48시간내에 파견됨으로써 회사가 그 일을 위해 풀타임 영구직 직원을 채용하는 데 드는 비용을 절감할 수 있도록 하였다.[44]

연방 정부도 민간 부문의 선례를 좇기 시작하였고, 경비 및 운영비를 절감하기 위해 더욱 더 많은 수의 풀타임 공무원을 시간제로 대체시켰다. 거의 15만 7000명의 공무원 또는 노동력의 7.2퍼센트가 현재 임시직이다. 국방성, 농무성 및 내무성은 각각 5만 명씩의 임시직 노동자를 갖고 있다. 많은 정부 기관은 1년이 지나면 자동적으로 건강 및 퇴직 수당을 받게끔 되는 것을 회피하기 위해 그들의 임시직 노동자를 1년이 채 못 되어 해고하였다가 다시 채용한다고 전국 연방 공무원 연맹의 위원장인 키너 Robert Keener는 말한다. 연방 정부에 의한 임시직 노동자의 열악한 대우는 인사관리국의 국장이 급기야 연방 정부의 인력들이 〈착취적 대우〉를 받고 있다고 하원의 소위원회에서 경고하기에 이르렀다.[45]

임시직 노동자 및 외부 용역은 오늘날 조건부 노동력의 대부분을 구성하고 있으며 수백만의 노동자가 영구직 노동력을 유지하는 데 드는 비용의 일부분으로 한 순간의 통지로 사용되었다가 폐기된다. 바로 그들의 존재는 남아 있는 풀타임 노동자의 임금을 낮추는 작용을 하는 것이다. 사용측은 더욱 더 노조로부터 임금 및 부가 급부에 대한 양보를 얻기 위해 임시직 고용 및 외부 용역화의 위협을 사용하고 있으며 이러한 추세는 앞으로도 가속화될 것 같다. 1986년 블루스톤 Bluestone과 해리슨 Harrison은 매사추세츠 대학의 정책 및 계획 연구소에 근무하는 틸리 Chris Tilly와 함께 임금 및 소득에 있어 불균형이 심화된 원인의 45퍼센트는 고임의 핵심 노동자와 저임의 조건부 노동자라는 이중적 구조의 노동력을 만들어 낸 경영자의 의사 결정에 직접 기인한다는 것을 발견했다.[46] 〈임시직 노동자로 벼랑 끝에서 일하는 것은 삶의 많은 것을 주지 못한다.〉고 자동차 공장의 임시직 노동자는 말한다. 〈그들은 우리를 던져 버려질 사람으로 생각한다.〉[47]

침체된 임금, 작업장에서의 미쳐 날뛰는 듯한 작업 속도, 파트타임 조건부 노동자의 증가, 장기적인 기술 실업의 증가, 가진 자와 가지지 못한 자와의 소득의 불균형, 중산층의 극적인 축소 등은 미국의 노동자들에게 그 유례가 없을 정도의 스트레스를 주고 있다. 인생에 있어 자신의 몫을 좀 더 낫게 하고 자식들의 전도도 밝게할 수 있다는 신념으로 이민 세대들을 열심히 일하도록 한 전통적인 낙관주의가 산산히 깨어져 왔다. 그 대신 그곳에는 기업 권력에 대한 냉소주의와 세계 시장에서 거의 완전한 통제를 휘두르는 사람들에 대한 의혹이 자리잡았다. 대부분의 미국인들은 만약에 그리고 언제 리엔지니어링 운동이 그들의 사무실이나 작업장에 도달해, 한 때 안정성이 있다고 생각한 일자리에서 자신들을 끌어 내어 그들을 조건부 노동자 대열에 집어 넣거나 더 나쁘게는 실업자의 대열에 밀어 넣는 것을 알지 못한 채 새로운 린 생산 관행과 고도의 새로운 자동화 기술에 의해 잡혀 있다.

▌서서히 죽어가는 노동자들

노동의 조건과 성격에 대한 급격한 변화가 미국의 노동자들에게 미치는 심대한 심리적 충격을 산업 관찰자들은 공포에 가득 차서 지켜보고 있다. 아마도 지구상의 어떠한 국민보다도 미국인들은 자신들을 자신들의 일과의 관계에서 규정짓는다. 어렸을 때부터 젊은이들은 커서 무엇이 될 것인가를 끊임없이 질문 받는다. 〈생산적〉인 시민이 되어야 된다는 관념이 국민의 성격 속에 너무나 깊이 각인되어 갑작스레 일자리를 거부받았을 때 그의 자존심은 추락하는 것 같을 것이다. 고용은 수입의 척도 그 이상의 것이다. 일자리를 찾지 못하거나 해고되었다는 것은 비생산적이고 더욱 더 쓸모없다는 것을 느끼는 것이다.

장기적인 기술 대체의 계속적인 확대는 해고된 사람들의 정신적인 건강 문제에 대한 심리학자 및 사회학자의 관심을 촉발시켰다. 지난 10년 동안 실시된 일단의 연구에 의하면 기술적인 실업과 우울 및 심리적 병적 상태간의 명확한 상관 관계를 보여 준다.[48]

매사추세츠 전문 심리학 학교에 소속된 임상 심리학자이자 사회학자인 코틀Thomas T. Cottle은 15년 이상이나 일자리를 갖지 못한 〈만성 핵심〉실업자를 만났다. 만성 핵심 실업자란 6개월 이상이나 일자리를 갖지 못해 낙심한 남녀 노동자로 그들은 너무나 용기를 잃어 계속해 일자리를 찾지 못하는 사람들로 정부는 규정한다. 그들 중 많은 사람들은 새로운 노동 절약 기술 및 재편된 작업 환경에 의해 기술적으로 박탈되어 일자리가 없어진 부류의 사람들이다.

코틀은 핵심의 실업자들이 죽어가는 환자들과 흡사한 병리적 증세를 보인다는 것을 관찰하였다. 그들의 마음 속에 생산적인 일이 살아 있다는 것과 너무나 강력하게 관련성을 갖기 때문에 일자리가 그러한 조건에서 잘려져 나갔을 때 죽음의 전형적인 징후를 나타낸다. 코틀은 그가 인터뷰한 사람 중의 하나인 한때 소규모 공기구 회사의 관리자였던 47세의 윌킨슨 George Wilkinson의 감정을 회상한다. 그가 코틀에게 얘기했다. 〈단 두 마디였어요. 2~3주의 휴가에 9시에서 5시까지 정상적으로 매일 일하든가 아니면 그만둬! 타협 조건이란 없었어요. …… 일은 생명과도 같은데. 일은 당신이 생각하지 못하는 그런 것이에요. 일을 하지 못할 때 죽는 것 아니에요.〉[49] 이러한 말을 한 지 1년 뒤 윌킨슨은 총으로 자살했다고 코틀은 보고한다.

만성 핵심 실업자에 대한 그의 연구에서, 코틀은 유사한 증상이 전개되는 것을 발견했다. 실업의 제1단계에서 그가 인터뷰한 사람들은 이전의 동료나 고용주들에 대한 분노와 좌절감을 폭발시켰다고 한다. 미국의 어디인가의 직장은 해고된 노동자가 동료와 고용주를 더욱더 빈번하게 총으로 쏨으로서 가공의 전쟁터로 변해 버렸다. 살인은 이제 직장에서 세 번째의 사망 원인이 되었다. 1992년, 전국 직업 안전 및 보건 연구소는 750건의 치명적인 총기 발사를 포함하여 11만 1000건의 직장 내 폭력 사건을 보고했다. 고용주에 대한 살인 행위는 1989년 이후 거의 3배로 늘어나 작업장 폭력 중에서 가장 빨리 늘어나고 있는 부분이 되었다.[50]

시카고에 있는 전국 안전 직장 연구소 National Safe Work-place Institute가 준비한 연구 보고서에 의하면 고용주에 대한 폭력은 다운사이징과 해고에 의해 빈번하게 촉발된다고 한다. 로버트 맥 Robert Earl

Mack은 25년간 재직한 샌디에이고의 제너럴 다이너믹스 콘베어 공장에서 해고되었다. 복직 청문회에서 38구경 권총을 꺼내 그의 전 감독자와 노조 협상자를 쏘았다. 왜 그런 일을 저질렀는가 하는 질문을 받았을 때 그는 〈지금까지 내가 가진 유일한 일자리야…… 어떻게 일자리를 빼앗을 수 있어?〉라고 대답했다.[51]

작업장에서 늘어만 가는 폭력 사태에 불안을 느낀 몇몇 회사는 잠재적인 폭력의 원천을 찾아내어 총기 사용이나 폭발을 예방할 수 있는 적절한 예방 조치를 취하기 위해 〈위협 관리 팀〉을 신설하고 있다. 〈신속 대응 팀〉 역시 신설되어 공격 시 개입하여 공격자를 막도록 하였다. 〈충격 요법 trauma 팀〉은 살인 사건 뒤에 가장 가까운 사람을 확인하여 증언을 준비하고 후유증 증세를 겪는 노동자에게 상담해 주기 위해 만들어졌다.[52]

코틀은 거의 10년 동안 실직 상태에 있은 후에는 대부분의 전직 노동자는 자신들의 분노를 내재화한다고 말한다. 결코 다시는 일을 가질 수 없다는 것을 의심하며 자신의 어려운 처지에 대해 자신을 비난하게 된다. 그들은 자살로 끝나게 되는 극도의 수치심과 자괴감을 경험한다. 분노 대신에 그들은 만사가 귀찮고 체념의 상태에 이르게 된다. 많은 사람들이 가족들로부터 외면을 받는다고 코틀은 말한다. 〈그들의 남성다움과 강건함은 시들어 버리고 마치 보이지 않기를 바라는 양 수치스럽고 어린애처럼 보이고, 사실 그렇게 되어 버린 은둔자처럼 보인다.〉[53]

심리적인 죽음 뒤에는 사실상의 죽음이 때로는 뒤따른다. 그들의 조건에 대처할 수 없고 가족이나 친구, 사회에 짐처럼 느낌으로써, 많은 이들이 목숨을 끊음으로 끝을 맺는다. 코틀은 그가 상담한 해직 노동자 중의 한 사람을 기억한다. 그의 이름은 사이레 Alfred Syre였다. 1월의 어느 날 밤 그의 아내가 〈발작적으로 비명〉을 질렀다. 자동차 사고라곤 한 번도 없었던 사이레는 그의 차를 제방의 정면에 충돌시켜 즉사했다. 사이레와 윌킨슨은 모든 희망을 잃고 자살을 탈출로로 선택한 더욱 더 늘어가는 만성 핵심 실업자 중의 일부분이었다.

전 세계 노동력의 죽음은 돈에 눈먼 고용주와 무관심한 정부의 손에 의해 매일 자신의 죽음을 경험하는 수백만의 노동자에 의해 내부화되고 있다. 그들은 해고 통지서를 기다리거나 깎인 보수에 시간제로 일해야 하며 복지수당을 받아야 하게끔 밀려나고 있는 사람들이다. 또 다른 새로운 모욕과 함께 그들의 신뢰와 자존은 날아가버린다. 그들은 첨단의 새로운 국제적 상업 및 무역 세계에서 소모품화되고 관련이 없어지고 마침내 사라져 버릴것이다.

13 국가의 운명

제3의 산업혁명의 파괴적 영향은 전 세계에서 감지되고 있다. 모든 선진 경제에 있어, 신기술 및 경영 기법은 노동자들을 해고시켜 조건부 노동자 예비군을 만들고, 가진 자와 가지지 못한 자의 격차를 심화시키고, 새롭고 위험한 수준의 스트레스를 만들어놓았다. 경제 협력 및 개발기구 OECD에 가입한 국가에서 3500만 명이 현재 실업 상태이며 또 다른 1500만 명이 일자리를 찾는 것을 〈포기하거나 하는 수 없이 시간제 일을 받아들였다.〉[1] 중미(中美)에서는 도시의 실업률이 8퍼센트를 상회하고 있다. 인도와 파키스탄은 15퍼센트 이상의 실업률을 경험하고 있다. 단지 소수의 동아시아 국가만이 3퍼센트 이하의 실업률을 갖고 있다.[2]

〈실업〉이란 용어를 좀처럼 들을 수 없는 일본에서도 격심한 새로운 국제경쟁으로 회사들은 사업을 긴축 운영하고 최근의 기억 중 처음으로 노동자들을 실업의 대열로 내보내고 있다. 비록 일본이 불과 2.5퍼센트의 실업률을 주장하지만, 몇몇 분석가들은 많은 수의 낙심한 실업자와 기록이 되지 않은 무직자들이 총계에 가산이 되면 실업률은 7.5퍼센트에 가까울 것이라고 지적한다.[3] 1993년 9월 《월스트리트 저널》은 〈주요 기업들이 곧 노동자들을, 그것도 대대적으로 노동자들을 해고해야 할 것이라는 공포가 (일본내에서) 번지고 있다.〉고 보도했다.[4] 제조업의 일자리는 26퍼센트나 감소하여 왔으며 일본의 일부 경제학자들은 몇 년이 지나면 모든 일자리에 두 명의 지원자가 있을 것이라고 예측한다. 일본 산업은행의 선임 경제학자인 고이데 Koyo Koide는 〈노동력 조정에 대한 잠재적인 압력은 (일본에서) 2차 세계대전 이후 최대일 것〉이라고 말한다.[5]

고용 전망은 사실상 일본 경제의 거의 모든 부문에서 밝지 못하다. 도쿄에 있는 도쿄 Tokyo 대학의 취업 담당자인 아오야나 Megumu Aoyana는 대학 졸업자에 대한 기업체 모집이 2차 세계대전 이후 최저라고 불평한다. 제조업체의 중간 관리층 취직 직업 수는 둔화되고 있고 몇몇 분석가들은 86만 개의 관리직이 다가오는 기업체의 리엔지니어링 물결로 없어지게 될 것 같다고 주장한다. 과거에는, 제조업의 일자리가 줄어들면 서비스 부문이 잉여 노동자를 흡수할 것으로 가정되었다고 아오야나는 말한다. 현재 서비스 부문의 일자리는 각 부문 중 최대 하락치인 34퍼센트가 떨어졌다. 아오야나는 일본의 거대 기업들이 〈다시는 그렇게 많은 사람들을 채용하지 못할 것〉이라고 믿는다.[6]

《하버드 비즈니스 리뷰 Harvard Business Review》의 최근 논문에서 자문회사인 베인 앤 컴퍼니 저팬 Bain and Company Japan의 이사인 호리 Shintaro Hori는 〈일본 회사들은 낮은 경비의 미국 기업과 경쟁하고 세계 시장에서 경쟁력 있게 남아 있기 위해서는 전체 사무직 노동력의 15퍼센트에서 20퍼센트를 감축해야 할 것이다. 국제 경쟁의 심화라는 현실에 직면한 일본의 고용주들은 가까운 장래에 그들의 운영을 감축해야 하는 점점 더 많은 압력을 느껴 그 과정에서 수백만 명의 노동자를 해고시켜야 할 것이다.〉라고 경고했다.[7]

실업에 대한 우려가 일본에서 높아지고 있는 반면, 현재 9명의 노동자 중 1명이 일자리가 없는 서부 유럽에 똑같은 수준의 우려가 높아지고 있다.[8] 서부 유럽의 모든 국가들은 고용의 악화를 경험하고 있다. 프랑스의 실업률은 11.5퍼센트이다. 영국은 10.4퍼센트에 달하고 있다. 아일랜드에서의 실업률은 현재 17.5퍼센트를 상회한다. 이탈리아는 11.1퍼센트에 달했다. 벨기에는 실업률이 11퍼센트를 보이고 있다. 덴마크의 실업률은 11.3퍼센트에 접근하고 있다. 한때 유럽에서 가장 빠른 성장 국가 중 하나였던 스페인은 5명 중의 1명이 일자리가 없다.[9]

독일의 실업자는 현재 400만 명을 상회한다. 자동차 산업에서 만 30만 개 이상의 일자리가 다가오는 10년내에 없어질 것으로 전망된다.[10] 1930년대 초 독일의 실업률과 현재의 실업률을 비교하면서 헬무트 슈미트 총리는 최근에 〈독일 국민들이 나치를 뽑았던 1933년보다 셈니츠, 레우나 또는 프랑크푸르트의 더욱 더 많은 사람들이 일자리가 없다.〉는 오싹하게 하는 발언을 했다. 슈미트는 독일 국민과 세계 공동체에 다가올 암울한 결과를 경고했다. 〈이러한 문제를 극복하지 못하면 모든 것에 대비하여야 한다.〉고 슈미트는 말한다.[11] 독일의 상황은 유럽 경제에 충격파를 던지고 있다. 독일의 8000만 시민은 유럽 소비자의 23퍼센트를 구성하며 독일의 1조 8000억 달러 규모의 경제는 유럽 공동체 국민 총생산의 26퍼센트를 점유한다.[12]

산업 관찰자들은 유럽에서 해고된 사람의 수가 1995년 초에는 1900만 명으로 상승할 것이며 아마도 1990년대 잔여 기간 중에도 계속해서 늘어날 것이라고 주장한다. 컨설팅 회사인 드레이크 빔 모린 Drake, Beam, Morin은 유럽의 400개 기업을 최근에 조사하고 그 중 52퍼센트가 1995년에 인력을 감축하려 한다고 보고했다(미국에서 실시된 비슷한 조사에서 인터뷰를 한 42퍼센트의 기업이 1995년에 자신들의 노동력을 감축할 것이라는 것을 발견했다.) 모린 William J. Morin은 〈국제 경쟁의 압력과 새로운 기술이 유럽에 타격을 주기 시작했다.〉고 경고한다.[13]

▮ 유럽의 하이테크 정치학

　기술 대체의 문제는 유럽의 정치적 논쟁의 전면으로 급속히 부상하고 있다. 1990년대 초에, 5명의 유럽인 중 1명은 제조업에 고용되었는데 이 수치는 1960년의 4명 중의 1명에 비해 떨어진 것이다.[14] 제조업 일자리의 감소는 대개 노동과 시간을 절약하는 신기술의 도입과 미국과 일본에서 이미 꽤 발전한 라인별 생산 관행의 재편에 기인한다.

　유럽의 자동차 부품 산업은 이러한 추세를 보여준다. 현재 이 산업은 94만 명 이상의 EC 노동자를 고용하고 있다. 유럽 위원회에 제시된 비밀 보고서에 따르면 유럽의 기업체들이 경쟁력 있고 시장 위치를 재탈환하기 위하여는 운영을 혁신하고 1999년까지 40만 명의 노동력을 감축해야 한다. 그것은 6년도 채 안 되는 기간 내에 한 사업에서 40퍼센트의 고용 하락을 나타낸다.[15]

　유럽 및 기타 OECD 국가에서의 제조업은 제조업이 노동자 없는 공장의 시대로 가차없이 움직임에 따라 다음 몇 십년 동안 더욱더 많은 수의 노동자를 해고할 것으로 예상된다. 경제학자 및 정책지도자가 갖고 있는 희망이 무엇이든지 간에 과거와 같이 실업자에게 일자리를 제공하였던 서비스 부문이 현재 감소하고 있다. OECD 국가에서의 서비스 부문은 1980년대 동안 연간 2.3퍼센트씩 성장하였으나 1991년에는 성장률이 1.5퍼센트 이하로 떨어졌다. 캐나다, 스웨덴, 핀란드 및 영국에서 서비스 부문은 1991년 사실상 감소했다. 국제 노동 기구는 그 하락 원인을 서비스 부문에서 진행중인 구조 조정에 두고 있다. 1993년의 세계 노동 보고서에서 국제 노동 기구는 〈은행업에서 서비스업(보건 부문은 예외 가능)에 이르는 대부분의 서비스는 현재 제조업이 10년 전 채택했던 방식으로 재편되고 있다.〉[16]

　유럽에서 실업 문제는 공공 고용의 하락으로 더욱 더 악화될 것 같다. 1980년대 총 500만 개의 공공 부문의 일자리는 유럽 연합의 고용 성장의 대부분을 차지했다.[17] 현재 유럽의 국가들이 정부의 적자 및 부채를 낮추기 위한 노력으로 긴축 예산을 편성함에 따라 정부가 해고된 제조업 및 서비스업 노동자를 고용하고 최후의 고용주로서 역할하는 것은 더 이상 정치적으로 실현성이 없다. 더욱더 놀라운 것은 유럽의 해고된 근무자 중 45.8퍼센트 이상이 1년 이상이나 일자리를 갖고 있지 못했는데 이는 6.3퍼센트만이 1년 이상 일자리를 구하지 못했던 미국과 비교할 때 놀라운 숫자이다.[18]

고용의 기회가 존재하는 곳은 주로 파트타임 일자리에 국한된다. 미국에서와 같이, 유럽의 기업체는 인건비를 절감하기 위하여 임시직에 의존하고 있다. 적시 고용은 많은 유럽 국가들의 규범이 되고 있다. 임시 인력은 리엔지니어링 현상이 급속히 전개되는 서비스 분야에 집중되어 직업 안정성에 대한 전통적인 관념에 도전하고 있다. 네덜란드에서는 노동자의 33퍼센트가 시간제 노동을 하고 노르웨이는 20퍼센트가 넘는다. 스페인에서 3명의 노동자 중 1명은 파트타임이다. 영국에서는 거의 40퍼센트의 직업이 파트타임이다.[19]

적시 고용은 21세기의 첨단 국제 경제에서 더욱더 크고 확대된 역할을 할 것이라는 증거가 있다.[20] 국제 경쟁에 직면해 기동성이 있고 탄력적으로 남아 있기를 갈망하는 다국적 기업들은 시장 변화에 재빨리 대응하기 위하여 점점 더 영구직에서 조건부 노동력으로 전환하고 있다. 그 결과 세계의 모든 국가에서 생산성이 향상되고 직업의 불안정성이 커졌다.

특히 유럽에서 조건부 노동자 예비군에 대한 의존이 커진 것은 전후 EC 국가에서 세워졌던 값비싼 사회적 보호망이 국제 무대에서 그들 기업의 경쟁력을 더욱 약화시킨다는 경영자측의 높아지는 우려감을 나타내준다. 보통의 독일 제조업 노동자는 미국의 노동자보다 훨씬 더 좋은 보수를 받는다. 그들의 시간당 보상액은 약 26.89달러로 이중 46퍼센트가 수당 부분이다. 이탈리아의 제조업 노동자는 시간당 21달러를 버는데 보상액의 대부분이 수당 형태이다. 미국의 제조업체 노동자는 시간당 15.89달러를 버는데 이 중 28퍼센트만이 수당이다.[21]

유럽인들은 보다 긴 유급 휴가를 즐기고 보다 적은 시간을 일한다. 1992년 보통의 독일 노동자는 1년 중 1519시간을 일하고 40일 간의 유급 휴가를 받는다. 정부의 공무원은 평균 1646시간을 일한다. 미국의 노동자는 연간 평균 1857시간을 일하는 반면 일본의 노동자는 매년 2007시간 이상을 일해 최고를 기록하고 있다. 종합해 보면, 유럽의 노동은 미국이나 일본의 것 보다 50퍼센트 이상이 비싼 것이다.[22]

유럽의 공공 지출은 세계의 어떤 산업 지역에서보다 더 높다. 지출의 많은 부분은 노동자 및 그들 가족의 복지를 보호하고 증진시키기 위한 사회적 프로그램을 충당하기 위해서이다. 독일의 사회 보장 지출은 미국의 단 15퍼센트 및 일본의 11퍼센트에 비하여 국내 총생산 GDP의 25퍼센트에 달한다. 노동자를 위한 사회 복지를 재정 지원하기 위하여는 기업에 보다 무거운 과세를 해야 한다. 독일에서 기업의 조세 부담은 60퍼센트가 넘고 프랑스에서는 52퍼센트에 근접한다. 미국은 45퍼센트에 불과하다.[23] 조세 비용, 사회 보장, 실업 보상, 연금 및 의료보험을 포함하여 적절한 사회적 복지망을 유지하는 데 드는 총 비용을 가산할 때, 총 금액은 미국과 일본의 30퍼센트에 비해 유럽 총 국내 총생산의 약 41퍼센트에 달한다.[24]

기업계 지도자들은 그들이 생각하기에 부풀어 있고 불필요한 사회 복지 프로그램에 주의를 환기시키기 위한 노력으로 〈유럽 동맥 경화증 Euro-sclerosis〉이라는 신조어를 언론에 소개했다. 그들의 주장을 옹호하기 위해, 회사들에게 불필요한 인건비 부담을 덜어 주기 위한 노력의 일환으로서 레이건 및 부시 행정부 당시 사회적 복지망이 제거된 미국을 지적한다.[25]

1993년 8월 헬무트 콜 정부는 증가하는 연방 정부의 적자를 줄이기 위한 긴축 재정의 일환으로 사회 복지 프로그램 중 452억 달러의 삭감을 발표했다.[26] 다른 유럽 국가들도 그 예를 쫓아 가고 있다. 프랑스의 새로운 보수파 정부는 퇴직 수당의 삭감 및 의료비 환불 등을 포함한 사회 복지 프로그램을 대폭 삭감하는 조치를 도입했다. 신 정부는 실업 노동자가 실업 수당을 받을 수 있는 주(週)의 수를 단축시켰다. 그러한 변화에 대한 논평에서 프랑스의 한 관리는 〈8개월을 일한 사람에게 15개월의 실업 수당을 지금처럼 줄 수 없다.〉고 말했다. 네덜란드에서는 공공 지출에 있어 연간 20억 달러 이상을 절약할 희망으로 장애 수딩에 관한 조건이 강화되었다.[27] 유럽 연합의 플린 Padraig Flynn과 같은 몇몇 유럽 관리들은 사회 복지를 줄이는 것에 대한 논의에 있어 조심해야 한다고 주장한다. 그는 〈더욱 더 많은 저임의 일자리가 만들어지고…… 더욱 더 많은 시간제 일자리가 있게 될 것〉이라고 경고한다. 이 두 경우에 있어 〈열쇠는 만족스러운 수준의 사회적 보호를 하는 것으로…… 일하면서 가난한 사람과 더 많은 빈민을 만들지 말아야 한다.〉고 플린은 말하고 있다.[28]

더욱 더 많은 수의 노동자들이 새로운 기술과 경영 재편에 의해 일자리를 잃는 시점에서 사회 복지망을 낮추는 것은 유럽에 긴장을 고조시키는 것이다. 1994년 3월 프랑스에서, 수많은 학생들이 젊은이들의 최저 임금을 낮춘 정부 법안에 항의하기 위해 거리로 뛰쳐 나왔다. 4명의 프랑스 젊은이 중 1명이 벌써 실업 상태이므로 정부는 점증하는 정치적 불안정이 1968년 프랑스를 뒤흔든 폭력적인 항의를 재현시켜 정부를 마비시킬 것에 대하여 우려하고 있다. 젊은이들의 실업이 30퍼센트에 이른 이탈리아와 17퍼센트에 이른 영국에서, 정치 관찰가들은 프랑스에서 발생한 사건을 예의주시하며 그들 국가가 다음 차례에 폭력적인 젊은이들의 항의에 의해 공격받지는 않을까 우려하고 있다.[29]

유럽 노동자의 곤경을 조사한, 연구자 베르너 Heinz Werner는 그것은 〈햄스터의 돌림바퀴와 같다고 한다. 바퀴 돌리기를 멈춘 사람은 그것을 다시 돌리기 어렵다는 것을 발견한다.〉 일단 해고되면, 그들은 어느 때보다 줄어든 사회 복지를 발견하게 됨에 따라 〈해고된 사람의 문제는 더욱 더 악화된다.〉고 노동 전문가인 아다미 Wilhelm Adamy는 말한다.[30] EC에 있는 8000만 명 이상의 사람들이 이미 빈곤 속에 살고 있다. 더욱 더 많은 노동자들이 새로운 기술에 의해 일자리를 잃고 그들을 구조해 줄 공공의 보트는 점점 더 줄어만 가는 경제의 바닷속에서 표류하고 있음에 따라 그 표류자의 수는 불어만 가고 아마도 걷잡을 수 없을 정도로 많아질 것이다.[31]

▌제3세계의 자동화

제3의 산업혁명이 급속히 제3세계에 전파되고 있다. 세계적인 기업들은 아주 정교한 고도의 공장 및 설비를 남반구의 전역에 건설하기 시작하였다. 〈1970년대, 자본 집약적인 고도의 자동화 생산은 미국과 같은 산업 경제와 연계된 것처럼 보였고 해외로 가는 일들은 블루진을 재봉하고 인형을 조립하는 것과 같은 낮은 수준의 기술과 낮은 생산성의 일들〉이었다고 버클리 캘리포니아 대학 노동 및 기술 교수인 샤이켄 Harley Schaiken은 말한다. 지금은 〈컴퓨터, 전자 통신 및 새로운 형태의 저가 수송으로 고도로 발전된 생산 방식이 제3세계 국가에 성공적으로 이식되어 왔다.〉고 샤이켄은 말한다.[32]

전술한 바와 같이, 총 생산비 중 임금의 구성이 타 원가에 비해 계속적으로 줄어 들고 있다. 그러한 이유로, 값싼 제3세계 노동력의 원가 이점은 전체 생산 믹스에 있어 더욱 덜 중요하게 되었다. 섬유 및 전자와 같은 몇몇 산업에 있어 값싼 노동력은 아직까지 경쟁력을 제공하지만, 기계에 대한 인간 노동력의 이점은 자동화의 발전과 함께 급속히 줄어 들고 있다. 유엔 개발 프로그램 UNDP의 최근 보고서에 따르면 1960년과 1987년 사이에 개발 도상국가의 생산성 향상의 1/3 미만이 노동 생산성에 기인했다고 한다. 〈2/3 이상은 자본 투자의 증가에 기인했다.〉[33]

제3세계 국가의 많은 기업들은 예전보다 경쟁적인 국제 시장에서 납기 속도 및 품질 관리를 확실히 하기 위하여 자동화된 기술에 중점적으로 투자해야 한다. 때론, 개발 도상국가에 공장을 설립하려는 결정은 인건비 차액 못지 않게 새로운 잠재 시장에 보다 가까이 있어야 할 필요성에 많은 영향을 받는다. 그것이 시장의 성과든 시장의 위치든 〈신기술과 보다 높은 생산성의 계속적인 추구는 회사들로 하여금 저개발 국가에 본국의 공장에서도 필요로 했던 극소수의 인력을 요하는 공장과 사무실을 건설하게 된다.〉고 《포춘 Fortune》은 말한다.[34]

멕시코의 예를 살펴보자. 미국 및 일본에 주재한 국제 기업들은 1970년대 말 이후 북멕시코의 300마일 국경촌을 따라 공장을 지어대기 시작했다. 〈마퀼라도라스 Maquiladoras〉로 알려진 조립 공장 단지에는 포드, AT&T, 월풀, 닛산, 소니 및 그 밖의 거대한 제조업체들이 있다. 새로운 공장들은 매우 자동화된 설비로 운영에 아주 적은 수의 노동력을 필요로 한다.[35]

기업들은 인건비를 절감하기보다는 품질을 개선하기 위한 노력으로 멕시코 북부에서 재빨리 그들의 공장 생산 공정을 자동화하였다. 그곳에서 활동중인 국제 기업과 같이, 제니스 Zenith 사는 제조 설비를 자동화하여 인력을 3300명에서 2400명으로 감축했다. 제니스 사의 멕시코 영업 본부장인 바시치 Elio Bacich는 〈과거 우리가 손으로 했던 것의 60퍼센트가 지금은 기계가 한다.〉고 한다.[36]

기계는 모든 개발 도상국가의 노동자를 대체하고 있다. 뉴저지에 있는 제미나이 컨설팅 회사 Gemini Consulting Firm의 부사장인 앤더슨 Martin Anderson은 기업들이 개발 도상국가에 신공장을 만들 때 보면 그러한 공장들이 미국에 있는 같은 공장들보다도 일반적으로 훨씬 고도로 자동화되어 있고 효율적이라고 말한다. 〈일본식의 미국 공장들을 브라질에서 짓고 있다.〉고 앤더슨은 말한다.[37] 생산 설비를 가난한 나라에 이전하려는 생각은 많은 현지인 고용과 높은 번영이 더 이상 반드시 사실이 아니라는 것을 뜻하게 되었다. 샤이켄은 제3세계에서 일자리로 필요로 하는 종류는 고도로 새롭게 자동화된 공장 및 기업이 만들어내고 있는 일자리 중 일부분밖에 되지 않는다고 주장하며 동의를 표한다. 그는 제3차 산업혁명이 새로운 계층인 엘리트 지식 노동자에게 적은 수의 첨단 일자리를 주고 수백만의 사람들에게 있어선 장기적인 기술 실업의 증가를 의미하는 것은 아닌지 우려한다. 명확한 추세는 〈소득의 극단적인 양극화와 수백만 명의 주변부화의 계속〉이라고 샤이켄은 말한다.[38]

기계의 인간 노동력 대체로 제3세계에서는 빈번한 노동 소요 사태가 일어나고 있다. 1993년 7월 1일, 노동자들이 공장 폐쇄 조치를 한 방콕 근교의 타이 내구성 섬유 회사에서 파업을 벌였다. 그 파업은 3340명의 노동자 중 376명의 해고에 항의하기 위한 것으로 해고자들은 새로운 노동 절약 기술로 일자리를 잃었다. 80만 명 이상의 노동자가 고용된 타이 섬유 산업의 노사 모두는, 이번 파업을 세계를 무인 공장으로 더욱더 가깝게 옮겨놓고 있는 기술 혁명의 고통에 사로잡힌 수많은 노동자의 운명을 결정할 수 있는 시험대로 보고 있다.[39]

값싼 노동력이 오래전에 더욱더 비싼 기계 자본을 대체한 인근의 중국에서는 정부 관리들이 공장의 전면적인 구조 개편과 세계 시장에서 최대 인구국인 중국에 경쟁의 이점을 주게끔 도와주는 기자재의 최신화를 발표했다. 산업 분석가들은 중국의 현재의 구조 개편 파동에서 약 3000만 명이 일자리를 잃을 것이라고 예측했다.[40]

인도의 실리콘 밸리로 급속하게 알려진 인구 420만 명의 도시인 뱅갈로만큼 첨단 기술의 미래와 구식 기술의 과거를 뚜렷하게 대비시켜 주는 곳은 없다. IBM, 휴렛 패커드, 모토롤라, 텍사스 인스트루먼트와 같은 국제 기업들이 마두라스의 서부에서 약 200마일이 떨어진 3,000피트 고원 지대에 위치한 바로 이 도시에 몰려 있다. 식민지 시대 때, 온화한 기후와 열대 나무들, 아름다운 전경이 있는 이 도시는 영국의 공무원들이 가장 선호하는 휴양지였다. 오늘날, 뱅갈로는 〈포춘의 500대 기업의 로고로 불타는 듯한 번쩍거리는 사무실 타워들을 보여 준다.〉 빈곤과 사회적 불안으로 가득찬 인도에서 뱅갈로는 〈어느 정도의 풍요와 사회적 안정감이 있는 섬〉이다. 가장 잘 훈련된 몇몇의 과학자와 엔지니어를 세계 도처에서 끌여들인, 인도의 도시는 새로이 싹트는 신

시장에 인접한 공장을 세우기를 갈망하는 세계 굴지의 전자 및 컴퓨터 회사들에 있어 첨단 기술의 메카가 되었다.[41]

뱅갈로는 세계의 주요 지역 시장에서 만들어지고 있는 수많은 신 첨단 기술 지역 중 하나이다. 커져 가는 비열감과 절망감 속에서, 바로 그 존재는 다가오는 세기에 우리를 기다리고 있는 첨단기술의 미래에 관한 심각한 문제들을 제기한다. 역사가인 케네디 Paul Kennedy는 〈인도와 같은 나라들이 수억의 가난에 찌든 동포들로 에워쌓인 곳에서 세계적으로 경쟁력 있는 첨단 기술 지역을 만들어 긴장을 떠맡을 수 있을지〉를 묻고 있다. 미국과 같은 국가들에서 새로운 상징 분석가 symbolic analyst 계급과 쇠퇴하는 중산 계급 및 노동 빈민 간의 불균형의 확대에 주목하면서, 케네디는 인도와 같은 개발 도상국가들이 새로운 첨단 세계에서 더욱 더 형편없이 살아가는 것이 아닌지 묻고 있다. 〈인도에서 발생하고 있는 소득과 생활 양식에 있어 더욱 더 큰 간격〉으로, 〈빈곤의 바다속에서 번영의 섬들을 갖는 것이 얼마나 마음 편한 것인지?〉라고 그는 묻고 있다.[42]

케네디의 우려는 더욱 더 많은 수의 노동자들이 몇 해 안에 개발 도상국가에서 노동력으로 진입함에 비추어 보면 아주 심각한 것이다. 현 시점과 2010년 사이에 개발 도상국가에서 1990년 산업 국가들의 총 노동력보다 큰 7억 명 이상의 남녀 노동시장에 진입할 것으로 예측된다. 지역별 수치 또한 놀랍다. 다음 30년이 지나면 멕시코, 중미 및 카리브 국가들의 노동력이 5200만 명이 증가할 것으로 예상되는데 이러한 수치는 현 멕시코 노동력의 2배이다. 아프리카에서는 3억 2300만 명의 새로운 노동자들이 다음 30년에 걸쳐 노동 시장에 진입하여 유럽의 현재 노동력보다 큰 노동 가능 인구가 될 것이다.[43]

전 세계적으로, 개발 도상국과 선진국 할 것 없이 새로이 노동시장에 진입하는 사람들을 먹여 살리기 위해서는 10억 개 이상의 일자리가 다음 10년 동안 창출되어야 한다.[44] 새로운 정보 및 전자통신 기술, 로봇 공학, 모든 산업과 부문에서 일자리들을 급속히 없애가는 자동화 등으로 수억 명의 신규 노동 시장 진입자들을 위한 충분한 일자리를 발견할 가능성이란 희박해 보인다.

다시 한번, 멕시코는 요점에 맞는 적합한 예를 제공해 준다. 멕시코가 대부분의 개발 도상국가보다 잘 살지만 노동력의 50퍼센트는 아직까지 실업 또는 반 고용 상태에 있다. 단지 현상을 유지하기 위해서라도 멕시코는 노동 시장에 진입하는 새로운 노동자들을 흡수하기 위해서는 1990년대 나머지 기간 동안 연간 90만 개 이상의 일자리를 만들어야 할 필요성이 있다.[45]

우리는 현재 인류 역사상 역사적인 갈림길에 급속히 다가서고 있다. 국제 기업들은 그 유례가 없는 엄청난 양의 재화와 용역을 더욱 더 적은 노동력으로 만들어낼 수 있다. 새로운 기술은 인구가 과거 그 유례를 찾아 볼 수 없을 정도로 솟아 오르고 있는 시기인 세계 역사의 바로 그 시점에 우리에게 거의 노동자가 필요없는 생산의 시대를 가져다 주고 있다. 점증하는 인구 압력과 떨어지는 고용 기회 간의 충돌은 그 모습을 나타내고 있는 첨단 세계 경제의 지정학을 다음 세기에 구체화시킬 것이다.

14 더욱 더 위험한 세계

더욱 더 많은 수의 산업화된 국가와 새로이 산업화되어 나타나는 국가에 있어서, 기술 대체 및 실업 상승은 범죄 및 폭력을 급증시켜 다가올 험난한 앞날을 명확히 보여준다. 최근의 연구들은 실업의 상승과 폭력 범죄의 증가 간에는 상관 관계가 있음을 보여준다. 11장에서 이미 인용한 머바와 파울스의 연구 Merva and Fowles Study에서 연구자들은 미국에서 1퍼센트의 실업 상승이 6.7퍼센트의 살인 및 3.4퍼센트의 폭력 범죄, 그리고 2.4퍼센트의 재산 범죄 증가를 야기시킨다는 것을 발견하였다. 그들의 연구에 포함된 30개 주요 거대 도시에서 유타대학의 경제학자들은 1990년대 중반과 1992년대 중반 사이에 실업률이 5.5퍼센트에서 7.5퍼센트로 상승함에 따라 1459건의 살인 사건과 6만 2607건의 폭력 범죄(강도, 강폭력 및 살인 등 포함) 및 22만 3500건의 재산권 범죄(강도, 철도, 자동차 도난 등 포함)가 추가적으로 발생한다는 것을 발견하였다.[1]

머바와 파울스의 연구는 임금 불균형의 심화와 범죄 활동 증가 간에는 놀라울만한 상관 관계가 있음을 발견하였다. 1979년과 1988년 사이에, 이 조사에서 연구한 30개 거대 도시 지역은 5퍼센트의 임금의 불균형 상승을 경험했다. 가진 자와 가지지 못한 자와의 간극의 확대는 2.05퍼센트의 폭력 범죄, 4.21퍼센트의 살인, 1.79퍼센트의 강도, 3.1퍼센트의 강폭력, 1.95퍼센트의 절도 및 2.21퍼센트의 자동차 절도의 증가를 수반했다. 1992년 말 경에 83만 3593명 이상의 미국인이 주 및 연방 정부의 교도소에 수감되었는데 이는 전년 대비 5만 9560명이 증가한 것이다.[2]

살인죄로 현재 16년형을 선고받고 복역중인 디스무크스 George Dismukes는 1994년 봄 뉴스위크 지에 게재된 통렬한 고발장에서 많은 수감자들의 분노와 좌절을 표현했다. 디스무크스는 미국의 나머지 부분을 상기시켜 주었다.

　　죄수인 우리들은 미국의 수치이다. 여기서의 진짜 범죄는 당신들의 어리석음에 있다. 이 땅의 수백만의 사람들은 시들어져, 아무것도 이루지 못하고 있다. …… 그들에게 있어 바깥에 있는 사회는 아무런 쓸모가 없다. 그래서 어떤 기회도 정신적 갱생도 없이 사회는 그들을 가두기 위해 돈을 내고 눈에 보이지 않게 한다. …… 점잔을 빼고 만족해 있는 당신들에게 말한다. 조심해…… 우리의 수가 불어가고 있어, 우리를 가두어 두는 돈도 꽤 늘어 가고 있지. 더욱 더 크고 좋은 교도소를 만드는 것은 문제거리와 광기의 이면에 있는 이유들을 해결하지 못한다. 그것은 단지 횡설수설을 좀더 크게 하고 마침내 그것들이 일어났을 때 모든 사람들에 있어 최후의 결과를 더욱 더 끔찍하게 만든다.[3]

기술 대체 및 고용 기회의 상실은 대부분의 미국 젊은이에게 영향을 미쳐, 폭력적인 새로운 범죄 하위 문화를 만들어내고 있다. 뉴욕의 십 대 중 실업률은 1993년 1/4분기 중 40퍼센트로 상승하였다. 그러한 수치는 불과 2년 전에 비해 2배로, 기록된 25년의 통계 가운데 최악의 기록이다. 미국의 나머지 지역에 있어 1993년의 십 대 실업률은 거의 20퍼센트에 가깝다.[4] 청년층 실업 증가의 많은 부분은 전통적으로 십 대들이 차지해 온 일자리를 대체하는 신기술의 도입에 기인한다.

실업의 상승과 좀 더 나은 미래에 대한 희망의 상실은 수 많은 청소년들이 폭력과 범죄 생활에 의존하게끔 하는 이유들이다. 경찰은 27만 명 이상의 미국 학생들이 총을 갖고 학교에 간다고 추정하며 하버드 대학의 공공 보건 연구소에 의한 최근의 한 조사는 6학년에서 12학년 학생의 59퍼센트가 원하기만 하면 권총을 구할 수 있다고 말한 것으로 조사되었다. 많은 학생들이 공포 때문에 무장을 한다. 300만 건 이상의 범죄가 매년 학교에서 발생한다. 미국의 학교는 경호원이 복도를 순찰하고 첨단의 감시 장비가 감시하는 무장한 요새로 급속히 변하고 있다. 은닉시켜 놓은 카메라, X레이 기계와 금속 탐지기가 많은 학교에서 일상화되고 있다. 칼로 찌르고 무작위하게 살상하는 사건들이 늘어감에 따라 몇몇 학교는 유치원에서 12학년에 이르는 학급에 소방 연습과 나란히 〈황색 경보〉를 포함하기 시작했다. 〈총알이 날아 다닐 때 학생들이 바닥에 엎드리는 것을 가르쳐야만 합니다.〉라고 한 교육 전문가는 말한다. 경호 비용의 상승은 가뜩이나 예산 적자 및 세입의 감소로 타격을 받고 있는 학교에 엄청난 부담을 가중시키고 있다. 뉴욕의 학교 시스템은 미국에서 11번째가 되는 경호 인력을 운영하고 있고 요원만 2400명 이상이다.[5]

현 검찰총장인 라노 Janet Reno는 청소년 범죄를 〈오늘날 미국 최대의 단일 범죄 문제〉라 부른다. 1987년과 1991년 사이에 미국에서 살인으로 체포된 십 대의 숫자는 85퍼센트가 증가하였다. 1992년 12세에서 14세에 이르는 100만 명의 젊은이들이 강간과 강탈을 당하고, 때론 친구들로부터 폭력적인 공격을 받는다.[6]

수백 명의 젊은이들이 지난 5년 동안 총에 맞고 학교에서는 무작위적인 살인 사건이 발생하며 거리에선 항상 범죄가 발생하는 워싱턴에서, 더욱 더 많은 수의 젊은이들이 자신의 장례를 준비 중으로 이는 부모, 학교 관계자 및 정신과 의사들이 우려하는 섬뜩한 신종 현상이다. 11살의 제시카 Jessica는 이미 부모와 친구들에게 그녀의 장례식에서 입고 싶은 옷을 얘기했다. 〈내 생각으로는 무도회복이 가장 예쁠 거예요. 죽었을 때 예쁜 모습을 가족들에게 보여주고 싶어요.〉라고 《워싱턴 포스트》의 기자와의 인터뷰에서 그 꼬마가 말했다. 학교의 상담역 및 부모들은 10살 먹은 애들이 〈장례식에서 입고 싶은 옷과 연주될 노래에 대해 구체적인 지시〉를 하고 있다고 한다. 몇몇 애들은 심지어 친구들과 친척들에게 원하는 조화의 배열까지도 이미 알려 주었다고 한다. 필라델피아의 하네만 대학병원의 정신과 의사인 말로위 Douglas Marlowe는 〈일단 어린애들이 자신의 장례를 계획하기 시작하면 모든 것을 포기한 것〉이라고 말한다.[7]

때때로, 십 대의 범죄 활동은 개별적인 테러 활동에서 1992년 로스엔젤레스의 경우에서와 같이 전면적인 폭동에까지 이른다. 수백 채의 주택과 상점에 불을 지르고 죄없는 구경꾼을 두들겨 패며 경찰과 난투극을 벌인 폭동자 중 많은 사람들이 거리의 십 대 갱이다. LA에서 1만 3000명 이상의 십 대가 갱에 속한 것으로 추정된다.[8] 문맹자, 실업자 및 거리의 젊은이들이 이젠 이웃과 지역 사회 전체를 공포에 몰아 넣을 수 있는 강력한 사회 세력이 되었다.

로스엔젤레스는 기업의 구조 개편, 자동화, 공장 재배치 및 국방성 계약직의 상실 등으로 가장 큰 타격을 받아 왔다. 폭동의 진앙지인 사우스 센트럴 지역은 1970년대와 1980년대 7만 개 이상의 일자리를 상실하여 빈곤율이 기록적으로 높아졌다.[9] 로스엔젤레스 카운티에서의 현재 실업률은 10.4퍼센트인 반면 이웃 흑인들의 실업률은 50퍼센트이다. 로스엔젤레스 폭동을 촉발시킨 것이 그 악명 높았던 비디오 촬영 속에서 로드니 킹이라는 흑인을 구타한 4명의 경찰관에게 내려진 무죄 판결이었다고 하지만 도시 내부 거주민의 집단적인 분노에 불을 당긴 것은 늘어가는 실업과 빈곤, 절망감이다. 한 정치 관측가가 주목했듯이 〈미국의 다인종 폭동의 첫번째 원인은 경찰봉과 로드니 킹 사건에서와

같이 텅빈 뱃속과 절망감으로 일어났다.〉[10]

 십 대 갱들이 교외 지역에 세력을 확장하기 시작함에 따라 폭력적인 범죄 역시 늘어나기 시작했다. 한때 안전했던 지역 사회가 강간, 운전중 총기 난사, 마약 밀매 및 강도 등에 대한 보도로 전쟁터로 변하기 시작하고 있다. 뉴욕 시에서 조금 벗어난 지역에 위치한 비교적 풍요로운 웨체스터 카운티에서 경찰은 불과 수년 동안 70개가 넘는 중산층 갱들이 출현했다고 보고한다.[11] 교외의 젊은 갱들은 미국 전역에 더욱더 빈번하게 튀어나온다. 범죄의 증가로 교외의 시민들이 떨고 있다. Time/CNN의 1993년 여론 조사에 의하면 조사 대상의 30퍼센트가 〈교외 지역의 범죄가 도시의 범죄와 같이 심각하다고 생각하며〉 이는 불과 5년 전 그렇다고 생각한 사람의 2배나 되는 수치이다.[12]

 교외 지대의 주택 소유자들은 강화된 보안 조치로 늘어나는 범죄에 대응하기 시작했다. 1992년만 하더라도 미국의 모든 주택 소유자 중 16퍼센트가 전자 경보 시스템을 설치했다. 중산층의 주택 소유자들은 한때 아주 부자인 사람들의 집에만 있던 고가의 첨단 경비품목인 동작 탐지기 및 감시용 카메라를 설치하고 있다. 몇몇 사람들은 침입자를 경고하기 위해 〈비디오 현관 벨〉을 설치하고 있다.[13]

 교외 지대의 건축 또한 변하기 시작하여 개인의 신변 안전에 대한 새로운 관심을 보여준다. 〈우리는 개인용 요새의 개발을 논의하고 있다.〉고 캘리포니아 대학 어빈 분교의 도시 및 지역 계획학 교수인 볼다세어 Mark Boldassare는 말한다. 볼다세어와 그 밖의 건축가들은 12인치짜리 창문과, 12피트 높이의 울타리와 회전식 보안 카메라 시스템과 함께 철근 및 콘크리트가 급속히 선택 사양이 되어가고 있다고 말한다. 호화로운 내부 인테리어를 숨겨주는, 건물의 앞면은 평범하고 심지어 딱딱해 보이기까지 하는 감추기식의 건물 및 주택들이 경호 의식이 강한 거주자들 사이에 인기가 높다.[14]

 많은 교외의 지역 사회는 동네를 감시하기 위하여 개인 경호원을 고용하여 가정의 안전을 강화하고 있다. 점점 더 많은 세부 구역이 밖으로부터 울타리가 쳐지고 단 하나의 도로만이 경비실로 유도되게끔 만들어지고 있다. 거주자들은 출입하기 위하여 신분증을 보여야 한다. 다른 이웃 동네에서는 주민들이 도로를 시로부터 매입하여 철제 문과 개인 경호원으로 자신들을 차단하고 있다. 다른 도시에서는 이웃 주민들이 콘크리트로 만든 건물 구조물을 이용하여 자신들을 차단하고 있다.[15]

버클리 캘리포니아 대학의 도시 행정과 교수인 블레이크리 Edward Blakely는 300~400만 명의 사람들이 이미 벽이 쳐진 주거 지역에 살고 있다고 추정하고 있다. 50만 명의 캘리포니아 사람들이 현재 벽이 쳐진 지역 사회에서 살고 있으며 블레이크리에 따르면 50개의 새로운 개발이 현재 진행 중에 있다고 한다. 벽 속에 살고 있는 많은 지역 사회는 침입자를 물리치기 위한 첨단 기술의 억제 장치를 설치하였다. 로스앤젤레스의 북쪽인 캘리포니아의 산타 클라리타에서는 경호를 받고 있는 출입로를 속도를 내어 통과하려는 어떤 자동차도 지하로부터 금속 실린더가 자동차의 밑바닥을 관통함으로써 멈춰지게 된다. 블레이크리는 벽 속의 공동 사회가 늘어나는 것은 신변 안전에 대한 우려와 〈시민 책임 의식으로부터의 후퇴〉를 나타내 준다고 말한다. 그 숫자가 늘어나는 좀더 부유한 미국인들에게 있어서 벽에 갇힌 공동 사회에서 사는 것은 자신들의 경제적 지위 및 특권을 내부화하고 그러한 것을 다른 사람이 공유하는 것을 배제시키는 것이다.[16]

삭감된 임금, 지속적으로 올라가는 실업, 그리고 빈부간 양극화의 심화는 미국의 많은 부분들을 불법 문화로 만들고 있다. 대부분의 미국인들은 실업과 범죄를 미국이 직면한 가장 절박한 문제로 보고 있으나 더욱 더 적은 사람들만이 이 양자간에 존재하는 불가분의 관계를 기꺼이 인정하려 한다. 제3차 산업혁명이 경제 전반에 확산됨에 따라 더욱 더 많은 제조업 및 서비스 부문의 자동화와 그로 인한 수백만의 블루 및 화이트 칼라의 실업과 범죄 특히 폭력 범죄는 늘어날 것이다. 악순환의 나선 고리에서 꼼짝도 할 수 없고 그들의 몰락을 멈추어줄 안전망도 줄어들기만 하는 가운데 더욱 더 많은 수의 실업자와 실업자가 될 미국인들은 생존을 위해 범죄에 필연적으로 의존하게 된다. 새로운 고도 기술의 세계 마을에서 빠져나와 그들은 힘으로 시장의 세력에 의해 그들이 거부당한 것들을 쟁취함으로써 몰래 되돌아가는 방법을 발견하려고 할 것이다.

FBI의 유니폼 범죄 보고서 Uniform Crime Report에 따르면, 1987년 이후, 가게 물건 절도가 18퍼센트, 편의점 강도가 27퍼센트, 은행 강도가 50퍼센트, 기업체 강도가 31퍼센트 및 폭력 범죄가 24퍼센트씩 각각 증가하였다고 한다.[17] 미국의 보안 산업은 말할 나위 없이 가장 급성장하는 경제 부문 중 하나이다. 경제적인 범죄가 연간 1200억 달러에 달함에 따라, 미국의 주택 소유자 및 산업은 보안을 강화하기 위해 수십억 달러를 쓰는 자신을 발견하게 된다.[18]

오늘날, 미국의 민간 보안 부문은 공공 시행령이 지정한 것보다 73퍼센트의 돈을 더 쓰고 인력은 2배 반이나 더 쓰고 있다. 민간 보안 산업은 1990년대 나머지 기간 동안 공공 시행령 지정 비율의 2배인 연평균 2.3퍼센트씩 성장하리라 예측된다. 보안 산업은 현재 전자 정보 시스템, 컴퓨터 소프트웨어, 컴퓨터 전문 용역 및 데이터 처리 작업과 함께 모든 서비스 산업 중 10위 내에 위치한다. 2000년경에는 민간 보안에 대한 지출이 1000억 달러를 초과할 것으로 예상된다.[1]

▌세계적인 문제

미국의 거리에서 일어나는 폭력의 증가는 전 세계의 산업화된 국가에서도 벌어지고 있다. 1990년 10월, 리옹 근처의 한 침체된 노동자 계급의 마을인 브-앙-베륑 Vaux-en-Velin에서는 수백 명의 젊은이들이 거리로 뛰쳐나와 3일 이상이나 경찰과, 나중엔 폭동 진압군과 충돌했다. 비록 폭동이 경찰차에 치인 한 십 대의 사망으로 촉발되었지만 지역 주민과 정부 관리 모두 할 것 없이 늘어가는 실업과 빈곤을 폭동의 원인으로 돌린다. 젊은이들이 차에 돌을 던지고 지역의 점포에 불을 지르고 수십 명의 사람이 부상을 당했다. 피해액이 1억 2000만 달러에 달해서야 폭동이 끝났다.[20]

1992년 7월 영국의 브리스톨에서는 브-앙-베룽에서 발생한 것과 아주 흡사한 사건의 와중에 폭력 사태가 발생했다. 한 대의 경찰 오토바이를 훔친 두 명의 십 대가 경찰차에 치어 사망하였다. 수백의 젊은이들이 상점 지역에 마구 난입하여 상품들을 파괴했다. 500명이 넘는 특수 부대가 소요 사태를 진압하기 위해 요청되어야만 했었다.[21]

제1세계의 도시에서의 도시 폭동에 대해 광범위한 연구를 해온 프랑스의 사회학자인 와캉 Loic Wacquant은 거의 모든 경우에 있어 폭동을 경험한 지역 사회는 공통적인 사회적 특징을 공유하고 있다고 말한다. 그 지역 사회의 대부분은 제조업에서 정보 사회로 전환함에 따라 덜미를 잡혀 뒤쳐진 예전의 노동 계층지역 사회였다. 와캉에 따르면 〈쇠퇴한 노동 계층 지역의 거주자들에게 있어, 제조업에서 교육 집약 서비스 산업에 이르는 변화와 공장과 사무실에서 전자 및 자동화 기술의 영향, 노조의 쇠락 등 자본주의 경제의 재편은 장기간의 고실업률과 물질적 조건의 퇴화를 가져왔다.〉고 한다.[22] 와캉은 더욱 더 많은 이민자들이 가난한 지역 사회로 유입됨에 따라 고용의 기회와 공공 서비스에 압박을 가해 작아진 경제적 파이를 위해 다투어야만 하는 주민들 간에 긴장을 고조시키고 있다고 덧붙였다.

특히 유럽에 있어 더욱 더 많은 정치가 및 정당들은 이민자들이 귀중한 자신들의 일자리를 빼앗아 간다는 외국인 혐오 공포증을 이용하여 노동 계층 및 가난한 지역 사회의 근심거리를 호도하고 있다. 최근의 한 조사에서 고등학교 학생의 76퍼센트가 실업자가 되는 것을 걱정한다는 독일에서는, 젊은이들이 거리로 뛰쳐 나가 독일의 일자리를 빼앗아 갔다고 그들이 비난하는 이민 집단을 겨냥해 폭력적인 정치적 항의를 벌였다. 네오 나치 청년 갱들에 의해 주도된 폭력 사태는 독일 전역에 계속 확산되었다. 1992년, 네오 나치 지도자들이 높아만 가는 실업 문제를 이민자 및 유태인의 탓으로 돌림에 따라 2000건의 폭력적인 사건에서 17명이 사망했다. 1992년, 지도자가 히틀러 제3제국의 SS 요원인 우익의 네오 파시스트 정당인 독일 인민 연합 German People's Union과 공화당 Republikanen Party은 외국인 혐오 공포와 반유태주의를 자극함으로써 2개 주의 의회에서 최초로 의석을 차지했다.[23]

이탈리아에서는, 네오 파시스트인 국민 연합당 National Alliance Party은 1994년 3월 전국 선거에서 13.5퍼센트의 예기치 않은 득표를 함으로써 이탈리아에서 제3당이 되었다. 당의 지도자인 피니 Gianfranco Fini는 1930년대 및 1940년대 무솔리니 시대의 암울한 이미지를 불러 일으키는 선거 축하 행사연에서 〈수령! 수령! 수령!〉을 외쳐 대는 수백 명이나 되는 젊은이들의 환호를 받았다.[24]

러시아에서는 치리노프스키 Vladimir Zhirinovsky의 네오 파시스트 당인 자유민주당 Liberal Democratics은 국회의원을 선출하는 전후 최초의 소련 선거에서 25퍼센트라는 놀랄 만한 득표를 하였다. 프랑스에서도 르팽 Jean-Marie Le Pen의 추종자들이 이민자들이 프랑스 사람의 일자리를 빼앗아 간다는 외국인 혐오증 공포를 자극함으로써 흡사한 정치적 승리를 거두었다.[25]

극우파의 어떠한 지도자도 좀처럼 기술 대체에 대한 문제를 그들의 성명서에서 끄집어내지 않는다. 그러나 모든 산업 국가의 노동자 사회에서 일자리를 빼앗아 간 데 가장 많은 영향을 미친 것은 다운사이징, 리엔지니어링 및 자동화의 힘이다. 이민의 물결이 유럽에서는 동에서 서로, 미국에서는 남에서 북으로 움직이는 것은 부분적으로 점점 줄어만 가는 제조업 및 서비스업의 일자리를 찾아 수백만의 노동자를 움직이게끔 하는 국제 경제의 변화하는 역동성 및 새로운 세계 질서의 출현을 반영한다.

기술 대체 및 인구 압력의 결합으로 무수히 많은 도시 핵심 공동체의 수용력에 계속해 무거운 부담을 지운다. 고난과 스트레스의 증가로 인해 자연적인 사회적 격변과 무작위적인 폭력적 단체 행동이 일어난다. 산업 국가에 있는 도시 내부의 핵심 주민들은 몇 마일 떨어진 교외 및 준교외에서 살고 있는 새로운 코스모폴리탄(세계인)적 노동자보다는 개발 도상국가의 빈민촌 거주자들과 더욱 더 많은 공통점을 지닌다.

《뉴 퍼스펙티브 쿼터리 New Perspectives Quarterly》의 편집인인 가델스 Nathan Gardels는 불과 30년 전 미국의 남부에서 새로운 농업 기술로, 그 다음에는 북부의 공장에서 기계 및 수치 제어 기술로 일자리를 박탈당했던 30년 전, 도시 흑인들의 곤경을 규정짓는 논쟁과 아주 유사한 지배적인 분위기를 요약했다. 〈시장의 관점에서 볼 때 계속 부풀어 가는 실업자 계급은 식민 상태보다 더 불운한 운명인 경제적 무관련성에 직면한다.〉 최저선은 〈우리는 그들이 갖고 있는 것이 필요없고 그들은 우리가 팔 수 있는 것을 살 수 없다는 것〉이라고 가델스는 주장한다. 가델스는 〈질서라는 작은 조각 덩어리와 길게 늘어진 복마전〉이 자리잡고 있는 세계는 더욱 더 무법화된다고 불길한 미래를 예측한다.[26]

몇몇 군사 전문가는 테러리스트, 악당, 게릴라 등이 싸우는 전투와 같이 그들이 저강도의 갈등 low intensity conflicts이라 칭하는 것에 의해 더욱 더 특징지어지는 역사의 새롭고 위험한 시기로 우리가 진입하고 있다고 믿고 있다. 군사 사가인 크레벨드 Martin Van Creveld는 약탈적인 무법자 패거리들, 애매한 정치적 목표를 지닌 무리들이 치고 빠지는 식의 살인과 차량 폭파, 납치 및 대량 학살로 지구촌을 위협함에 따라 전쟁과 범죄의 구분은 희미해지고 심지어 없어지게 될 것이라고 말한다.[27] 새로운 저강도 갈등의 환경 속에서 상비군 및 국가의 경찰력은 그러한 고의적 공격을 진압하거나 억제하기엔 점점 더 무력해지고 첨단 지구촌의 엘리트 계급의 안전 지대를 돈을 받고 지키는 민간의 보안군에 그 자리를 넘겨 주게 될 것이다.

제3차 산업혁명으로의 이전은 진보의 의미와 방향에 대해서 우리가 품어온 많은 관념에 의문을 제기한다. 낙관주의자, 기업의 최고 경영자, 전문적인 미래학자, 전위적 정치 지도자들에게 있어서 정보 시대의 개막은 무한한 생산과 소비 곡선의 상승, 과학 및 기술의 보다 급속한 발전 및 통합된 시장과 즉각적인 만족 등의 황금시대를 예고한다.

또 다른 사람들에게 있어서는, 기술의 승리는 더욱 더 통렬한 저주요, 그렇게 많은 인간을 생산 과정에서 제거하고 있는 새로운 국제 경제와 자동화의 성공적인 발전으로 쓸모없게 된 사람들을 위한 진혼곡이 될 것이다. 그들에게 있어 미래는 희망이 아닌 공포로, 기대가 아닌 분노로 가득 찬 것이다. 그들은 세상이 자신들을 지나쳐버린다는 것을 느끼고 새로운 첨단국제 질서에 자신들을 당연히 포함시켜 줄 것을 요구하기에는 무력하다는 것을 더욱더 느낀다. 그들은 지구촌의 추방자들이다. 지상의 존재의 주변에서 시들어 가며 그리고 권력에 의해 외면을 받은 그들은 떠도는 유목민이다. 그들의 집단적인 기질은 변화하는 정치적 바람과 같아 예측하기 어렵다. 그들은 점점 더 그들을 거의 보이지 않게 만든 체제에 대한 사회적 저항과 반란으로 나아가는 인간 집단이다.

제3의 천년왕국 전야(前夜)에, 문명은 두 개의 세계, 즉 하나는 유토피아로 약속으로 가득 차 있고 또 다른 하나는 반유토피아로 위험으로 가득차 있는 서로 다른 두 세계에 위험천만하게 걸쳐 있다. 문제는 일 자체에 대한 바로 그 개념이다. 모든 공식적인 일들이 인간에서 기계로 넘겨져 있는 곳에서 어떻게 인간이 미래를 준비하는가? 우리의 정치 제도, 사회적 계약 및 경제적 관계는 열려진 시장에서 그들의 노동력을 상품으로 파는 인간에 기초한다. 그러한 노동의 상품적 가치가 재화와 용역의 생산과 분배에 있어 더욱 더 중요하게 되지 못함에 따라, 수입과 구매력을 제공할 새로운 접근방법이 실행될 필요가 있다. 공식적인 노동의 대안들은 미래 세대의 정력과 재능을 결합시킬 수 있도록 고안되어야 한다. 새로운 질서로 전환하는 시대에 있어, 세계 경제의 리엔지니어링에 의해 영향을 받는 수 억의 노동자들은 자문을 받고 보살펴져야 한다. 우리가 전 세계적인 갈등을 피하기 위해서는 그들의 어려움에 즉각적이고 지속적인 관심을 보여주어야 한다.

산업화된 국가들이 21세기의 후기 시장 시대로 성공적으로 이동하기 위해서는 바로 두 가지의 구체적인 행동 경로가 활발히 모색될 필요가 있다.

첫째, 새로운 노동 및 시간 절약 기술의 도입으로 발생하는 생산성 향상을 수백만의 노동자와 함께 나누어야 할 것이다. 기술 진보의 과실을 공정히 나누어 먹기 위해서는 생산성의 극적인 향상이 근로 시간의 감소와 급료 및 임금의 지속적인 인상으로 연결되어야 한다.

둘째, 공식 시장 경제에서의 고용 감소와 공공 부문에서의 정부 지출의 감소는 보다 많은 관심을 제3부문인 비시장 경제에 초점을 맞출 것을 요구한다. 시장 또는 입법안으로는 더 이상 다루어질 수 없는 개인적이고 사회적인 욕구의 해결을 위해서 다가오는 세기에 사람들이 찾을 곳은 사회 경제인 제3부문이다. 이곳은 사람들이 새로운 역할과 책임을 탐색하고 그들의 시간의 상품 가치가 사라지는, 그들의 인생에 있어 새로운 의미를 발견하는 장이다. 개인적인 충성심과 애착심을 시장과 공공 부문에서 부분적으로 비공식적인 사회 경제로 옮기는 것은 중세의 봉건제도가 그 이전의 것과 다르듯이 시장 시대를 규율한 것과는 다른, 제도에 있어서의 근본적인 변화와 새로운 형태의 사회적 계약을 예고한다.

5장
후기 시장 시대의 여명

15 노동 시간의 리엔지니어링

철학자이자 심리학자인 마르쿠제 Hebert Marcuse는 정보화 시대로의 전환이 현재 우리 사회를 강타하고 있는 현상을 컴퓨터 혁명의 여명기인 약 50년 전에 다음과 같이 예언했다. 〈자동화는 자유 시간과 노동 시간의 관계를 역전시킬 것이다. 노동 시간은 점점 줄어들 것이고 자유 시간은 점점 증가할 것이다. 그 결과 급격한 가치 변화와 전통적인 문화와는 양립 불가능한 생활 양식이 등장할 것이다. 선진 산업 사회는 이러한 가능성으로 가기 위한 항구적인 준비 상태에 있다.〉[1]

프로이드 심리학자들은 다음과 같이 주장한다. 〈노동일의 길이 자체가 쾌락 원칙을 억압하는 현실 원칙들 중의 중요한 요인이다. 따라서 노동일의 감축은 --자유를 위한 첫번째 전제 조건이다.〉[2]

기술 낙관론자들은 과학과 기술이 적절히 사용되기만 하면 인간을 공식적인 노동으로부터 해방시킬 것이라고 주장해 왔다. 정보 혁명의 주창자와 옹호자들이 이러한 견해를 가장 널리 수용되고 있다. 일본 컴퓨터 혁명의 선도자 중 한 사람인 마수다 Yoneji Masuda는 미래의 컴퓨터피아 computopia에서는 사회의 핵심 가치이자 목표인 물질적 축적을 자유 시간이 대체하게 된다고 주장한다. 마수다는 마르쿠제와 견해를 같이 한다. 즉 컴퓨터 혁명은 통제된 노동에서 벗어나 역사상 최초로 개인의 자유를 위한 사회의 근본적인 새로운 방향으로의 길을 열어 준다는 것이다. 일본의 낙관론자들은 산업혁명이 물질적 생산을 증진시켰던 반면에 정보혁명은 인간의 미래를 자율적으로 사용할 자유인 자유 시간을 증대시킨다고 주장한다.

마수다는 물질적 가치로부터 〈시간 가치〉로의 전환을 인류사에 있어서 획기적인 전환점으로 본다. 〈인간의 생활에 있어서 시간 가치는 경제 행위의 기본 가치인 물질적 가치보다 더 고차원적이다. 물질적 가치가 생리적 물질적 욕구의 충족과 대응되는 반면에 시간가치는 인간적 지적 욕구의 충족과 대응되기 때문이다.〉[3]

세계 경제가 자동화 사회로 나아가고 있다는 인식은 선진 산업사회만이 아니라 개발 도상국에 있어서도 점차 확산되고 있다. 정보와 커뮤니케이션 기술 혁명은 보다 적은 노동력 투입에 대한 보다 많은 생산을 확실하게 보증한다. 기업 리엔지니어링과 기술 대체는 어떤 방식으로든지 필연적으로 자유 시간의 증가를 낳는다. 전(前) 미국 노동 총연맹 AFL 위원장인 그린 William Green은 다음과 같이 말했다. 〈자유 시간은 다가오고 있다. 실업이냐 레저이냐가 유일한 선택이다.〉[4]

경제사가들의 주장에 따르면 제 1, 2차 산업혁명의 경우 비록 노사간에 생산성과 노동 시간에 대한 오랜 기간의 투쟁은 있었지만 실업 대 레저라는 이슈는 레저의 증가라는 방향으로 해결되어 왔다. 19세기 산업혁명의 첫 단계에 있어서 대폭적인 생산성 향상으로 주 80시간 노동은 60시간으로 단축되었다. 20세기에 있어서도 석유 및 전기 기술이 증기 기술을 대체하면서 급속한 생산성 증대가 있었고 노동 시간도 주 60시간에서 40시간으로 단축되었다. 현재 우리는 제3차 산업혁명의 분기점에 서 있다. 컴퓨터와 새로운 정보 및 텔레커뮤니케이션 기술로 인한 생산성 증대의 효과를 목격하고 있다. 새로운 생산 역량과 필요 노동을 일치시키기 위해서는 노동 시간을 주 30시간 심지어 주 20시간으로 단축해야 한다고 주장하는 전문가들의 목소리가 커지고 있다.

역사상 생산성의 증가는 통상 노동 시간의 점진적인 단축을 가져왔지만 컴퓨터 혁명 이후 지난 40년간 그 반대의 경우도 있었다. 하버드 대학의 경제학자인 쇼어 Juliet Schor는 다음과 같은 사실을 지적하고 있다. 1948년 이래 미국의 생산성은 두 배나 증가했는데, 이것은 미국인들이 1948년 당시의 표준 생활을 누리기 위해서 당시의 절반에 해당하는 노동 시간만 일해도 된다는 것을 의미한다. 그러나 현재 미국인들의 노동 시간은 그 당시보다 더 길다. 지난 수십 년간 미국의 노동 시간은 연간 1개월에 해당하는 163시간이나 증가했다. 풀타임 노동자들의 25퍼센트 이상이 주당 49시간 이상을 일해 왔다. 지난 20년간 유급 휴가일수와 질병으로 인한 유급 휴직이 감소했다. 현재 미국 노동자들의 유급 휴가 및 유급 휴직일은 1970년대에 비하여 평균 3.5일이 줄어들었다. 노동 시간은 1950년대보다 더 증가했다. 미국인들은 레저 시간이 1/3 이상 줄어들었다고들 말한다. 만일 현재의 추세가 지속된다면 20세기 말에는 1920년대의 노동 시간에 육박하게 될 것이다.[5]

생산성 혁명은 두 가지 방식으로 노동 시간에 영향을 미쳐왔다. 노동 및 시간 절감 기술의 도입은 기업으로 하여금 대량 해고를 가능하게 해주었다. 그 결과 실업자들로 구성된 산업 예비군이 창출되었다. 이들은 자유로이 처분할 수 있는 레저 시간을 갖는 사람들이 아니라 단지 놀고 있는 사람들이다. 해고되지 않은 노동자들은 임금과 부가 급여의 하락을 보상하기 위해서 더 많은 시간을 일하도록 강요된다. 많은 기업들이 단시간 노동의 대규모 노동력보다는 장시간 노동의 소규모 노동력을 선호한다. 건강과 연금 등 부가 급여로 인한 비용을 절감할 수 있기 때문이다. 초과 근무에 대한 50퍼센트의 수당을 지급하더라도 소규모의 노동력을 보유하는 것이 비용이 덜 든다.

호주의 전(前) 기술부 장관 존스 Barry Jones는 많은 사람들이 공감하고 있는 다음과 같은 문제 의식을 표명했다. 〈모든 경제 학자들이 동의

하는 바와 같이 19세기와 20세기 초에 있어서 노동 시간의 급격한 단축이 극적인 생산성 향상에 부응하기 위해서 유익했다면, 왜 현재의 기술 및 텔레커뮤니케이션 혁명으로 인한 급격한 생산성 증가에 비례한 노동 시간의 단축은 전체 사회적인 관점에서 유익하지 않다는 말인가?〉[6]

전 상원 의원이자 대통령 후보로 출마했던 맥카시 Eugene McCarthy는 노동 시간 단축과 노동 기회의 보다 더 공정한 분배가 없으면 다음과 같은 결과를 초래할 것이라고 경고한다. 〈우리는 2000~3000만 명 이상의 빈곤 계급을 보유하게 될 것이다. 그들은 식량 배급표와 보조금으로 살아 가게 될 것이다.〉[7]

▍하이테크 노동 시간을 향하여

오늘날 노동 운동 지도자들과 경제학자들 사이에 노동 시간 단축 요구가 활발하게 제기되고 있다. 정부는 개입할 능력이 없거나 의지가 박약하다. 따라서 기술 대체에 대한 유일한 대안은 노동 시간 단축인 것으로 보여진다. 전(前) 미국 철강 노련의 위원장인 윌리엄스 Lynn Williams는 다음과 같이 말한다. 〈우리는 생산성 향상에 대한 지분 요구의 일환으로서 현재 노동 시간의 단축에 대해서 생각할 필요가 있다.〉[8] 1993년 독일의 폭스바겐은 3만 1000명을 해고하는 대신에 주 4일 근무제를 채택할 의향이 있음을 발표했다. 치열한 국제적 경쟁과 생산성을 23퍼센트 향상시킨 새로운 작업 기술 및 작업 방법의 결과로 유휴 노동력이 발생했던 것이다. 노동자들은 회사 측의 계획에 찬성했고 이 회사는 세계 최초로 주 30시간 노동제를 채택하였다. 노동자들의 임금은 20퍼센트 정도 삭감될 것이다. 그러나 이에 상응한 세금 절감과 1년 단위로 지급되는 크리스마스 보너스 및 휴일 보너스는 임금 삭감 효과를 어느 정도 상쇄시킬 것으로 기대된다.[9] 폭스바겐의 대변인인 쉴리라인 Peter Schilein은 회사와 노동자 양측 모두 대량 해고에 대한 공정

한 대안으로서 노동 시간 단축을 수락했다고 말했다.[10]

노동 시간 단축에 대한 요구는 전후 최고의 실업률을 기록하고 있는 유럽 전역에서 빠르게 확산되고 있다. 이탈리아의 노동 조합들은 〈노동 시간 단축, 모든 사람에게 일자리를〉이라는 새로운 슬로건을 내걸고 있다. 프랑스에서 노동 시간 단축은 대중적인 지지를 획득했고 의회 다수당의 보증을 획득했다. 미테랑 François Mitterrand 대통령은 주 4일 근로제에 대해서 우호적인 발언을 했고 1995년 사회당 대통령 후보인 미셸 로카 Michel Rocard는 다가오는 선거에서 노동 시간 단축을 위한 선거 운동을 하겠다고 약속했다.[11]

프랑스의 주 4일 근무제는 라루튀랑 Pierre Larrouturan이 제안했다. 그는 국제 회계 법인인 앤더슨 회사의 프랑스인 컨설턴트이다. 라루튀랑 플랜은 현행 주 39시간 노동을 1996년부터 주 33시간으로 단축하는 것을 골자로 하고 있다. 이 계획이 실행되면 5퍼센트의 임금 삭감이 예상되는 반면 200만 명에 해당되는 10퍼센트의 고용 증가가 있을 것으로 기대된다. 임금 삭감을 보상하기 위해서 기업들은 이익분배의 도입을 요구받을 것이다. 이익 분배는 노동자들로 하여금 생산성 향상에 참여하도록 하고 그 성과물을 공유하도록 해준다. 정부는 기업의 인건비 부담을 경감하기 위해서 실업 보험의 재정을 책임질 것이다. 현재 프랑스 기업들은 실업 보험금으로 임금 총액의 8.8퍼센트(연 218억 달러 상당)을 부담하고 있다. 이를 폐지하더라도 정부는 재정적으로 별다른 어려움을 겪지 않을 것으로 예상된다. 계획의 주창자들에 따르면 만일 200만 명의 실업자가 감소되면 정부는 어떤 식으로든 실업자들에게 지급해야 하는 275억 달러를 절감하게 된다. 이 액수는 실업 보험금의 정부 부담을 충분히 상쇄시킬 수 있다.[12]

계획의 주창자들은 노동 시간의 단축이 생산성 향상과 프랑스의 국가 경쟁력 강화를 가져올 것이라고 믿고 있다. 노동 시간 단축이 피로를 감소시키고 효율성을 증진시킨다는 것은 이전부터 주장되어 왔다. 계획의 주창자들은 유연한 노동 시간이 자본과 장비의 최적 사용에 의한 생산성 향상을 가져왔다는 것을 특히 강조한다.

휴렛패커드 Hewlett-Packard와 디지털 이퀴브먼트 Digital Equipment 같은 회사에서 실시한 노동 시간 단축 실험은 노동 시간 단축에 대한 업계의 회의적인 시각을 불식하는 데 훌륭한 근거가 되고 있다. 휴렛 패커드의 그레노블 공장은 주 4일 근무제를 채택했다. 회사는 매일 24시간 주 7일 가동된다. 250명의 노동자들은 야간 근무조는 주 26시간 50분, 오후 근무조는 주 33시간 30분, 오전 근무조 주 34시간 40분을 근무한다. 노동자들은 주당 평균 6시간쯤 덜 일하지만 주 37.5시간 근무하던 이전과 동일한 임금을 받는다. 경영자는 이 초과 보상을 유연 노동 시간 제도에 대한 노동자의 자발적 참여의 대가로 간주한다. 이 공장의 생산성은 대략 3배나 증가했다. 이전에는 주 5일 가동하던 것을 현재는 주 7일 쉼 없이 가동하기 때문이다. 프랑스 민주노련 French Confederation of Democratic Labor의 간부인 푸니에 Gilbert Fournier는 다음과 같이 말한다. 〈노동자들은 휴렛패커드와 같은 실험에 만족하고 있다. 우리는 기계의 작동 시간을 단축시키지 않거나 오히려 더 연장시키는 노동 시간 단축이 유럽에서 고용을 창출하는 데 열쇠가 된다는 사실을 확신한다.〉[13]

디지털 이퀴브먼트는 노동자들에게 주 4일 노동을 제의했다. 물론 7퍼센트의 임금 삭감이 조건이었다. 4000명의 종업원 중 13퍼센트가 넘는 530명이 이것을 수락했다. 만일 그렇지 않았다면 회사는 리엔지니어링을 통해 90명을 해고시켰을 것이다. 종업원들의 결정이 90명의 해고를 방지했던 것이다. 디지털 이퀴브먼트의 대변인인 애쉬 말 Robin Ashmal은 다음과 같이 말한다. 〈많은 사람들이 적게 일하는 대신 적은 임금을 받는 것에 대해 긍정적으로 생각한다. 젊은 층돌은 보다 많은 레저 시간을 갖는 것을 선호한다.〉[14]

유럽 연합의 사무국과 의회는 실업 문제에 대한 해결책으로 노동 시간 단축을 공표했다. 사무국의 메모는 다음과 같이 경고하고 있다. 〈사회가 안정적인 고용층과 그렇지 못한 사람들 간의 두 집단으로의 분열이 고정화되는 것을 막는 것이 중요하다. 이러한 분열은 사회에 해로운 결과를 가져오고 궁극적으로는 민주 사회의 기반을 위협할 것이다.〉 사무국의 경고는 실업이 급격히 증가하고 있는 상황에서 사회의 형평성을 재고하기 위해서는 정부와 업계가 노동시간 단축을 통해서 일자리의 창출을 시도해야만 할 때라는 사실을 명확히 밝힌 것이다.[15] 유럽 의회도 위원회에 지지를 표명했다. 〈증가하고 있는 실업의 추세를 감소시키거나 정지시키기 위해서는 단기적으로는 상당한 일간, 주간 혹은 연간 및 평생 노동 시간 단축을 보장해야 한다.〉[16]

노동 시간 단축의 요구는 장시간 노동이 노동 윤리인 일본 사회를 강타하고 있다. 지난 30년간 일본의 노동 시간은 점차 단축되어 왔다. 노동 시간의 단축은 급격한 생산성 증가 및 경제 성장을 수반해 왔다. 적은 노동과 많은 레저가 기업 경쟁력과 이익을 저해시킨다는 통념과는 반대의 결과이다.

일본의 경제학자와 업계의 일각에서는 레저의 증가가 서비스 산업을 촉진시키고 노동자들의 왕성한 소비 활동에 필요한 시간을 제공하는 데 필수적이라고 주장한다. 다른 측에서는 이를 〈생활의 질〉과 연계시킨다. 즉 노동자들은 가족과 함께 하는 시간, 자녀 교육, 사회 활동 그리고 인생을 즐기기 위한 보다 많은 시간을 필요로 한다는 것이다.

1992년 미야자와 Kiichi Miyazawa 수상은 노동 시간 단축이 국가의 목표이고 정부는 생활의 질을 향상시키기 위해 정부 자원을 할당하겠다고 발표했다. 같은 해 8월 정부는 〈라이프 스타일 슈퍼파워〉를 달성하기 위한 경제 위원회의 5개년 계획을 발표했다. 이 계획은 일본 시민들의 건강 환경과 레저 환경을 창출하는 프로그램에 역점을 두고 있으며 주당 노동 시간을 현행 44시간에서 40시간으로 단축한다는 것이 첫번째 우선 순위를 차지하고 있다.[17]

일본 기업들이 최소한 200만 명의 과잉 노동력을 보유하고 있다는 최근의 보고서는 노동 시간 단축의 중요성을 새삼 인식시키고 있다.[18] 향후 10년간 리엔지니어링과 자동화 혁명은 고용 감축과 임금 삭감의 증가를 가져올 것이라고 예측된다. 노동 시간 단축을 기술 대체와 실업 문제에 대한 해결책으로 생각하기 시작하는 일본인들이 증가하고 있다.

생산성이나 이윤의 감소 없이 노동 시간 단축을 실시한 휴렛패커드, 디지털 이퀴브먼트, 유럽 공장들의 성공적인 예에도 불구하고 대부분의 미국 경영자들은 노동 시간 단축에 반대하고 있다. 수년 전에 실시된 업계 지도자 300명을 대상으로 한 조사에서 노동 시간 단축안에 대해서 한 명도 찬성하지 않았다. 《포춘》지 선정 〈500대 기업(Fortune 500)〉의 최고 경영자 중의 한 사람은 다음과 같이 말했다. 〈나는 당신의 견해에 전적으로 반대한다. 나는 미국이 21세기에 경쟁력을 갖기 위해서는 노동 시간이 연장되어야 한다고 생각한다.〉[19]

▌생산성 증가분에 대한 노동자의 권리

신기술 도입에 의한 생산성 증대의 이득은 당연히 주주와 경영자 측에 귀속된다는 것은 업계의 전통적인 전제였다. 생산성 증대분에 대한 임금 상승 또는 노동 시간 단축이라는 노동자 측의 요구는 불법적이거나 심지어 기생적(寄生的)인 것으로 간주되어 왔다. 생산 과정과 기업의 성공에 대한 노동자 측의 공헌은 자본을 제공하는 주주나 투자 위험을 감수하는 경영자에 비하여 늘 평가절하되어 왔다. 따라서 생산성 증대로 인해 노동자들에게 주어지는 혜택은 노동자 측의 권리가 아니라 경영자가 시혜하는 선물로 간주되고 있다. 대체로 이 선물은 단체 협상에서 싫지만 어쩔 수 없이 양보한다는 명목으로 지급된다.

최근 자본 시장의 커다란 변화를 고려해 보면 생산성 향상으로 인한 이득이 투자자에게 귀속되어야 한다는 경영자 측의 전통적인 주장은 역설이다. 그러한 경영자 측의 주장이 지금은 노동자 측의 잠재적인 무기로 변했다. 왜냐하면 알다시피 투자자들은 대부분 노동자인 것이다. 수백만 미국 노동자들의 이연(移延) 예금이 새로운 정보 기술에 투자되고 있다. 현재 연금 기금은 미국 경제에서 가장 큰 자본 투자 자금의 집합이다. 현재 약 4조 달러에 해당되는 연금 기금은 수백만 미국 노동자들의 예금이다. 연금 기금은 개인 순 저축의 74퍼센트, 전 기업 주식의 1/3, 전 기업 회사채의 40퍼센트에 해당된다. 연금 기금은 미국 전체 금융 자산의 1/3을 차지한다. 1993년 한 해에 연금 기금을 통한 신규 투자는 1조~1조 5000억 달러에 달한다. 현재 연금 자산은 미국의 상업은행들의 자산을 능가하고 있으며 가공할 만한 투자 도구가 되고 있다.[20]

불행하게도 노동자들은 자신들의 이연 예금이 어떻게 투자되는지에 관한 발언권이 거의 또는 전혀 없다. 그 결과 40년 이상 은행과 보험회사들의 노동자들의 기금을 사용하여 바로 그 노동자들을 해고시키기 위한 노동력 절감 기술에 수십억 달러를 투자해 왔다. 연금 기금 관리자들은 자신들의 유일한 임무는 정부의 〈현인(賢人)의 룰〉에 따라 포트폴리오 수익을 증대시키는 것이라고 주장했다. 정부는 최근에야 노조 측의 요구를 부분적으로 반영하여 수혜자의 전반적인 경제적 복지를 증진시키는 투자를 포함시키는 방향으로 현인의 룰을 확대시켰다. 노동자 측 입장에서 보면 단순한 연금 투자 수익 극대화라는 포트폴리오 관리는 전혀 의미가 없다. 왜냐하면 자신들의 대량 해고를 가져올 수 있기 때문이다. 생산성을 향상시키기 위해 투자하는 기금이 노동자들이 피땀 흘려 모은 저축이기 때문에 미국의 노동자들은 투자자로서 또한 종업원으로서 생산성 향상분에 대한 정당한 청구권을 가진다. 그럼에도 불구하고 미국의 업계는 노동자 측의 정당한 권리인 생산성 향상의 대가로서의 임금 상승이나 노동 시간 단축에 대해서 완강하게 반대해 왔다.

▌적절한 제안

노동 시간 단축에 대한 기업 측의 저항은 향후 경영자들이 거대한 생산 능력과 소비자 구매력 하락 간의 격차를 인식함에 따라서 부드러워질 가능성이 높다. 일자리의 보다 공정한 분배를 위한 수단으로서의 노동 시간 단축을 위한 공중의 압력도 단체 교섭이나 입법 과정에 중요한 영향을 미치게 될 것이다.

노벨상 수상자인 경제학자 레온티에프 Wassily Leontief는 이미 노동 시간 단축의 근거를 마련해 오고 있었다. 그는 제조업과 서비스 분야의 기계화가 20세기 초 농업 분야에서 발생한 것과 유사하다고 주장한다. 정부는 농민들이 과잉 생산에 대응하는 것을 돕기 위해서 개입했고 소득 정책을 실시했다. 오늘날 산업 국가들은 사회보장, 실업 보험, 의료 보험, 복지 지출의 형태로 소득 정책을 이미 잘 시행하고 있다. 레온티에프의 결론은 소득 이전 개념을 확대하여 기술 대체의 폐해에 대응하자는 것이다. 그는 시험적인 첫번째 조치로서 정규 시간보다 덜 일하는 노동자들에게 보조금을 지급하는 것을 제안한다. 이것은 이미 유럽에서 널리 실시되고 있다.

레온티에프는 기술 변화의 불가피성을 인정한다. 동시에 그는 출현하고 있는 지식 분야가 리엔지니어링과 자동화로 일자리를 잃은 수백만 명의 노동자들에게 일자리를 창출할 수 없을 것이라는 사실에 주목한다. 그는 일자리의 공유 수단으로서의 노동 시간 단축안을 선호한다고 말한다. 그러나 노동 시간 단축을 강제하기는 곤란하므로 반드시 자발적인 형식을 취해야 한다는 단서를 덧붙인다.[21]

미국 노동 총연맹-산업별 회의 AFL-CIO의 임금 및 노사 관계 책임자인 잘루스키 John Zalusky는 고용과 실업 문제에 대해서 보다 직접적인 해답을 제시한다. 그에 따르면 미국의 실업 인구는 930만 명이고 이들을 세금으로 부양하는 비용은 1인당 연 2만 9000달러이다.[22] 그는 만일 기업 측의 초과 근무에 대한 유인을 줄이고 주당 40시간 노동을 실시한다면 새로운 일자리들이 창출될 것이라고 주장한다. 그에 따르면 원래 초과 근무는 주당 40시간 이상을 초과하지 않는 범위 내에서 긴급한 상황에서 노동을 허용하도록 고안된 것이었다. 그러나 최근에는 대규모 노동력의 보유로 인한 부가 급여의 비용을 회피하기 위한 수단으로서 사용되고 있다. 1993년 미국 제조업체의 초과 근무는 평균 4.3시간으로 최고를 기록했다. 1981년 이래 노동 시간은 3.6퍼센트 증가한 반면 피고용자 수는 점차 감소해 왔다.[24]

잘루스키는 노동력 충원의 대안으로서의 초과근무의 사용을 저지하기 위해 할증률을 현행 150퍼센트에서 200~300퍼센트로 증대시키자고 주장한다. 그에 따르면 〈풀타임 노동자들이 정확하게 주당 40시간만 노동하게 되면 700만 명의 고용 기회를 창출하게 된다.〉[25] 그러나 그는 법률 개정이 몹시 힘들다는 사실을 인정하면서 1938년 이래 공정 근로 기준법 Fair Labor Standard Act 상의 초과 근무에 대한 할증률이 불변했다는 사실을 지적한다.[26]

1993년 10월 샌프란시스코에서 개최된 AFL-CIO 회의에서 노동 시간 단축 문제가 수십 년 이래 최초로 진지하게 논의되었다. 린 윌리엄스는 노동 시간 단축 문제가 점점 더 중요한 의제로 부각되고 있다고 말한다. AFL-CIO의 재정 국장인 도내휴 Thomas R. Donahue는 자신의 동료들에게 다음과 같이 말했다. 〈장기적인 노동 해방은 노동 시간의 단축에 달려 있다는 사실에는 의문의 여지가 없다.〉[27]

채모트 Dennis Chamot는 많은 노조원들이 노동 시간 단축이 장기적으로는 필연적인 것으로 믿고 있으나 결코 쉬운 일이 아니라고 지적한다. 그는 정치가들이 경제의 변화에 대한 반응이 너무 느렸다는 사실을 근거로 제시한다. 그에 따르면 선출직 관료들은 현재까지도 리엔지니어링과 기술 대체가 일시적인 현상이기를 바라고 있으며 현재의 추세가 경제의 중대한 재구조화라는 사실을 이해하지 못하고 있다.[28]

노동 시간 단축에 관한 법안들이 의회에 계속 제출되어 왔다. 하원 의원이자 강력한 정부 운영위의 의장인 코너스 John Conyers는 10년 전에 공정 근로 기준법의 개정안을 제출했다. 이 법안은 노동 시간을 주당 40시간에서 8년에 걸쳐 단계적으로 30시간으로 단축한다는 내용을 골자로 하고 있었다. 이 법안은 노동력 충원의 대안으로서의 초과 근무의 사용을 저지하기 위해 할증률을 현행 150퍼센트에서 200퍼센트로 증대시킨다는 내용과 강제 초과 근무를 불법으로 규정하는 내용을 포함하고 있었다. 동료들의 지지를 호소하는 연설에서 코너스는 다음과 같이 말하고 있다. 〈대공황기에 실업률을 저지하는 주요한 방안 중의 하나가 주당 40시간 노동이었다. 그러나 지난 30년간 대규모 실업, 대규모의 기술 대체, 급격한 생산성 향상에도 불구하고 노동 시간은 실질적으로 변화가 없었다. 우리는 생산성을 희생시키지 않고 실업을 감소시키는 방법으로서 다시 한번 노동 시간 단축에 주목해야만 한다.〉[30]

두번째 법안은 1993년 10월 블랙웰 Lucien E. Blackwell 의원에 의해서 제기된 강제적 주당 30시간 노동의 도입이다. 이 법안은 연방의 시간당 최저 임금을 7달러로 인상하고 최저 임금을 소비자 물가에 연동시킨다는 조항도 포함했다. 이 법안의 주창자들은 노동시간 단축으로 인한 수백만 명에 해당하는 고용 효과가 실업 보상과 복지 지출비를 감축시킨다는 점을 강조했다.[30]

세계적인 경쟁 격화로 인하여 업계의 리더들은 노동 시간 단축이 임금 비용의 상승을 가져오고 따라서 경쟁자들에 비하여 제품 가격이 높아져서 경쟁력을 상실하게 된다는 점을 두려워하기 때문에 이를 꺼려하고 있다. 이들은 높은 노무비로 인하여 국내 생산업체들이 세계 시장에서 시장 점유율을 상실하게 된다는 점을 강조한다. 맥가우이 William McGaughey와 전 상원 의원인 맥카시는 그들의 공저 『비금융적 경제학 Nonfinancial Economics』에서 노동시간을 국제 경쟁력과 결부시키는 주장들을 부분적으로 반박하고 있다. 이들에 따르면 1960년~1984년 사이에 미국의 제조업체들은 다른 어떤 나라보다도 노동 시간을 적게 단축시켰고 또한 임금을 가장 적게 인상했다. 이 기간에 걸쳐서 미국 기업들의 매년 인건비 증가가 12개의 선진 산업국가에 비하여 가장 낮았음에도 불구하고 미국의 무역수지는 흑자에서 적자로 전락했다. 이 기간에 걸쳐서 일본의 기업들은 매년 상당한 인건비 증가를 경험했음에도 불구하고 신기하게도 무역수지는 적자에서 흑자로 전환되었다.[31]

프랑스의 사례는 노동 시간 단축을 두려워하는 업계의 시각을 불식시키는데 매우 유용할 것이다. 앞에서 언급했듯이 프랑스의 업계, 노동 운동 지도부, 각 정당의 정치가들은 기업들이 노동 시간을 단축시키는 대가로 정부가 기업의 실업 보험 분담금을 대신 부담한다는 생각을 공유하고 있다. 프랑스의 정책 입안가들은 이 안이 복지 및 타 실업자 보조금으로 지출되는 재정을 급격하게 감소시켜서 실업 보험금 부담으로 인한 비용을 충분히 상쇄시킬 것이라고 계산하고 있다. 또한 기업들도 노동 시간 단축으로 보다 많은 노동자들을 고용함으로써 면세 효과를 누릴 수 있게 된다. 면세의 규모는 총 고용자 숫자와 총 임금 지급액에 의해서 결정된다. 클린턴 행정부도 복지 수령자들을 고용하는 기업들에 면세 혜택을 부여하는 안을 유포해 왔다.

마지막으로 정부는 프랑스의 경우처럼 노동자들이 생산성 향상분에 직접 참가할 수 있도록 이익 분배를 강제할 필요가 있다. 또한 의회는 단축 노동 시간과 임금 삭감에 처한 노동자들에 대한 세금 감면의 혜택을 부여해야만 한다. 축소된 노동 시간에 대한 세금 감면이 있어야 노동 시간 단축이 임금 생활자들의 지지를 받을 수 있게 된다.

경제학자들은 이러한 혁신들과 더불어 공정한 게임을 위해서는 타국 내지 개발 도상국과의 다자 협상이 필요하다는 점을 지적한다. 해머 Michael Hammer는 다음과 같이 주장한다. 〈노동 시간 단축은 모든 사람들이 그렇게 할 때에만 가능하다. 당신 혼자만 단축된 노동 시간에 대해서 이전과 동일한 임금을 지급한다는 것은 당신의 제품 비용을 인상시키는 것이다.〉[32] 맥카시나 맥가우이 같은 사람들은 세계적인 노동 표준을 설정하기 위한 관세 제도의 개발을 주창한다. 관세율은 수출국의 임금 수준과 노동 시간을 기준으로 설정된다. 이들은 이러한 관세 제도의 목적을 다음과 같이 말한다. 〈미국 시장에서 거래하는 외국 생산자들에게 임금 상승과 노동 시간 단축의 유인을 제공하는 것이다.〉[33]

노동 시간 단축을 위한 특정 접근법들과 관계 없이 전 세계 국가들은 향후 수십 년간 노동 시간 단축을 단행할 수밖에 없을 것이다. 왜냐하면 노동 및 시간 절감형 신기술로 인한 거대한 생산성 향상에 대처해야 하기 때문이다. 모든 분야와 산업에서 기계가 점차 인간 노동을 대체해 감에 따라서 선택은 두 가지로 좁혀질 것이다. 소수의 고용과 다수의 실업이냐 아니면 노동 시간 단축과 일자리의 공유에 의한 다수의 고용이냐가 그것이다.

노동과 레저의 대체

미국의 경우 노동 시간 단축에 대한 관심은 노동운동 지도부와 정책 분석가들에서 시작되어 일반인들 사이로 확산되어 왔다. 장시간 노동의 스트레스와 결손 가정의 부담에 시달려온 많은 미국인들은 가정의 책임과 사적인 필요를 위해서 어느 정도 소득을 포기하고 대신 레저를 택하겠다고 말한다. 가정 및 노동 연구소에 의해서 1993년 수행된 조사에 의하면 종업원들은 〈노동을 위해서 희생하기보다는 더 많은 시간과 에너지를 사적인 생활에 투자하고 싶다.〉고 응답했다.[34] 이전의 조사에서는 다음의 두 가지 경력 기회 중 하나를 선택하도록 하였다. 〈1안 : 당신 스스로 일정 계획을 짤 수 있고, 가정에 보다 많은 신경을 쓸 수 있게 해주는 대신에 승진이 늦음. 2안 : 엄격한 작업 시간과 가정에 신경을 덜 쓰게 되는 반면에 승진이 빠름.〉 78퍼센트의 응답자들은 승진보다 자유 시간을 선호한다고 했다. 놀랍게도 55퍼센트의 사람들이 2안을 거부했다.[35] 노동성의 소득과 레저 간의 상충관계에 대한 조사에서 미국인 노동자들은 보다 많은 레저를 위해서 4.7퍼센트의 소득을 포기할 태세가 되어 있다는 사실을 발견했다.[36]

소득과 레저 간의 대체에 대한 새로운 관심은 수백만 미국인들에 있어서 가정의 의무와 사적인 필요에 대한 관심의 증가를 반영하고 있다. 대부분의 주부들이 직장을 가지고 있고 가정에서 아이들을 돌볼 시간이 점점 줄어들고 있다. 700만 명 이상의 어린이들이 주간 몇 시간 동안 집안에 혼자 방치되어 있다. 조사에 따르면 미국 아동들의 1/3 정도가 스스로를 돌보고 있다고 한다. 어느 전국적인 조사에 따르면 1960~1986년 사이에 부모가 자식을 돌보는 데 소요한 시간이 백인의 경우 주당 10시간, 흑인의 경우 주당 12시간 감소한 것으로 나타났다.[37] 부모의 관심 하락은 〈방종〉 증후군을 야기시켰다. 심리학자 교육자 그리고 많은 부모들이 어린이들의 의기 소침, 비행 소년, 폭력, 술 및 약물 남용, 십 대 자살에 대해서 우려하고 있다. 이것들은 대부분 부모의 관심 부재로 인한 것들이다.

노동 시간 증대로 인한 스트레스는 가사 노동의 부담을 안고 있는 주부 노동자들에게 특히 심하게 다가온다. 연구들에 의하면 미국의 주부 노동자들은 평균적으로 직장과 가정에서 주당 80시간 이상을 노동한다고 한다.[38] 따라서 여성 노동자들이 남성들보다 노동 시간 단축을 더 선호한다. 미국 통신 노련 Communications Workers of America, 서비스 노동자 연맹 Service Employees International Union 등 여성 노동력이 집중된 노동 조합들은 노동 시간 단축을 성공적으로 획득했다. 진보적인 미국 노동 운동의 지도자들은 미국 노동 운동의 부흥은 주부 노동자들의 조직화 전망에 달려 있으며 주부 노동력의 조직화를 위한 열쇠는 짧은 노동 시간이라는 점을 믿고 있다.[39]

3차 산업혁명의 생산성 이득의 공정한 재분배를 위한 운동은 유사한 이해를 가진 범단체적인 정치적 운동이 필요하다. 노동 조합, 시민 운동 조직, 여성 단체, 주부 조직, 환경 단체, 기타 제반 단체들은 노동 시간 단축에 대해서 이해 관계를 깊이 공유하고 있다.

노동 시간 단축 요구는 많은 매력적인 특징들을 지니고 있으며 21세기 초반경에는 전 세계적으로 실행될 것이다. 그러나 노동 시간 단축이 실업자에게 일자리를 부여하기 위한 적극적인 프로그램과 결합되지 않으면 현재 정치적 안정성을 위협하고 있는 경제적 사회적 병리들의 강도가 더 높아질 것이다. 특히 일자리 공유 전략하에서 증대되는 실업자군들이 현업자들 때문에 일자리를 못 가지게 된다고 적개심을 갖게 되는 경우 문제는 심각해질 것이다.

향후 수백만의 미국인들이 공식적인 시장 영역에서 점점 적은 시간을 노동할 것이다. 또한 자동화된 하이테크 세계 경제 하에서 어떤 직업도 갖지 못하게 되는 미숙련 노동자들이 점점 증가할 것이다. 유휴 시간의 활용이라는 과제는 정치계의 지평을 위협할 것이다. 사적 영역에 있어서의 대량 고용에 기초한 사회로부터 비시장 기준에 의한 사회적 생활의 조직화에로의 전환은 현재의 세계관에 대한 재검토를 요구할 것이다. 대량의 공식적인 노동이 부재한 사회 속에서의 개인의 역할을 재정의하는 것이 아마도 다가오는 시대의 근본적인 이슈일 것이다.

16 새로운 사회 계약

하이테크 세계 경제는 노동자 대중을 넘어서 진행되고 있다. 미래의 공식적인 경제를 운영하는 데는 기업, 관리, 전문직, 기술 분야의 엘리트들이 필수적으로 되는 반면에 제품과 서비스 생산 부문의 노동자들은 점점 덜 필요하게 될 것이다. 노동력의 시장 가치는 점점 더 하락할 것이다. 생산성 관점에서의 인간의 가치에 대한 수세기간의 정의 이후 기계 노동에 의한 인간 노동의 대대적인 대체는 노동자 대중을 자기 정의 또는 사회적 기능 없이 내팽개쳐 버릴 것이다.

인간 노동에 대한 필요의 감소와 동시에 정부의 역할도 약화될 것이다. 오늘날 세계 기업들은 국가들의 권력을 침식하고 대신 떠맡기 시작하고 있다. 다국적 기업들은 전통적인 국가의 기능을 점점 더 많이 강탈해 왔고 현재는 세계적인 자원, 노동력 풀, 그리고 시장에 대한 무소불위의 권력을 행사하고 있다. 세계에서 가장 큰 기업은 많은 국가의 GNP를 초과하는 자산을 보유하고 있다.

원재료, 에너지, 노동력에 근거한 경제로부터 정보와 커뮤니케이션에 근거하는 경제로의 이행은 시장의 운명을 보증하는 핵심적인 당사자로서의 민족국가의 기능을 감소시키고 있다. 근대 민족국가의 주요한 기능은 군사력을 사용하여 주요한 자원을 장악하고 지역적 심지어 세계적인 노동력 풀을 확보하고 활용하는 것이었다. 복합적 생산의 경우 정보, 커뮤니케이션, 지적 소유권의 중요성에 비하여 에너지, 광물자원, 그리고 노동력의 중요성이 작아지고 있기 때문에 대규모 군사 개입의 필요성은 점점 더 작아지고 있다. 하이테크 세계 경제의 원재료인 정보와 커뮤니케이션은 물리적 경계에 영향을 받지 않는다. 이것들은 물리적 공간을 침투하고, 정치적 경계선들을 넘나들며 민족적 생활의 심층부까지 침투한다. 상비군은 국경선 간의 정보와 커뮤니케이션 흐름을 멈추게 할 수 없으며 심지어 속도를 제한할 수도 없다.

고정된 지형과 공간적 근거를 갖고 있는 민족국가는 너무 둔해서 세계 시장의 재빠른 속도를 주도하거나 그에 대응할 수 없다. 반면에 세계 기업들은 본질적으로 공간적이라기보다는 시간적인 제도이다. 세계 기업들은 특정 사회나 특정 공간에 근거를 두지 않는다. 세계 기업들은 새로운 준정치적 제도로서 정보와 통신의 통제에 입각하여 사람들과 공간에 대해서 거대한 권력을 행사한다. 유연성과 이동성을 자랑하는 세계 기업은 모든 나라의 통상 기관을 효과적으로 통제하면서 생산 거점과 시장을 재빠르고 손쉽게 한 장소에서 다른 장소로 이전할 수 있다.

정부와 기업 간의 변화하는 관계는 새로운 국제 무역 협정들을 보면 점점 더 명확해진다. 이 협정들은 점점 더 많은 권력들을 민족국가로부터 세계 기업들로 이전시키고 있다. 관세와 무역에 관한 일반협정 GATT, 북미 자유무역 협정 NAFTA, 마스트리트 협정 Maastricht Accord은 지구촌에 있어서 권력 패턴의 변화 지표들이다. 이러한 무역 협정하에서 다국적 기업들의 자유로운 무역에 대한 타협이 이루어진다면 민족국가의 통치권과 관련된 수백 개의 법률들이 무효화된다. 따라서 10여 개의 국가에서 유권자들의 격렬한 공식적인 항의가 있었다. 그 이유는 무역 협정으로 인해서 애써 획득해 놓은 노동, 환경, 건강 등과 관련된 법률들이 일거에 무효화되기 때문이다.

　민족국가의 지역 정치적 역할이 감소되는 것과 동시에 고용주로서의 국가의 역할도 감소한다. 앞에서 언급했듯이 장기 부채의 누적과 증대하는 재정 적자로 인하여 정부는 일자리 창출과 구매력을 촉진시키기 위한 야심적인 공공 지출에 점점 인색해지고 있다. 세계의 모든 산업 국가에서 중앙 정부는 〈시장의 보증자〉라는 전통적인 과업 수행을 점점 꺼려하고 있다. 동시에 다국적 기업에 대한 경제적 영향력도 줄어들고 있으며 자국 시민들의 복지에 영향을 미치는 힘도 감소하고 있다.

　노동자 대중과 중앙 정부의 시장에서의 역할 감소는 사회 계약에 대한 근본적인 재고를 강요할 것이다. 돌이켜 보건데 산업 시대를 통틀어 시장 관계가 전통적 관계를 대체했고 인간의 가치는 거의 전적으로 상업적 관점에서 측정되었다. 그러나 〈시간 판매〉의 가치가 줄어들기 때문에 이를 토대로 확립된 상업적 관계의 총체적 연결망도 위협받게 된다. 시장 보증자로서 중앙 정부의 역할이 감소하기 때문에 정부 제도들도 시민 생활에 의미 있게 살아남기 위해서 자신들의 사명을 재정립해야만 한다. 지구촌 모든 국가들의 긴급한 과제는 정치 기구들을 엄격한 시장 중심적 지향으로부터 탈피시키는 것이다.

　일상사에 있어서 시장 부문과 정부가 아주 작은 역할을 수행하는 사회를 상상한다는 것은 누구에게나 당혹스러울 것이다. 두 제도는 우리 생활의 모든 측면을 지배해 왔다. 그러나 100년 전만 해도 사회 생활에 있어서 그 역할은 몹시 제한되어 있었다. 결국 기업과 민족국가는 산업 시대의 산물인 것이다. 금세기를 통틀어 기업과 민족국가는 이전에 수천 개의 지역공동체가 협력해서 수행해 오던 기능과 역할을 대체해 왔다. 그러나 지금은 더 이상 사람들의 근본적인 욕구를 보장해 줄 수 없게 되었다. 따라서 시민들은 세계 시장의 물리력과 미약하고 무능한 중앙정부의 권위에 대항할 활기 있는 공동체를 스스로 만들어 나가야 한다.

　향후 수십 년 이내에 시장과 정부의 역할 축소는 두 가지 방식으로 노동자들의 생활에 영향을 미칠 것이다. 취업자들은 노동 시간 단축과 함께 보다 많은 레저 시간을 갖게 될 것이고 이를 대중 오락과 소비 생활에 투자할 것이다. 반면에 증가하는 실업자들과 잠재적 실업자들은 하층 계급 속으로 무자비하게 내던져지는 자신들을 발견할 것이다. 많은 사람들이 생존을 위해서 비공식 경제에 의존할 것이다. 어떤 사람들은 임시직에 종사할 것이다. 많은 사람들이 도둑질과 범죄를 저지를 것이다. 사회가 더 이상 필요로 하지 않지만 건강한 육체를 지닌 사람들이 증가함에 따라서 마약과 매춘이 계속 증가할 것이다. 정부는 이들의 호소를 묵살할 것이다. 정부의 투자 우선 순위는 복지와 일자리 창조가 아니라 경찰력 강화와 감옥 건설이 될 것이다.

많은 산업국가들이 처해 있는 이 경로가 불가피한 것일 수는 없다. 제3차 산업혁명에 의한 기술적 희생의 충격을 완충시키는 다른 선택이 가능하다. 취업자들의 노동 시간이 단축되고 실업자들의 유휴 시간이 증가함에 따라서 사적 부문 및 공적 부문 바깥에서 수백만 명의 미사용 노동력을 건설적으로 이용할 기회가 주어진다. 이들의 재능과 에너지는 수천 개의 지역 공동체의 재건과 시장 및 공공 부문과는 독립적으로 번창하는 제3의 힘을 창출하는 데 효과적으로 사용될 수 있다.

▌시장을 넘어선 생활

미국 정치에는 공동체에 기반을 둔 강력한 제3의 힘의 토대가 이미 존재하고 있다. 근대에 접어들면서 공공 부문과 사적 부문에만 협소하게 주의가 집중되었지만 미국인의 생활에는 제3부문이 존재하고 있다. 이것은 국가 형성기에 역사적으로 매우 중요한 의미를 지녔으며 지금은 21세기의 사회 계약 재형성에 도움을 줄 명백한 가능성을 제공하고 있다. 제3부문은 독립적 또는 자원적 부문으로도 알려져 있다. 이 부문은 공동체 연대가 금전적 장치를 대체하고 〈자신의 시간을 남에게 주는 것)이 자신과 자신의 서비스를 타인에게 판매하는 데 근거한 인위적인 시장 관계를 대체하는 영역이다. 한때는 국가 수립에 핵심적이었던 이 부문은 최근에는 시장과 정부의 지배에 의해서 계속 침식당해 왔고 공공 생활의 주변부로 전락해 왔다. 최소한 이용 가능한 노동 시간이라는 관점에서 보면 다른 두 부문의 중요성이 점점 감소하고 있다. 따라서 제3부문의 부흥 및 변형 가능성과 이것을 활기찬 탈시장 시대의 창조를 위한 견인차로 이용할 가능성을 신중하게 탐색하여야 한다.

제3부문은 이미 사회에 널리 침투해 있다. 공동체 활동은 사회 서비스, 건강, 교육과 연구, 예술, 종교, 변호 활동 등 전 범위에서 수행되고 있다. 공동체 서비스 조직은 고령자, 장애자, 정신병자, 불우 아동, 무주택자와 빈민들을 지원하고 있다. 자원 봉사자들이 낡은 아파트를 보수하고 저소득층용 새 주택을 세우고 있다. 수만 명의 미국인 자원 봉사자들이 공공 병원에서 에이즈 환자를 포함한 환자들을 돌보고 있다. 수천 명이 양부모로 봉사하거나 혹은 고아원과 자매 결연을 맺고 있다. 가출 소년 또는 고민이 있는 소년들에 대한 카운셀링의 제공이나 문맹 퇴치 운동을 위한 교사로 활동하고 있는 사람들도 많다. 주간 혹은 방과 후 탁아 센터에서는 가난한 아이들에게 급식도 제공한다. 점점 많은 미국인들이 위기 센터에 자원봉사자로 활동하면서 강도 및 강간 피해자와 부인 및 아동 학대의 피해자들을 돕고 있다. 수천 명의 사람들이 공공 보호소에서 자원봉사를 하고 있고 필요한 의류품을 제공하고 있다. 많은 미국인들이 알코올 혹은 약물 중독자의 갱생 프로그램에 참가하고 있다. 변호사, 회계사, 의사, 경영자 등 전문가들이 자발적 조직을 지원하고 있다. 수백만 명의 미국인들의 자원 재생 활동, 에너지 절약 활동, 반공해 운동, 동물 보호 등 환경 보호 운동에 자발적으로 참가하고 있다. 불만 처리와 대중의 인식과 법률 개선을 위한 조직에 참가하고 있는 사람들도 있다. 수십만 명의 미국인들이 지역 극장, 성가대, 합창단 등 예술 활동에 참가하고 있다. 자원 봉사자들은 소방 업무, 치안 업무, 재난 구조 등 시정(市政) 활동을 흔히 보조한다.

미국의 경제 활동 행위의 구성을 GNP 구성으로 보면 기업 부문이 80퍼센트, 정부 부문이 14퍼센트임에 비하여 제3부문이 6퍼센트 이상을 차지하고 있다. 또한 제3부문은 총 고용의 9퍼센트를 차지하고 있다. 이 부문의 피고용자는 건설, 전기, 수송 또는 섬유나 의류 산업보다 더 많다.[1]

제3부문의 자산은 현재 연방 정부의 약 1/2에 해당된다. 1980년대 초반 예일 대학교의 경제학자 루드니 Gabriel Rudney에 의한 연구에 따르면 미국의 자발적 조직들의 지출이 7개국만 제외한 나머지 국가의 GNP보다 더 많다고 한다.[2] 비록 제3부문이 총고용과 총수익 면에서 정부 부문의 절반밖에 안 되지만 최근에 정부나 사적 부문보다 2배나 더 급속하게 성장해 왔다는 사실에 주목해야 한다.[3]

미국 경제에서 제3부문이 나머지 두 부문을 침식하고 있으며 대부분 국가의 GNP를 능가하고 있다. 그러나 정치학자들은 이 부문을 무시해 왔다. 이들은 미국 사회가 공공 부문과 사적 부문만으로 구성된 것으로 보았다. 그러나 제3부문은 전통적으로 나머지 두 부문을 매개하는 핵심적인 역할을 수행해 왔다. 이 부분은 나머지 두 부문이 꺼려하거나 취급할 능력이 없는 과업과 서비스를 수행해 왔다. 또한 시장에서 무시되어 왔거나 정부에 의해서 위태롭게 된 사람들의 이해를 옹호하는 역할을 종종 수행해왔다.

갤럽 Gallup이 1992년에 실시한 광범위한 설문 조사에 의하면 1991년에 미국 인구의 51퍼센트를 차지하는 9420만 명의 성인들이 다양한 운동과 조직에 그들의 시간을 투자했다. 자원 봉사자들은 주당 평균 4.2시간을 투자했다. 전체적으로 미국인들은 자원 봉사에 205억 시간을 투자하고 있다. 이중 157억 시간 이상이 자원 봉사 조직이나 협회에서 실시하는 공식적인 자원 봉사에 해당된다. 이 시간을 고용으로 환산하면 풀타임 노동자 900만 명, 돈으로 환산하면 1760억 달러에 해당된다.[4]

미국에는 서비스 제공이나 이념 실천을 목적으로 하는 비영리 조직이 140만 개 이상 있다. 재무성 내국세국 IRS은 비영리 조직을 〈순수익의 어떤 부분도 개별 주주나 개인의 이익으로 귀속되지 않는 조직〉으로 정의하고 있다.[5] 대부분의 비영리 조직들은 과세에서 면제되고 이들에 대한 기부금도 세금 환급을 받을 수 있다.

지난 25년간 미국에서 면세 조직이 급격하게 증가했다. 1950년대 후반에 재무성 내국세국은 연간 5000~7000건의 면세 신청 건수를 처리했는데 1985년의 경우 4만 5000건으로 증가했다.[6] 비영리 부문의 총자산 규모는 현재 5000억 달러에 달한다. 이 부분의 재정은 개인 기부금과 증여, 수수료, 정부 지원으로 조달된다. 1991년에 미국의 가계는 소득의 1.7퍼센트에 해당되는 평균 649달러를 자발적 조직에 기부했다. 같은 해에 6900만 이상의 가계가 제3부문에 기부금을 내었다. 7퍼센트에 해당되는 가계들이 총 가계 소득의 5퍼센트 이상을 헌납했다.[7]

공동체 서비스는 전통적 형태의 노동에 대한 혁명적인 대안이다. 노예, 농노, 임금 노동자와 달리 강제성도 없고 금전적인 관계로 환원되는 것도 아니다. 이것은 도움 행위이자 타인에게 베푸는 행위로서 스스로 원해서 하는 행위이며 금전적인 보상을 기대하지 않는다. 이런 의미에서 고대 경제에서의 선물 주기와 유사하다. 공동체 서비스는 세상 만사의 상호 연관성에 대한 깊은 이해로부터 나오며 개인의 부채 의식에 의해서 동기화된다. 이것이 종종 수혜자와 후원자 간 경제적인 결과를 낳기도 한다. 그러나 이것은 본질적으로 사회적 교환이다. 이 점이 공동체 서비스와 물질적 내지 금전적 교환이자 경제적 손익이 사회적 결과보다 우선시되는 시장 행위와의 차이이다.

1980년대에 프랑스 사회과학자들은 제3부문과 시장 교환 경제를 구분하기 위해서 사회적 경제 social economy라는 용어를 도입했다. 프랑스 경제학자 장테 Thierry Jeantet에 의하면 사회적 경제의 특징은 다음과 같다. 〈이것의 산출물은 자본주의처럼 봉급 수입 등으로 측정되지 않고, 예를 들면 병원이 아니라 가정에서 돌보고 있는 장애인의 숫자와 같은 간접적인 경제적 이득과 이웃에 있는 다른 연령 세대간 연대

감의 정도라는 사회적 결과들을 포괄하고 있다.〉 장테에 따르면 사회적 경제는 전통적 경제학에서 측정법을 몰랐거나 측정을 원하지 않았던 결과물을 계산에 포함시키는 것으로 이해할 수 있다.[8]

제3부문은 사회적 책임이 가장 강한 영역이다. 이 부문은 나머지 두 부문에 의해서 고려되지 않거나 배제되거나 적절한 관심이 주어지지 않는 수백만 개인들의 욕구와 열망을 관장하는 보살핌의 영역이다.

▎대안적 비전

프랑스 정치가이자 철학자인 토크빌 Alexis de Tocqueville은 최초로 미국의 자발적 정신에 주목했다. 그는 1831년 미국 방문 후 신생국에 대한 자신의 인상을 글로 표현했다. 토크빌은 당시 유럽에서는 거의 찾아볼 수 없었던 미국의 자발적 결사의 성향에 경탄했다.〈미국인들은 나이나 신분, 기질을 불문하고 항상 결사를 형성하고 있다. 모든 사람들이 참가하는 상업 및 산업적 결사뿐 아니라 종교적인, 도덕적인, 진지하고 허황된, 매우 일반적이고 매우 제한된, 매우 거대하고 매우 규모가 작은 수천 개의 상이한 유형들이 있다. 미국인들은 축제 행사, 신학교 건립, 교회 건립, 타국에 대한 도서와 성서 보내기 등을 위해서 단합한다. 병원과 감옥 그리고 학교들이 이런 식으로 세워진다. 마지막으로 진리를 전파하기 위해서 또는 훌륭한 사례로부터 고무되는 어떤 느낌들을 전파하기 위해서 결사를 형성한다.〉[9]

토크빌은 미국인들이 민주주의적 정신의 번영에 필수적인 것으로 판명될 혁명적이고 새로운 문화적 표현 형식을 발견했다고 확신했다.

나는 미국의 지적(知的)·도덕적 결사가 가장 주목할 가치가 있다고 본다. 미국의 정치적·산업적 결사들은 쉽게 눈에 띄지만 나머지 결사들은 그렇지 않다. 만일 우리가 그것들을 인지한다 하더라도 오해하기 쉽다. 왜냐하면 우리가 그것들과 유사한 것들을 이전에 거의 보아 오지 못했기 때문이다. 우리는 미국인들에 있어서 나머지 결사들이 정치적·산업적 결사들만큼 또는 아마도 더욱 더 중요하다는 점을 인식해야만 한다. 민주주의 사회에 있어서 어떻게 단결할 것인가에 대한 지식은 다른 모든 형태의 지식의 모태가 된다. 왜냐하면 후자는 전자의 진보에 의존하기 때문이다.[10]

제3부문의 활동들은 200년 이상에 걸쳐서 미국인의 경험을 형성해 왔다. 미국인 생활의 거의 모든 영역에서 수행되었고 개척자 문화를 고도로 발전된 근대 사회로 전환시키는 것을 도왔다. 역사가들은 미국의 위대성을 시장과 정부 부문으로 돌리고 있다. 그러나 제3부문도 미국식 삶의 방식을 정립하는 데 있어서 동등하게 적극적인 역할을 수행해 왔다. 최초의 학교와 대학, 병원, 사회 서비스 조직, 수도원, 여성 클럽, 청년 단체, 시민권 단체, 사회 정의 조직, 환경 단체, 동물 보호 단체, 극장, 오케스트라, 화랑, 박물관, 시민 단체, 공동체 배갈 조직, 자문 위원회, 시민 소방수, 시민 자위대는 모두 제3부문의 산물이다.

오늘날 자발적 조직들은 모든 이웃들과 공동체에 있어서 수백만의 미국인들에게 봉사하고 있다. 그 범위는 종종 사적 부문과 공적 부문을 침식하고 있다. 이 부문이 미국인들의 생활에 미치는 영향은 종종 시장이나 정부 관료들보다 더 심대하다.

자발적 조직들은 다른 나라들에도 존재하고 있고 중대한 사회적 힘으로 급속하게 성장하고 있지만 미국만큼 잘 발달되어 있지는 않다. 미국인들은 자발적 조직들을 개인적 관계가 풍요롭게 되고 지위가 성취될 수 있는 피난처로 생각해 왔고 따라서 공동체 의식이 창출될 수 있었다. 경제학자이자 교육학자인 러너 Max Lerner에 따르면 미국인들은 자발적 조직에 가입함으로써 개인적 고립감과 소외감을 극복하기를 원하고 진정한 공동체의 일부가 되기를 원한다고 한다. 이것은 다른 두 부문에 의해서 충족될 수 없는 원초적인 욕구이다. 래너는 다음과

같이 말한다. 〈자발적인 결사 속에서 공동체 의식이 가장 잘 얻어질 수 있다.〉[11]

미국을 경제 대국으로 만든 거칠고 위험한 개척자 전통과 격렬한 경쟁 윤리에 대해서는 다년간 많은 논의들이 있었다. 그러나 미국인들을 서로에 대한 집단적 서비스로 결합시켜주는 보살핌 측면은 흔히 간과되어 왔다. 제3부문은 수백만의 미국인들에게 있어서 천국으로 기능한다. 미국인들은 생산과 효율의 규칙만이 지배하는 협소한 작업장의 테두리가 아니라 제3부문 속에서 자기 자신이 될 수 있고 자신의 견해를 표현하고 자신의 재능을 표현한다. 리프만 Walter Lippmann은 수백만 명의 미국인들의 생활에 대한 제3부문의 막대한 가치를 다음과 같이 요약한다. 〈교회, 집회장, 서비스 또는 여성 클럽, 식사 클럽, 공동체 기금 경기, 예비군 집단, 컨트리 클럽, 정당 등 속에서의 사회적 위치가 미국인들의 사회적 인성(人性)을 규정한다. 이를 통해서 미국인들은 기업 조직의 기계 과정의 작은 부속품으로서는 가질 수 없는 효능감의 의미를 지니게 된다. 관용과 우정, 회의나 위원회의 운영이나 발언 능력을 통해서 미국인들은 자신의 조직화 능력과 열정과 시민 의식을 함양한다. 직장에서와는 달리 공동의 비영리적 목적을 위해 타인들과 함께 최선을 다해서 일한다.〉[12]

제3부문은 다양한 이해를 지닌 미국인들을 응집력 있는 사회적 일체감으로 결집시켜 주는 결속력이자 사회적 접착제이다. 봉사를 위한 자발적 결사 속에서 단결하는 능력은 미국인을 특징짓는 유일한 독특한 자질로 볼 수 있다. 인류학자 미드 Margaret Mead는 다음과 같이 말했다. 〈우리들에게 실제로 중요한 거의 모든 것과 인간의 삶이 어떻게 영위되고 보살펴져야 하는가에 대한 우리의 깊은 몰입을 구현하고 있는 모든 것이 자원주의(自願主義, volunteerism)의 어떤 형태들에 의존하고 있다는 것을 조금만 주의하면 알아차릴 수 있다.〉[13] 그러나 이상하게도 미국인의 이러한 특성과 경험이 고교와 대학에서 사용되는 역사와 사회 교과서 속에서 거의 주목을 받고 있지 못하고 있다. 우리

의 자녀들은 시장의 장점과 대의제 정부의 견제와 균형에 대해서 학습하고 있다. 제3부문은 미국식 삶을 형성하는 데 있어서 핵심적인 역할을 수행했음에도 불구하고 언급되지 않는다. 설령 언급되더라도 대개 각주로 처리되고 있는 실정이다.

제3부문의 조직들은 다양한 기능을 수행한다. 이것들은 새로운 사고의 부화기이고 사회적 고충들이 의사 소통되는 광장이다. 공동체 결사들은 이민자들을 미국식 경험 속으로 통합해 내고 가난한 사람들과 도움을 필요로 하는 사람들에게 어디에 도움의 손길이 있는지를 알려준다. 박물관, 도서관, 역사 단체 같은 비영리 조직들은 전통을 보전하고 새로운 지적 경험의 기회를 제공하고 있다. 많은 사람들이 제3부문 속에서 민주주의적 참가의 기술을 어떻게 실현할 것인가를 최초로 배운다. 이 속에서 동료 의식과 우정이 형성된다. 제3부문은 정신적 차원을 탐사할 장소와 시간을 제공한다. 종교 및 상담 조직들은 수백만의 미국인들이 세속적인 일상사를 벗어날 기회를 제공한다. 사람들은 제3부문 속에서 휴식과 놀이를 즐기고 인생과 자연의 즐거움을 보다 깊게 경험한다.

제3부문은 시장의 공리주의적 가치 체계에 대한 강력한 대안적 비전으로서 필요한 많은 요인들을 포함하고 있다. 사회적 경제의 정신이 국가의 새로운 과제를 수립할 수 있는 강력한 대항적 세계관으로 구체화되어야만 한다. 왜냐하면 시장의 가치가 국가의 일상사에 계속 영향을 미칠 것이라는 과도한 관념들이 있기 때문이다.

물질적 풍요를 고집하는 시장 비전은 행복 증진의 주요한 수단으로서 생산 원칙과 효율성의 기준을 찬양한다. 인간이 시장 경제를 지지하는 한 생산의 확대와 무제한적인 소비라는 가치가 개인의 행위에 계속 영향을 미칠 것이다. 사람들은 일차적으로 그리고 가장 중요하게 자신들을 재화와 서비스의 소비자로서 간주할 것이다.

물질 중심적 세계관이 지구를 탐욕스럽게 소비해 왔다. 지구의 생태계는 한편으로는 자원 고갈에 의해서 다른 한편으로는 환경 오염에 의해서, 위협을 받고 있다. 세계 감시 기구 Worldwatch Institute의 더닝 Alan Durning은 다음과 같이 말한다. 〈20세기 중반 이래로 1인당 구리, 에너지, 육류, 철강, 목재 소비가 약 2배나 증가했다. 1인당 자동차 소유와 시멘트 소비는 4배, 플라스틱 소비는 5배, 알루미늄 소비는 7배, 항공 여행은 33배나 증가했다.〉[14] 전 세계 인구의 5퍼센트에 불과한 미국 혼자서 세계 원재료와 에너지의 30퍼센트 이상을 소비하고 있다.

지구 자원의 재화와 서비스라는 풍요로의 급격한 변환은 지구 온난화, 오존층 파괴, 삼림의 급격한 축소, 사막의 증가, 대량의 멸종, 생태계의 불안정을 초래했다. 지구의 화학적 생물학적 자원의 과도한 개발로 인해 개발 도상국들은 자원과 증가하는 인구를 유지할 적절한 수단이 부족하게 되었다.

제3부문 비전은 20세기 산업적 사고를 지배했던 물질주의에 매우 필요한 해독제를 제공한다. 사적 분야에서 노동은 물질적 이득에 의해 동기 부여가 이루어지고 일자리 보장은 소비 증가라는 관점에서 바라본다. 반면에 제3부문은 타인에 대한 서비스로 참가의 동기 부여가 이루어지고 일자리 보장은 인간 관계 및 공동체 의식의 강화라는 관점에서 바라본다. 시장과 민족국가의 협소한 차원을 넘어서 인류와 지구 전체를 포함하는, 확대된 의미에서의 개인의 충성심과 소속감이라는 아이디어 자체는 혁명적이며 사회의 구조화에 있어서 거대한 변화의 전조이다. 이런 관점은 지구를 불가분적인 유기체로서, 하나의 공동체로 결합된 수많은 생명체들의 살아 있는 통일체로 간주한다. 자신의 협소한 물질적 이해가 아니라 인류와 살아 있는 모든 것들의 전체 이익을 위해서 행동한다는 제3부문의 패러다임은 아직도 지배적인 시장 경제의 소비자 지향적인 비전에 심각한 위협이 되고 있다.

가까운 우리 주위의 것들에서 시작하여 광의의 인간 사회를 거쳐 최종적으로는 지구의 유기적 공동체를 구성하는 다른 모든 피조물과의 무수한 관계를 참가에 근거하여 재구축한다는 생각은 불가능한 전망으로 비칠지도 모른다. 그러나 기계가 인간을 대체하고 물질적 풍요와 보다 많은 레저를 창출하는 세계라는 기술 유토피아의 비전이 단지 100년 전만 하더라도 많은 사람들에게 불가능하게 여겨졌다는 사실을 상기해 보라.

의식 변혁과 공동체에 대한 새로운 몰입에 근거한 새로운 비전이 유효할 것이라는 희망적인 근거가 있다. 수백만 사람들이 공식 경제의 노동에 투자하는 시간이 점점 줄어들수록 장래에는 공식적인 노동이 사람들의 자아 가치에 대해서 갖는 중요성과 생활 속에서 차지하는 중요성도 점차 감소해갈 것이다. 공식 경제에 있어서의 노동 생활의 감소는 시장 경제가 수반하는 가치, 세계관, 비전에 대한 충성심의 감소를 의미한다. 만일 대안적인 비전이 사람들의 가치 의식 속에 충만해진다면 공동체 회복과 환경 의식은 광범위하게 유포될 것이고 탈시장 시대를 위한 지적인 토대가 구축될 수 있다.

미래에는 직장에서 소비하는 시간이 줄어드는 대신에 자유 시간은 점점 더 증가할 것이다. 자유 시간이 강제된 파트 타임 노동, 일시 해고, 실업의 결과로서의 강압적이고 타율적인 것일지 또는 생산성 향상, 노동 시간 단축, 소득 향상으로 인한 레저일 것인지의 여부는 정치적 영역에서 결정될 것이다. 만일 기계에 의한 인간 노동의 대체의 결과로 역사상 미증유의 대량 실업이 발생한다면 인간 정신의 변혁에 기초한 세계관과 자비와 보살핌의 사회를 건설할 가능성은 줄어들 것이다. 그렇게 되면 광범위한 사회적 격변과 미증유의 갈등 그리고 가난한 사람들간 또한 가난한 사람들과 세계 경제를 통제하는 부유한 엘리트 간의 전쟁이 발발하는 사회가 될 것이다. 만일 노동자들이 생산성 향상의 이득을 노동 시간 단축과 소득 향상으로 취할 수 있게 되면 근대 역사상 그 어느 때보다도 더 많은 레저 시간이 존재하는 사회가 될 것이다. 자유 시간은 공동체 연대 의식의 갱신과 민주주의적 유산을 부흥시키는 데 사용될 수 있다. 새로운 세대는 민족주의의 협소한 제약을 초월하여 서로와 공동체와 광의의 생태계에 대한 공유된 몰입을 갖고서 인류의 공동 구성원으로서 사고하고 행동하기 시작할 것이다.

17 제3부문의 강화

　다가오는 세기에는 세계 인류의 일상사에 있어서 시장과 공공 부문이 수행하는 역할은 점점 감소할 것이다. 아마도 증대하는 무법적 하위문화나 제3부문에의 참가가 그 권력 공백을 메우게 될 것이다. 그러나 두 부문이 소진되거나 사라져버린다는 것은 아니다. 단지 두 부문과 대중과의 관계가 근본적인 변화를 겪게 된다는 것이다. 제3차 산업혁명의 기술적 행진 속에서도 대부분의 사람들의 노동 시간은 줄어들 것이지만, 가까운 장래에는 생계를 위해 공식 시장 경제에서 일하게 될 것이다. 정부는 시장 부문에서 일자리를 상실한 사람들에 대한 두 가지 선택의 기로에 직면할 것이다. 하나는 범죄 계급의 증가에 대처한 경찰 증원과 감옥의 증설이고 다른 하나는 제3부문의 일자리 창출을 지원하는 것이다. 공동체에 기반을 둔 조직들의 중재 및 민원 조사의 업무와 사회 정치적 개혁의 일차적 대변자 혹은 주체로서의 역할이 증가할 것이다. 또한 정부의 보조와 지원이 축소됨에 따라서 도움이 필요한 이웃들에 대한 보다 많은 기초적인 서비스를 제공하게 될 것이다.

시장 부문의 세계화와 정부 역할의 감소로 인하여 사람들은 자신들의 미래를 보증할 이해 공동체를 형성하도록 강요당하게 된다. 후기 시장 시대에로의 성공적인 이행은 생산성 향상의 보다 많은 부분을 시장으로부터 제3부문으로 이전시켜서 공동체의 결속력과 지역적인 인프라스트럭처의 강화 및 심화를 이루어낼 수 있는 각성된 유권자들의 연합 및 운동 능력에 의존한다. 모든 나라의 사람들은 강력하고 자립적인 지역 공동체의 수립에 의해서만 인류의 생계와 생존을 위협하는 기술 대체와 시장 세계화의 물결에 저항할 수 있다.

정부의 새로운 역할

다가오는 하이테크 시대에 정부는 상업적 경제의 이해보다는 사회적 경제의 이해에 부합되는 새로운 역할을 수행할 것이다. 사회적 경제를 재구축하기 위한 정부와 제3부문과의 새로운 파트너십의 강화는 모든 국가에 있어서 시민적 생활을 회복시키는 데 도움이 될 것이다. 향후 가장 긴급한 과제들은 빈민 구호, 기초 의료 서비스 제공, 청소년 교육, 임대 주택의 건설, 환경 보호이다. 이 모두는 시장 부문이 무시하거나 또는 충분한 주의를 기울이지 못했던 영역들이다. 오늘날 공식 경제가 국가의 사회적 생활로부터 퇴각하고 정부가 최후의 보호자라는 전통적인 역할로부터 후퇴하고 있다. 제3부문의 선봉 부대로서의 역할이 공공 부문의 적절한 지원에 의해서 보장될 때만 기초적인 사회 서비스의 제공과 사회적 경제의 부흥이 가능하게 될 것이다.

정부가 공식 경제에 있어서의 직접적인 역할을 축소하고 제3부문의 강화로 변신하는 것은 정치의 성격 변화를 의미한다. 클린턴 행정부는 1994년 4월 12일 비영리 부문과 공동 목표를 위해 일할 25명의 행정 공무원들로 구성된 비영리 연계 네트워크 Non-Profit Liaison Network의 창설을 선포했다. 이것은 공공 부문과 제3부문과의 새로운 동반자 관계를 만들어나가는 최초의 시범적 조치이다. 해당 공무원들은 자기 부처와 정부 그리고 제3부문 간의 협력적 네트워크의 수립 임무를 띠고 있다. 클린턴은 창립 연설에서 자신은 비영리 부문의 역할을 오랫동안 옹호해 왔다고 말했다. 그는 다음과 같이 말했다. 〈역사의 전 시기에 걸쳐서 비영리 공동체는 미국인의 생활을 형성하는 핵심 가치를 강화시킴으로써 우리 나라가 변화하는 세계에 적응하는 데 도움을 주어 왔다.〉 대통령은 네트워크가 범죄, 주택, 건강, 기타 국가적으로 긴급한 문제를 해결하는 데 있어서 행정부와 제3부문간의 협력을 강화시킬 것이라고 말했다. 대통령의 행동이 정치 패러다임의 변화라기보다는 상징적인 제스츄어로 보일 수도 있다. 그러나 이것은 미국인의 생활에 있어서 제3부문의 잠재적 역할에 대한 인식과 정부와 비영리 공동체 간의 새로운 협동적 관계의 창출 필요성의 증대를 반영한 것이다.[1]

클린턴 행정부 이전에도 제3부문의 중요성은 강조되었다. 공화당은 〈정부를 국민에게 돌려 주자〉는 호소 하에 10년 넘게 정가를 지배했다. 레이건 행정부는 일찍이 제3부문의 정서적 상징적 힘을 인식했고 이를 자신의 이익을 위해 이용했다. 레이건과 부시 행정부는 모두 자유 시장 정책을 은폐하기 위해서 제3부문 주제를 냉소적으로 이용했다. 〈정부를 국민에게 돌려 주자〉는 구호는 산업의 탈규제, 기업에 대한 감세, 빈민에 대한 사회 복지 지출의 감축을 감행하기 위한 편리한 수사(修辭)로 되었다. 결국 제3부문은 자신의 지지자로 공언했던 정치적 힘에 의해서 침해당했고 위험에 처했다. 향후 유사한 사태의 재발을 방지하기 위해서는 레이건 정부가 제3부문의 이미지를 조작할 수 있었던 은폐 방식과 이들이 민주당이나 진보적 세력에 대응했던 방식을 이해하는 것이 필요하다.

▎제3부문과 정당 정치

레이건 대통령은 집권 첫날부터 자원주의를 행정부의 핵심 주제로 삼았다. 이전에 제3부문에 의해서 수행되던 많은 과업을 정부가 떠맡았고 그 결과 미국인들은 정부 부문에 과도하게 의존하게 되었다고 주장했다. 레이건은 토크빌이 초기 미국에서 목격했던 자유 결사의 정신을 재점화시키기 위해서 자원주의 전통으로 되돌아가자고 호소했다. 1985년 《리더스 다이제스트 *Readers Digest*》에 대한 기고를 통하여 그는 미국의 자원주의를 다음과 같이 찬양했다. 〈자원주의 정신은 마치 깊고 힘찬 강물처럼 우리 나라의 역사를 관통해 흐르고 있다. 미국인들은 항상 도움을 주기 위해 자신들의 손을 뻗쳐 왔다.〉

레이건은 전후 시기에 있어서 강력한 정부 계획에 의한 자원적 영역의 강탈이라고 자신이 생각해 왔던 것을 늘 비난했다. 〈2차 세계대전 후 자원주의라는 강의 수위가 낮아졌다. 정부가 팽창함에 따라서 우리는 공동체와 이웃이 수행하던 과업들을 방기했다. 사람들은 '내가 왜 참가해야 하는가?'라고 묻기 시작했다. '정부가 취급하도록 내버려두자.'〉[2]

레이건은 〈이전에는 선의와 이웃 사랑이라는 차원에서 우리의 자발적인 과업으로 간주했던 많은 일들을 정부에 맡겨버리자.〉는 대중들의 태도 변화를 한탄했다. 그는 다음과 같이 말한다. 〈나는 당신들 대부분이 그런 일들을 다시 하기를 원한다고 믿는다.〉[3]

레이건의 소박한 가치와 전통적인 선행에 대한 호소는 강한 반향을 일으켰다. 민주당은 레이건이 고지식하고, 심지어 솔직하지 못하다고 즉각적으로 비난했다. 그러나 수백만의 자원 봉사자들과 자발적인 결사의 원칙에 동조하던 사람들은 레이건의 메시지에서 미국 정신의 부흥에 대한 호소로 보았고 백악관의 호소에 지지를 표시했다. 1983년에 자원주의는 연례적인 로즈 보울 시가 행렬 Rose Bowl Parade의 주제가 되었고 홍보 위원회에 의해 전국적 광고 캠페인으로 번졌다. 우편국은 기념 우표를 발행했다.[4]

부시 대통령도 취임식에서 자원주의 주제를 이야기했다. 그는 〈빛의 초점 Points of Light〉이라는 유명한 연설에서 자원적 부문이 미국의 민주주의 정신의 정신적 지주라는 사실을 환기시켰다.

자신의 임무를 다하는 개인들이 미국을 살아 가기에 더 쾌적한 장소를 만드는 주체이다. 학생들은 방과 후에 남아서 급우를 가르친다. 공동체의 지도자는 불우 어린이들을 위한 탁아 시설의 건립 기금을 모은다. 사업가들은 학교를 선정해서 우수한 학생들의 대학 수업료를 지급한다. 자원 봉사자들은 노인들의 집에 음식을 배달한다. 그리고 모든 사람들이 활기차게 지펴나가는 수천 개의 빛의 초점들이 있다. 이것이 미국의 위대함이다. ……대통령으로서의 나의 열망은 이러한 수천 개의 빛의 초점들을 그 어느 때보다 더 밝게 빛나도록 만드는 것이다.[5]

이어서 부시는 연방 정부와 사적 부문이 공동으로 부담하는 5000만 달러 규모의 빛의 초점 선도 기금을 도입했다. 백악관에 의하면 이 프로그램의 사명은 혁신적이고 고무적인 자원 봉사의 모범 사례들을 발굴하여 공표함으로써 사회적인 확산 효과를 노리는 것이었다. 기금은 자원 봉사 영역에 대한 지원금으로는 사용되지 않을 예정이었다. 전국의 언론과 심지어 많은 진보적인 자원 단체와 결사들이 대통령의 빛의 초점 선도 기금을 비난했다. 정치 그룹인 〈미국의 길을 위한 사람들 People for the American Way〉의 의장인 뷰캐넌 2세 John Buchanan, Jr. 는 다음과 같이 비난했다. 〈이것은 전국적인 응원 대회에 불과하다.〉[6]

곳곳에서 레이건-부시의 자원주의 부활에 대한 비난들이 쏟아졌다. 미국의 좌파들은 공화당 행정부가 빈민과 노동 대중에 대한 지원 업무를 방기하기 위한 의심스러운 시도라고 비난했다. 많은 자유주의적 비평가들은 거대 재단들이 자금을 통해서 비영리 조직들에 대해서 행사하는 권력과 영향력을 지적했다. 이들은 자발적 조직들이 자금상의 문제로 전통적으로 자신들의 역할이었던 정치적인 저항이나 후원 활동에 참가하기 두려워하거나 침묵하고 있다고 말한다. 다른 사람들은 자원적 노력들이 근본적인 변화를 위한 효과적인 정치적 운동의 시도를 분산시켰다고 주장한다. 이들에 따르면 서비스라는 사고가 계급 억압의 제도적 근원에 대한 이해를 방해했고 사람들을 일회적인 개선을 향한 헛된 노력의 수렁에 빠뜨렸다고 한다.

1980년대에 자원주의 문제는 공화당의 정책과 너무 깊게 관련되어 있었다. 따라서 이것이 대중들에게는 정당적 명분의 한 종류로 축소되어 받아들여졌다. 민주당과 대부분의 자유주의자들 그리고 그 지지자들은 자원주의에 대해서 공개적으로 반대하거나 혹은 무시했다. 전국 여성 단체 NOW는 1970년대에 자원주의에 반대하는 의견을 통과시켰다. 이 조직에 따르면 이것은 자원 봉사자의 대다수를 차지하는 여성들의 서비스에 대한 보상을 부정하는 전가의 보도로 사용되어 왔다는 것이다. 자원 봉사는 전문적 노동과 유급 노동에 비하여 전문성, 신중성, 중요성이 떨어지는 것으로 경시되어 왔다. 여성들에게 자원 봉사에 참가할 것인지를 물어 보면 전형적인 대답은 다음과 같은 것이다. 〈끔찍해요. 나 자신의 일에 대한 보상을 받고 싶어요. 나는 사람들이 자원 봉사를 가치 있게 여겼으면 해요. 누구나 생각하듯이 중요성의 유일한 척도는 돈입니다.〉[7)]

과거에 공공 부문 노동 조합도 유급 노동을 대체할 지도 모른다는 이유에서 자원 봉사에 대해서 반대했다. 1980년 초기 매사추세츠 주 정부의 인력 관리부에서 근무했던 진보적인 자유주의자 타운젠트 Kathle인 Kennedy Townsend는 공공 부문 노조가 자원 봉사에 대해서 강력하게 반대했던 몇 가지 예를 들고 있다. 노스캐롤라이나 주에서 교원 노조는 유급 교사의 감원을 이유로 자원 봉사 교사의 훈련에 반대했다. 뉴욕 시에서는 운수 노조가 자원 봉사자들이 지하철 역을 청소하려는 시도를 저지했다. 노조가 아니면 아무도 그 일을 할 수 없다는 것이다.

타운젠트는 다음과 같이 말한다. 〈자유주의자들이 자원주의를 옹호하지 않았던 이유 중의 하나를 그들이 학위를 소지한 전문가들을 선호했기 때문이다.〉 사회 봉사 전문가라는 사고는 최근 들어 진보적 프로그램의 매력적인 일부가 되었다. 다수의 자유주의적 사상가들은 유급 전문가들이 아마추어들보다 더 효과적인 서비스를 제공할 수 있다고 믿고 있다.[8]

마지막으로 자원주의에 대해 비판적인 다수의 자유주의자들은 제3부문을 엘리트주의의 시혜와 연계시키고 있다. 자선은 내적 가치와 양도할 수 없는 권리를 지닌 도움받을 자격을 갖춘 사람을 동정의 대상으로 만들기 때문에 이들을 불구자로 만든다는 것이다. 반면에 정부의 서비스 제공 프로그램은 자선이 아니라 복지를 제공해야 하는 정부의 일반적 의무로부터 나온다. 그들의 주장에 따르면 이것은 헌법적인 보장이라는 것이다.

자유주의자들의 자원주의에 대한 견해가 결코 동일한 것은 아니다. 전국여성단체의 창시자인 프리단 Betty Friedan은 〈새로운 정열적인 자원주의〉를 주장한다. 그녀는 페미니즘과 자원주의의 양극화는 마치 페미니스트들이 가정을 부정하는 것만큼이나 잘못된 것이라고 주장한다. 그녀는 수십 년 이후를 다음과 같이 예측한다. 〈자발적 조직들만이 사회 변화와 평등한 삶을 촉진시키는 데 있어서 필수적인 서비스를 약속하는 유일한 방안이다. 왜냐하면 우리들은 정부 당국과 법원에 대해 점점 덜 의존하게 될 것이기 때문이다.〉[9]

타운젠트는 자원주의에 대해 비판적인 자유주의자들이 자원 봉사의 현실을 못 보고 있는 많은 사례들을 제시하고 있다. 이들의 전문화 이슈와 사회 봉사 전문가들이 보다 효과적인 서비스를 제공할 수 있다는 주장은 흔히 사실과 부합되지 않는다. 그녀는 자신이 체험한 두 하숙집의 예를 든다. 하나는 정부의 급료를 받는 전문가에 의해서 관리되고 다른 하나는 자원 봉사자와 개인적 기부금에 의해서 운영되었다. 그녀는 정부 지원을 받고 전문적으로 관리되는 하숙집의 실태를 다음과 같이 서술한다. 〈십 수 명의 남녀들이 퀴퀴한 소변 냄새와 암모니아 냄새가 나는 희미한 조명의 방 안의 소파나 접는 의자에서 우글거리고 있었다. 한쪽 구석에는 흑백 TV가 깜박거리고 있었다. 관리자들은 복도에서 자기들끼리 이야기를 나누면서 서 있었다. 그들은 내게 방금 여름맞이 축제를 마쳤다고 말했지만 어느 곳에도 축제의 흔적은 보이지 않았다.〉

두번째 집은 자원 봉사자들에 의해서 운영되는 무주택 여성들을 위한 보호소였다.〈그 집은 밝고 명랑했다. 벽은 옅은 청색과 흰 색의 꽃들로 우아하게 장식되어 있었다. 나무 탁자는 깨끗했고 광이 났으며 그 위에는 신선한 커피와 막 구워낸 초콜릿 과자가 놓여 있었다. 자원 봉사자들은 그 집에 머무르는 모든 사람들이 편안함을 느끼게끔 하고 있었다.〉[10]

자원 봉사자들로 이루어지는 양육은 종종 유급 전문가들보다도 훨씬 좋은 결과를 낳는다. 흔히 소수의 전문가들과 다수의 자원 봉사자들의 결합은 서비스에 필요한 전문성과 애정의 이상적인 조화를 제공한다.

교육, 청소, 건강 보호 등 공공 부문 일에 대한 자원 봉사자들은 이런 중대한 사회 서비스에 대한 보다 많은 재정 지원이 필요하다는 사실을 깨닫고 흔히 정부 지출의 증대를 주장한다.

오늘날 다수의 진보적인 사상가들은 제3부문에 대해서 다시 한 번 주목하기 시작한다. 이들은 고용주로서의 시장 경제의 역할이 축소되고 또한 최후의 보호자로서의 정부 역할이 감소하고 있기 때문에 제3부문이야말로 사람들이 의지할 수 있는 유일한 대안이라는 사실을 깨닫기 시작하고 있다. 향후 보수주의자와 자유주의자, 공화당과 민주당 사이에서 어떻게 국가의 에너지와 관심을 제3부문으로 돌릴 것인가가 가장 주목을 끄는 정치적 이슈 중의 하나가 될 것이다.

▌제3부문의 활성화

레이건과 부시는 제3부문의 지원이 정부의 사명이라고 말했음에도 불구하고 자신들의 약속을 실행할 구체적인 프로그램을 실행할 의사가 없었다. 사실상 레이건 정부는 비영리 집단의 활동을 제약하고 자선 기부자들의 세금 공제를 축소하는 방향으로 면세를 취급하는 재무성 내국세국 규정을 바꾸도록 로비했다.

제3부문이 활기찬 후기 시장 시대를 위한 효과적인 토대로 변혁되기 위해서는 정부의 지원이 꼭 필요하다. 미국 사회에서 공동체의 재건과 제3부문의 강화를 위한 활동들에 필요한 수백만의 노동 시간을 효과적으로 확보하기 위해서는 우선 두 집단의 욕구가 충족되어야 한다. 첫째, 시장 부문에 취업하고 있는 사람들이 자신들의 레저 시간을 제3부문에 투자하도록 유도하는 인센티브가 도입되어야 한다. 둘째, 수백만 명의 영구 실업자들이 이웃간 우애와 지역 인프라스트럭처를 재건하는 제3부문의 유의미한 공동체 노동을 제공하도록 하기 위한 입법이 마련되어야 한다.

▌자원 봉사에 대한 그림자 임금

정부는 법적으로 인가된 면세 조직들에 대한 모든 자원 봉사 시간에 대해서 세금을 공제해 줌으로써 제3부문에의 참가를 고무시킬 수 있다. 모든 면세 조직들은 자원 봉사 시간을 정직하게 계산하기 위해서 매 회계 연도마다 W-2 양식(연간 소득 신고서 양식 : 옮긴이 주)과 유사한 재무성 내국세국 형식의 표준화된 문서로서 연방 정부와 개별 자원 봉사자들에게 자원 봉사 시간을 보고해야만 한다. 자원 봉사자 시간에 개인 소득세 감면 형식으로 지급되는 그림자 임금의 개념은 수백만의 미국인들이 자신들의 레저 시간을 제3부문에 자원 봉사 형식으로 헌납하도록 하는 유인을 제공할 것이다. 새롭게 느껴지는 이 개념은 이미 면세 선물에 대한 법률 속에 이미 확고하게 정착되어 있다. 자선에 쓰여지는 돈들이 세금 공제가 되는 데 똑 같은 노력과 명분에 주어진 시간 헌납은 왜 세금 공제가 안 되는가?

자원 봉사자의 봉사 시간에 대한 세금 공제는 해결될 필요가 있는 광범위한 사회적 이슈에의 참가를 증진시킬 것이다. 일견 세원 감소라는 우려가 제기되겠지만 제3부문의 자원 봉사에 의해서 가장 잘 취급될 수 있는 욕구와 서비스에 대한 정부 지출의 감소가 이를 충분히 상쇄시킬 수 있다. 자원 봉사자들이 자신들의 노력과 기술을 제공하겠다는 약속 시점에서 세금 공제를 실시한다면 정부는 지역 공동체 프로그램 관리를 위해 필요한 공무원들을 절감할 수 있다. 또한 수백만 미국인들의 생활 조건과 질의 향상은 고용 기회의 증가와 구매력 증가라는 형태로 경제로의 피드백 효과를 가져오고 정부측에게는 세원 규모의 증가라는 이득을 가져다준다.

혹자는 자원 봉사 시간에 대한 세금 공제가 자원주의 정신을 위협한다고 주장할지도 모른다. 그러나 그럴 가능성은 없다. 결국 자선 단체 기부금에 대한 세금 공제가 다만 박애주의 정신을 고양시켜 왔을 뿐이다. 마찬가지로 그림자 임금의 창설은 자신의 레저 시간을 매일 저녁 TV를 보거나 돈을 벌기 위해 이중 직업을 갖는 대신에 사회적 경제에 투자하도록 고무시킬 것이다.

자원 봉사에 대한 그림자 임금의 법제화의 이득은 명백하고 또한 파급 효과가 크다. 21세기의 대대적인 노동 감소에 효과적으로 대처하기 위해서는 수백만의 노동자들이 시장 경제의 공식적 고용으로부터 사회적 경제의 공동체 서비스로 전환하는 것을 도와주는 것이 필수적이다.

정부는 사회가 일관된 국가적 목표와 방향없는 수천 개의 지역 단위로 해체되는 것을 방지하기 위해서 적절한 인센티브로서 제3부문을 강화시킬 필요가 있다. 의회와 백악관에서 보다 긴급하고 긴요하다고 생각하는 활동들에 해당하는 자원 봉사 노동에 대한 대대적인 세금 공제가 우선 시행되어야 한다. 또한 의회는 국가 이익에 중대하다고 생각되는 자선 단체 기부금에 대한 보다 많은 세금 공제도 고려해야만 한다. 정부는 자선 단체 기부금과 자원 봉사에 대한 세금 공제를 실시함으로써 사회적 경제를 돕고 인도하는 중대한 역할을 수행할 수 있게 된다. 향후 재무성 내국세국 규정의 개정은 다른 조세 정책들이 시장 경제를 규제하는 데 있어서 중요했듯이 사회적 경제를 규제하기 위한 중요한 재정적 도구가 될 것이다.

▌공동체 서비스에 대한 사회적 임금

그림자 임금은 아마도 취업자들의 자원 봉사에 대한 참가를 고무시킬 것이다. 주 정부와 연방 정부는 항구적 실업자들이 제3부문에서 재훈련받고 배치되도록 고무하기 위해서 복지 지출의 대안으로써 사회적 임금을 제공하는 안을 고려해야만 한다. 또한 정부는 비영리 조직들이 이들을 자신의 조직에 충원하고 훈련시키는 것에 대해서 보조해야만 한다.

비영리 조직에서 일하는 대가로 전국의 가난한 사람들에게 복지 지출의 대안으로 사회적 임금을 제공하는 것은 수혜자만이 아니라 그들의 노동이 사용되고 있는 공동체에도 도움을 준다. 새로운 신뢰감의 끈을 강화하고 다른 사람의 복지와 그들이 봉사하는 이웃의 관심에 다 같이 관여한다는 의식을 고양시키는 것은 우리가 공동체를 재건하고 보살핌이 꽃피는 사회의 토대를 마련하기 위해서는 절실하게 요구되는 것이다. 적절한 사회적 임금은 수백만의 실업자들에게 자력할 수 있는 기회를 제공한다.

단순히 소득이나 직업 훈련의 제공은 청소년층을 위한 구체적인 교육 프로그램, 가족 생활의 회복을 위한 프로그램, 미래에 대한 공유된 자신감의 개발을 위한 프로그램을 수반하지 않으면 별로 도움이 안 된다는 주장이 종종 제시된다. 수백만의 궁핍한 미국인들에 대한 사회적 임금의 확대 지급과 공동체 조직들의 광의의 사회적 목적 달성을 증진시키는 주요 공동체 형성 과업들을 수행하기 위한 인원의 충원과 훈련 및 배치에 대해서 자금을 지원하는 것은 진정한 변화를 위한 뼈대를 만드는 데 도움이 된다. 공공 프로젝트와 공식 경제에 있어서의 저급한 노동은 지역 공동체의 회복에 도움이 되지 않는다.

빈민들에 대한 사회적 임금의 제공과 더불어 시장에서 더 이상 요구하지 않거나 가치를 부여하지 않는 기능 인력과 심지어 경영자 및 전문직 노동자들의 사회적 임금을 사회적 소득이라는 확대된 개념 속에 포괄시키는 방안이 신중하게 고려되어야 한다. 활기찬 제3부문은 최저 수준의 능력부터 정교한 경영 경험에 이르기까지 전 범위에 걸친 기능을 요구한다. 제3부문의 조직들은 공공 부분에서 사용되고 있는 것과 유사한 직무 분류 시스템, 평가 시스템, 봉급 척도를 제공함으로써 필요로 되는 전 범위에 걸친 기능별 인원을 충원할 수 있다.

사회적 소득이라는 아이디어는 1963년 3차 산업혁명에 대해서 임시 위원회가 기술적 실업과 빈곤의 증대라는 이중적인 위협에 대처하는 방안으로서 주창했을 때 최초로 전국적인 주목을 받았다. 당시에는 사회적 소득을 공동체 서비스를 수행하기 위한 보상적 계약과 결부시켜서 생각하지 않았었다. 연간 소득의 보장으로도 알려진 사회적 소득 이론의 지지자들은 민주주의 제도 연구 센터의 페리 W. H. Ferry, 자유주의 경제학자인 테오발드 Robert Theobald와 하일브로너 Robert Heilbroner, 프린스턴 대학 첨단 학문 연구소의 소장인 오펜하이머 Robert Oppenheimer를 포함하고 있다. 제6장에서 말했듯이 이들은 기술 혁신과 생산성 향상이 완전 고용을 보장한다는 정통 경제 이론과 의견을 달리했다. 반면에 이들은 컴퓨터 혁명이 기계에 의한 노동력의 대체를 대가로 생산성을 향상시키므로 수백만의 실업자와 잠재적 실업자를 창출하고 그 결과 사회는 새로운 자동화 기술에 의해서 생산된 재화와 서비스에 대한 충분한 구매력을 갖지 못하게 된다고 주장했다. 정교한 광고와 마케팅에 의한 수요 촉진, 이자율의 하향 조정, 세금 환급과 공제, 소비자 신용 조건의 완화는 고용 증대에 거의 도움이 못된다고 주장했다. 왜냐하면 기업들은 기계가 보다 효율적이고 값이 싸며 보다 많은 투자 수익을 보증하므로 계속해서 기계에 의한 노동력의 대체를 시도하기 때문이다.

로버트 테오발드는 다음과 같이 주장했다. 〈자동화가 계속해서 생산성을 향상시키고 노동력 대체를 가져오기 때문에 소득과 노동간의 전통적인 관계를 파괴할 필요가 있다. 기계가 더욱 더 많은 노동력을 대체함에 따라서 사람들은 공식 경제에서의 취업과는 별도로 소득을 보장받을 필요가 있다. 그렇게 해야 사람들의 생존이 보장되고 경제는 생산된 서비스의 소비에 필요한 구매력을 갖게 된다.〉 그는 연간 소득의 보장을 경제적 관계의 역사에 있어서의 전환점으로 보았다. 그는 이것의 수용이 궁극적으로는 경제학적 사고 자체를 전통적인 희소성 관념으로부터 새로운 풍요의 이상으로 전환시킬 것이라고 믿었다. 그는 다음과 같이 말했다. 〈그러므로 연간 소득의 보장은 모든 개인은 사회적 생산물에 대한 최소한의 공유 권리를 갖는다는 인류 역사상 항상 제기되어 왔던 근본적인 철학적 신념을 실현할 수 있는 가능성을 대표한다. 최근까지 거의 전 생필품에 있어서의 항상적인 결핍이 이 신념의 적용을 방해해 왔다. 부유한 나라들에 있어서 다가오는 상대적 풍요는 모든 사람들에게 최소한의 표준 생활을 제공한다는 목표를 달성할 수 있는 가능성을 제공한다.〉[11]

연간 소득의 보장에 대한 요구는 미국의 신보수주의 경제학자인 프리드먼 Milton Friedman이 이것에 관한 자신의 수정안으로 네거티브 negative 소득세를 제창했을 때 예기치 못한 정치적 반향을 야기했다. 프리드먼은 자동화가 끊임없이 일자리를 제거해서 대량 실업을 유도하고 결국 시장 경제에서 추방될 수백만의 미국인들을 위한 소득과 노동의 분리라는 사회적 결단을 강요한다는 자유주의자들의 견해에 대해서 반대했다. 닉슨과 레이건의 자문으로 일했던 그는 자신이 실패한 복지 시스템이라고 보았던 것에 더욱 더 관심이 있었다. 그는 다음과 같이 주장했다. 〈빈민들에게 보장된 연간 소득을 제공하는 것이 대개 비생산적이고 빈곤을 경감시키기보다는 단지 영속화시키는 데 기여했던 값

비싼 관료제적 복지 프로그램을 계속 운영하는 것보다 더 낫다.〉

네거티브 소득세 조항 하에서 연방 정부는 모든 미국인들에게 최소한의 소득 수준을 보장하고 수혜자들이 자신의 노동에 의해서 정부 보조금을 보충하도록 하는 인센티브 시스템을 창출한다. 정부의 지원금은 개인 소득이 증가함에 따라서 감소하지만 노동 의욕을 보존할 수 있을 정도의 비율로 감소한다.[12] 프리드먼은 자신의 접근법이 결코 급진적이지 않다고 주장한다. 왜냐하면 현재의 구호 및 복지 지출 주머니가 명칭은 다르지만 실질적으로는 정부에서 보증하는 연간 소득에 이미 육박하고 있기 때문이다. 그는 현 프로그램은 실업자가 노동 소득을 취하는 것이 오히려 손해이고 따라서 노동 대신에 실업 수당을 받을 인센티브를 제공한다고 주장한다. 〈만일 어떤 개인이 실업 수당으로 1달러를 받는다고 하자. 만일 그가 법을 어기면(노동을 하게 되면: 옮긴이 주) 1달러의 손해를 보게 된다. 그 결과는 산업이나 정직성 혹은 양자에게 벌주는 것을 뜻한다. 현 프로그램은 빈민과 복지로 살아가는 항구적 빈민 계층을 재생산하는 경향이 있다.〉 프리드먼은 빈민들이 관료들에 의해 방해받지 않고 자유 시장에서 스스로 소비 결정을 내릴 수 있게 그들에게 직접 현금을 지급하는 것을 선호한다고 말했다.[13]

자유주의자 경제학자와 보수적 경제학자들의 연간 소득 보장의 지지 이유는 달랐다. 그러나 이 안에 대한 관심의 증대는 1967년에 존슨 대통령으로 하여금 소득 보장에 관한 전국위원회를 창설하게끔 했다. 업계의 리더, 노조 대표, 기타 명사들로 구성된 위원회는 2년 간의 청문회와 연구 후에 보고서를 제출했다. 위원회 멤버들 전원이 연간 소득 보장을 지지했다. 보고서는 다음과 같이 주장하고 있다. 〈빈민층 내부의 실업자 및 잠재적 실업자들은 흔히 자신들이 통제할 수 없는 힘에 의해서 강요되고 있다. 빈민층의 다수가 노동 의욕은 높지만 기회를 갖지 못하고 있는 사람들이다…… 이들은 현재의 복지 및 관련 프로그램들이 개선된다 하더라도 모든 미국인들이 적절한 소득을 받고 있다는 것을 확신하지 못할 것이다. 따라서 우리는 모든 궁핍한 미국

인들을 위한 새로운 소득 보완 프로그램의 채택을 권고한다.〉[14]

보고서는 대체로 무시되었다. 다수의 미국인들과 대부분의 정치가들은 사람들에게 보장된 소득을 제공한다는 생각을 납득하기 어려웠다. 다수의 정치가들은 복지 수령자들의 근로 의욕 고취를 위한 인센티브 제공이라는 권고안에 반대해서 연간 소득의 보장이 노동 윤리를 심각하게 침해하고 전혀 노동하지 않는 미국인들을 창출할 것이라고 믿었다. 위원회의 권고는 시들해졌지만 정부는 연간 소득 보장의 가능성을 테스트하기 위한 다수의 시험적 프로젝트를 실행했다. 정부는 이것들이 놀랍게도 다수의 정치가들이 두려워했던대로 노동 의욕을 감지할 수 있을 만큼 감소시키지 않았다는 사실을 발견했다.[16]

오늘날 연간 소득 보장에 대한 토론은 장기적인 기술적 실업과 빈곤 수준의 증가라는 쌍둥이 문제에 대한 해답을 추구하는 학자, 정치가, 노동 및 시민권 지도자들 사이에서 더욱 활발하게 일어나고 있다. 그러나 이전의 계획이 수혜자에 대해서 대가를 전혀 요구하지 않았던 것과는 달리 오늘날의 개혁가들은 사회적 소득이라는 아이디어를 제3부문에서 공동체 서비스를 수행할 것이라는 실업자들의 협정과 결부시키고 있다. 결국 사회적 경제 속에서의 실질 노동에 대한 대가로서 사회적 임금이라는 생각을 제시하고 있는 것이다.[16]

다수의 서유럽 국가들은 지난 25년간 최저 소득 보장 계획을 입법화해 왔었고 그 성공의 정도는 나라마다 차이가 있다. 프랑스의 계획은 다음과 같은 계약 협정을 포함하고 있어서 특히 흥미롭다. 〈최저 소득의 가격은 수혜자가 공동체에 사회적 혹은 문화적으로 유익한 노동을 제공할 것을 수락하거나 또는 재훈련이나 재활 과정에 등록한 경우에 해당된다.〉[17] 자동화로 인해 점점 더 일자리가 줄어들게 됨에 따라 공동체 서비스의 수행 협정에 대한 대가로 소득 보장을 제공한다는 프랑스의 계획은 실업자들에게 소득과 가치 있는 일을 제공한다는 문제를 해결하기를 갈망하는 다른 국가들이 모방할 것이다.

과거에 정부는 빈민과 공동체에 별로 도움을 주지 않으면서 거액의 자금을 사회적 경제에 낭비한다는 비난을 종종 받아왔다. 정부 프로그램과 관련된 대부분의 지출은 공동체에 귀속되지 않은 채로 사회 서비스의 분배 과정에서 사라졌다. 그러나 특기할 만한 예외들도 있었다. 미국 자원 봉사자 모임 VISTA, 학생 공동체 서비스 프로그램 Student Community Service Program, 전국 노인 서비스 단체 National Senior Service Corps, 평화 봉사단 Peace Corps, 전국 건강 서비스 단체 NHSC, 그리고 최근의 아메리코프스 AmeriCorps는 연방 정부가 개별적 서비스를 촉진시키고 미국과 해외에서 지역 공동체의 자원 봉사를 지원하기 위해서 설립한 것들이다.

1964년에 설립된 미국 자원 봉사자 모임은 공동체의 빈곤 퇴치를 위해 자발적인 조직이나 공동체 활동을 수행하던 자원 봉사자로 구성되어 있다. 이들은 자원 봉사에 대한 대가로 최저한의 생활에 필요한 명목 화폐를 수령한다. 학생 공동체 서비스 프로그램은 고교생과 대학생들의 자발성을 촉진시킨다. 주간 보호 활동, 교육, 약물 남용 예방, 건강 서비스 등 광범위한 서비스 활동을 촉진시키기 위하여 공동체나 학교 그리고 시민 단체에 보조금이 지급된다. 전국 노인 서비스 단체는 퇴직자 자원 봉사자 프로그램 RSVP, 조부모 부양 프로그램 FGP, 노인 친목 프로그램 SCP을 포함하고 있다. 연방 정부가 후원하는 세 가지 프로그램의 자원 봉사자들은 60세 이상이고 공동체 서비스 활동에 파트타임으로 일한다. 노인 자원 봉사자들을 충원, 배치, 감독하는 데 필요한 보조금이 지역의 비영리 조직이나 공공 후원 단체들에게 지급된다. 1961년에 설립된 평화 봉사단은 수천 명의 미국인 청년들로 구성되어 있다. 이들은 2년간 해외 자원 봉사를 하게 되는데 대개 제3세계 국가들의 가난한 시골이나 도시 공동체에서 활동한다. 공공 건강 서비스 프로그램인 전국 건강 서비스 단체는 주로 가난하고 기초 의료 시설이 부족한 시골 공동체에서 활동한다. 이 단체는 졸업 후 2년간 지정된 공동체에서 근무한다는 조건으로 학생들의 학비와 매월 급료를 제공한다. 1993년 클린턴 대통령에 의해서 설립된 아메리코프스는 졸업 후 2년간 자원 봉사자로서 교육, 환경, 인간 욕구 또는 공공 안전 분야에 복무한다는 조건으로 수천 명의 미국인 학생들에게 수업료와 생활비를 지급하고 있다.[18]

국가와 지방 정부는 제3부문의 활동들을 지원하기 위한 혁신적인 프로그램들을 도입하고 있다. 1980년대에 노스캐롤라이나 주는 공동체에서의 자원 봉사자를 충원하고 훈련하는 데 사용할 자원 봉사자들을 위한 특별 사무실을 설립했다. 이 주(州) 성인의 70퍼센트 이상이 정부의 프로그램에 따라서 금액으로 환산하면 3억 달러를 초과하는 것으로 추정되는 자원 봉사 활동에 참가했다. 주지사 헌트 Jim Hunt는 주 1일을 수학 교육에, 그의 부인은 〈식사 배달 봉사 프로그램 Meals on Wheels Program〉에서 봉사 활동을 했다. 주정부는 자원 봉사 부문에 대한 정부의 지원을 강력하게 옹호하고 민주당원들에게는 자원주의가 사회 개혁에 핵심이라는 새로운 사고가 요구된다고 주장했다.[19]

공동체 서비스에 대한 정부 후원 프로그램의 비용은 적지만 공동체에 귀속되는 경제적인 효과는 지대하고 종종 정부 지출의 몇 배를 초과한다. 자원적 부문의 후원 및 지지 프로그램에 대한 정부투자는 지역 공동체에 사회적 서비스를 제공하는 가장 저렴한 방법으로 판명되었다. 그러나 최근 20여 개의 성공적인 실험과 프로그램들에도 불구하고 이것들에 대한 미국의 투자는 다른 국가들의 사회적 경제에 대한 지출에 비하여 적다.

다수의 전통적 민주당원과 월 가의 분석가들 및 학자들은 실업자와 사회 보장 혜택을 받는 항구적인 하층 계급의 고용 방안으로써 정부의 공공사업 프로그램에 기대를 걸고 있다. 1970년대 뉴욕 시를 파산으로부터 구출한 것으로 유명한 투자 분석가인 로하틴 Felix Rohatyn은 교량과 터널의 보수, 고속도로 수리, 고속철도와 대중 운송 체계를 건설하기 위한 대대적인 공공 사업 프로그램을 주장한다. 그는 이런 프로그램들이 10년간 최소한 2500억 달러가 필요로 하지만 동시에 매년 수백만의 새로운 일자리를 창출할 수 있다고 말한다. 투자 자금은 대부분 특별 사회간접자본 채권의 발행과 약간의 가솔린 세금 인상에 의해서 충당될 수 있다. 또한 그는 사적 및 공적 연금 기금들이 장기 채권에 대한 투자로 이용될 수 있다고 주장한다.[20] 로하틴의 제안은 칭찬받을 만하다. 그러나 작은 정부에 대한 국민들의 열화 같은 요구와 백악관과 주정부에 있어서 새로운 긴축 분위기를 감안하면 정치적으로 실현 불가능한 것처럼 보인다.

클린턴 행정부는 공공 사업 프로그램 이외에도 기업의 복지 수혜자 고용에 대한 대가로 세금 환급을 제공하는 것을 고려하고 있다. 행정부와 의회는 몇몇 시내 빈민 지역의 재개발을 위한 23억 달러의 세금 환급분과 10억 달러의 신규 투자 자금을 이미 책정했다. 이 지역들은 새로운 사업 유치를 위해서 특별 세금 환급과 여타 정부 지원을 받게 된다. 이 지역 거주자 1인을 고용하는 기업은 연간 3,000달러의 세금을 절감할 수 있다. 대통령의 빈민가 지원안에 대한 정치적 자축 분위기에도 불구하고 대다수의 정치가들은 도시 빈민 지역에의 기업의 입주나 새로운 일자리 창출에 대해서 비관적이다.

정부는 공공 사업 프로젝트와 사적 부문의 빈민 고용을 위한 인센티브에 너무 치중하고 있다. 이것은 사회 전체의 고용이 공공 부문과 사적 부문으로부터 제3부문으로 이동하고 있는 역사적 추세에 위배된다. 현재의 위기에 대처할 정도로 대규모의 프로그램을 창출하기에는 정부의 의지가 너무 박약한 상황에서 대대적인 공공 사업 프로그램을 주장하는 것은 의미가 없다. 공식 경제에서 존재하지 않거나 혹은 리엔지니어링과 자동화로 인하여 수년 내에 사라질 일자리를 찾으려는 노력들 또한 잘못된 방향에 서 있는 것이다.

연방 정부는 거대한 자금이 소요되는 공공 사업 프로젝트와 도시내의 빈민가에 모델 경제를 창출하려는 공상적인 시도들을 철회하고 이 지역들에 대한 현재의 공동체 서비스 프로그램을 대폭 확충해야 한다. 수백만 명의 실업자와 빈민들을 충원하고 훈련시켜서 자신들의 이웃과 공동체에 있는 비영리 조직의 일자리에 배치시키는 것이 공공 사업 프로그램에 대한 투자보다도 비용에 비하여 훨씬 더 효과가 있다.

제3부문의 전국 조직인 독립부문 Independent Sector의 의장인 멜렌데즈 Sara Melendez는 비영리 공동체가 지역 수준에서 정부 당국보다도 문제를 종종 보다 신속하고 효과적으로 해결할 수 있다고 주장했다. 그녀의 주장은 다음과 같다. 〈연방 정부와 제3부문 간의 생산적인 새로운 동반자 관계가 필요하다. 최소한 어떤 경우에 있어서 연방 정부의 사회적 목적은 비영리 조직에 대한 지원과 계약 및 보조와 상이한 집단들에 대한 서비스를 언어와 문화적 배경 및 지역적 필요에 따라 차별화함으로써 훨씬 효과적으로 달성될 수 있다.〉[22]

연방 정부는 현행 복지 개혁 제안 내에서 시험적으로 소득 보장과 공동체 서비스의 촉진이라는 방향으로 이동하기 시작했다. 이미 저소득층 노동자들의 임금을 보전하기 위하여 연간 가족당 3,033달러의 세금 환급을 제공하고 있다. 사실상 소득의 일정 부분을 보장해 주고 있는 것이다.

공화당원들과 민주당원들은 양측 다 그 계획에 동의했다. 이들은 추가적인 소득 보장이 근로 의욕을 고취시키는 데 필요한 인센티브를 제공한다고 주장했다. 1993년 12월에 행정부는 현행 복지 시스템을 정밀 진단하고, 근로 소득이 실업 수당보다 더 적은 경우 그 차액을 보장해 준다는 계획안을 포함시킬 것이라고 발표했다. 백악관은 실업 수당 수령 기간을 2년으로 제한하고, 그 이후 그 수혜자들은 의무적으로 구직을 하거나 공동체 서비스를 수행해야만 한다는 안을 고려하고 있다고 발표했다.[23]

현재 검토중인 초안에 따르면, 만일 실업 수당 수혜자가 전반적인 직업 재훈련을 받고도 2년 이내에 사적 부문에서 구직할 수 없는 경우, 정부가 지정하는 공공 사업에서 최소 주당 15시간 동안 최저 임금을 받으면서 일을 하거나, 혹은 실업 수당을 계속 받기 위해서〈공동체 직업 훈련 프로그램〉에 등록해야만 한다.

매사추세츠 주 주지사 웰드 William F. Weld는 1994년 1월, 보다 야심적인 복지 개혁 프로그램을 발표했다. 이 계획은 자녀 양육보조금을 받고 있는 모든 정상적인 사람들은 1년 이내에 사적 부문에 취업하거나, 메사추세츠 주 부모 고용 전환이라 불리는 공동체 서비스 프로그램에 등록해야만 한다. 이어서 주 정부는 복지 보조금을 부모들이 근무 시간 동안 안심할 수 있도록 탁아, 양육 지원과 의료 보호로 대처하게 될 것이다. 공동체 서비스 분야에서 일하는 사람들은 최저 임금 이하의 임금을 받게 되므로, 정부는 소득을 보충하기 위하여 자녀 양육 보조금의 일부를 지급할 것이다. 주지사 웰드는 현금 보조가 아니라 임금 보전에 기반한 공공 지원 프로그램을 갖게 되는 복지 패러다임의 새로운 개혁에 착수하고 있다고 말했다.[24]

공공 부문 노조는 예상대로 이미 새로운 복지 개혁안을 검토한 후, 수십만의 조합원들이 공동체 서비스를 강요당하는 빈민들에 의해서 대체될 수 있다는 우려를 표명했다. 공무원 노조의 위원장 보좌관인 사운더즈 Lee A. Sanunders는 120만에서 200만 명의 고용 창출을 목표로 한 백악관의 복지 개혁 태스크 포스에 대해서 다음과 같이 논평했다. 〈아무리 강력한 해고 방지 조항이 있더라도, 공공 부문의 정규 노동자들을 대체하지 않고서는 그렇게 많은 일자리를 창출해낼 수 없다.〉[25]

공공 부문 노조의 직무 상실에 대한 우려는 모든 공공 부문 노동자들의 노동 시간 단축을 법제화함으로써 부분적으로 경감될 수 있다. 정부는 공공 부문 노동자들이 사적 부문 노동자들과 대등한 조건으로 보상받아야 한다는 원칙을 오랫동안 고수해 왔다. 공식 시장 경제에 있어서의 노동 시간 단축은 필연적으로 공공 부분에 있어서의 노동 시간 단축을 수반할 것이다. 공공 부문 노동 시간을 주 40시간에서 주 30시간으로 단축하고, 시간당 임금을 전국적인 생산성 향상율에 맞추어 인상시키면, 모든 레벨의 정부는 공공 부문 노동자들의 직업 안정을 보다 확실히 보장할 수 있을 것이다. 동시에 공공 부문 노동 시간을 25퍼센트 단축하면 공동체 서비스에 종사자들이 담당할 수 있는 유휴 일자리가 창출된다.

생산성 향상분을 어떻게 분배할 것인가를 둘러싸고 모든 국가들은 결국 경제 정의라는 근본적인 문제에 직면하게 된다. 사회의 모든 구성원들은 심지어 극빈자들도 정보와 커뮤니케이션 기술혁명에 의한 생산성 향상분을 향유할 권리가 있는가? 만일 그렇다면, 21세기의 하이테크로 자동화된 세계에서 더 이상 필요로 하지 않는 대량의 실업자군도 어떤 식으로든지 보상을 받아야 한다. 기술 진보는 시장 경제에 있어서 고용 수요를 점점 더 감소시키고 있기 때문에 기계에 의해서 영구 대체된 사람들에게 생산성 향상의 혜택을 보장할 수 있는 유일한 효과적인 방법은 정부가 소득 보장을 제공하는 것이다. 공동체 서비스와 소득의 연계는 사회적 경제의 성장 및 개발을 도와주고 장기적으로는 공동체 중심의 서비스 지향 문화를 촉진시킨다.

변화를 위한 재원 마련

공동체 서비스 경력을 준비하기 위한 사회적 소득, 재교육과 훈련 프로그램에 대한 지원은 막대한 정부 자금을 필요로 한다. 제3부문의 자율적 기능을 강화시키고, 현행 복지 부문 관료들을 점진적으로 축소시켜서 기금의 일부를 충당할 수 있다. 공동체 조직들과 비영리 단체들이 전통적으로 정부가 취급해 왔던 업무들을 점차적으로 대체함으로써 정부가 수백만 명에게 지급하던 공동체 서비스 소득과 훈련을 위한 자금이 절약될 수 있다.

정부는 국내 시장을 넘어서 국제 기업으로 성장한 기업들에게 지급하던 막대한 보조금 지급을 중단함으로써 기금을 충당할 수 있다. 1993년 직접적인 지급과 세금 감면의 형식으로 다국적 기업에 지급된 연방 정부의 보조금은 1040억 달러에 달한다. 농산물 가공 기업에 지급된 보조금만 자녀 양육 보조금의 약 두 배에 해당하는 292억 달러였다. 거대 식품 회사인 선키스트 Sunkist 사는 1780만 달러를, 갈로 Gallo

양조 회사는 510만 달러를, 엠앤엠/마즈 M&M/Mars 사는 100만 달러 이상을 각각 해외 수출 촉진 보조금으로 지급받았다. 심지어 맥도널드 McDonald 사도 치킨 맥너겟 Chicken Mcnugget 해외 수출 촉진 보조금 명목으로 46만 5000달러에 상당하는 세금 감면 혜택을 받았다. 세계적인 곡물 기업인 카길 Cargill, 콘티넨탈 Continental, 드레퓌스 Dreyfus는 1985년에서 1989년 사이에 농무성의 수출 촉진 프로그램의 일환으로 연방 정부로부터 11억달러에 해당하는 보조금을 받았다. 축산 기업, 광산 회사, 목재 회사, 제약 회사 등도 정부 보조금의 수혜자들이다. 이런 기업 보조금을 철폐하면 수백만 명의 미국인을 위한 사회적 임금을 충당할 충분한 기금을 조성할 수 있다.[26]

불필요한 방위 프로그램을 축소하면 기금을 추가로 더 조성할 수 있다. 냉전 종식에도 불구하고 연방 정부는 거대한 방위 예산을 지속적으로 책정하고 있다. 최근에 의회가 방위 예산을 감축했음에도 불구하고, 1994년에서 1998년 사이에 방위비 지출은 냉전 시기의 약 89퍼센트에 육박할 것으로 예상된다.[27] 1992년의 보고서에서 의회의 예산 위원회는 방위 태세와 국가 안보를 위협하지 않고도 향후 5년간에 걸쳐 매년 7퍼센트의 방위비를 감축할 수 있다는 결론을 내렸다. 이 위원회의 권고안이 의회와 백악관에 의해서 채택된다면, 1998년까지 매년 630억 달러 이상이 절감될 수 있다. 이 자금이 제3부문의 건설과 사회적 경제의 서비스를 수행하고자 하는 수백만 해고 노동자들의 사회적 임금으로 전용된다면, 엄청난 결과를 가져올 것이다.[28] 방위비 감축으로 인하여 군수 산업에 있어서 약간의 실업이 예상되기는 하지만, 제3부문 고용의 증가가 이를 충분히 상쇄시킬 것이다. 이유는 명백하다. 방위비의 대부분이 군사적 하드웨어에 사용된다. 만일 군비 축소분이 제3부문 노동에 대한 사회적 임금으로 지급되고, 지역 공동체의 재건을 위해 사용된다면, 보다 큰 구매력을 가져올 보다 많은 일자리가 창출될 것이다.

방위비 감축, 국제 기업에 대한 불필요한 보조금의 철폐, 복지 관련 관료의 축소만으로는 장기적으로 미국 사회에 있어서 제3부문을 재건하고 수백만의 실업자들에게 소득을 제공하기에는 불충분하다. 사회적 임금과 공동체 서비스 프로그램을 위한 자금의 대부분은 새로운 세금으로 충당되어야만 할 것이다.

가장 공정하고 포괄적인 자금 조성 방법은 모든 사치재와 서비스에 대해 부가가치세를 부과하는 것이다. 부가가치세가 미국인들에게는 익숙하지 않은 개념이지만 거의 모든 주요 유럽 국가를 포함한 59개국 이상에서 채택하고 있다.[29]

이 조세는 생산 공정의 가치가 부과되는 각 단계에서 세금이 징수되기 때문에 부가가치세로 불린다. 환원하면 기업의 투입과 산출 가치 간의 차이만큼 조세가 부과된다. 부가가치세 옹호론자들은 소득이 아닌 소비 과세라는 점에서 많은 장점이 있다고 주장한다. 레이건 전 대통령의 경제 자문위원회의 의장이자 현 워싱턴 대학의 기업 센터 소장인 와이덴바움 Murray L. Weidenbaum은 과세 기준을 소득에서 소비로 전환시키는 것이 전체 사회적 관점에서 더욱 더 의미가 있다고 말했다. 〈노동, 투자, 저축에 의한 개인의 사회에 공헌이 아니라 개인이 사회로부터 취하는 것에 대해 과세하는 것이 더욱 더 공평하다.〉 부가가치세는 소득이 아니라 소비에 대해서 과세하기 때문에 소비보다 저축을 장려한다. 와이덴바움은 부가가치세와 소득세를 비교하면서, 전자의 장점을 다음과 같이 요약하고 있다. 〈소비세는 소비하지 않고 저축된 부분이 면세되기 때문에 저축을 장려하는 효과가 있다. 개인이 소비세의 부담을 극소화하는 근본적인 방법은 소비를 줄이는 것이다. 노동, 저축, 투자 동기는 손상되지 않는다. 반면에 소득세 부담을 극소화할 수 있는 기본적인 방법은 적게 버는 것이다. 그리고 이것은 노동, 저축, 투자 의욕을 감퇴시킨다.〉

부가가치세 옹호자들은 사람들은 사회에 투입하는 것이 아니라 사회로부터 가져가는 자원에 근거하여 과세되어야 한다는 것을 굳게 믿고 있다.[32] 소득분이 아닌 소비분에 대해 과세를 하기 때문에, 사람들은 노동에 가해지는 벌로부터 과도한 소비에 가해지는 제약을 받게 되는 것이다.

부가가치세를 시행하면 많은 이점이 있다. 가장 중요한 것은 경제에 대한 전반적인 효과이다. 의회 예산위원회는 부가가치세가 경제 성장에 보다 긍정적인 영향을 미치고, 소득세 대신 부가가치세를 도입하면 국가의 생산이 약 1퍼센트 정도 증가할 것이라고 말한다.[33]

부가가치세의 결정적인 약점은 역진세라는 점이다. 저소득층은 판매세를 부당하게 부담한다. 특히 식료품, 의복, 주거, 의료 등 기초 생필품의 경우 그 부작용이 더 심하게 나타난다. 또한 부가가치세는 원가를 흡수 전가할 능력이 부족한 중소기업들에게는 큰 부담이 된다. 많은 나라들은 기초 생필품과 소기업을 과세 대상에서 제외시킴으로써 부가가치세의 역진적 성격을 대폭 감소시키거나 심지어 철폐시켜 왔다.

모든 사치재에 대해서 5~7퍼센트의 부가가치세를 부과하면 연방 정부는 수십억 달러의 추가 세원을 확보할 수 있다. 이 금액은 제3부문에서 일하고자 하는 사람들을 위한 공동체 서비스 프로그램과 사회적 임금에 필요한 것보다 훨씬 더 많은 금액이다.

새로운 하이테크 혁명으로 인한 재화와 서비스에 부가가치세를 부과하는 보다 한정적인 방안도 생각해 볼 수 있다. 예를 들어 모든 컴퓨터, 정보, 텔레커뮤니케이션 제품과 서비스에 부가가치세를 부과하는 방안이 신중하게 검토되어야만 한다. 이 제품들의 매출액은 지난 10년간 매년 8퍼센트씩 증가해 1993년에는 6020억 달러에 이르렀다. 경제가 하이테크 시대로 진입함에 따라서 향후 매출액은 더욱 증가할 것으로 기대된다. 3차 산업혁명과 관련된 제품 및 서비스에 대한 부가가치세가 미국의 가난한 시민들을 제3부문으로 전환시키는 데만 사용되어야 한다는 타당한 생각은 검토되어야만 한다. 부가가치세의 역진적 사용을 방지하기 위해서는 학교, 자선 단체를 포함한 모든 비영리 조직들은 이 과세로부터 제외되어야 한다.

부가가치세는 가장 급속히 성장하는 부문인 오락 및 휴양 산업에도 부과되어야 한다. 1991년 이 두 산업에 대한 소비 지출은 타 부문의 두 배에 달하는 13퍼센트나 증가했다. 1993년 비디오 대여에서 놀이 공원 및 카지노에 이르기까지 오락 산업에 3400억 달러 이상이 소비되었다. 오락 및 휴양 산업에 대한 지출의 급격한 증가는 미국인의 새로운 상징 분석 계급의 소비 행태를 반영한다. 오락에 대한 지출을 세분화해 보면, 1993년에 VCR, 비디오 테이프, 핸드폰, 기타 하이테크 통신 장비에 580억 달러 이상을, 가정용 PC에 80억 달러를, 부유층 인사들은 요트 및 비행기 구입에 70억 달러를, 오락 공원과 상업용 오락에 140억 달러를, 장난감과 스포츠 장비에 650억 달러를, 영화 관람과 비디오 대여에 130억 달러를, 공연 관람에 60억 달러 이상을, 도박에 280억 달러 이상을 지출했다.[35]

향후 몇 년 이내에 정보 고속도로가 완성되면, 오락 산업의 매출은 급격히 증가할 것으로 기대된다. 저소득 노동 계층도 오락과 휴양 산업에 지출하지만 부유층 인사들보다는 가처분 소득의 훨씬 적은 부분을 지출한다. 빈민들은 가정용 컴퓨터, 핸드폰의 구입이나, 값비싼 오락 공원, 리조트, 카지노에 갈 엄두도 낼 수 없다.

다가오는 정보 시대에 있어서 오락과 휴양 산업은 국가 경제 성장의 더욱 더 큰 부분을 차지하게 될 것이다. 오락과 휴양 소비에 대한 부가가치세 부과는 하이테크 경제의 최대 수혜자들로부터 가장 궁핍하고 가장 소외 받는 사람들에게로 이득의 일정 부분을 이전시키는 공평한 방식으로 여겨진다.

광고 산업에도 부가가치세를 도입해야 한다. 1992년 미국에서 1300억 달러 이상이 광고에 지출되었다.[36] 정보 고속도로의 창출을 동반하는 전달 매체의 홍수 속에서 다가오는 정보화 시대에는 광고가 경제에서 차지하는 역할은 더욱 커질 것이다. 광고에 대한 판매세 부과는 정부가 소득 보장 및 수백만의 저소득 노동 계급을 위한 기금으로 사용될 세원의 증가를 가져온다.

플로리다 주는 1987년에 변호사, 회계사, 광고주를 포함하는 모든 서비스들에 대한 포괄적인 판매세를 성공리에 통과시켰다가 6개월 후 다른 주의 광고업자들의 완강한 반대에 부딪혀 철회했다. 프라이스 워터하우스 Price Waterhouse 사의 주 정부 조세 정책 부문 책임자인 린드홀름 Douglas Lindholm에 따르면 광고업자들은 정부 매체와 거래 관계가 있기 때문에 이에 대한 수많은 접근 통로들을 갖고 있다. 그는 광고주들이 플로리다에서 입법가들에 대항해서 모든 논쟁을 역전시킬 수 있었다고 말한다.[37]

강한 이해 관계를 지닌 업계의 부가가치세 도입에 대한 저항도 부담스러운 일이다. 그러나 대신에 소득세를 채택한다거나 기술적 실업 문제를 방치한다는 것은 더욱 더 큰 부담이다. 목적별 부가가치세를 도입하고 그 수입을 전적으로 제3부문의 확립과 신기술로 인한 수백만의 실업자들을 사회적 경제로 전환시키는 데에만 사용한다면 시장, 공공 부문, 제3부문 간에는 폐쇄 루트가 창출될 것이다.

하이테크 세계 경제의 직접적인 수혜자들로서 전체 인구의 상위 20퍼센트를 차지하는 새로운 상징 분석 계급은 3차 산업혁명으로 인해 내팽개쳐진 사람들을 돕기 위해 자신들의 구매력의 일부를 재분배하도록 요구받는다. 사회적 경제에서의 유용한 노동 수행에 대한 대가로 수백만의 미국인들에게 사회적 임금을 지급하는 것은 구매력 증가, 세원 확충, 범죄율 감소, 법 질서의 유지 비용 감소를 가져오기 때문에 시장과 공공 부문에도 이익을 줄 것이다.

의회는 부가가치세의 입법화 외에도 제3부문에 대한 기업의 기부금에 대한 세금 공제율을 증가시키는 법률 통과도 고려해야만 한다. 현행법 하에 기업들은 세전 이익의 10퍼센트 범위까지 기부금 명목으로 면세를 받을 수 있다. 그러나 실제로는 이에 훨씬 못 미친다. 1992년 미국 제조업체들의 기부금 평균은 세전 이익의 1.5퍼센트였고, 비제조업체들의 경우 0.8퍼센트에 불과했다. 기업의 자산금은 1970년 7억 9700만 달러에서 1992년 약 50억 달러로 꾸준히 증가했음에도 불구하고, 그 금액은 제3부문에 대한 기부금의 5퍼센트에 불과하다. 1992년의 경우를 보면 보건 및 인간 서비스가 기업가의 가장 많은 비율인 34.6퍼센트를, 교육이 30.4퍼센트, 문화 예술이 9.6퍼센트, 시민 및 공동체 프로그램이 10.4퍼센트를 차지했다.[38]

향후 다국적 기업들은 시장의 세계화와 생산 및 서비스의 자동화로 수익이 급격히 증대될 것으로 예측되므로, 그들이 사업하고 있는 세계 곳곳의 수많은 공동체들을 재건하고 유지하는 데 더 많은 기부금을 내야 한다. 제3부문에 대한 기업의 기부금 증대를 촉진시키기 위해서는 세금 공제라는 입법적 유인책을 마련해야만 한다. 제3차 산업혁명으로 인한 생산성 향상분의 공정한 분배를 위해서 기업의 기부금은 산업 생산성 증가율과 연동시킬 수 있다. 예를 들어 특정 산업의 1년간 생산성이 2퍼센트 향상되었다면, 기부금도 2퍼센트 증가시키려는 기업들에 대해서 정부는 추가적인 세금 공제를 제공할 수 있다. 기업들은 이득을 제3부문과 공유함으로써 사회적 경제의 재건에 직접 참가할 수 있는 이점을 누린다.

시장 경제에 있어서 대량의 공식적 노동의 감소는 인간의 사회 참가의 본질에 대한 근본적인 재고를 요구한다. 사회적 경제에서 자원봉사 활동에 종사하는 수백만의 미국인들에 대한 그림자 임금을 지급하고, 제3부문에서 일하고자 하는 수백만의 실업자와 빈민들에 대한 사회적 임금을 지급함으로써, 우리는 시장 경제의 공식적 노동으로부터 사회적 경제의 서비스 노동으로의 장기적 전환을 위한 토대를 구축할 수 있다. 다양한 레벨의 정부가 정책의 초점을 시장을 위한 계획과 프로그램으로부터 사회적 경제를 촉진시키기 위한 행위와 프로그램으로 전환할 때, 이상에서 언급한 제안들이 지지를 얻게 될 것이다. 정부 기관과 제3부문 간의 새로운 적극적인 제휴를 강화함으로써 자족적이고 지속적인 공동체가 전국에 걸쳐서 세워질 수 있을 것이다.

18 사회적 경제의 세계화

 전 세계에 걸쳐서 독립 부문의 역할이 점점 더 중요해지고 있다. 사람들은 시장이나 공공 부문에 의해서 충족되지 않는 욕구를 만족시키기 위하여, 지역 및 국가 수준에서 새로운 제도들을 만들어내고 있다. 재단 위원회 The Council on Foundations의 의장인 조셉 Jim Joseph은 모든 나라에 있어서 기업과 정부 사이에 공공의 이익을 위하여 개인적인 에너지가 사용될 수 있는 중간적인 공간을 스스로 확보하고 있다는 점을 강조한다.[1] 제3부문은 최근에 급속하게 성장했고 수십 개 국의 수억 명의 생활에 강력한 영향을 미치고 있다.

 영국은 미국과 유사한 경험을 겪고 있다. 영국에는 수천 개의 자발적 결사들이 있고, 최근에 제3부문의 역할에 대한 미국과 유사한 정치적 논쟁이 벌어지고 있다. 영국에는 35만 개의 자발적 조직들이 있는데, 총소득은 GNP의 약 4퍼센트에 해당되는 170억 파운드가 넘는다. 미국과 유사하게 영국에서도 자원주의 정신이 잘 발달되어 있다. 1990년의 어느 설문 조사에 따르면 총 인구의 39퍼센트 이상의 사람들이 제3부

문의 자원 봉사 활동에 참가하고 있었다.[2]

프랑스에서 제3부문은 사회적 힘으로서 이제 등장하고 있는 중이다. 최근 4만 3000개의 자발적 결사가 만들어졌다. 제3부문의 고용은 증가하고 있고, 반면에 공식 경제의 고용은 줄어들고 있다. 총고용의 6퍼센트 이상이 사회적 경제에 종사하고 있는데, 전체 소비재 산업의 고용 수와 맞먹는다. 앞에서 언급했듯이 프랑스 정부는 실업자들을 훈련시켜 제3부문으로 배치하는데 있어서 선구적인 역할을 해왔다. 청년층 실업자를 감소시키기 위해서 프랑스 정부는 집단적 공익사업 Collective Utility Works의 계획에 착수했다. 이 계획에 의해 35만 명의 프랑스 남녀들이 비영리 제3부문이나 공공 부문에서 일하는 대가로 매월 정부로부터 급료를 받는다. 다수의 프랑스 자원 봉사 집단들은 재정이 빈약하고 규모가 작지만 그 숫자와 영향력이 증가하고 있어서 향후 프랑스인의 생활에 커다란 역할을 담당할 것이다.[3]

독일의 제3부문도 사적 혹은 공공 부문보다도 훨씬 급속하게 성장하고 있다. 1970년과 1987년 사이 비영리 부문은 5퍼센트 이상 증가했다. 1980년 후반 독일에는 30만 개 이상의 자원적 조직들이 활동하고 있었다. 대부분의 활동이 무보수임에도 불구하고 비영리 부문의 고용은 1987년 총고용의 4.3퍼센트를 차지하고 있다. 통일 직전인 1980년대 말 비영리 부문은 GNP의 2퍼센트를 담당했고, 총고용자 수는 농업 부문보다도 많았고, 은행과 보험 산업의 약 절반에 상당했다. 최근 전반적인 고용이 감소함에도 불구하고 비영리 부문의 고용은 증가해 왔다. 독일의 비영리 집단의 약 1/3이 교회와 종교 단체들과 연계되어 있다.[4]

이탈리아의 제3부문은 1970년대까지 가톨릭 교회 주위에 집중되어 있었다. 그러나 지난 20년 동안 비종교적 자발적 결사와 지단들이 생겨났고, 지역 공동체에서 커다란 영향력을 발휘하고 있다. 이탈리아 성인의 15.4퍼센트 이상이 제3부문에서 자원 봉사 활동을 하고 있는 것으로 추정된다.[5]

일본의 제3부문은 국가가 당면하고 있는 제반 사회적 이슈들을 부분적으로 담당하기 위해서 최근 들어 급격하게 성장해 왔다. 전후 일본 사회의 급격한 복원과 재건은 환경 오염에서부터 청소년 및 노인 문제에 이르기까지 새로운 문제들을 야기시켰다. 오랫동안 개인의 복지를 보장하기 위한 중요한 제도적 메커니즘으로 여겨왔던 전통적 가족 부문의 약화는 제3부문의 조직들에 의해서 채워져야만 할 이웃 및 공동체 수준에 있어서 진공 상태를 만들어 냈다.

오늘날 일본에는 수천 개의 비영리 조직들이 수백만 명의 문화적, 사회적, 경제적 욕구를 충족시키기 위해서 활동하고 있다. 코에키 호진 koeki hojin(공익법인(公益法人) : 옮긴이 주)으로 불리는 2만 3000개의 자선 단체가 현재 일본에서 활동하고 있다. 이들 사설 자선 단체들은 법인들이며 과학, 예술, 종교, 자선, 기타 공공 이익의 영역에 참가하고 있다. 코에키 호진 이외에도 샤카이후쿠쉬 호진 shakaifukushi hojin(사회복지법인(社會福祉法人) : 옮긴이 주)으로 불리는 1만 2000개의 사회 복지 조직들이 있다. 이들은 탁아 센터, 경로 서비스, 모자 보건 서비스, 여성 보호 서비스를 제공한다. 대부분이 공공 부문의 지원(80~90퍼센트)에 의존하고 있으며 나머지 경비는 분담금, 판매, 요금, 개인적인 헌금으로 충당한다. 제3부문은 수천 개의 사립 학교, 종교 단체, 의료 시설, 자선 기금과 자선 조합을 포함하고 있다. 또한, 초등학교 지역에서 교외 활동, 축제, 체육 행사, 기부금 모금을 담당하기 위해 형성된 어린이 단체를 포함하여 100만 개 이상의 공동체 및 대중 조직이 있다. 노인들은 노년층의 사회적 문화적 욕구를 충족시키기 위해서 전국에 산재해 있는 13만 개의 로진 Rozin(노인(老人) : 옮긴이 주) 클럽 중의 하나에 소속되어 있다.[6]

일본에 있어서 가장 강력한 제3부문의 단체는 일본 가계의 90퍼센트 이상이 속해 있는 공동체의 상호 부조 조직이다. 이것들은 1920년대와 1930년대에 급속한 산업화와 도시화로 인한 문제들을 담당하기 위하여 급격하게 성장하기 시작했다. 1930년대 후반 제국주의 정부는 이 결사들을 국가 단체로 흡수했다. 1940년 정부는 일본의 모든 공동체에 마을 조직을 강제로 형성하도록 했고, 이 단체들은 전시에 선전과 식량과 다른 재화 및 서비스의 분배를 관리하는 데 이용되었다. 전후 이 단체들은 정부와의 법적인 연계 없는 자치적인 결사로 다시 등장했다. 지치카이 jichikai(자치회(自治會): 옮긴이 주)로 알려진 이 조직들은 현재 27만 개 이상 존재하고 있다. 지방 지치카이는 180~400여 가구로 구성되어 있다. 그 지도자들은 2년마다 선출된다.[7]

지치카이는 광범위한 서비스를 제공한다. 재정적인 지원이 필요한 사람, 무주택자, 심각한 질병이 있는 사람들을 돕는다. 때때로 지방 지치카이는 화재로 손실된 이웃집을 다시 짓는 데 필요한 자재와 노동력을 무료로 공급한다. 또한 문화 행사와 여행, 그리고 지역 축제와 박람회를 후원한다. 다수의 결사들이 원치 않는 개발과 부당한 주택 관련 법률과 투쟁해 왔다. 최근에 지치카이는 적극적으로 환경 문제에 개입하고 있고, 환경 정화와 오염 방지 법류를 위한 대정부 로비도 수행하고 있다. 지치카이는 공식적인 정부 인정 단체가 아니기 때문에 정부로부터 일체의 자금 지원을 받지 못하고 있고, 거의 전적으로 회원들의 분담금에 의존하고 있다. 정부의 지원이 없음에도 불구하고, 이 결사들은 계속 성장하고 번창해 왔다. 그 주요한 동력은 구성원들의 높은 수준의 참가였다. 협동과 조화로운 관계를 강조하는 유교 전통은 모든 공동체에 있어서 자발적인 활동들을 촉진시켜 왔고, 제3부문을 일본인의 생활에 있어서 강력한 힘이 되게 했다. 향후 제3부문 조직들은 정부의 사회 서비스 감축을 맞이하여 더 많은 책임을 떠맡음에 따라서 더욱 더 중요한 역할을 수행할 것이다.

▎민주주의를 위한 새로운 발언

제3부문 결사에 대한 새로운 관심은 전 세계적인 민주주의 운동과 병행되고 있다. 1993년 12월 수십 개국의 대표들이 시비쿠스 Civicus라

불리는 신국제 조직의 형성을 발표했다. 이 조직의 사명은 자원주의와 공동체 서비스를 함양시키는 것이다. 특히 제3부문이 막 번창하고 있는 지역에 주목하고 있었다. 전 부다페스트 부시장이었던 첫 위원장인 마샬 Miklos Marschall은 다음과 같이 말했다. 〈우리는 전 세계의 수만 개의 결사, 클럽, 비정부 집단들과 관련된 진정한 새로운 혁명을 목격하고 있다.〉 그는 다음과 같이 믿고 있다. 〈1990년대는 제3부문의 시대가 될 것이다. 왜냐하면 전 세계에 걸쳐서 노동 조합, 정당, 교회와 같이 기존의 잘 확립된 제도들에 대해서 커다란 실망이 있어 왔기 때문이다.〉 마샬은 수십 개의 나라에서 그 권력 진공 상태가 소규모의 비정부기구들 NGOs의 창설에 의해서 메워지고 있다고 주장한다.[8] 그는 시비쿠스 Civicus들이 이러한 조직들을 위한 포럼과 국제적 지지를 제공하고 또한 도덕적인 세계 법정으로서 가능할 것이라고 말한다.[9]

제3부문의 영향력 증대는 구 소비에트 블록의 공산 국가들에서 현저하게 나타났다. 비정부기구들이 소련 연방과 동유럽 위성 체제의 붕괴에 결정적인 역할을 수행했고 현재는 이 지역의 재건에 있어서 두드러진 역할을 수행하고 있다. 1988년 4만 개 이상의 불법 비정부기구들이 소련 연방에서 활동하고 있었다. 러시아와 동유럽의 다수의 자발적 조직들은 교회의 권위에 의해서 보호받았고, 교회는 이들의 활동에 안전판을 제공했다. 자발적 집단들은 문화 개혁에서부터 환경 오염 반대 투쟁에 이르기까지 광범위한 영역에 걸쳐 활동했다. 또한 상당수는 국가의 전권과 권력에 도전하는 직접적인 정치적 활동에 종사했다.

이러한 맹아기의 민주주의적 집단들은 이데올로기와 준군사적 활동에 기초를 둔 전통적인 저항 집단보다도 동유럽과 소련 연방에서 전제주의 체제를 붕괴시키는 데 있어서 보다 효과적이었다. 소련의 역사학자 스타르 Fredrick Starr는 중앙 유럽과 동유럽에 있어서 공산주의의 몰락을 회상하면서 제3부문 활동의 급속한 성장이 이미 약화된 정당 기구에 거대한 압력을 행사했다고 주장한다. 스타르는 다음과 같이 말한다. 〈모든 유형의 비정부기구의 상상을 초월한 유효성이 1989년 혁

명의 가장 두드러진 특징이다.)[11]

중앙 유럽과 동 유럽에 있어서 공산당의 붕괴 와중에서 제3부문은 새로운 사고와 개혁 및 정치적 리더십의 원천으로 되었다. 중부 유럽과 구 소련 연합에는 민중들의 참가적 민주주의의 실습 현장을 제공하는 비정부기구들이 7만 개 이상 존재하는 것으로 추정된다. 사적 부분이 태동을 위해 투쟁하고 있고, 새롭게 개혁된 공공 부문이 아직 맹아기인 상태에서, 제3부문은 정치 영역에 있어서 독특한 역할을 수행하고 있다. 비정부기구의 지역적 문제에 대한 효과적이고 신속한 대응 능력과 민주주의적 정신의 고취 능력은 이전 공산 국가에 있어서의 개혁 노력의 성패를 상당 정도 결정할 것이다.

하이테크 혁명과 새로운 시장의 힘이 동 유럽과 러시아로 침투함에 따라서 기술 대체와 증대하는 실업이라는 문제가 전면에 등장하고 정치적 논쟁의 핵심을 차지하게 될 것으로 보인다. 실업 증대, 인구 증가, 시장 경제의 세계화에 의해서 촉진된 외국인 기피증, 민족주의, 파시즘의 대두는 새로이 등장하고 있는 제3부문의 맹아기의 민주주의 정신과 국가의 정치적 안정성에 대한 심각한 시련이 될 것으로 보인다. 중부 및 동 유럽의 정치적 미래는 제3부문이 어떻게 네오파시스트 정서의 물결을 방어해 내고 참가적 민주주의의 강력한 대중적 토대를 건설하는가에 의해서 결정될 것이다. 만일 제3부문이 기술 대체와 장기에 걸친 구조적 실업이라는 문제에 효과적으로 대응하지 못하게 되면 이들 나라는 파시즘의 감정적 호소의 희생물이 되고 또 다시 암흑의 시대로 빠져들게 될 것이다.

제3부문은 중부 및 동 유럽의 재건에 있어서의 역할 수행에 못지 않게 아시아나 남반구 국가들에 있어서도 중요한 역할을 수행하고 있다. 제3세계의 비정부기구들은 상대적으로 새로운 현상이다. 이것들은 탈식민지 시기에 인권 운동 및 민주주의적 개혁운동과 함께 성장했고, 현재 정치와 문화생활에 있어서 강력한 세력으로 자리잡고 있다. 오늘날 개발도상국에는 3만 5000개 이상의 자발적 조직들이 있다.[13]

제3세계의 비정부기구들은 도시 개발, 토지 개혁, 식량 구호, 건강 예방과 가족 계획, 아동 조기 교육과 문맹 퇴치 운동, 경제 개발, 주택 문제, 정치적 후원 등의 활동에 종사하고 있다. 특히 정부의 힘이 약하고 부패하거나, 시장 경제가 미약하거나 존재하지 않는 국가들에서는 국민들의 유일한 목소리 역할을 하고 있다. 많은 개발도상국들에서 제3부문은 지역적인 문제를 사적 영역이나 공적 영역보다도 효과적으로 다루고 있다. 공식 경제가 공동체의 경제적 생활에 별다른 역할을 수행하고 있지 못한 경우에 특히 그러하다. 자발적 조직들은 이미 개발도상국의 2억 5000만 명 이상의 사람들의 생활에 영향을 미치고 있고, 앞으로 그 영향력은 점증할 것으로 예측된다.[14]

제3부문은 아시아에서 가장 급속하게 성장했다. 여기에는 2만 개 이상의 자발적 조직들이 있다.[15] 파키스탄 카라키의 교외에 있는 오란지에서 2만 8000가구 이상을 위해 43만 피트의 지하 하수도와 2만 8000개의 공중 화장실 건립을 위한 오란지 시험 프로젝트가 등록됐다. 인도의 경우 아베다바드의 빈민층 여성들의 조합인 여성 자영업자 단체는 여성들을 위한 법률 서비스와 탁아 서비스를 무료로 제공하고 목수, 배관, 죽공예(竹工藝), 산파의 무료 훈련 과정을 제공하고 있다.[16] 네팔의 민간 비정부기구들은 정부 공사비의 1/4에 해당하는 비용으로 62개의 댐을 건설했다.[17] 스리랑카의 사보다야 쉬아라나다나 운동 SSM은 7700명의 직원을 보유하고 있으며 8000개 이상의 마을에서 지역 주민들이 자족적인 공동체를 건설하는 것을 돕고 있다. 사보다야 쉬아라나다나 운동은 취학 이전 아동들의 교육 프로그램과 벙어리와 장애인 지원 활동을 담당하고, 소득 창출을 위한 재봉, 기계 수리, 인쇄, 목수 훈련 프로그램을 실시하고 있다. 말레이지아의 페낭 소비자 단체 CAP는 지역 공동체와 함께 일하면서 정부 지원의 확보와 착취적 개발 계획에 대해 소비자를 보호하기 위해서 활동하고 있다.[19] 세네갈의 2만 명의 회원을 보유하고 있는 기아 퇴치를 위한 위원회 COLUFIFA는 농민들의 식량 생산을 돕고 있다. 이 집단은 농부들에게 보다 효과적인 경작법

및 저장 기법에 대한 훈련, 문맹 퇴치와 건강 관련 서비스를 제공하고 있다.[20] 필리핀의 5만 명 어민들을 대표하는 비정부기구인 파말라카야 PAMALAKAYA는 수자원 보호를 위한 대정부 로비활동과 회원들에 대한 지속적인 교육 훈련을 제공하고 있다.[21]

아시아의 대다수 비정부기구의 활동은 생태계와 관련된 것이다. 예를 들면 한국, 방글라데시, 네팔, 기타 아시아 국가들에서 삼림 보호 단체가 설립되었다. 인도에만 55개 이상의 환경 단체들이 현재 토양 보전, 식목, 수질 보호, 농업 및 산업 오염 방지를 위해 활동하고 있다. 최근 가장 성공적인 환경 보호 활동은 시골 여성들이 벌목회사에 대항하여 자신들의 삼림을 보호하기 위해 시작한 칩코 Chipco 운동이다. 이 운동은 농촌 여성들이 돌진하는 불도저 앞에서 연좌 농성하고 벌목을 방지하기 위해 나무를 껴안았을 때 세계적인 주목을 끌었다.[22]

지난 10년간 여성 단체들도 급속히 성장했다. 인도네시아와 한국의 주부 클럽은 효과적인 가족 계획을 위해 활동하고 있다. 방글라데시에서의 전국 여성 법조인협회 회원들은 6만 8000개 이상의 마을을 순회하면서 여성의 기본적인 법률적 권리에 대한 교육과 배우자나 정부의 부당한 처우에 대응하기 위한 법률적인 지원을 제공했다.[23]

아시아와 마찬가지로 라틴아메리카에 있어서도 지난 25년간 자발적 조직들이 급속하게 성장했다. 카톨릭 교회가 제3부문 조직 성장의 주요 원동력이었다. 신부와 수녀 그리고 평신도들은 기독교 기초 공동체 CBCs라 불리는 지역 활동 집단들의 네트워크를 형성했다. 브라질에만 300만 명 이상을 포괄하는 10만 개 이상의 기초 공동체가 설립되어 있다. 이 규모는 나머지 전체 라틴아메리카에 존재하는 유사한 공동체의 숫자와 비슷하다.

기독교 기초 공동체는 자조 및 후원 활동을 병행하고 있으며 이 대륙 빈민층의 풀뿌리 민주주의 운동을 만들어내고 있다.[24] 리마에는 약 1500개의 공동체 취사장들이 있다. 10만 명 이상의 주부들이 여기에서 일하면서 빈민들에게 분유를 분배하고 있다. 칠레의 도시에는 대중 경제 조직 OEPs으로 불리는 도시 자원 조직들이 정부와 시장에 의해서 오랫동안 간과되어 왔던 대중의 욕구를 충족시키기 위해서 세워졌다. 이 조직들은 소비자 조합과 주택 조합을 운영하기도 하고 건강 및 교육 프로그램, 실험학교, 공동체 취사장을 운영하기도 한다.[25] 도미니카 공화국의 여성들은 빈농 여성과 도시 빈민 여성들의 생활 개선을 위해 활동하는 빈민 여성을 위한 전국 연구 단체(CIPAF)를 결성했다.[26] 콜롬비아의 700개 이상의 비영리 공동체 주택 조합들은 무주택자들을 위한 주택을 건설하고 있다.[27]

라틴아메리카 전역에는 마을 개선 협회 Juntas de Vecinos가 있다. 이 자원 단체는 학교 및 상수도 건설, 쓰레기 처리, 운송 편의 서비스를 제공한다. 지난 수십 년간 라틴아메리카의 전역에서 탁아 시설, 공동체 채소밭, 생산자 협동조합의 건설을 위한 모단체(母團體)들이 우후죽순처럼 생겨났다. 소수의 지주 계급들이 대부분의 토지를 소유하고 있는 국가들에서는 농민 단체와 조합들이 토지 개혁에 대한 압력 형성을 위해 농민 단체와 조합들이 결성되어 있다. 멕시코의 지역 자영농 전국 조합과 브라질의 무토지 농업 노동자 운동이 가장 잘 알려져 있고 가장 가시적인 집단이다.[28]

아프리카에서도 제3부문의 활동이 급속하게 증가하고 있다. 아프리카 대륙에서 현재 활동하고 있는 비정부기구는 4000개가 넘는다. 다수의 관찰자들은 이것들을 아프리카의 발전 이면에 숨어 있는 가장 중요한 추진력으로 간주한다.[29] 우간다의 250개의 비정부기구는 빈민들에 대한 비상 구호와 건강 프로그램을 제공하고 있다. 부키나 파소에는 나암스 Naams로 불리는 2800개의 공동체 작업 집단이 있다. 이 단체들의 16만 명이 넘는 회원들이 수로, 상수 탱크, 소규모 댐, 산부인과, 약국, 학교, 마을 보건소 건설과 공동체 삼림 보호 및 문맹 퇴치 활동에 종사하고 있다. 또한 나암스는 지역 공동체의 문화 활동 및 체육 행사도 주관하고 있다.[30]

케냐의 8만 명의 여성으로 구성된 그린벨트 운동은 1000만 그루 이상의 나무를 심었고 회원들에게 토양 보전과 자연 비료의 사용에 대한 교육을 실시했다.[31] 1200만 명의 신도들을 확보하고 있는 자이레 기독교 교회는 62개의 공동체에서 건강 보호 프로그램, 초급 학교, 식목 운동 활동을 수행하고 있다.[32]

공식적인 시장경제가 거의 존재하지 않는 남반부 다수의 국가들에 있어서 비정부기구는 북반구의 비영리 부문과는 상이한 역할을 수행하고 있다. 미국과 타 산업 국가에 있어서 제3부문 조직들은 종종 저소득층 주택의 개수나 무주택자용 주택 건설 등 시장이 간과하고 있는 활동들을 떠맡고 있다. 예일 대학의 비영리 조직에 관한 프로그램을 담당하고 있는 피셔 Julie Fisher에 의하면 제3세계의 경우 시장 부문이 거의 존재하지 않기 때문에 비정부기구들은 선진국의 시장이 담당하는 바로 그 역할을 담당하게 된다고 한다. 피셔는 다음과 같이 말한다. 〈사람들이 극도로 가난하기 때문에 공식 경제에는 그들을 위한 기회가 문자 그대로 전혀 없다. 공식 경제는 대부분의 사람들과 무관하다.〉 피셔는 지역 주민들이 시장에 대한 대안을 선택할 수밖에 없다고 말한다. 이 대안은 흔히 시장 활동으로 변형된다. 소기업, 협동 조합, 마을간 교육 네트워크의 건설은 흔히 지역적 또는 전국적인 초보적 시장 건설의 전조가 된다. 피셔는 다음과 같이 말한다. 〈제3세계의 제3부문은 사적 부문을 대대적으로 진흥시키고 있다.〉 시장 부문으로부터의 이득은 흔히 제3부문 활동의 확대를 위해서 투자된다.[33]

제3부문은 세계 전지역에서 출현하고 있다. 이것의 화려한 부상은 부분적으로는 사적 부문과 공적 부문 양자가 지역 공동체의 일상사로부터 후퇴함으로써 야기된 정치적 진공 상태를 채우기 위한 필요성 때문이었다. 세계 기업은 개별 공동체의 욕구에 대해서 무감하다. 다수의 제3세계 국가들에 있어서 세계 시장 경제는 거의 존재하지 않는다. 세계 시장이 존재하고 있는 곳에서는 지역 공동체의 교역 조건에 대한 협상력이 떨어진다. 익명의 인간들에 의해 설정된 규칙과 규제는 수천 마일 떨어진 기업 이사회의 닫혀진 문 뒤에서 작동하고 있다. 마찬가

지로 민족 정부도 지역 공동체에 덜 개입하고 있다. 대부분의 제2세계와 제3세계의 정부 조직은 관료화로 인해 경직되어 있으며 부패가 만연한 유약한 조직이다.

제3세계 정부는 성장 정체의 지속, 실업의 만연, 부채 증가에 시달리고 있다. 또한 세계 시장은 각 국가들로 하여금 국제 교역에 있어서 최저 수준에서 경쟁하도록 강요하고 있다. 따라서 이들은 지역 공동체에 대한 영향력을 상실해 가고 있다. 이들은 기초 서비스와 아래로부터의 참가 확대 요구에 대해 제대로 반응하지 못하고 있기 때문에 시민 생활로부터 점점 유리되고 있다. 이런 현상은 특히 개발 도상국의 경우 심각한데, 국제 원조 및 개발자금의 공여 방식의 미묘한 변화가 이를 반증한다. 대부분의 해외 원조와 지원이 정부 베이스로 이루어지고 있지만 점차 제2세계와 제3세계 국가의 비정부기구에 대한 직접 원조가 증가하고 있다. 의회에 의해 설립된 미국의 국제 미국 기금 IAF과 아프리카 개발기금 ADF은 개발도상국의 지역 공동체 발전을 지원하기 위해서 비정부기구들에게 직접 공여되고 있다. 미국의 국제 개발 기구 AID도 제3세계의 비정부기구들을 지원하고 있다.[34]

제2세계와 제3세계에 대한 정부 차원의 외국 원조가 점차 증가하고 있지만, 개발도상국의 제3부문 자금의 대부분이 북반구 산업 국가의 비정부기구로부터 직접 공여되고 있다. 1970~1990년 동안 북반구 비정부기구들의 남반구 비정부기구들에 대한 원조는 10억 달러에서 50억 달러로 증가했다. 1991년 개발도상국의 제3부문 활동에 대한 민간 원조의 약 절반은 미국이 차지하고 있다.[35]

개발도상국의 비정부기구에 대한 해외 직접 원조는 향후 제3부문이 확대되고 지역 수준에서 인간 욕구를 보다 효과적으로 다루게 됨에 따라서 더욱 더 증가할 것으로 기대된다. 또한 마샬 Mikolos Marschall에 의하면 개발 도상국의 노동 시장에 있어서 사회적 경제의 역할이 더욱 더 중요해질 것이다. 마샬은 다음과 같이 믿고 있다. 〈비정부 부문의 가장 중요한 기능 중의 하나는 사람들에게 공동체 일자리를 제공하는 것이다.〉 그는 향후 새로운 일자리의 다수가 제3부문에서 창출되고, 공동체 고용 창출 방식은 공공 부문 프로젝트가 아니라 대부분 중앙 정부가 지역 비정부기구에 하청을 주는 형식을 취할 것이라고 확신한다.[36]

제3세계 네트워크의 책임자인 코어 Martin Khor는 제3세계 중앙 정부가 제3부문에서 일하고자 하는 사람들의 사회적 임금을 어떻게 지급할 것인가에 대해서 우려하고 있다. 공동체에 근거를 둔 비정부기구에 대한 해외 직접 원조가 약간의 도움은 되겠지만, 3세계 정부들은 징세를 통해서 자금을 마련하지 않으면 안 된다. 코어는 만일 부가가치세가 도입되면 반드시 부유층이 구매하는 기술, 제품, 서비스에 한정되어야 한다고 주장한다. 제3세계의 운동가들은 부유층에 대한 과세를 증가시키고 이 자금을 빈민을 고용하는 데 사용해야 사회에 만연한 불평등을 축소시킬 수 있다고 주장한다. 코어는 개발도상국에 있어서 소득의 재분배가 사회적 경제를 발전시키는 열쇠라는 점을 환기시킨다. 코어는 다음과 같이 경고한다. 〈만일 당신들이 소득의 사회적 재분배 문제를 해결하지 않는다면 제3부문 개발이라는 이슈를 결코 해결할 수 없다. 왜냐하면 그 외의 자금 조달 원천이 없기 때문이다.〉[37]

제3부문 활동의 급속한 증가는 국제적 네트워크를 강화시키고 있다. 북반구와 남반구의 비정부기구들은 정보를 교환하고 공동 목표를 위한 조직을 만들며 국제 사회에 있어서 발언권을 증대시키기 위하여 연대하고 있다. 이들을 단결시키는 격언은 다음과 같다. 〈세계적으로 생각하고 지역적으로 행동하라.〉 대부분의 국가들에 있어서 비정부기구들은 전통적인 시장과 협소한 지역 정치 및 민족주의의 지혜를 초월하는 새로운 비전을 공유하고 있다. 그것은 바로 생태적인 관점이다. 제3부문의 새로운 운동가들은 지역 수준의 민주적 참가, 공동체 재건, 이웃에 대한 서비스 제공, 지구 전체의 생태계를 구성하는 보다 광의의 공생적 공동체에 대한 책임이라는 사고에 굳게 입각하고 있다.

북반구와 남반구의 비정부기구들이 미래에 대한 비전에 있어서는 공감하고 있지만, 제3차 산업혁명의 전야에 즈음하여 직면하고 있는 도전과 우선적 과업은 상이하다. 양측의 도시 비정부기구들은 생산성의 급격한 향상과 기술 대체에 의해서 야기된 실업 증가라는 공통된 문제를 해결해야 한다. 반면에 남반구의 비정부기구들은 농업 분야의 생명 공학 기술 도입과 옥외 노동의 제거라는 상이한 과업에 직면하게 될 것이다. 유전 공학 혁명에 의한 수억의 과잉 농민이라는 〈유령〉은 몹시도 두려운 것이다. 국제 농산물 시장의 상실은 남반구 국가들을 경제적 침체로 몰고 갈 것이며, 미증유의 국제 금융 위기가 도래할 것이다. 문명화는 수세기 동안 지속될 장기 침체에 빠져들 것이다. 그 때문에 남반구의 비정부기구들은 농업 분야에서의 생명 공학 기술에 대처해야 한다는 필요성을 점점 강하에 느끼게 될 것이고, 또한 토지 개혁과 보다 생태계에 부합되는 농법을 위한 운동도 증가시킬 것이다.

인도의 과학, 기술, 국가 자원 정책 연구소의 소장인 쉬바 Vandana Shiva 박사는 향후 95퍼센트 이상의 인도 농민이 생명 공학 기술 혁명에 의해서 대체될 것이라는 사실에 대해서 우려하고 있다. 쉬바는 만일 그렇게 된다면 분리주의자 운동, 전면적인 전쟁, 인도 대륙의 분열이라는 〈수천 개의 유고슬라비아를 갖게 될 것이다.〉라고 경고한다. 그는 유일한 대안은 토지 개혁과 보다 생태계에 부합되는 농법에 기반한 〈새로운 자유 운동〉이라고 주장한다.[38]

제3세계의 비정부기구는 농업의 생명 공학 기술에 대항하기 위해 단결하기 시작했다. 향후 남반구의 모든 국가들에 있어서 수백만 농민들의 새로운 노동 대체 유전 공학 기술에 대한 투쟁과 다국적 기업의 천연 종자의 특허화 및 세계 생명 공학 기술 산업의 농업 잠식에 대한 반대 투쟁이 가속화될 것이다.

▍마지막, 그리고 최선의 희망

남반구와 분반구 국가들은 모두 강력한 시장의 힘과 신기술에 의해

야기된 기회와 위협에 직면하고 있다. 다국적 기업들은 세계 시장을 찾아서 국경선을 넘나들면서 수십억 민중들의 생활을 변화시키고 또한 괴롭히고 있다. 제3차 산업혁명으로 인한 재난은 수백만의 노동자들이 보다 효과적이고 수익성 있는 기계에 의해 대체됨으로써 막을 올리기 시작하고 있다. 실업률이 상승하고 있고 나라마다 기업들은 생산성 향상 운동의 불길을 지피고 있다.

제3부분은 좌절하고 있는 수많은 실업 대중들에게 희망의 빛이 되고 있다. 민주주의의 참가 정신의 점화 및 공동체 의식의 재건 노력은 탈시장 시대에 있어서 독립 부문이 변혁의 주체로서 성공할 것인지의 여부를 상당 정도 결정할 것이다. 제3부문이 증대하는 실업 대중의 욕구를 담보하기에 충분한 속도로 성장하고 다양화될 것인지의 여부는 아직 미지수이다. 그러나 국민들의 일상사에 있어서 공식 시장과 중앙 정부의 역할이 감소하고 있기 때문에 사회적 경제는 전환기에 있어서 문명화의 제도적 틀을 재확립하기 위한 최후의 최선의 희망으로 되고 있다.

하이테크 과학자들은 눈 앞에 다가오는 위기에 대해서 무심하다. 엄청난 능력을 지닌 정교한 기술 하드웨어에 둘러싸인 채 빛나는 새로운 지구촌의 심층부에서 바라보면 미래는 희망적으로 보일 것이다. 등장하고 있는 지식 계급의 다수는 풍요가 넘치는 유토피아적인 위대한 세계를 꿈꾼다. 최근 수십 명의 미래학자들이 역사의 종말과 최후의 구원인 자유 시장과 과학적 전문가들이 지배하는 기술 낙원에 대한 예언서를 숨쉴틈 없이 써냈다. 정치가들은 우리들에게 포스트모던 시대로의 위대한 탈출에 대비하라고들 말한다. 이들은 유리와 실리콘, 세계적 통신 네트워크와 정보 고속도로, 사이버 스페이스와 가상 현실, 생산성 향상과 무한한 물질적 부(富), 자동 공장과 전자 사무실이라는 신세계의 비전에 사로잡혀 있다. 이들은 이 새롭고 경이로운 세계 속으로의 입장료가 재교육과 훈련, 제3차 산업 시장에 무한히 진열되어 있는 수많은 직무 기회에 대비한 신기능의 획득이라고 말한다.

그들의 예측이 무조건 해로운 것만은 아니다. 우리는 이미 제3차 산업혁명과 거의 노동력이 필요 없는 세계로의 역사적 전환을 경험하고 있다. 실리콘에 기초한 새로운 문명화로의 길을 열어줄 하드웨어와 소프트웨어는 이미 존재하고 있다. 그러나 해결되지 않은 과제는 앞으로 얼마나 많은 인간들이 이로부터 소외될 것이고, 이들 앞에는 과연 어떤 세계가 펼쳐질 것인가라는 문제이다.

정보화 시대의 전도사와 전파자들은 이 실험의 궁극적인 성공에 대해서 거의 의문을 제기하지 않는다. 이들은 제3차 산업혁명은 보다 많은 새로운 일자리를 창출하고, 소비 수준의 향상과 세계 시장의 개방이 생산성의 급속한 향상을 충분히 흡수할 것이라고 보고 있다. 이들의 신념과 세계관은 이 두 명제의 진위 여부에 달려 있다.

반면에 비판가들과 이미 제3차 산업혁명으로 인해 소외된 다수의 사람들은 새로운 일자리의 창출에 대해서 의문을 표시하고 있다. 즉 정교한 정보 통신 기술이 대량의 노동력을 대체할 수 있는 세계에서는 출현하고 있는 지식 부문의 소수의 사람들만이 하이테크 과학, 전문직, 관리직에서 일자리를 찾을 수 있을 뿐이라는 것이다. 이들은 농업, 제조업, 서비스업의 리엔지니어링과 자동화로 인해서 대체된 수백만의 노동자들이 과학자, 엔지니어, 기술자, 관리자, 컨설턴트, 교사, 변호사 등으로 재훈련되어 협소한 하이테크 부문에서 충분한 일자리를 찾게 될 것이라는 생각은 공상이 아니면 기껏 기만에 불과하다고 주장한다.

지금은 상상할 수 없는 신기술, 제품, 서비스들이 새로운 사업 기회와 수백만 명에 대한 일자리를 제공하게 될 것이라는 주장들이 종종 제기된다. 그러나 비판가들은 미래에 도입될 어떤 신제품 라인도 조립, 생산, 유통에 있어서 극도로 소규모의 인력만을 필요로 할 것이고 따라서 고용 창출 효과가 그리 크지 않을 것이라고 반박한다. 이들은 심지어 오늘날 라디오나 텔레비전처럼 세계 시장 잠재력을 가진 제품의 경우라 하더라도 생산은 고도로 자동화될 것이라고, 따라서 현장 작업자를 거의 필요로 하지 않게 될 것이라고 주장한다.

다수의 관측자들은 제3차 산업혁명의 기술에 의해서 대체된 세계의 노동력이 고도로 자동화된 생산 시스템에 의해서 생산된 제품과 서비스를 어떻게 소비할 수 있을 것인가에 대한 의문을 제기하고 있다. 정보화 시대의 옹호자들은 무역 장벽의 완화와 새로운 세계 시장의 등장이 그간 제약되어 왔던 소비 수요를 자극할 것이라고 주장한다. 그러나 반대자들은 기술에 의해 점점 더 많은 노동자들이 대체되고, 이들이 구매력을 상실하게 됨에 따라서 생산성 증대는 이를 소화할 충분한 소비자 수요를 갖지 못하게 된다고 주장한다.

기술 대체, 직무 상실, 구매력의 감소에 관한 비관론자들의 주장은 옳다. 그러나 향후 이미 작동하고 있는 기술과 시장의 힘이 어떤 종류의 조직화된 저항 운동에 의해서 늦추어지거나 저지될 것 같지는 않다. 장기적인 세계적 경기 침체 없이 제3차 산업혁명은 계속 진행될 것이고 생산성을 증진시키며 수많은 노동자들을 대체할 것이다. 그리고 신기술로 인한 과잉 노동력의 일부에게 약간의 일자리를 제공할 것이다. 세계 시장 역시 계속 팽창할 것이다. 그러나 과잉 생산을 충분하게 흡수할 정도로 빠른 속도로 팽창하지는 않을 것이다. 기술적 실업의 증가와 구매력의 감소는 계속 세계 경제를 괴롭힐 것이고 정부가 자국 문제를 효과적으로 관리할 수 있는 능력을 침해할 것이다.

이미 중앙 정부는 수백만의 실직자와 빈곤층을 양산하는 기술 혁명의 위력에 대해서 긴장하고 있다. 시장 경제의 세계화와 농업, 제조업, 서비스 분야의 자동화는 각국의 정치적 전망을 급속하게 변화시키고 있다. 세계의 지도자들과 정부들은 전산업에 파급되면서 기업 조직을 수평화시키고 기계가 수많은 노동자들을 대체하고 있는 제3차 산업혁명의 충격을 어떻게 완화시킬 것인가에 대해서 거의 속수무책이다.

산업 국가의 정치적 생활에 있어서 오랫동안 이성과 자제를 주장해왔던 중간 계급도 기술 변화에 의해서 전방위에서 악전고투하고 있다. 임금 삭감과 실업 증대에 의해서 압박받고 있는 다수의 중간 계급들은 신속한 해결책과 극적인 구원을 그들의 옛날 생활을 파괴시키고 있는 기술과 시장을 변화시키는 것에서 찾기 시작하고 있다. 실제로 모든 산업 국가에 있어서 불확실한 미래에 대한 두려움이 점점 많은 사람들로 하여금 공공 질서의 회복과 일자리의 반환을 약속하는 극단적인 정치적 또는 종교적 운동 속에서 피난처를 찾도록 강요하고 있다.

전 세계적 실업 수준의 증가와 빈부의 양극화 증대는 근대사에 있어서 미증유의 사회적 격변과 전면적인 계급 전쟁의 조건을 창출하고 있다. 범죄, 무작위적 폭력, 저강도 전쟁이 증가하고 있고, 향후 극적으로 증가할 것이라는 증거들이 속출하고 있다. 새로운 형태의 야만주의가 근대 세계의 담장 밖에서 지금 막 대기하고 있다. 조용한 교외, 준교외, 도시 상류층의 주거 집단 너머에는 수백만의 빈민과 절망에 빠진 인간들이 있다. 고뇌하고, 분노하고, 자신들의 처지에서 탈출할 희망을 갖지 못하고, 정의와 참가에 대한 절규들이 무시되고 간과되었던 이 대중들이야말로 잠재적인 평등주의자들이다. 수백만의 노동자들이 새로운 하이테크 세계 마을 밖에 내팽겨쳐지고 장밋빛 환상에서 깨어남에 따라서 이 계층은 계속 팽창할 것이다.

우리의 지도자들은 여전히 우리 시대의 가장 중요한 두 이슈인 일자리와 범죄에 대해서 마치 양자가 거의 무관한 것처럼 말하고 있다. 이들은 범죄만이 줄어드는 경제적 파이를 확보할 수 있는 유일한 수단인 범죄 계층의 증가와 기술 대체나 직업 상실 간의 강한 연관 관계를 인정하지 않고 있다.

이것이 제3차 산업혁명에로의 초기 전환기 동안의 세계의 모습이다. 산업 국가들에 있어서 직무 이슈에 관한 관심은 경쟁적인 집단들 간 이념전이 되어 왔다. 자유 시장주의자들은 노동조합주의자들이 무역의 세계화 과정을 방해하고 있으며, 외국인 혐오증적 호소로 대중을 보호주의적 방향으로 자극하고 있다고 비난한다. 노동 운동측은 다국적 기업이 제3세계의 값싼 노동자들과 경쟁하도록 함으로써 임금을 삭감하고 있다고 반박한다.

기술 낙관론자들은 하이테크 비판가들을 진보를 가로막고 신기계 파괴 운동의 망상에 사로잡혀 있다고 비난한다. 반면에 비판가들은 낙관론자들이 사람보다는 이익에 관심이 쏠려서 급속한 생산성 향상을 추구하면서 자동화가 수백만 노동자들의 생활에 요구하는 끔찍한 대가에 대해서 관심을 갖지 않는다고 반박한다.

미국에 있어서 몇몇 자유주의 정치가들은 새로운 뉴딜과 공공 사업에 대한 대대적 정부 지출, 도시 거주자에 대한 지원과 복지 개혁을 요구하고 있다. 그러나 대부분의 정치 관측통들과 유권자들은 재정 적자와 국채 증가를 이유로 정부의 역할을 최후의 구원자로서의 고용주로 되돌려 놓기를 꺼려한다. 보수 세력은 시장에 대한 정부 개입의 축소가 세계화와 자동화를 가속화시키고 결국 모든 사람들이 공유할 경제적 파이를 증진시키게 된다고 주장한다. 모순되고 갈등적인 수많은 주장들에 지칠대로 지친 우리의 지도자들은 실업 감소, 일자리 창출, 범죄율 축소, 하이테크 시대로의 원활한 전환에 대한 건설적인 제안 없이 수렁 속을 헤매고 있다.

우리는 다음의 사실들을 확신한다. 우리는 재화와 서비스의 생산에 있어서 기계가 점차 인간 노동력을 대체하는 역사상 새로운 시기로 진입하고 있다. 비록 일정표를 예측하기는 곤란하지만 우리는 자동화된 미래의 확실한 코스에 놓여있고 21세기 초반에는 최소한 제조업에 있어서는 거의 무노동의 시대로 진입할 것이다. 서비스 분야도 비록 자동화가 느리겠지만 21세기 중반경에는 거의 자동화된 상태로 근접할 것이다. 출현하고 있는 지식 부문은 대체된 노동력의 약간 부분을 흡수할 것이지만 실업 증대의 대세에는 영향을 미치지 못할 것이다. 수억의 노동자들이 자동화와 세계화라는 쌍두마차로 인해서 영구 실업자로 전락할 것이다. 여전히 취업 중인 노동자들은 남아 있는 일자리의 보다 공정한 분배와 생산성 증가분을 흡수할 적절한 구매력을 제공하기 위해서 더욱 더 적은 시간만 노동하게 될 것이다. 기계가 점차 노동력을 대체함에 따라서 수백만의 노동자들이 경제적 과정과 시장의 족쇄로부터 자유로워질 것이다. 미사용 인간 노동력은 다가오는 시대의 중요한, 광범위한 현실이며, 모든 국가들이 제3차 산업혁명의 충격의 와중에서 문명화를 계속 추진하기 위해서는 필연적으로 당면하고 즉각적으로 해결해야 할 이슈가 될 것이다.

문명화가 수억 노동자들의 재능, 에너지, 자원을 건설적인 목적에 재활용하지 않는다면 돌이킬 수 없는 빈곤 증대와 무법천지로 변해버릴 것이다. 이 때문에 시장에 있어서의 공식 노동에 대한 대안을 발견하는 것은 지구상의 모든 국가들이 당면한 핵심적인 과업이다. 후기 시장 시대의 대비는 제3부문과 공동체 생활의 재건에 대한 보다 많은 주의를 요구할 것이다. 생산성에만 기초하고 있고 따라서 기계에 의한 인간의 대체가 용이한 시장 경제와는 달리 사회적 경제는 기계에 의해서 대체되거나 환원될 수 없는 인간 관계, 친밀감, 동료 의식, 형제애적 연대, 봉사 정신에 입각하고 있다. 사회적 경제는 기계가 완전히 침투하거나 대체할 수 없는 유일한 영역이기 때문에 필연적으로 제3차 산업혁명으로 대체된 노동자들이 공식 시장에서 자신들의 노동력의 가치가 무용하게 된 후 생활의 새로운 의미와 목적을 찾아가게 될 피난처가 될 것이다.

만일 우리가 수평선상에서 기술의 폭풍우를 헤쳐나가려면 제3부문을 시장 영역에서 기술에 의해서 대체된 노동력을 흡수할 수 있는 강력한 독립 영역으로 부흥시키고 변혁시키는 과업에 긴급히 우선 순위를 부여해야만 한다. 사회적 경제의 증대하는 부담과 보조를 맞추기 위해서는 제3차 산업혁명으로 인한 생산성 향상의 상당한 부분을 시장으로부터 제3부문으로 이전시키기 위한 사려 깊은 방식들이 발견되어야 한다.

제3부문은 시장으로부터 축출된 수많은 노동력의 흡수와 기초적인 사회적 서비스와 문화적 생활을 더욱 더 많이 제공해야 한다는 막중한 과제에 직면하고 있기 때문에 자원 봉사와 운영 자금의 양면에서 상당한 투입이 요구된다. 자원 봉사 노동에 대한 그림자 임금의 제공, 공동체 서비스 활동에 대한 대가로서 전적으로 사회적 임금을 보증하는 데

에만 사용될 목적으로 하이테크 시대의 제품과 서비스에 대한 부과되는 부가가치세, 생산성 향상과 연계된 기업 기부금에 대한 세금 공제의 확대는 향후 제3부문의 형태와 유효성을 증진시키기 위해서 현재 미국에서 수행할 수 있는 조치들이다. 다른 나라들에서는 사회적 경제를 확충하고 강화하기 위한 상이한 접근법과 인센티브가 고안될 것이다.

세계가 현재까지 시장 경제의 작동을 너무 과시한 나머지 공중들이나 공공 정책 입안자들은 사회적 경제에 대해서 별로 주목하지 않았다. 향후 제3부문의 변혁이 시장에서 축출된 잉여 노동력을 건설적으로 재배치시키는 유일한 대안을 제공하게 되면 사태는 달라질 것이다.

우리는 지금 세계 시장과 생산 자동화라는 새로운 시대로 진입하고 있다. 거의 노동자 없는 경제로 향한 길이 시야에 들어 오고 있다. 그 길이 안전한 천국으로 인도할 것인지 또는 무서운 지옥으로 인도할 것인지의 여부는 문명화가 제3차 산업혁명의 바퀴를 따라갈 후기 시장 시대를 어떻게 준비하느냐에 달려 있다. 노동의 종말은 문명화에 사형 선고를 내릴 수도 있다. 동시에 노동의 종말은 새로운 사회 변혁과 인간 정신의 재탄생의 신호일 수도 있다. 미래는 우리의 손에 달려 있다.

주(註)

추천의 글

1) J.C.L. Simonde de Sismondi, *New Principles of Political Economy*, trans. Richard Hyse, Transactions Publishers, 1991, p. 563.
2) Data from *Historical Statistics of the United States*, Department of Commerce, Washington, D.C., 195, Series D 152~166(p. 138); also *Economic Indicators*, Government Printing Office, March 1994, pp. 11, 14.

개정판 서문

1) "ILO's World Employment Report 2001: Despite Improved Employment Outlook, Digital Divide Looms Large." *International Labor Organization*. January 24, 2001. www.ilo.org.
2) "Labor Force Statistics from the Current Population Survey." U.S. Department of Labor, Bureau of Labor Statistics. October 24, 2003. http://data.bls.gov.
3) Ibid.
4) Harnischfeger, Uta. "International News: It is degrading-I feel like a man going to his urologist." *Financial Times*. May 7, 2003; "German unemployment rises by 8,000." *CNN*. August 7, 2003. http://edition.cnn.com.
5) "Euro-zone unemployment up to 8.7퍼센트." *Eurostat*. February 2003. http://europa.eu.int/comm/eurostat/.

6) "Euro-zone unemployment up to 8.7퍼센트." *Eurostat*.
7) "Japan jobless Rate Jumps to Post War High of 5.5퍼센트." *The Wall Street Journal*. February 28, 2003; "Main Economic Indicators: Indonesia Country Report." "*Organization on Economic Cooperation and Development*. September 2003. www.oecd.com; "CIA-The World Factbook-India" *Central Intelligence Agency*. September 17, 2003. www.cig.gov/cia; "New ILO Report on Global Employment Trednd 2003." *International Labor Organization*. January 24, 2003. www.ilo.org/public/english/bureau/inf/pr/2003/1.htm
8) Juhn, Chinhui; Kevin Murphy; and Robert Topel. "Current Unemployment, Historically Contemplated." Prepared for the *Brookings Panel on Economic Activity*. March 2002. www.nber.org/~confer/2002/1ss02/juhn.pdf.
9) Berger, Allen; Margaret Kyle; and Joseph Scalise. "Did U.S. Bank Supervisors Get Tougher During the Credit Crunch? Did They Get Easier During the Banking Boom? Did It Matter to Bank Lending?" *National Bureau on Economic Research*. January 15, 2000. http://people.brandeis.edu/~cecchett/pdf/berger2000.pdf; Davey, Monica and David Leonhardt. "Jobless and Hopeless, Many Quit the Labor Force." *The New York Times*. April 27, 2003.
10) Beck, Allen J., Ph.D., and Darrell K. Gilliard. "Prisoners in 1994." U.S. Department of Justice, Bureau of Justice Statistecs. August 1995. http://www.ojp.usdoj.gov.bjs/; Harrison, Paige M., and Allen J. Beck, Ph.D. "Prinsoners in 2002." U.S. Department of Justice, Bureau of Justice Statistics. July 2003. www.ojp.usdoj.gov/bjs.
11) "Labor Force Statistics from the Current Poplation Survey" U.S. Department of Labor, Bureau of Labor Statistics. August 12, 2003. http://data.bls.gov; "Prisoners in 2002." U.S. Department of Justice, Bureau of Justice Statistics.
12) Rifkin, Jeremy. *The End of Work*. New York, NY: Putnam, 1995. p.35
13) "U.S. Personal Savings Rates." Bureau of Economic Analysis. October 3, 2003.
14) Uchitelle, Louis. "U.S. Overcapacity Stalls New Jobs." *The New York Times*. October 19, 2003.
15) "Current Bankruptcy Statistics." American Bankruptcy Institute. September 16, 2003. www.abiworld.org.
16) Mishel, Lawrence; Jared Bernstein; and Heather Boushey. *The State of Working America*. Economic Policy Institute. Ithaca, NY: Cornell University Press, 2003.
17) Cowell, Alan. "Personal Debt Surges in Britain." *The New York Times*. September 3, 2003.
18) "Annex Table 24: Household Saving Rates." *OECD*. October 3, 2003.
19) Leonhardt, David. "No help wanted' sums up U.S. economy." *The New York Times*. October 2, 2003.
20) Uchitelle, Louis. "Defying Forecast, Job Losses Mount for a 22nd Month." *The New York Times*. September 6, 2003.
21) Ibid.
22) Leonhardt, David. "Unemployment Rate Rises to a 9-Year High of 6.1퍼센트." *The New York Times*. June 7, 2003.
23) Greenhouse, Steven. "Looks Like a Recovery, Feels Like a Recession." *The New York Times*.

September 1, 2003.
24) "Jobs Picture." *Economic Policy Institute*. June 5, 2003. www.epinet.org.
25) Leonhardt, David. "108,000 jobs lost in March, U.S. says." *The New York Times*. April 5, 2003.
26) Dixon, K.A., and Carl E. Van Horn, Ph.D. "The Disposable Worker: Living in a Job-Loss Economy." John J. Heldrich Center for Workforce Development. *Work Trends*. Vol. 6, No. 2. Rutgers, The State University of New Jersey. July 2003.
27) Greenhouse, Steven. "Looks Like a Recovery, Feels Like a Recession."
28) "Long-Term Unemployed More Likely to be Educated, Older Prefessionals." *Economic Policy Institute*. May 15, 2003. www.epinet.org.
29) "College Hiring Falls 36 percent from 2001 to 2002." National Association of Colleges and Employers (NACE). September 29, 2003. www.collegerecruiter.com.
30) Rawe, Julie. "Young and Jobless." *Time Magazine*. June 10, 2002.
31) "Jobs Picture." *Economic Policy Institute*. May 2, 2003. http://www.epinet.org.
32) Leonhardt, David. "U.S. Unemployment Rate Climbed to 6퍼센트 Last Month." *The New York Times*. May 3, 2003.
33) "Gross Domestic product and Corporate Profits." Bureau of Economic Analysis. September 26, 2003. www.bea.doc.gov; "Productivity and Costs, Second Quarter 2003, revised." Bureau of Labor Statistics. September 4, 2003. www.bls.gov; Berry, John M. and Mike Allen. "U.S. Economic Growth Surges." *The Washington Post*. October 31, 2003.
34) Berry, John M. and Mike Allen. "U.S. Economic Growth Surges."
35) Fisher, Kenneth L. "Don't Sweat Small Moves." *Forbes*. October 11, 2003. www.forbes.com.
36) Gilpin, Kenneth. "Layoffs Rose Sharply Last Month, Report Says." *The New York Times*. September 5, 2003.
37) Ibid.
38) McKinnon, John D. "Projected Budget Deficit Narrows Due to Strengthening Economy." *The Wall Street Journal*. October 9, 2003.
39) Jones, Jeffrey and Carroll, Joseph. "Six in 10 Americans Know Someone Recently Unemployed." *The Gallup Organization*. May 7, 2003. www.gallup.com.
40) "Jobs and Jobless." *The Washington Post*. May 5, 2003; Herbert, Bob. "Despair of the Jobless." *The New York Times*. August 7, 2003.
41) Leonharet, David. "Unemployment Rate Rises to a 9-Year High of 6.1퍼센트."
42) "New ILO Study highlights labour trends worldwide: US productivity up, Europe improves ability to create jobs." *International Labour Organization*. September 1, 2003. www.ilo.org; "Productivity and Costs, Second Quarter 2003, revised." Bureau of Labor Statistics. September 4, 2003. www.bls.gov; Berry, John M. "Efficiency of U.S. Workers Up Sharply." *Washington Post*. February 7, 2003.
43) Gilpin, Kenneth. "Layoffs Rose Sharply Last Month, Report Says."
44) Altman, Daniel. "U.S. Jobless Rate Increases to 6.4퍼센트, Highest in 9 Years." *The New York Times*. July 4, 2003.
45) Andrews, Edmund. "Growth Seen for U.S. Economy." *The New York Times*. Sept 13, 2003.

46) Miller, Scott; Bhushan Bahree; and Jeffrey Ball. "Brodi Hopes to Vault EU to Front of Hydrogen Race." *The Wall Street Journal*. October 16, 2002.
47) For further information please see Rifkin, Jeremy. *The Hydrogen Economy*. New York, NY: Tarcher/Putnam, 2002.
48) Williams, Frances. "Job Creation Essential to Halve Poverty." *Financial Times*. June 9, 2003.
49) Miller, Steven E. *Civilizing Cyberspace: Policy, Power, and the information Superhighway*. New York, NY: Addison-Wesley, 1996. p. 206.
50) "Electricity Technology Roadmap: Powering Progress." 1999 Summary and Synthesis. Economic Policy Research Institute. Palo Alto, CA: EPRI, July 1999. p. 96~97.
51) De Soto, Hernando. *The Mystery of Capital*. New York, NY: Basic Books, 2000. p.6.
52) Honore, Carl. "A time to work, a time to play: France? 35-Hour week: shorter hours result in a social revolution." *National Post*. January 31, 2002.
53) Ibid.; Trumbull, Gunnar. "France's 35 Hour Work Week: Flexibility Through Regulation." *The Brookings Institution*. January 2001.
   http://www.brook.edu/dybdocroot/fp/cusf/analysis/workweek.htm.
54) Honore, Carl. "A time to work, a time to play: France's 35-Hour week: shorter hours result in a social revolution"; Bloom, Jonth. "France's jobless rises again." *BBC News*. June 29, 2001.
55) "How to extract flexibility from rigidity." *Financial Times*. July 29, 1999.
56) "The Law on a negotasted shorter working week in France." *French Ministry of Social Affairs, Labour and Solidarity*. October 15, 2002.
   http://www.35h.travail.gouv.fr/index,htm.
57) Jeffries, Stuart. "The World: C'est magnifique! Le weekend just goes on and on for French workers." *The Guardian*. May 27, 2001.
58) Ibid.
59) McGuckin, Robert H. and Bart van Ark. "Performance 2002: Productivity, Employment, and Income in the World Economies." *The Conference Board*. March 2003.
60) Jeffries, Stuart. "The World: C'est magnifique! Le weekend just goes on and on for French workers."
61) "2002 Annual Review for Belgium." *European Industrail Observatory Line*. January 2003. www.eiro.eurofound.eu.int; "Working Time Developments-2002." *European Industrial Relations Observatory Online*. January 2003. www.eiro.eurofound.ie.
62) "Working Time Developments-2002." *European Industrial Relations Observatory Online*. p.3~4.
63) "Changeover from career breaks to time credits proves complex." *European Industrial Relations Observatory Online*. August 2001. www.eiro.eurofound.eu.int.
64) "Inter-community dispute on time credit scheme." *European Industrial Relations Observatory Online*. February 2002.
   www.eiro.eurofound.ie/2002/02/inbrief/BE0202301N.html.
65) Ibid; "Changeover from career breaks to time credits proves complex." *European Industrial Relations Observatory Online*.
66) McGuckin, Robert H. and Bart van Ark. "Performance 2002: Productivity, Employment,

and Income in the World Economies."
67) Salamon, Lester M.; Helmut Anheier; Regina List; Stefan Toepler; and Wojciech S. Sokolowski. "Global Civil Society: Dimensions of the Nonprofit Sector." Comparative Nonprofit Sector Project. *The Johns Hopkins Center for Civil Society Studies*. 1999. http://www.jhu.edu/~ccss/pubs/books/gcs.
68) Ibid.
69) Ibid. Chart: "Changes in Nonprofit Sector FTE Employment, by Country, 1990~1995."
70) Ibid. p. 29~30.
71) "Civil Society sector FTE revenue, by field, 32 countries." *The Johns Hopkins Comparative Nonprofit Sector Project*. April 15, 2003.
    http://www.jhu.edu/~cnp/pdf/comptable4.pdf.
72) Ibid.
73) Jørgensen, Christian Ege. "Environmental Fiscal Reform: Perspectives for Progress in the European Union." *The European Environmental Bureau*. June 2003.
74) Ibid.
75) Fischlowitz-Roberts, Bernie. "Restructruing Taxes to Protect the Environment." *Earth Policy Institute*. 2002. www.earth-policy.org76 Ibid.
77) "Shifting Tax Burdens to Polluters Could Cut Taxes on Wages and Profit by 15퍼센트." *WorldWatch Institute*. May 10, 1997. www.worldwatch.org; Jørgensen, Christian Ege. "Environmental Fiscal Reform: Perspectives for Progress in the European Union." p.20.
78) Fishhlowitz-Roberts, Bernie. "Restructuring Taxes to Protect the Environment."
79) "Shifting Tax Burdens to Polluters Could Cut Taxes on Wages and Profit by 15퍼센트." *WorldWatch Institute*.
80) Fischlowitz-Roberts, Bernie. "Restructruing Taxes to Protect the Environment?"; Shifting Tax Burdens to Polluters Could Cut Taxes on Wages and Profit by 15퍼센트." *WorldWatch Institute*.
81) Jorgensen, Christian Ege. "Environmental Fiscal Reform: Perspectives for Progress in the European Union." p.15.
82) Ibid. p. 19.
83) "Fatty Foods 'should be taxed'." *BBC News*. June 9, 2003. http://news.bbc.co.uk.
84) Salamon, Lester M.; Helmut Anheier; Regina List; Stefan Toepler; and Wojceich S. Sokolowski. "Global Civil Society: Dimensions of the Nonprofit Sector."
85) "What is a Time Bank?" *Time Banks UK*. www.timebanks.co.uk.
86) "Member to Member." *Elderplan*. http://www.elderplan.org/free/mtm.htm.
87) "Links Between Neighbors." *Grace Hill*. October 7, 2003.
    http://www.gracehill.org/neighborhoodServices/NS.L.LinkbetwNeighbors.htm.
88) Cahn, Edgar S. "Time Dollars at Work." *New Democrats Online*. www.ndol.org
89) "IRS Question." *Hour Dollars Service Exchange Program*.
    http://www.hourdollars.org/irs.html.
90) "Giving and Volunteering in the United States." Independent Sector. Nevember 2001. www.independentsector.org.

1판 서문

1) International Labor Organization, press release (Washington, D.C.: ILO, March 6, 1994);International Labor Organization, *The World Employment Situation, Trends and Prospects* (Geneva, Switzerland: ILO, 1994).
2) "Retooling Lives: Technological Gains Are Cutting Costs, and Jobs, in Services," *Wall Street Journal*, February 24, 1994, p. A1.

제1장

1) "When Will the Layoffs End?" *Fortune*, September 20, 1993, p. 40.
2) 같은 잡지, pp. 54~56.
3) "Retooling Lives: Technological gains Are Cutting costs, and Jobs, in Services," *Wall Street Journal*, February 24, 1994, p. A1.
4) "Strong Employment Gains Spur Inflation Worries," *Washington Post*, May 7, 1994, pp. A1, A9.
5) "Siemens Plans New Job Cuts as Part of Cost Reductions," *New York Times*, July 6, 1993, p. D4; "On the Continent, a New Era Is Also Dawning," *Business Week*, June 14, 1993, p. 41; "NTT's Cut of 10,000 Jobs Could Pave Way for Others," *Financial Times*, September 1, 1993, p. 5.
6) "Stanching the Loss of Good Jobs," *New York Times*, January 31, 1993, p. C1.
7) Leontief, Wassily, *National Perspective: The Definition of Problems and Opportunities*, paper presented at the National Academy of Engineering Symposium, June 30, 1983, p. 3.
8) "Businesses Prefer Buying Equipment to Hiring New Staff," *Wall Street Journal*, September 3, 1993.
9) "Price of Progress: Re-engineering Gives Firms New Efficiency, Workers the Pink Slip," *Wall Street Journal*, March 16, 1993, p. 1
10) "Conference Stresses Job Innovation," *Washington Post*, July 21, 1993, p. D5.; "A Rage to Re-engineer," *Washington Post*, July 25, 1993, p. H1.
11) Cited in "Into the Dark: Rough Ride Ahead for American Workers," *Training*, July 1993, p. 23.
12) "Price of Progress."
13) "Germany Fights Back," *Business Week*, May 31, 1993, p. 48.
14) Attali, Jacques, *Millennium: Winners and Losers in the Coming World Order* (New York: Random House, 1991), p. 101.
15) Barlett, Donald L., and Steele, James B., *America: What Went Wrong?*(Kansas City: Andrews and McMeel, 1992), p. xi.
16) "Germany Fights Back," p. 49.
17) Barlett and Steele, p. 18; Drucker, Peter F., *Post-Capitalist Society*(New York: Harper Collins, 1993), p. 68.
18) Krugman, Paul, and Lawrence, Robert, "Trade, Jobs and Wages," *Scientific American*, April 1994, pp. 46, 47.
19) "The Myth of Manufacturing's Decline," *Forbes*, January 18, 1993, p. 40;Judis, John, "The

Jobless Recovery," *The New Republic*, March 15, 1993, p. 22.
20) Winpisinger, William W., *Reclaiming Our Future* (Boulder: Westview Press, 1989), pp. 150~151.
21) Masuda, Yoneji, *The Information Society as Post-Industrial Society* (Washington, D.C.: World Future Society, 1980), p. 60.
22) "Price of Progress."
23) Churbuck, David, and Young, Jeffrey, "The Virtual Workplace," *Forbes*, November 23, 1992, p. 186; "New Hiring Should Follow Productivity Gains," *Business Week*, June 14, 1993.
24) Harrison, Bennett, *Lean and Mean: The Changing Landscape of Corporate Power in the Age of Flexibility* (New York: Basic Books, 1994), pp. 45~47, 51.
25) U.S. Bureau of Census, 1987 Enterprise Statistics, company Summary (Washington, D.C.: U.S. Government Printing Office, June 1991), Table 3.
26) U.S. Department of Labor, Bureau of Labor Statistics, *Employment and Earnings*, January 1994, p. 182; Mishel, Lawrence, and Bernstein, Jared, *The Joyless Recovery: Deteriorating Wages and Job Quality in the 1990s* (Washington, D.C.: Economic Policy Institute, Briefing Paper).
27) Peterson, Wallace C., *Silent Depression: The Fate of the American Dream* (New York: W. W. Norton & Co., 1994), p. 33.
28) "The Puzzle of New Jobs: How Many, How Fast?" *New York Times*, May 24, 1994, p. D1.
29) U.S. Bureau of Labor Statistics, *Current Population Survery*, 1993.
30) "Apocalypse-But Not Just Now," *Financial Times*, January 4, 1993, p. D1.
31) Drucker, p. 68.
32) "Life on the Leisure Track," *Newsweek*, June 14, 1993, p. 48.
33) "From Coast to Coast, from Affluent to Poor, Poll Shows Anxiety Over Jobs," *New York Times*, March 11, 1994, p. A1.

제2장

1) Bell, John Fred, *A History of Economic Thought*, (New York: Ronald Press Co., 1985), pp. 285~286.
2) Jones, Barry, *Sleepers Wake! Technology and the Future of Work* (Oxford: Oxford University Press, 1982), p. 23; Standing, Guy, "The Notion of Technological Unemployment," *International Labour Review*, March/April 1984, p. 131.
3) McLellan, David, tr., *Marx's Grundrisse der Kritik der Politischen Ökonomie* (New York: Harpers, 1977) pp. 162~163.
4) Clark, John Bates, *Essentials of Economic* Theory (London, 1907) p. 452.
5) Leiserson, William M., "The Problem of Unemployment Today," *Political Science Quarterly* 31, March 1916, p. 12.
6) La Fever, Mortier, W., "Workers, Machinery, and Production in the Automobile Industry," *Monthly Labor Review*, October, 1924, pp. 3~5.
7) Akin, William, *Technocracy and the American Dream: The Technocrat Movement, 1900~1941* (Berkeley: University of California Press, 1977), p. 76; Fano, Ester, "A 'Wastage of Men':

Technological Progress and Unemployment in the United States," *Technology and Culture*, April 1991, pp. 274~275.

8) Lubin, Isadore, *The Absorption of the Unemployed by American Industry*, Brookings Institution Pamphlet Series, vol. 1 # 3(Washington, D.C., 1929); "Measuring the Labor-Absorbing Power of American Industry," *Journal of the American Statistical Association*, suppl., March 1929, pp. 27~32.

9) Hunnicutt, Benjamin, *Work Without End: Abandoning Shorter Hours for the Right to Work* (Philadelphia: Temple University Press, 1988), p. 38.

10) Schor, Juliet, *The Overworked American: The Unexpected Decline of Leisure* (New York: Basic Books, 1991), p. 109.

11) Cowdrick, Edward, "The New Economic Gospel of Consumption," *Industrial Management*, October 1927, p. 208.

12) Kettering, Charles F., "Keep the Consumer Dissatisfied," *Nation's Business*, January 1929; Galbraith, John Kenneth, *The Affluent Society*, 4th ed. (Boston: Houghton Mifflin, 1984), p. 127.

13) Dorfman, Joseph, *The Economic Mind in American Civilization* (New York: 1949), vol, 5, pp. 593~594.

14) Allen, Frederick Lewis, *Only Yesterday: An Informal History of the Nineteen-Twenties* (New York, 1964), p. 140.

15) Kyrk, Hazel, *A Theory of Consumption* (Boston, 1923), p. 278.

16) Braverman, Harry, *Labor and Monopoly Capital: The Degradation of Work in the Twentieth Century* (New Yrok: Monthly Review Press, 1974), p. 276.

17) Strasser, Susan, *Satisfaction Guaranteed: The Making of the American Mass Market* (New York: Pantheon Books, 1989), p. 88.

18) "One Dreadful Malady": Collins, James H., "Remarkable Proprietary Beverage," *Printers Ink*, November 4, 1908, pp. 3~4.

19) Strasser, p. 133.

20) Marchand, Roland, *Advertising the American Dream: Making Way for Modernity*, (Berkeley: University of California Press, 1985), pp. 4, 5.

21) Pitkin, Walter, *The Consumer: His Nature and Changing Habits* (New York, 1932), pp. 387~388.

22) Cross, Gary, *Time and Money: The Making of Consumer Culture* (New York: Routledge, 1993), p. 169.

23) Committee on Recent Economic Changes, *Recent Economic Changes* (New York, 1929), p. xv.

24) Harrison, Bennett, and Bluestone, Barry, *The Great U-turn: Corporate Restructuring and the Polarizing of America* (New York: Harper Collins, 1990), p. 38.

25) Akin, p. 77.

26) Mills, Frederick C., *Employment Opportunities in Manufacturing Industries in the United States*, National Bureau of Economic Research, Bulletin #70 (New York, 1938), pp. 10~15.

27) Keynes, John Maynard, *The General Theory of Employment, Interest and Money*, reprinted in Essays in Persuasion (New York: Macmillan, 1931).

28) Roediger, David, and Foner, Philip, *Our Own Time: A History of American Labor and the Working Day* (Westport, CT: Greenwood Press, 1989), p. 243.

29) Engels, Frederick, "Socialism, Utopian and Scientific," in *Ten Classics of Marxism* (New York: International Publishers, 1946), pp. 62~63.
30) Kimball, Dexter S., "The Social Effects of Mass Production," *Science* 77, January 6, 1933, p. 1.
31) Hunnicutt, p. 83.
32) 같은 책, p. 76.
33) Russell, Bertrand, *In Praise of Idleness and Other Essays*(London, 1935), p. 17.
34) Bergson, Roy, "Work Sharing in Industry: History, Methods and Extent of the Movement in the United States, 1929~33" (unpublished Ph. D. dissertation, University of Pennsylvania, 1933), pp. 7~8
35) Hunnicut, p. 148.
36) "The Death of Kellogg's Six-Hour Day," Hunnicutt, Benjamin Kline (Iowa City: University of Iowa) p. 9.
37) 같은 글, p. 22.
38) 같은 글, p. 23.
39) 같은 글, p. 24.
40) "5-Day Week Gains Throughout Nation," *New York Times*, August 5, 1932, p. 15.
41) *New York Times*, August 14, 1932, p. 1, cited in Hunnicutt, pp. 148~149.
42) *Labor*, December 22, 1932, and January 10, 1933; Congressional Record, 72nd Congress, 2nd Session, vol. 76, part 3, p. 4303, cited in Roedinger and Foner, p. 246.
43) *Thirty-Hour Week Bill*, Hearings on S.5267, 72nd Congress, 2nd Session, pp. 13~14.
44) "Great Victory," *Labor*, April 11, 1933.
45) *Labor*, October 8, 1935, cited in Roedinger and Foner, pp. 252~253.
46) *Congressional Record*, 75th Congress, 2nd Session, vol. 82, part 1, p. 6.
47) Rosenman, S. I., comp., *The Public Papers and Address of Franklin D. Roosevelt*, vol. 2, *The Year of Crisis*, 1933 (New York, 1938), pp. 202, 255.
48) Walker, F. A., *The Civil Works Administration* (New York, 1979), pp. 31, 39.
49) Hopkins, Harry, "They'd Rather Work," *Collier's*, November 16, 1935, p. 8.
50) *Congressional Digest*, July 1938, p. 29, cited in Hunnicutt, p. 201.
51) Hunnicutt, p. 206.
52) Strobel, Frederick R., *Upward Dreams, Downward Mobility: The Economic Decline of the American Middle Class* (Lanham, MD: Rowman and Littlefield Publishers, 1993), p. 23.
53) "Anti-Depression Economics" *The Atlantic Monthly*, April 1993, p. 102.
54) Renner, Michael, "National Security: The Economic and Environmental Dimension," p. 8. Worldwatch Paper #89(Washington, D.C.: Worldwatch Institute, 1989), p. 8.
55) "No Business Like War Business," *Defense Monitor* #3, 1987, p. 1; U.S. Office of Management and Budget, *Budget of the U.S. Government, Fiscal Year 1988*, Table 3~2 (Washington, D.C: OMB, 1989); "Looting the Means of Production," *Ploughshares*, November-December 1982.
56) Alperovitz, Gar, "The Clintonomics Trap," *The Progressive*, June 18, 1993, p. 20.
57) U.S. Department of Labor, Bureau of Labor Statistics, Labstat Series Report, *Current Employment Statistics Survey*, 1975.

58) Biotechnology Industry Organization (BIO), *The U.S. Biotechnology Industry: Facts and Figures* (Washington, D.C.: BIO, 1994), p. 4; Interview, March 16, 1994, with Dennis Chamot, former executive assistant to the president, Department for Professional Employees, the AFL-CIO.
59) Interview, April 5, 1994, with Murray Weidenbaum, former chairman of the Council of Economic Advisors.
60) "Corporate Spending Booms, But Jobs Stagnate," *New York Times*, June 16, 1944, p. D1.
61) Judis, John B., "The Jobless Recovery," *The New Republic*, March 15, 1993, p. 22; Kennedy, Paul, *Preparing for the 21st Century* (New York: Random House, 1993), p. 297.
62) "Middle Class Debt Is Seen as a Hurdle to Economic Gains," *New York Times*, March 28, 1994.
63) "Retrained for What?" *Time*, November 22, 1993, p. 38; "Training for Jobs: OBrave New World," *The Economist*, March 12, 1994, p. 3.
64) "Statement of Robert B. Reich, secretary of Labor, Before the Subcommittee on Elementary, Secondary and Vocational Education, Committee on Education and Labor, United State House of Representatives," *Hearings on Hr1804-Goals 2000:Educate America Act* (Washington, D.C.: Government Printing Office, May 4, 1993) p. 1.
65) "Retrained for What?"
66) 알브레히트 Charles Albrecht, Jr.는 신기술이 더욱 정교화되고 중간 관리층과 그 상층까지 포함하는 기업 상층부의 사람들을 점점 더 많이 대체함에 따라서, 낮은 교육 수준으로 인해 점차 더 많은 노동자들이 신기술이 제공하는 직무 기회를 활용하지 못하고 있다고 한다.(1994년 4. 12. 면접).
67) "Literacy of 90 Million Is Deficient," *Washington Post*, September 9, 1993, p. A1.
68) Kozol, Jonathan, *Illiterate America* (New York: Anchor Press/Doubleday, 1985) pp. 4, 10.
69) Cited in Fano, p. 265.
70, Judis, p. 22.
71) Kennedy, Paul, *Preparing for the 21st Century* (New York: Random House, 1993), p. 297; *Historical Tables, Fiscal Year 1995*(Washington, D.C: Office of Management and Budget, 1994), p. 57
72) "Can Defense Pain Be Turned to Gain?" *Fortune*, February 8, 1993, p. 84.
73) 같은 글, pp. 84~85.
74) U.S. Department of Labor, Bureau of Labor Statistics data cited in *Economic Report of the President*, Washington, D.C., January 1989, pp. 356~37, and *Economic Report of the President*, Washington, D.C., February 1992, pp. 344~345. Computations by Strobel, pp. 68, 70.
75) "Gore vs. Grace: Dueling Reinventions Show How Clinton, Reagan Views of Government Differ," *Wall Street Journal*, September 8, 1993, p. A14.
76) "Free the Economy form Congress," *New York Times*, August 8, 1993, p. E15; quote in Alperovitz, p. 20.
77) Alperovitz, p. 18.
78) 같은 책, pp. 18~19.
79) Cyert, Richard M., and Mowery, David C., *Technology and Employment: Innovation and Growth in the U.S. Economy* (Washington, D.C: National Academy Press, 1987), pp. 1~2.

제3장

1) Marvin, Carolyn, "Dazzling the Multitude: Imagining the Electric Light as a Communications Medium," in Corn, Joseph, ed. *Imagining Tomorrow: History, Technology, and the American Future*. (Cambridge, MA: MIT Press, 1986), p. 203.
2) 같은 책, pp. 203~204.
3) Macey, Samuel L., *Clocks and the Cosmos: Time in Western Life and Thought* (Hamden, CT: Archon Books, 1980), p. 73.
4) Carlyle, Thomas, "Signs of the Times," *Edinburgh Review* 49, June 1829, pp. 439~459, reprinted in abridged version as "The Mechanical Age" in Clayre, Alasdair, ed., *Nature and Industrialization: An Anthology* (Oxford: Oxford University Press, 1977), pp. 229~231.
5) Segal, Howard, "The Technological Utopians," in Corn, pp. 119~120; Segal, *Technological Utopianism in American Culture* (Chicago: University of Chicago Press, 1985), p. 20.
6) Howard, Albert, *The Milltillionaire* (Boston: 1895), p. 9.
7) Segal, "The Technological Utopians," in Corn, p. 124.
8) Schindler, Solomon, *Young West: A Sequel to Edward Bellamy's Celebrated Novel "Looking Backward"* (Boston: Arena, 1894), p. 45.
9) Howard, p. 17.
10) Clough, Fred M., *The Golden Age, Or the Depth of Time* (Boston: Roxburgh, 1923), p. 34.
11) Kirwan, Thomas, *Reciprocity (Social and Economic) in the 30th Century, the Coming Cooperative Age: A Forecast of the World's Future* (New York: Cochrane, 1909), p. 53.
12) Bellamy, Edward, *Looking Backward 2000~1887*, ed. Thomas, John (Cambridge, MA: Harvard University Press, 1967), p. 211.
13) Gilletee, King Camp, *Human Drift* (Boston: New Era, 1894), p. 97; and *World Corporation* (Boston: New England News, 1910), p. 232.
14) Wooldridge, Charles W., *Perfecting the Earth: A Piece of Possible History* (Cleveland: Utopia, 1902), p. 325; Gillette, World Corporation, p. 240.
15) Kihlstedt, Folke T., "Utopia Realized: The World's Fairs of the 1930's," in Corn, p. 111.
16) Lippmann, Walter, *A Preface to Morals* (New York: Macmillan, 1929), p. 120.
17) Bell, Danie, "The Clock Watchers: Americans at Work," *Time*, September 8, 1975, p. 55.
18) Braverman, Harry, *Labor and Monopoly Capital: The Degradation of Work in the 20th Century* (New York: Monthly Labor Press, 1974), p. 88.
19) Cited in Tichi, Cecelia, *Shifting Gears: Technology, Literature, Culture in Modernist America* (Chapel Hill: University of North Carolina Press, 1987), p. 75.
20) Galbraith, John Kenneth, *The New Industrial State* (Boston: Houghton Mifflin, 1979), pp. 101, 94.
21) Segal, *Technological Utopianism in American Culture*, p. 115.
22) Warren, Maude Radford, *Saturday Evening Post*, March 12, 1912, pp. 11~13, 34~35.
23) Callahan, Raymond, *Education and the Cult of Efficiency* (Chicago: University of Chicago Press, 1964), pp. 50~51.
24) National Education Association, *Proceedings*, 1912, p. 492.

25) Frederick, Christine, "The New Housekeeping," *The Ladies' Home Journal*, vol. 29#, September 1912.
26) Frederick, Christine, *Housekeeping with Efficiency*(New York, 1913), preface.
27) Tichi, p. 102.
28) 같은 책, pp. 98, 102.
29) 같은 책, p. 105.
30) 같은 책, pp. 116~117.
31) Veblen, Thorstein, *The Engineers and the Price System* (New York: B. W. Huebsch, 1921), pp. 120~121.
32) Akin, William, *Technocracy and the American Dream: The Technocrat Movement, 1900~1941*(Berkeley: University of California Press, 1977), p. 139.
33) Chaplin, Ralph, foreword by Scott, Howard, *Science vs. Chaos* (New York: Technocracy Inc., 1933), reprinted in *Northwest Technocrat*, July 1965, p. 28.
34) "Technocracy-Boom, Blight or Bunk?" *Literary Digest*, December 31, 1932, p. 5.

제4장

1) Cited in Kurzweil, Raymond, *The Age of Intelligent Machines* (Cambridge, MA:MIT Press, 1990), p. 189.
2) 같은 책, p. 14.
3) "Japan Plans Computer Mimic Human Brain," *New York Times*, August 8, 1992, p. C1.
4) "The Quest for Machines That Not Only Listen, But Also Understand," *Washington Post*, May 3, 1993.
5) "The Information Technology Revolution," *Technological Forecasting and Social Change*, 1993, p. 69.
6) Cited in Brand, Stewart, *The Media Lab: Inventing the Future at MIT* (New York: Viking Press, 1987), p. 181.
7) Negroponte, Nicholas, *The Architecture Machine* (Cambridge, MA: Massachusetts Institute of Technology, 1970), pp. 11~13.
8) Kurzweil, p. 413.
9) Negroponte, cited in Brand, p. 149.
10) Cited in Fjermedal, Grant, *The Tomorrow Makers: A Brave New World of Living-Brain Machines*(New York: Macmillan Publishers, 1986), p. 94.
11) Simons, Geoff, *Robots: The Quest for Living Machines* (New York: Sterling, 1992), pp. 52~53.
12) Pascal, Blaise, *Pensées* (New York: E. p. Dutton, 1932), p. 96, no. 340.
13) Babbage, Henry Prevost, *Babbage's Calculating Engines* (1889), Charles Babbage Institute Reprint Series for the History of Computing, vol. 2 (Los Angeles: Tomash Publishers, 1982), pp. 220~222; Bernstein, Jeremy, *The Analytical Engine; Computers—Past, Present, and Future*, revised ed. (New York: William Morrow, 1981), pp. 47~57.
14) Augarten, Stan, *Bit by Bit: An Illustrated History of Computers* (New York: Ticknor and Fields, 1984), p. 77; Austrian, Geoffrey D., *Herman Hollerith: Forgotten Giant of Information*

Precessing (New York: Columbia University Press, 1982), p. 312; Shurkin, Joel, *Engines of the Mind: A History of the Computer* (New York: W. W. Norton, 1984), p. 92.
15) Kurzweil, pp. 176~177.
16) Zientara, Marguerite, *The History of Computing* (Framingham, MA: CW Communications, 1981), p. 52.
17) Noble, David, *Forces of Production: A Social History of Industrial Automation* (New York: Alfred Knopf, 1984), p. 50; Fjermedal, Grant, *The Tomorrow Makers* p. 70; Davidow, William, and Malone, Michael, *The Virtual Corporation: Restructuring and Revitalizing the Corporation for the 21st Century* (New York: Harper Collins, 1992), p. 37.
18) Davidow and Malone, p. 37.
19) Masuda, Yoneji, *The Information Society as Post-Industrial Society* (Bethesda, MD: World Future Society, 1981), p. 49.
20) Kurzweil, p. 186.
21) Ceruzzi, Paul, "An Unforeseen Revolution: Computers and Expectations, 1935~1985," in Corn, Joseph J., *Imagining Tomorrow: History, Technology, and the American Future* (Cambridge, MA: Massachusetts Institute of Technology, 1986), p. 190.
22) 같은 책, pp. 190~191.
23) Jones, Barry, *Sleepers, Wake: Technology and the Future of Work* (New York: Oxford University Press, 1990), pp. 104~105.
24) "The First Automation," *American Machinist*, December 1990, p. 6; Noble, p. 67.
25) "Automatic Factory," *Fortune*, November 1946, p. 160.
26) "Machines Without Men," *Fortune*, November 1946, p. 204.
27) Noble, p. 25.
28) *Business Week*, January 1946, cited in "The End of Corporate Liberalism: Class Struggle in the Electrical Manufacturing Industry 1933~50," *Radical America*, July-August 1975.
29) Noble, p. 249.
30) Philipson, Morris, *Automation: Implications for the Future* (New York: Vintage Books, 1962), p. 89.
31) Langefors, Boerje, "Automated Design," in Colborn, Robert, *Modern Science and Technology* (Princeton: Princeton University Press, 1965), p. 699.
32) *Managment Report on Numerically Controlled Machine Tools* (Chicage: Cox and Cox Consulting, 1958).
33) Alan A. Smith to J. O. McDonough, September 18, 1952, N/C Project Files, MIT Archives.

제5장

1) Wilson, William Julius, *The Declining Significance of Race: Blacks and Changing American Institutions* (Chicago: University of Chicago Press, 1980), p. 65.
2) Lemann, Nicholas, *The Promised Land: The Great Black Migration and How It Changed America* (New York: Vintage Books, 1992), pp. 5, 8.
3) 같은 책, p. 5.

4) 같은 책, pp. 48~49.
5) 같은 책, pp. 49~50.
6) Peterson, Willis, and Kislev, Yoav, *The Cotton Harvester in Retrospect: Labor Displacement or Replacement?* (St. Paul: University of Minnesota, September 1991), pp. 1~2.
7) Jones, Marcus, *Black Migration in the United States with Emphasis on Selected Central Cities* (Saratoga, CA: Century 21 Publishing, 1980), p. 46.
8) Lemann, pp. 50, 287.
9) 같은 책, p. 6.
10) Jones, Marcus, p. 48.
11) Lemann, p. 17.
12) 같은 책, p. 51.
13) Kahn, Tom, "Problems of the Negro Movement," *Dissent*, Winter 1964, p. 115.
14) 같은 책, p. 113; Wilson, William Julius, *The Truly Disadvantaged* (Chicago: University of Chicago Press, 1987), p. 30.
15) Kahn, p. 115.
16) Wilson, *Declining Significance of Race*, p. 93; Sugrue, Thomas J., "The Structures of Urban Poverty: The Reorganization of Space and Work in Three Periods of American History," in Katz, Michael, ed., *The Underclass Debate: Views from History* (Princeton: Princeton University Press, 1993), p. 102.
17) Sugrue, in Katz, p. 103.
18) 같은 책.
19) 같은 책, p. 104.
20) UAW data submitted to *Hearings before the United States Commission on Civil Rights*, held in Detroit, December 14~15, 1960 (Washington, D.C.: Government Printing Office, 1961), pp. 63~65.
21) Judis, John, "The Jobless Recovery," *The New Republic*, March 15, 1993, p. 20.
22) Boggs, James, "The Negro and Cybernation," in Lauda, Donald p., *Advancing Technology: Its Impact on Society* (Dubuque: W. C. Brown Company, 1971), p. 154.
23) Wilson, *Declining Significance of Race*, pp. 111~112.
24) Kasards, John, D., "Urban Change and Minority Opportunities," in Peterson, Paul E., ed., *The New Urban Reality* (Washington D.C.: The Brookings Instutition, 1985), p. 33.
25) Brown, Michael, and Erie, Steven, "Blacks and the Legacy of the Great Society," *Public Policy*, vol. 29, #3, Summer 1981, p. 305.
26) U.S. Bureau of the Census, *Census of the Population*, 1960, and 1970, Subject Reports, Occupational Characteristics, in Wilson, William Julius, *Declining Significance of Race*, p. 103.
27) Lemann, p. 201.
28) Brown and Erie, p. 321.
29) Willhelm, Sidney, *Who Needs the Negro?* (Cambridge, MA: Schenkman, 1970), pp. 156~157.
30) Wilson, *The Truly Disadvantaged*, p. 22; Magnet, Myron, *The Dream and The Nightmare* (New Yrok: William Morrow and Co., 1993), pp. 50~51.
31) Moynihan, Daniel Patrick, "Employment, Income, and the Ordeal of the Negro Family,"

Daedalus, Fall 1965, p. 761.
32) "Endangered Family," *Newsweek*, August 30, 1993, p. 18.
33) "Losing Ground: In Latest Recession, Only Blacks Suffered Net Employment Loss," *Wall Street Journal*, September 14, 1993, p. 1.
34) 같은 책, p. A12.
35) 존슨John Johnson은 군인의 다운사이징과 여타 정부 기관의 리엔지니어링으로 인하여 흑인의 직무 기회가 불공평하게 감소된다는 점을 우려했다. 그는 다음과 같이 말했다. 〈우리가 전통적으로 고용 기회를 찾았던 곳과 생계 임금 수준으로 고용을 제공하는 새로운 방식 간의 격차를 어떤 방식으로 메울 것인가에 주목할 필요가 있다.〉(1994. 5. 2. 면접).
36) Weiner, Norbert, *The Human Use of Human Beings: Cybernetics and Human Beings* (Boston: Houghton Mifflin, 1950).
37) Willhelm, p. 162.
38) 같은 책, p. 163.
39) Quoted by Peter Bart, "Bitterness Rules in Placing Blame," *New York Times*, August 15, 1965.
40) Willhelm, p. 172.

제6장

1) "The Ad Hoc Committee on the Triple Revolution Memorandum," March 22, 1964, Appendix 1, in MacBride, Robert, *The Automated State: Computer Systems as a New Force in Society* (Philadelphia: Chilton Book Co., 1967), pp. 192~193.
2) 같은 책, p. 193.
3) 같은 책, p. 199.
4) Announced in "Special Message to the Congress on the Railroad Rules Dispute," July 22, 1963, *Public Papers of the Presidents, 1963, John F. Kennedy*, January 1-November 22, 1963 (Washington, D.C.: Government Printing Office, 1964), p. 310.
5) "Annual Message to the Congress on the State of the Union, January 8, 1964," *Public Papers of the Presidents, 1963~4, Lyndon B. Johnson*, Book 1, November 22, 1963-June 30, 1964 (Washington, D.C.: U.S. Government Printing Office, 1965), p. 114; see also "Letter to the President of the Senate and to the Speaker of the House Proposing a National Commission on Automation and Technological Progress, March 9, 1964," in *Public Papers*, Book 1, p. 357, and "Remarks Upon Signing Bill Creating the National Commission on Technology, Automation and Economic Progress, August 19, 1964," in *Public Papers*, Book 2, July 1, 1964-December 31, 1964, p. 983.
6) "Report of the National Commission on Technology, Automation, and Economic Progress," Appendix 2, in MacBride, Robert, *The Automated State*, p. 213.
7) 같은 책, pp. 210~211.
8) 같은 책, p. 218.
9) 같은 책, p. 212.
10) 같은 책, p. 220.

11) "A New Fortune Series: Automation and the Labor Market," cover, *Fortune*, January 1965; Silberman, Charles, "The Real News about Automation," *Fortune*, January 1965, p. 124.
12) See Noble, David, *Forces of Production: A Social History of Industrial Automation* (New York: Afred A. Knopf, 1984), p. 75.
13) Norbert Weiner to Walter Reuther, August 13, 1949, Weiner Papers, MIT Archives.
14) Reuther, Walter p. , "Congressional Testimony," in Philipson, Morris, ed., *Automation: Implications for the Future* (New York: Vintage Books, 1962), pp. 269, 275~276.
15) Noble, p. 250.
16) 같은 책, p. 253.
17) CIO Committee on Economic Policy, *Automation* (Washington, D.C.: Congress of Independent Organizations, 1955), pp. 21~22.
18) U.S. Bureau of Labor Statistics, *Major Collective Bargaining Agreements-Training and Retraining Provisions*, Bulletin no. 1425~7(Washington, D.C.: Government Printing Office, 1969), p. 4; U.S. Bureau of Labor Statistics, *Characteristics of Major Collective Bargaining Agreements*, January 1, 1980, Bulletin no. 2095, p. 105.
19) Kalleberg Arne L., et al., "Labor in the Newspaper Industry," in Cornfield, Daniel B., *Workers, Managers and Technological Change: Emerging Patterns of Labor Relations* (New York: Plenum Press, 1987), p. 64.
20) Raskin, A. H., "A Reporter at Large: Part I, 'Changes in the Balance of Power'; Part II, 'Intrigue at the Summit,'" *The New Yorker*, January 22, 29, 1979.

제7장

1) Harrison, Bennett, and Bluestone, Barry, *The Great U-Turn: Corporate Restructuring and the Polarizing of America* (New York: Harper Collins, 1990), p. 7.
2) 같은 책, pp. 8~10.
3) "The Technology Payoff," *Business Week*, June 14, 1993, p. 58.
4) Roach, Stephen S., *Technological Imperatives* (New York: Morgan Stanley and Co., January 21, 1992), p. 2.
5) Quoted by Gary Loveman, "Why Personal Computers Have Not Improved Productivity," minutes of Stewart Alsop, 1991 Computer Conference, p. 39.
6) "Technology Payoff," p. 58.
7) Brynjolfsson, Erik, and Hitt, Lorin, "Is Information Systems Spending Productive?" (abstract) and "New Evidence on the Returns to Information Systems" (Sloan School, MIT, WP#357 1~93) June 4, 1993. 브린욜프슨 Brynjolfsson은 새로운 생산성 향상이 너무 극적이어서 생산량이 노동자 숫자보다 훨씬 빨리 증가하고 있다고 말한다. MIT 경제학자인 그는 단기적으로는 하급 사무 직무 같은 단순 작업들이 자동화로 인해서 사라질 것이라고 말한다. 그는 다음과 같이 말한다. 〈그 사람들은 만일 컴퓨터가 할 수 없는 기능을 습득하지 않는다면, 점점 더 일자리를 찾기가 힘들게 될 것이다.〉 그러나 그는 제3차 산업혁명이 사람들이 컴퓨터로 인해 일자리를 찾기가 불가능한 단계에는 아직 진입하지 않았다는 사실에

주목해야 한다고 말한다. 〈만일 그렇다면 우리는 노동의 조직화와 소득의 재분배에 대한 새로운 방식을 생각하기 시작해야만 한다.〉(1994. 3. 17. 면접).

8) "Plug in for Productivity," *New York Times*, June 27, 1993, p. 11 로치 Stephen Roach는 다음과 같은 점을 지적한다. 〈서비스 회사의 가장 큰 비용은 사람이다. ……우리는 모든 직업이 아닌, 일부 직업에서 화이트 칼라 노동자들이 정보 기술에 의해서 대체될 수 있다는 것을 발견했다. 그리고 여분의 직원들을 고용하고 있는 일부 직업에서 화이트 칼라의 감축이 필요하다. 컴퓨터와 기계로 화이트 칼라 노동자와 서비스 노동자들을 대체하면, 비용 효율성의 이점을 얻을 수 있고 기업은 경쟁력을 회복할 수 있게 된다.〉(1994. 3. 15. 면접).

9) Interview in Davidow, William H., and Malone, Michael S., *The Virtual Corporation: Restructuring and Revitalizing the Corporation for the 21st Century* (New York: HarperCollins, 1992), p. 66.

10) Chandler, Alfred, *The Visible Hand: The Managerial Revolution in America* (Cambridge, MA: Harvard University Press, 1977), p. 97, cited in Beniger, James, *The Control Revolution: Technological and Economic Origins of the Information Society* (Cambridge: Harvard University Press, 1986), p. 224.

11) Reich, Robert, *The Work of Nations: Preparing Ourselves for 21st Century Capitalism* (New York: Random House, 1993), p. 51.

12) 같은 책, p. 46.

13) Womack, James, Jones, Daniel, and Roos, Daniel, *The Machine That Changed The World* (New York: Macmillan Publishing, 1990), pp. 21~22.

14) 같은 책, p. 29.

15) 같은 책, p. 13

16) 같은 책.

17) 같은 책.

18) Machlis, Sharon, "Management Changes Key to Concurrent Engineering," *Design News*, September 17, 1990, pp. 36~37.

19) Harbour, James, "Product Engineering: The 'Buck' Stops Here," *Automotive Industries*, 1985, p. 32.

20) Kagono et al., *Strategic vs. Evolutionary Management: A U.S./Japan Comparison of Strategy and Organization* (New York: North-Holland, 1985), pp. 112~113.

21) Lincoln, James, Hanada, Mitsuyo, and McBride, Kerry, "Organizational Structures in Japanese and U.S. Manufacturing," *Administrative Science Quarterly*, vol. 31, 1986, pp. 338~364; Kenney, Martin, and Florida, Richard, *Beyond Mass Production: The Japanese System and Its Transfer to the U.S.* (New York: Oxford University Press, 1993), pp. 42, 105, 107.

22) Ohno, Taiichi, *Toyota Production System* (Cambridge, MA: Productivity Press, 1988), pp. 25~26.

23) Womack et al., pp. 71~103.

24) Cited in Davidow and Malone, p. 126.

25) Kenney and Florida, p. 54.

26) Womack et al., p. 12; also cited in *Technology and Organizational Innovations, Production and Employment* (Geneva, Switzerland: International Labor Office, July 1992), p. 33.

27) 러브만 Loveman의 연구는 다른 사람들과 마찬가지로 다음과 같이 지적하고 있다. 〈고기

능과 높은 교육 수준을 가진 유망한 직업들과 중간 관리층을 포함한 낮은 기능을 가진 전망 없는 직업들로 노동 시장이 점차 양분화되고 있다.〉 러브만은 이 추세가 미래에도 지속될 것이라고 주장한다.(1994. 3. 21. 면접).

28) Hammer, Michael, and Champy, James, *Re-engineering the Corporation: A Manifesto for Business Revolution* (New York: HarperCollins, 1993), pp. 36~37.
29) 같은 책, pp. 37~38.
30) 같은 책, p. 38.
31) 같은 책, p. 39.
32) 해머 Michael Hammer는 다음과 같이 말한다.〈조직들이 더욱더 생산적으로 됨에 따라 보다 적은 인원으로서도 유지할 수 있게 되거나, 더 이상 충원하지 않고서도 생산성을 급격하게 증대시킬 수 있게 된다.〉그는 악몽과 같은 시나리오를 우려하고 있다.〈직업을 가지고 타인을 위해서 가치를 창조하는 사람들과, 직업을 가질 수 없는 다수의 사람들로 구성된 양극적인 세계 사회를 우리가 만들어내고 있다.〉(1994. 5. 6. 면접).
33) Hammer and Champy, pp. 60~62.
34) Bradley, Stephan, *Globalization, Technology and Competition: The Fusion of Computers and Telecommunications in the 1990's*(Cambridge, MA: Harvard Business School Press, 1993), p. 130.
35) 같은 책, p. 129.
36) Davidow and Malone, p. 10.
37) 같은 책, p. 168.
38) McBride, Al, and Brown, Scott, "The Future of On-line Technology," in Leebart, Derek, ed., *Technology 2001: The Future of Computing and Communications* (Cambridge, MA: MIT Press, 1991), p. 29.
39) "Economy May Be Tokyo Power Broker," *Financial Times*, September 1, 1993, p. 5.

제8장

1) *Country Tables: Basic Data on the Agricultural Sector* (Rome: Food and Agriculture Organization, FAO, 1993), p. 332.
2) *Technology on the Farm* (Washington, D.C.: U.S Department of Agriculture, 1940), p. 63.
3) McWilliams, Carey, *Ill Fares the Land, Migrants and Migrating Labor in the United States* (Boston: 1942), pp. 301~330.
4) "Why Job Growth Is Stalled," *Fortune*, March 8, 1993, p. 52.
5) Goodman, David, et al., *From Farming to Biotechnology: A Theory of Agro-Industrial Development* (New York: Basil Blackwell, 1987), pp. 25, 169; Reimund, Donn A., and Kalbacher, Judith Z., *Characteristics of Large-Scale Farms, 1987*(Washington, D.C.:USDA Economic Research Service, April 1993), Summary, p. iii.
6) Reimund and Kalbacher, p. iii.
7) Tosterud, R., and Jahr, D., *The Changing Economics of Agriculture: Challenge and Preparation for the 1980's*(Washington, D.C.: Subcommittee on Agriculture and Transportation, Joint Economic Committee, Congress of the United States, December 28, 1982), p. 18; Smith, Stewart, "Is

There Farming in Agriculture's Future? The Impact of Biotechnology," Presentation at the University of Vermont, November 14, 1991, revised October 21, 1992, p. 1.
8) Goodman et al., p. 163.
9) Cochrane, Willard, *Development of American Agriculture: A Historical Analysis, second edition* (Minneapolis: University of Minnesota Press, 1993), pp. 190, 195.
10) 같은 책, pp. 195~196.
11) Goodman et al., p. 25; Cochrane, p. 197.
12) Cochrane, p. 126.
13) 같은 책, p. 197.
14) Fite, G., "Mechanization of Cotton Production since World War II," *Journal of Agricultural History*, 1980, 54(1).
15) Goodman et al., pp. 35~37.
16) Cochrane, p. 127.
17) *Impacts of Applied Genetics*, Office of Technology Assessment, (Washington, D.C.: U.S. Congress, 1981), p. 190.
18) Cochrane, pp. 126~127.
19) "The Mechanization of Agriculture," *Scientific American*, September 1982, p. 77.
20) Cochrane, pp. 137, 158~159.
21) *Poverty in the United States: 1992* (Washington, D.C.: Bureau of the Census, 1993), table 1, p. 1.
22) *A New Technological Era for American Agriculture*, Office of Technology Assessment (Washington, D.C.: U.S. Government Printing Office, August 1992), p. 102
23) 같은 책, pp. 104~105.
24) 같은 책, p. 103.
25) 같은 책, p. 109.
26) "Israel Moves to Automate Its Agriculture," *Wall Street Journal*, June 9, 1993.
27) "Robot Farming," *The Futurist*, July/August 1993, p. 54.
28) "Israel Moves to Automate."
29) "Robot Farming," p. 54
30) Goodman et al., p. 122.
31) Engelberger, Joseph, *Robotics in Service* (Cambridge, MA:MIT Press, 1989), p. 157.
32) "Computers Help Feed Cows," *Dairy Report*, 1981~1982, p. 28.
33) "Distributed Intelligence and Control: The New Approach to Dairy Farm Management," in *Computers in Agricultural Extension Programs: Proceedings of the 4th International Conference* (St. Joseph, MI: American Society of Agricultural Engineers, 1992), p. 174.
34) Holt, Donald A., "Computers in Production Agriculture," *Science*, April 26, 1985, pp. 422~424.
35) Fox, Michael, *Superpigs and Wondercorn* (New York: Lyons and Burford Publishers, 1992), p. 114.
36) *New Technological Era*, pp. 4, 45, 86.
37) 같은 책, p. 4; Busch, Lawrence, et al., *Plants, Power and Profit*. (Cambridge, MA: Basil Blakwell, 1991), p. 8.
38) *New Technological Era*, p. 49; Busch, p. 9.
39) U.S. Office of Management and Budget, *Use of Bovine Somatotropin in the United States: Its*

Potential Effects, January 1994, pp. 29~33.
40) "The New Biotech Agriculture: Unforeseen Economic Cosequences," *Issues in Science and Technology*, Fall 1985, p. 128.
41) *New Technological Era*, p. 4.
42) *New Scientist*, April 28, 1988, p. 27, cited in Fox, p. 103.
43) *New Technological Era*, p. 87.
44) Cooney, Bob, "Antisense Gene Could Knock Out Broodiness in Turkeys," Science Report, Agricultural and Consumer Press Services, College of Agricultural and Life Sciences, Research Division, University of Wisconsin at Madison; "Building a Badder Mother," *American Scientist*, July 1993, p. 329.
45) "The Blossoming of Biotechnology," *Omni Magazine*, vol. 15#2, November 1992, p. 74.
46) Fox, p. 106.
47) Goodman et al., pp. 123, 184, 189.
48) *Vanilla and Biotechnology-Update*, (Pittsboro, NC: Rural Advancement Fund International [RAFI] Communique, July 1991); "Vanilla Beans," *Food Engineering*, November 1987.
49) Mooney, Pat, and Fowler, Cary, *Vanilla and Biotechnology* (RAFI Communique, January 1987), p. 1.
50. "Cell Culture System to Produce Less-Costly Natural Vanilla," *Bioprocessing Technology*, January 1991, p. 7.
51) *Vanilla and Biotechnology-Update*(RAFI Communiques, July 1991 and June 1989), p. 1 ; 폴러 Cary Fowler는 실험실에서 재배된 바닐라로 야생 바닐라를 대체하는 2차적인 효과는 바닐라를 재배하는 국가들에게 경제적인 충격을 주는 것이라고 말한다. 그는 조직-배양 번식 기법은 단기적으로는 양념과 향료 등 고부가가치 작물들에 사용될 것이라고 믿고 있다(1994. 5. 13 면접).
52) *Vanilla and Biotechnology*, (RAFI Communique, June 1989), p. 1 Interview, May 13, 1994.
53) *Biotechnology and Natural Sweeteners* (RAFI Communique, February 1987). p. 1.
54) 같은 책, p. 3.
55) "Product Substitution Through Biotechnology: Impact on the Third World." *Trends in Biotechnology*, April 1986, p. 89.
56) Busch, p. 173; see also Rogoff, Martin H., and Rawlins, Stephen L., "Food Security: A Technological Alternative," *Bioscience*, December 1987, pp. 800~807.
57) "Tricking Cotton to Think Lab Is Home Sweet Home," *Washington Post*, May 29, 1988, p. A3.
58) Rogoff and Rawlins, "Food Security"; 로린스 Stephen Rawlins는 고도로 자동화된 실험실 농법의 시대에 있어서 옥외 작업으로 남은 유일한 공정은 태양 에너지를 식물들에게 확보해 주는 것이라고 말한다. 로린스는 다음과 같이 말한다. 〈당신은 에너지를 옥외에서 확보해야 한다. 왜냐하면 태양은 옥외에 있기 때문이다. 그러나 나머지 공정은 옥외에서 이루어질 필요가 없다. 옥내 농업의 도입에 의해서 당신은 환경 문제를 벗어날 수 있다.〉(1994. 5. 11. 면접).
59) "Biotechnology and Flavor Development: Plant Tissue Cultures," *Food Technology*, April 1986, p. 122.
60) Busch, p. 183.

제9장

1) Gompers, Samuel, *Seventy Years of Life and Labor: An Autobiography* (Cornell, NY: Industrial and Labor Relations Press, 1925), pp. 3~4.
2) Chandler, Alfred D., *The Visible Hand: The Managerial Revolution in American Business* (Cambridge, MA: Harvard University Press, 1977), pp. 249~251.
3) 같은 책.
4) Drucker, Peter, *The Concept of the Corporation*. (New York: John Day, 1946).
5) Clark, Wilson, *Energy for Survival* (Garden City, NY: Doubleday/Anchor Books, 1975), p. 170.
6) Ford, Henry, *My Life and Work*, 1923, pp. 108~109.
7) Reich, Rebert, *The Work of Nations: Preparing Ourselves for 21st Century Capitalism* (New York: Random House, 1992), p. 214.
8) Attali, Jacques, *Millennium: Winners and Losers in the Coming World Order* (New York: Random House, 1990), pp. 95~96.
9) "GM Drive to Step Up Efficiency is Colliding with UAW Job Fears," *Wall Street Journal*, June 23, 1993, p. A1.
10) "Mercedes Aims to Improve German Plants' Efficiency," *Wall Street Jouranl*, September 2, 1993, p. A7; "German Auto Job Cuts Seen," *New York Times*, August 16, 1993, p. D5.
11) van Liemt, Gijsbert, *Industry on the Move: Causes and Consequences of International Relocation in the Manufacturing Industry* (Geneva: International Labor Office, 1992), p. 76; "Labor-Management Bargaining in 1992," *Monthly Labour Review*, January 1993, p. 20.
12) "Mazda Pushing Toward 30퍼센트 Automation," *Automotive News*, April 14, 1993, p. 24.
13) Cited in James, Samuel D.K., *The Impact of Cyberantion on Black Automotive Workers* in the U.S., p. 44.
14) Wallace Michael, "Brave New Workplace," *Work and Occupations*, Vol. 16 # 4, November 1989, p. 366.
15) Kennedy, Paul, *Preparing for the 21st Century* (New York: Random House, 1993), p. 86; Winpisinger, William, *Reclaiming Our Future: An Agenda for American Labor* (San Francisco: Westview Press, 1989), p. 149.
16) "Boost for Productivity," *Financial Times*, March 23, 1993.
17) Beniger, James, *The Control Revolution: Technological and Economic Origins of the Information Society* (Cambridge, MA: Harvard University Press, 1986), p. 238; Temin, Peter, *Iron and Steel in Nineteenth Century America: An Economic Inquiry* (Cambridge, MA: Massachusetts Institute of Technology Press, 1964), pp. 159, 165.
18) Kenney, Martin, and Florida, Richard, *Beyond Mass Production: The Japanese System and Its Transfer to the U.S.* (New York: Oxford University Press, 1993), p. 3.
19) 같은 책.
20) 같은 책, p. 189.
21) Reich, Robert, *The Work of Nations: Preparing Ourselves for 21st Century Capitalism* (New York: Vintage Books, 1992), pp. 214~215.
22) Drucker, Peter, *Post Capitalist Society* (New York: HarperCollins, 1993) pp. 72~73; "Why

Job Growth Is Stalled," *Fortune*, March 8, 1993, p. 51
23) Drucker, p. 72.
24) Kenney and Florida, pp. 171, 173.
25) van Liemt, p. 202.
26) 같은 책, p. 314.
27) Statistics from the International Association of Machinists, May 1994)
28) Winpisinger, William, *Reclaiming Our Future: An Agenda for American Labor* (San Francisco: Westview Press, 1989), pp. 149~150.
29) *Technological Change and Its Impact on Labor in Four Industries* (U.S. Department of Labor, October 1992, Bulletin 2409), p. 25.
30) 윈피싱어 William Winpisinger는 다음과 같이 말한다. 〈나는 항상 나의 노조원들에게 노동은 말이나 노새들이 하는 것이라고 말했다.〉 전미 기계공 노동조합의 위원장이었던 그는 다음과 같이 주장한다. 〈노동을 보다 쉽고 만족스럽게 하는 것은 어떤 것이든 더 좋다.〉 그러나 그는 다음과 같이 경고한다. 〈만일 2퍼센트의 사람들을 고용하여 100퍼센트의 제품을 생산함으로써 부가되는 불법적인 이익에 대해서 과세하는 사회적 메커니즘이 없으면, 우리는 엄청난 전쟁을 맞이할 것이다.〉(1994. 4. 29. 면접).
31) *Technological Change and Its Impact*, p. 25.
32) Kenney and Florida, p. 195.
33) 같은 책, pp. 195~197.
34) "Jobs in America," *Fortune*, July 12, 1993, p. 36
35) Radford, G., "How Sumitomo Transformed Dunlop Tyres," *Long Range Planning*, June 1989, p. 28.
36) "1992: Job Market in Doldrums," *Monthly Labour Review*, February 1993, p. 9.
37) "The Mechanization of Mining," *Scientific American*, September 1982, p. 91.
38) *Technological Change and Its Impact*, p. 1.
39) 같은 책.
40) Noble, David, *Forces of Production: A Social History of Industrial Automation* (New York: Alfred Knopf, 1984), pp. 63~65.
41) "Chemical Productivity Jumped in Second Quarter," *Chemical and Engineering News*, September 14, 1992, p. 21; Braverman, Harry, *Labor and Monopoly Capital: The Degradation of Work in the Twentieth Century* (New York: Monthly Review Press, 1974), p. 224.
42) "Strong Companies Are Joining Trends to Eliminate Jobs," *New York Times*, July 26, 1993, p. D3; "Jobs in America," *Fortune*, July 12, 1993, p. 40.
43) "Why Japan Loves Robots and We Don't," *Forbes*, April 16, 1990, p. 151.
44) *Technology and Labor in Copper Ore Mining, Household Appliances and Water Transportation Industries* (Washington, D.C.: U.S. Department of Labor, Bureau of Labor Statistics, May 1993, Bulletin 2420), p. 22.
45) 같은 책, pp. 22~24.
46) 같은 책, p. 24
47) Bradley, Stephen, *Globalization, Technology and Competition*, (Cambridge, MA: Harvard Business School, 1993), p. 190; Davidow and Malone, p. 57.

48) "New Technologies, Employment Shifts, and Gender Divisions Within the Textile Industry," *New Technology, Work and Employment*, Spring 1991, p. 44
49) "Production Restructuring in the Textile and Clothing Industries," *New Technology, Work and Employment*, March 1993, p. 45.
50) 샤인크만 Jack Sheinkman은 지난 10년간 섬유 산업에 있어서의 50만 개의 직무 상실에는 기술 대체가 중요한 역할을 수행했다고 말한다. 그는 지속적인 자동화는 불가피하지만, 노동 시간 단축을 포함한 생산성 향상 이득을 종업원과 보다 공정하게 분배할 필요가 있다고 주장한다.(1994. 4. 14. 면접).
51) "New Technologies, Employment Shifts, and Gender Divisions Within the Textile Industry," p. 47.

제10장

1) "Retooling Lives: Technological Gains Are Cutting Costs and Jobs in Services," *Wall Street Journal*, February 24, 1994, p. A1.
2) "AT&T to Replace as Many as One-Third of Its Operators with Computer Systems," *Wall Street Journal*, March 4, 1992, p. A4; "Voice Technology to Replace 6000 Operators," *Washington Post*, March 4, 1992, p. B1.
3) Wallace, Michael, "Brave New Workplace," *Work and Occupations*, November 1989, p. 375.
4) *Outlook for Technology and Labor in Telephone Communications* (Washington, D.C.: U.S. Department of Labor, Bureau of Labor Statistics, July 1990, Bulletin 2357), pp. 1, 11~12.
5) 같은 책, p. 12.
6) "Postal Service's Automation to Cut 47,000 Jobs," *Washington Post*, September 28, 1991, p. A10. 우편국 부국장 코플린 Michael Coughlin은 〈원격 컴퓨터 해독〉과 같은 더 새로운 기술들이 앞으로 사람들을 더 많이 제거하면서 전체적인 배달 시스템에서 우편 서비스도 더 자동화시킬 것이라고 예측하고 있다.(1994. 4. 6. 면접)
7) 로치 Stephen Roach는 다음과 같이 말한다. 〈탈산업 시대에 대한 논쟁이 벌어졌던 1970년대에는, 서비스 부문이 제조 부문의 다운사이징과 위축으로 인한 공백을 메우게 된다는 것이 신화였다. 그것은 우리가 서비스 부문이 그렇게 생산적이지 못하다는 사실을 이해할 때까지는 그럴 듯했다. 그리고 서비스 부문이 경쟁 압력에 직면했을 때 과잉 노동력을 방출하지 않을 수 없었다.〉 로치는 다음과 같이 주장한다. 〈문제는 새로운 직무의 원천을 발견하는 것이다. 그러나 우리는 여태 그것을 발견하지 못했다.〉(1994. 3. 15. 면접).
8) "Service Jobs Fall as Business Gains," *New York Times*, April 18, 1993, p. 1.
9) *Vision 2000: The Transformation of Banking* (New York: Andersen Consulting, Arthur Andersen and Co., 1991), pp. 2, 6~7.
10) "Computers Start to Lift U.S. Productivity," *Wall Street Journal*, March 1, 1993, p. B3.
11) Leontief, Wassily, and Duchin, Faye, *The Future Impact of Automation on Workers* (New York: Oxford University Press, 1986), p. 84.
12) "Retooling Lives," p. A7; *Vision* 2000, p. 43.
13) *Vision 2000*, p. 43.

14) 같은 책, p. 59.
15) "Re-engineering Work: Don't Automate, Obliterate," *Harvard Business Review*, July/August 1990, p. 107.
16) "Re-engineering Aetna," *Forbes ASAP*, June 7, 1993, p. 78; "The Technology Payoff," *Business Week*, June 14, 1993, p. 60.
17) "Re-engineering Aetna," p. 78.
18) Beniger, James, *The Control Revolution: Technological and Economic Origins of the Information Society* (Cambridge, MA: Harvard University Press, 1986), pp. 280~284.
19) "Can You Afford a Paperless Office?" *International Spectrum*, May/June, 1993, pp. 16~17.
20) "Technology Payoff," p. 60.
21) "Advances in Networking and Software Push Firms Closer to Paperless Office," *Wall Street Journal*, August 5, 1993, pp. B1, B6.
22) 뢰벤버그 John Loewenberg는 기업들이 모든 사람들을 룰에 주목시키기 위해서 계속적으로 매뉴얼과 갱신된 정책 진술문을 배부했다고 말한다. 그러나 모든 사람들로 하여금 동시에 똑같은 정보를 읽게 하는 것은 거의 불가능했다. 모든 지시 매뉴얼, 업무 매뉴얼, 정책 매뉴얼을 전자 방식으로 갱신하고 일시에 전자적으로 배포할 수 있게 됨에 따라서 현재 모든 사람들이 동시에 똑같은 것을 보고 있다.(1994. 4. 29. 면접).
23) "Reducing the Paper Mountains," *Financial Times*, March 23, 1993, technology section, p. 7.
24) "Software Giant Aiming at the Office," *New York Times*, June 9, 1993, p. D1.
25) 같은 책, p. D5.
26) "The Paperless Office Looms on the Horizon Again," *New York Times*, May 30, 1993, sect. 4, p. 2
27) Green, J. H., "Will More Computers Mean Fewer Jobs?" *Desktop Publishing*, August 1982, pp. 52~54.
28) Leontief and Duchin, p. 82.
29) "Secretaries Down the Chute," *U.S. News and World Report*, March 28, 1994), p. 65.
30) "Receptionist Keeps Track of Mobile People," *Wall Street Journal*, July 19, 1993, p. B1.
31) "Computers Take On Whale of a Job: Sifting Through Résumés," *Washington Post*, May 30, 1993, p. H2.
32) "Homework for Grownups," *American Demographics*, August 1993, p. 40; "Home Is Where the Office Is," *Financial Times*, August 16, 1993, p. 8.
33) "Home Is Where the Office Is," p. 8.
34) 같은 글.
35) "Vanishing Offices," *Wall Street Journal*, June 4, 1993, p. A1.
36) Interview, March 24, 1994, with Steve Patterson, vice president of Gemini Consulting Company.
37) "Vanishing Offices," p. 46.
38) "Being There," *Technology Review*, May/June 1992, p. 44.
39) *Technology and Labor in Three Service Industries*, (U.S. Department of Labor: September 1990, Bulletin 2367), p. 19.
40) Harrison, Roy, *Reinventing the Warehouse: World Class Distribution Logistics* (New York: Free

Press, 1993), pp. 331~335.
41) "1992: Job Market in Doldrums," *Monthly Labour Review*, February 1993, p. 9.
42) *Technology and Labor in Three Service Industries*, p. 21.
43) 같은 책, pp. 21~22.
44) "Job Losses Don't Let Up Even as Hard Times Ease," also titled "Job Extinction Evolving Into a Fact of Life in U.S.," *New York Times*, March 22, 1994, p. D5.
45) "Technology Is Fueling Retail Productivity, But Slowing Job Gains," *Business Week*, May 10, 1993, p. 16.
46) *Technology and Labor in Five Industries*, U.S. Department of Labor, Bureau of Labor Statistics, Bulletin 2033 (Washington, D.C., 1979).
47) "Roboclerk in Tune with Service Industry," *Chicago Tribune*, May 28, 1990, sect. 3, p. 1.
48) "The Retail Revolution," *Wall Street Journal*, July 15, 1993, p. A12.
49) *Technological Change and Its Impact on Labor in Four Industries*(U.S. Department of Labor, October 1992, Bulletin 2409), p. 37.
50) 같은 책, p. 42.
51) 같은 책, p. 41.
52) 같은 책, pp. 38, 42.
53) "Record Store of Near Future," *New York Times*, May 12, 1993, p. A1.
54) 잭 맥도널드 Jack McDonald는 블럭버스터 비디오를 위해 개발된 디지털 유통 시스템이 진정으로 적기 재고 시스템 JIT이라고 말한다. 맥도널드는 주문에 따른 제조 시스템으로 인해서 블럭버스터는 재고 비용과 전통적으로 팔리지 않고 회수되는 상품의 높은 비용을 현저하게 절감할 수 있다고 말한다.(1994. 4. 2. 면접).
55) "Retailing Will Never Be the Same," *Business Week*, July 26, 1993, p. 54.
56) 같은 잡지, pp. 54~56.
57) 같은 잡지, p. 57; "Macy to Start Cable TV Channel, Taking Stores into Living Rooms," *New York Times*, June 2, 1993, p. A1.
58) "The Fall of the Mall," *Forbes*, May 24, 1993, p. 106.
59) "Retailing Will Never Be the Same," p. 56; "Fall of the Mall," p. 107.
60) "Fall of the Mall," p. 108.
61) 같은 글, p. 112.
62) "Introducing Robodoc," *Newsweek*, November 23, 1992, p. 86.
63) "Good-Bye Dewey Decimals," *Forbes*, February 15, 1993, p. 204.
64) "Potboiler Springs from Computer's Loins," *New York Times*, July 2, 1993, p. D16; "Soft Porn from Software: Computer Churns Out a Salacious Novel," *International Herald Tribune*, July 5, 1993, p. 3.
65) "Pinomorte," *Washington Post*, August 9, 1993, p. A10.
66) "Synthesizers: Sour Sound to Musicians," *Los Angeles Times*, December 6, 1985, p. 24.
67) 같은 신문, pp. 24~25.
68) 같은 신문.
69) "Strike Out the Band," *Los Angeles Times*, November 28, 1991, p. F8.
70) "Synthesizers," p. A1.

71) "What's New in Music Technology," *New York Times*, March 1, 1987, p. 19.
72) "Strike Out the Band," p. F8.
73) "Hollywood Goes Digital," *Forbes ASAP*, December 7, 1992, p. 58.
74) "How'd They Do That?" *Industry Week*, June 32, 1993, p. 34.
75) 같은 잡지, p. 35.
76) "Waking Up to the New Economy," *Fortune*, June 27, 1994, p. 37.

제11장

1) "The American Dream: Fired Up and Melted Down," *Washington Post*, April 12, 1992, p. A1.
2) 같은 신문.
3) Reich, Robert, *The Work of Nations: Preparing Ourselves for 21st Century Capitalism*, (New York: Random House, 1992), p. 213)
4) Harrison, Bennett, and Bluestone, Barry, *The Great U-Turn: Corporate Restructuring and the Polarizing of America*, (New York: Harper Collins, 1988), pp. 110~111.
5) Strobel, Frederick, *Upward Dreams, Downward Mobility: The Economic Decline of the American Middle Class*, (Lanham, MD: Rowman and Littlefield, 1993), p. 147.
6) Mishel, Lawrence, and Bernstein, Jared, *The State of Working America 1992~93*(Washington, D.C.: Economic Policy Institute, 1992), p. 249.
7) "The Perplexing Case of the Plummeting Payroll," *Business Week*, September 20, 193, p. 27; U.S. Department of Labor, *Re-employment Increases Among Displaced Workers* (Washington, D.C.: Bureau of Labor Statistics, October 14, 1986).
8) "The 6.8퍼센트 Illusion," *New York Times*, August 8, 1993, p. 15; "Into the Dark: Rough Ride Ahead for American Workers," *Training*, July 1993, p. 22.
9) "Family Struggles to Make Do After Fall form Middle Class," *New York Times*, March 11, 1994, p. A1.
10) "Into the Dark," p. 22; "The 6.8퍼센트 Illusion," p. 15.
11) "Retrain Who to Do What?" *Training*, January 1993, p. 28; "Jobs in America," *Fortune*, July 12, 1993, p. 35.
12) Mitchell, Daniel J. B., "Shifting Norms in Wage Determination," *Brookings Papers on Economic Activity, #2* (Washington, D.C.: Brookings Institution, 1985), p. 576.
13) Mishel and Bernstein, p. 191.
14) Harrison and Bluestone, p. 115.
15) 경제 정책 기구의 경제학자인 번스타인 J. Bernstein과의 면접(1994. 3. 25. 면접).
16) "Sharp Increase Along the Borders of Poverty," *New York Times*, March 31, 1994. 연간 소득이 1만 3091달러 미만인 풀타임 노동자의 비율은 1972년 12퍼센트에서 1992년말 18퍼센트로 증가했다.
17) Burns, Scott, "Disaffected Workers Seek New Hope," *Dallas News*, August 21, 188, p. H1.
18) Reich, pp. 56~57; "RIP: The Good Corporation," *Newsweek*, July 5, 1993, p. 41
19) Mishel and Bernstein, pp. 304.

20) "The Next Priority," *Inc. Magazine*, May 1989, p. 28.
21) Mishel and Bernstein, p. 155.
22) "RIP," p. 41.
23) Mishel and Bernstein, p. 157.
24) "Not Home Alone: Jobless Male Managers Proliferate in Suburbs, Causing Subtle Malaise," *Wall Street Journal*, September 20, 1993, p. A1.
25) 같은 신문.
26) 같은 신문.
27) "Caught in the Middle," *Business Week*, September 12, 1988, p. 80.
28) "Not Home Alone," p. A6.
29) "A Nation in Transition," *Washington Post*, May 28, 1992, p. A19.
30) Mishel and Bernstein, p. 41.
31) 같은 책, p. 2.
32) 같은 책, p. 14.
33) "College Class of '93 Learns Hard Lesson: Career Prospects Are Worst in Decades," *Wall Street Journal*, May 20, 1993, p. B1.
34) Barlett, Donald, and Steele, James, *America: What Went Wrong?* (Kansas City: Andrews and McMeel, 1992), pp. 19~20.
35) "Bring CEO Pay Down to Earth," *Business Week*, May 1, 1989, p. 146; "Median Pay of Chief Executives Rose 19퍼센트 in 1992," *Washington Post*, May 10, 1993; Reich, *Work of Nations*, p. 204; See also "Pay Stubs of the Rich and Corporate," *Business Week*, May 7, 1990, p. 56; "A Great Leap Forward for Executive Pay," *Wall Street Journal*, April 24, 1989, p. B1.
36) Mishel and Bernstein, pp. 6, 249.
37) U.S. Bureau of the Census data, reported in the *New York Times*, September 27, 1990, p. 10, cited in Strobel, p. 165.
38) "The 400 Richest People in America," *Forbes*, October 26, 1987, p. 106; "Economists Suggest More Taxes on Rich," *Christian Science Monitor*, April 23, 1992, p. 15.
39) Mishel and Bernstein, p. 255.
40) Barlett and Steele, p. xi.
41) Reich, pp. 259~260.
42) 같은 책, pp. 177~178.
43) 같은 책, p. 104.
44) 같은 책.
45) Harrison and Bluestone, pp. 69~70.
46) Quoted in "Into the Dark," p. 27.
47) Reich, pp. 302~303.
48) Phillips, Kevin, *The Politics of Rich and Poor: Wealth and the American Electorate in the Reagan Aftermath*, (New York: Harper Perennial, 1991), p. 201.
49) 사포 Paul Saffo는 전 세계적으로 빈부 격차가 증대하고 있다고 지적한다. 특히 시장이 하룻밤 사이에 기업가 계급을 만들어낸 과거 공산주의 국가들에 있어서 심각하다고 말한다. 모스크바에서는 백만장자들이 출현하고 있으며 그들이 살고 있는 건물 밖에서는 잠동

사니들을 팔고 있는 노인들이 보인다. 사포는 이러한 빈부의 양극화가 보다 근본적인 변화를 잉태하고 있다고 경고한다.(1994. 3. 23. 면접).
50) "Number of Americans in Poverty up for Third Year, Health Care Drops, Census Bureau Announces," *Commerce News*, October 4, 1993, pp. 1, 4, 9, 12, 13; "Number of Poor Americans Rises for 3rd Year," *Washington Post*, October 5, 1993, p. A6.
51) "Number of Poor Americans Rises for 3d Year."
52) "Food Stamps Now a Fact of Life for 24 Millions in U.S." *Washington Post*, May 24, 1992, p. A1; "Growing Hunger," *Utne Reader*, November/December 1993, p. 63.
53) "Growing Hunger," pp. 63, 65.
54) 같은 글, p. 63.
55) Interview, March 29, 1994, with Don Reeves, and economic policy analyst at Bread for the World.
56) "Number of Maericans," p. 20.
57) Merva, Mary, and Fowles, Richard, *Effects of Diminished Economic Opportunities on Social Stress: Heart Attacks, Strokes, and Crime* (Wahsington, D.C.: Economic Policy Institute, October 16, 1992, pp. 1~2. 파울스 Fowles는 백악관과 의회가 심각한 재정 적자로 인하여 증대하는 실업과 질병 및 범죄 해결에 필요한 투자를 못하고 있다고 우려한다. 그는 다음과 같이 말한다. 〈나는 대규모 재정 적자의 진정한 비극 중의 하나는 의원들이 사회 안전망을 설치하기 위해서 정부 지출을 증대시켜야 한다는 제안을 할 수 없는 정치적 분위기이다.〉 파울스는 국가가 단기적으로 경기를 진작시키기 위해서 재정 적자를 감수할 수 있다고 주장하는 경제학자 알페로비츠 Gar Alperovitz의 의견에는 공감하지만, 정치적인 이유로 그것이 불가능하다고 믿고 있다.(1994. 3. 14. 면접).
58) "Number of Amercians," pp. 2, 20.
59) Mishel and Bernstein, p. 9.
60) "Even with Good Pay, Many Americans Are Unable to Buy a Home," *Wall Street Journal*, February 5, 1988.
61) Mishel and Bernstein, p. 389.
62) Phillips, p. 184.
63) "The Economic Crisis of Urban America," *Business Week*, May 18, 1992, p. 38.
64) 같은 책, p. 40.
65) Reich, p. 303.

제12장

1) Irvine, Lieutenant General C. S., "Keynote Address," Proceedings of the Electronics Industries Association Symposium, 1957.
2) Olesten, Nils O., "Stepping Stones to N/C," *Automation*, June 1961.
3) Kuusinen, Larry, Boeing machinist, interview, June 5, 1979, with Noble, David, in *Forces of Production: A Society History of Industrial Automation* (New York: Alfred Knopf, 1984), p. 242.
4) Dohse, Knuth, Jurgerns, Ulrich, and Malsch, Thomas, "From Fordism to Toyotism? The Social Organization of the Labor Process in the Japanese Automobile Industry," *Politics and*

Society 14 #2, 1985, pp. 115~146.
5) Sakuma, Shinju, and Ohnomori, Hideaki, "The Auto Industry," ch. 2 in *Karoshi: When the Corporate Warrior Dies*, National Defense Council for Victims of Karoshi (Tokyo: Mado-sha Publishers, 1990).
6) Kenney, Martin, and Florida, Richard, *Beyond Mass Production: The Japanese System and Its Transfer to the U.S.* (New York: Oxford University Press, 1993), p. 271.
7) 같은 책, p. 278.
8) "Management by Stress," *Technology Review*, October 1988, p. 37 Also see Parker, Mike, and Slaughter, Jane, Choosing Sides: Unions and the Team Concept (Detroit: Labor Notes, 1988).
9) "Management by Stress," p. 39.
10) 같은 글, p. 42.
11) See "Workers at Risk," *Detroit Free Press*, July 7, 1990, pp. 1A, 6A~7A; "Injury, Training Woes Hit New Mazda Plant," *Automotive News*, February 13, 1989, pp. 1, 52.
12) Kenney and Florida, p. 265. See also *Karoshi: When the Corporate Warrior Dies*.
13) Simons, Geoff, *Silicon Shock: The Menace of the Computer Invasion* (New York: Basil Blackwell, 1985), p. 165.
14) Brod, Craig, *Techno-Stress: The Human Cost of the Computer Revolution* (Reading, MA: Addison-Wesley Publications, 1984), p. 43.
15) 같은 책, pp. 43, 45.
16) 같은 책.
17) OTA report cited in "Big Brother I Counting Your Key Stokes," *Science*, October 2, 1987, p. 17.
18) Rawlence, Christopher, ed., *About Time* (London: Jonathan Cape, 1985), p. 39.
19) Brod, p. 43.
20) NIOSH study cited in Brod, p. 26.
21) "Employers Recognizing What Stress Costs Them, UN Report Suggests," *Washington Post*, March 28, 1993, p. H2.
22) *World Labour Report 1993* (Geneva: International Labor Office, 1993), pp. 65, 70.
23) 같은 책, pp. 66, 68.
24) 같은 책, p. 66.
25) 같은 책, p. 67.
26) "Age of Angst: Workplace Revolution Boosts Productivity at Cost of Job Security," *Wall Street Jouranl*, March 10, 1993, p. A8.
27) "Temporary Workers Are on Increase in Nation's Factories," *New York Times*, June 6, 1993, pp. A1-D2.
28) "Into the Dark: Rough Ride Ahead for American Workers," *Training*. July 1993, pp. 24~25.
29) "Cutbacks Fuel Contingent Workforce," *USA Today*, March 3, 1993, p. 1B.
30) "Hired Out: Workers Are Forced to Take More Jobs with Few Benefits," *Wall Street Journal*, March 11, 1993, p. A1.
31) "Cutbacks Fuel Contingent Workforce."
32) "Into the Dark," p. 26.
33) 벨루스 Belous는 기업 재구축과 조건부 노동자에 대한 의존의 증가는 향후 격변을 야기할

것이라는 점을 인정한다. 그는 다음과 같이 말한다. 〈우리가 경험하고 있는 것은 마치 제 1, 2차 산업혁명처럼 급진적이고 혁명적이다.〉 그는 미래가 특히 숙련공들에게 장밋빛으로 다가오지 않을 것이라는 점을 인정하면서도, 장기적으로는 꽤 낙관적인 견해를 피력한다. 그는 지식 노동자들이 급속한 세계 경제의 변화의 와중에서 급변하는 고용 정책과 관행에 적응할 수 있는 기능 수준을 유지할 수 있을 것이라고 전망한다.(1994. 3. 28. 면접).

34) "Temporary Work: The New Career," *New York Times*, September 12, 1993, p. F15. 허친스 Nancy Hutchins는 적기 고용에 대한 의존의 증가가 미국의 계급 구조에 미치는 영향에 대해서 다음과 같이 문제를 제기한다. 만일 안정된 고용을 누리는 다수의 중간 계급이 없어진다면 어떻게 될 것인가? 어디에서 일한 것인지 또는 일의 보상이 어떻게 될 것인지를 모르는 사람들에 대한 시사점은 무엇인가?(1994. 3. 16. 면접).
35) "Cutbacks Fuel Conginent Workforce."
36) U.S. Department of Labor, *Employment and Earnings*, January 1988, cited in duRivage, Virginia L., *New Policies for the Part-Time and Contingent Workforce* (Washington, D.C.: Economic Policy Institute), November 18, 1992, pp. 3, 7, 12.
37) "Outsource Tales," *Forbes ASAP*, June 7, 1993, p. 37.
38) Cited in "The Disposable Employee Is Becoming a Fact of Life," *Business Week*, December 15, 1986, p. 52.
39) Harrison, Bennett, and Bluestone, Barry, *The Great U-Turn: Corporate Restructuring and the Polarizing of America*, (New York: HarperCollins, 1988), p. 48.
40) "Temporary Workers Are on Increase."
41) "Jobs in America," *Fortune*, July 12, 1993, p. 47; "Temporary Work: The New Career."
42) "Jobs in America," p. 48.
43) "Cutbacks Fuel Contingent Workforce."
44) "Experimenting with Test-Tube Temps," *USA Today*, October 11, 1993.
45) "Abuse of Temporary Workers Compared to a 'Sweatshop,'" *Washington Post*, June 23, 1993.
46) Tilly, Chris, *Short Hours, Short Shrift: Causes and consequences of Part-Time Work* (Washington, D.C.: Economic Policy Institute, 1990), cited in duRivage, p. 4.
47) "UAW Faces Test at Mazda Plant," *New York Times*, March 27, 1990, p. D8.
48) "Job Seeking, Reemployment, and Mental Health: A Randomized Field Experiment in Coping with Job Loss," *Journal of Applied Psychology*, October 1989, p. 759.
49) Cottle, Thomas T., "When You Stop You Die," *Commonweal*, June 19, 1992, p. 16.
50) "Violence in the Workplace," *Training and Development*, January 1994, p. 27.
51) 같은 잡지, pp. 28, 30.
52) 같은 잡지, p. 32.
53) Cottle, p. 17.

제13장

1) *The OECD Jobs Study: Facts, Analysis, Strategies* (Paris: Organization for Economic Cooperation and Development, 1994), p. 7.

2) *Human Development Report 1993*, U.N. Development Program (New York: Oxford University Press, 1993), p. 35.
3) "Clues to Rising Unemployment," *Financial Times*, July 22, 1993, p. 18.
4) "Japan Begins to Confront Job Insecurity," *Wall Street Journal*, September 16, 1993, p. A10.
5) "Japan Inc. Slams Its Entrance Doors in the Faces of New College Graduates," *Wall Street Journal*, October 5, 1993, p. B1.
6) 같은 신문.
7) "The American Economy," *New York Times*, February 27, 1994, p. F6.
8) "EC Expects Economy to Contract 0.5퍼센트 This Year, Led By 2퍼센트 Decline in Germany," *Wall Street Journal*, July 1, 1993.
9) "Pull Me Up, Weigh Me Down," *The Economist*, July 24, 1993, p. 57; "Ireland's Jobless Rate," *Wall Street Journal*, November 10, 1992; "Italian Jobless Rate Increases," *Wall Street Journal*, February 1, 1993, p. A7a; "Belgian Jobless Rate Unchanged," *Wall Street Journal*, November 5, 1992, p. A9; "Denmark's Jobless Rate Rose," *Wall Street Journal*, October 8, 1992, p. C26; "Spain's Jobless Rate Climbs," *Wall Street Journal*, February 16, 1993, p. A3.
10) Crash Landing for West German Economy, *Financial Times*, March, 1, 1993; "Rips in the Employment Featherbed," *Financial times*, March 30, 1993.
11) "How Germany Is Attacking Recession," *Fortune*, June 14, 1993, p. 132.
12) 같은 책.
13) "Massive Layoffs Foreseen in Western Europe," *Washington Post*, September 21, 1993, p. C3.
14) *Employment/Unemployment Study: Interim Report by the Secretary General* (Paris: Organization for Economic Co-operation and Development, 1993), p. 6
15) "Threat to 400,000 Jobs in Europe's Auto Parts Sector," *Financial Times*, October 18, 1993.
16) *World Labour Report 1993*, pp. 19~20.
17) *Employment/Unemployment Study*, p. 6; "Europeans Fear Unemployment Will Only Rise," *New York Times*, June 13, 1993, p. A1.
18) "Europeans Fear Unemployment."
19) *Employment Outlook July 1993*(Organization for Economic Co-operation and Development, July 1993), p. 20; *Human Development Report 1993*, p. 37
20) *Employment Outlook July 1993*, p. 18.
21) "Europe's Safety Nets Begin to Tear," *Wall Street Journal*, July 1, 1993; "Europe's Recession Prompts New Look at Welfare Costs," *New York Times*, August 9, 1993, p. A8.
22) "Europe's Safety Nets."
23) 같은 글.
24) "Europeans Fear Unemployment."
25) "A labour market 'gripped by Euro-sclerosis,'" *Financial Times*, June 21, 1993.
26) "Is Europe's Social-Welfare State Headed for the Deathbed?," *Newsweek*, August 23, 1993, p. 37.
27) "Europe's Recession Prompts Look," p. A8.
28) 유럽 연합 의원인 플린 Padraig Flynn은 유럽이 사회 복지 시스템에 대한 자금 조달 방식을 다시 고려해야 한다고 말한다. 그는 인간과 노동 생활의 재통합을 적극적으로 장려

하는 방향으로 현행의 사회 복지 프로그램에 대한 재고를 주장한다.(1994. 5. 9. 면접).
29) "Wage Cuts Anger French Students (cf. May 1968)," *New York Times*, March 24, 1994, p. a3; "Passions Ignited, French March for Wages Again," *New York Times*, March 26, 1994, international section, p. 3.
30) "An Unemployment Boom," *World Press Review*, February 1993, p. 40.
31) "Homeless in Europe," *Parade Magazine*, August 15, 1993, p. 40.
32) Interview, May 5, 1994, with Harley Shaiken, Professore of Labor and Technology at the University of California, Berkeley.
33) *Human Development Report 1993*, p. 35.
34) van Liemt, Gijsbert, *Industry on the Move: Causes and Consequeces of International Relocation in the Manufacturing Industry* (Geneva: International Labor Office, 1992), p. 31; "Your New Gobal Workforce," *Fortune*, December 14, 1992, p. 52.
35) "Those High-Tech Jobs Can Cross the Border Too," *New York Times*, March 28, 1993, Sect. 4, p. 4.
36) "Northern Mexico Becomes Big Draw for High-Tech Plants," *New York Times*, March 21, 1993, p. F1.
37) "Global Workforece," pp. 52~53.
38) 샤이켄 Harley Shaiken은 멕시코와 같은 개발 도상국들에 있어서 다국적 기업들이 하이테크, 정교한 자동화 공장을 건설함으로써 임금을 억제하고 있다고 말한다. 심지어 고숙련자들조차도 미국의 표준 임금에 비교하면 상당한 임금 삭감을 당하고 있다. 그러나 기업들이 생산비의 절감은 달성하지만, 충분한 구매력을 창출할 수 없다. 샤이켄은 다음과 같이 말한다. 〈만일 당신이 임금을 저하시킨다면, 당신은 구매력을 저하시키게 된다. 그래서 생산비를 절감시키는 바로 그 요인이 충분한 소비시장을 잠식하는 원인이 된다.〉 (1994. 5. 5. 면접).
39) "Rendered Surplus," *Far Eastern Economic Review*, July 22, 1993, p. 18.
40) "China's Much-Needed Effort to Improve Prductivity Will Take Economic Toll," *Wall Street Journal*, February 16, 1944, p. A13.
41) "Indians, Foreigners Build Silicon Valley," *Washington Post*, August 1, 1993, p. A21.
42) Kennedy, Paul, *Preparing for the 21st Century* (New York: Random House, 1993), pp. 182~183, 189.
43) *Poulation Pressures Abroad and Immigration Pressures at Home* (Washington, D.C.: Population crisis Committee, 1989), pp. 18~20.
44) *Human Development Report 1993*, p. 37.
45) *Population Pressures*, p. 20.

제14장

1) Merva, Mary, and Fowles, Richard, *Effects of Diminished Economic Opportunities on Social Stress* (Washington, D.C.: Economic Policy Institute), October 16, 1992, pp. 1~2.
2) 같은 책, p. 11; "Nation's Prison Population Rises 7)2퍼센트," *Washington Post*, May 10, 1993.

3) "Life on the Shelf," *Newsweek*, May 2, 1994, p. 14.
4) "Youth Joblessness Is at Record High in New York City," *New York Times*, June 4, 1993, Metro section.
5) "Shootout in the Schools," *Time*, November 20, 1989, p. 116; "Reading, Writing and Intervention," *Security Management*, August 1992, p. 32
6) "Wild in the Streets," *Newsweek*, August 2, 1993, p. 43.
7) "Getting Ready to Die Young," *Washington Post*, November 1, 1993, p. A1.
8) "Unhealed Wounds," *Time*, April 19, 1993, p. 30.
9) 같은 신문, p. 28.
10) Wacquant, Loic, "When Cities Run Riot," *UNESCO Courier*, February 1993, p. 10.
11) "Gang Membership Grows in Middle-Class Suburbs," *New York Times*, July 24, 1993, p. 25, metro section.
12) "Danger in the Safety Zone," *Time*, August 23, 1993, p. 29.
13) 같은 책, p. 32.
14) "A City Behind Walls," *Newsweek*, October 5, 1992, p. 69.
15) Louv, Richard, *America II* (Boston: Houghton Mifflin, 1983), p. 233.
16) "Enclosed Communities: Havens, or Worse?" *Washington Post*, April 9, 1994, p. E1.
17) "Reengineering Security's Role," *Security Management*, November 1993, p. 38.
18) "Security Industry Trends: 1993 and Beyond," *Security Management*, December 1992, p. 29.
19) 같은 책.
20) "When Cities Run Riot." p. 8.
21) 같은 책.
22) 같은 책, p. 11.
23) "Germany's Furies," *Newsweek*, December 7, 1992, p. 31
24) "Italy's Neo-Fascists Gain Dramatically," *Washington Post*, March 31, 1994, p. A25.
25) "Every Man a Tsar," *The New Yorker*, December 27, 1993.
26) Gardels, Nathan, "Capitalism's New Order," *Washington Post*, April 11, 1993, p. C4.
27) Van Creveld, Martin, *The Transformation of War*(New York: Free Press, 1991). 업계의 리더들은 저강도 갈등의 발발에 대해서 우려하기 시작하고 있다. 링컨전기회사 최고경영자의 보좌역인 소보우 Richard Sobow는 미국 사회가 당면하고 있는 가장 큰 문제는 사회가 부유한 제1세계 사회와 가난한 제3세계 문화로 양극화되고 있는 것이라고 주장한다. 그는 하층 계급에 대한 직무의 제공 없는 교육의 개선은 개혁이라는 반란을 가져올 것이라고 말한다. 그는 교육은 리더십을 낳고 리더십은 조직적인 저항의 잠재력을 낳는다고 말한다. 그는 다음과 같이 주장한다. 〈우리는 결국 혁명을 보게 될 것이다. 게다가 그것은 유혈적인 혁명이 될 것이다.〉(1994. 3. 24. 면접).

제15장

1) Marcuse, Herbert, *Eros and Civilization*, (Frankfurt, germany: Suhrkamp, 1979), preface.
2) Roediger, David, and Foner, Philip, *Our Own Time: A History of American Labor and the*

Working Day (Westport, CT: Greenwood Press, 1989), p. vii.
3) Masuda, Yoneji, *The Information Society as Post-Industrial Society* (Washington, D.C.: World Future Society, 1981), p. 74.
4) *Society for the Reduction of Human Labor Newsletter*, Hunnicutt, Bejamin Kline, and McGaughey, William, eds., Winter 1992~1993, vol. 3# 1, p. 14.
5) Schor, Juliet, *The Overworked American: The Unexpected Decline of Leisure* (New York: Basic Books, 1991), pp. 1, 2, 5, 29, 32.
6) Jones, Barry, *Sleepers Wake! Technology and the Future of Work* (new York: Oxford University Press, 1982), ch. 9.
7) 전 상원 의원 맥카시 MaCarthy는 출현하고 있는 하이테크 시대에 있어서 노동의 분배가 경제적 정의를 위한 투쟁의 핵심으로 될 것이라고 주장한다. 그는 다음과 같이 말한다. 〈우리가 주목해야만 하는 것은 생산물에 대한 요구의 근거인 노동의 재분배이다.〉(1994. 3. 18. 면접).
8) 윌리엄스 Lynn Williams는 하이테크 자동화로 인한 제조업 직무의 상실은 다가오는 시대에 더욱 가속화될 것이라고 말한다. 노동 운동의 지도자인 그는 다음과 같이 말한다. 〈우리는 노동자들이 급격한 생산성 향상을 공유하는 창조적인 방법을 발견함으로써 기술 혁명을 보다 합리적으로 다룰 수 있을 것이다.〉(1994. 3. 8. 면접).
9) "VW Opts for Four Day Week in Move to Cut Wage Costs," *Financial Times*, October 25, 1993, p. 1.
10) 쉴라인 Peter Schilein은 세계적인 자동차 수요의 감소와 보다 중요하게는 생산성의 급격한 증가로 인해서 폭스바겐이 수천 명의 노동자들을 해고하든지 또는 주당 노동 시간을 28.8시간으로 단축하는 수밖에 없었다고 말한다. 생산성의 증가와 구매력의 하락은 향후 다른 산업들에도 노동 시간 단축이라는 유사한 결정을 유도할 것으로 보인다.(1994. 5. 3. 면접).
11) "Europeans Ponder Working Less So More of Them Can Have Jobs," *New York Times*, November 22, 1993, p. A1, 6.
12) 같은 신문.
13) 같은 신문, p. A6.
14) 같은 신문.
15) *Memorandum on the Reduction and Reorganization of Working Time* (Brussels: Commission of the European Communities, 1982), p. 60.
16) *Report on the Memorandum from the Commission of the European Communities on the Reduction and Reorganisation of Working Time*, D. Ceravolo (European Parliament, Committee on Soicial Affairs and Employment, 1983), p. 9.
17) *The Five-Year Economic Plan: Sharing a Better Quality of Life around the Globe*, Economic Planning Agency, Government of Japan, June 1992; "Labor Letter: Japan's Diet Slims the National Work Week by Four Hours," *Wall Street Journal*, July 13, 1993, p. 1.
18) "Japan Finds Ways to Save Tradition of Lifetime Jobs," *New York Times*, November 28, 1993, p. A1.
19) Cited in William McGaughey, "The International Dimensions of Reduced Hours," *Society for the Reduction of Human Labor Newsletter*, vol. 1, no. 1, p. 6.

20) Barber, Randy, and Ghilarducci, Teresa, *Pension Funds, Capital Markets and the Economic Future* (Washington, D.C.: Center for Economic Organizing, January 24, 1993), p. 11.
21) Leontief, Wassily, "The Distribution of Work and Income," *Scientific American*, September 1982, pp. 194~195. 레온티에프는 자유 시간은 소득의 일부로 간주되어야만 하고, 레저를 진작시킬 방식이 발견되어야만 한다고 주장한다. 그러나 그는 다음과 같은 점을 우려한다. 〈만일 우리가 덜 일하게 되면, 우리는 더 많은 시간을 텔레비전 앞에서 보내게 될 것이다.〉 그는 교육의 개선이 있어야 보다 건설적인 레저의 사용이 가능해질 것이라고 주장한다.(1994. 3. 14. 면접).
22) Zalusky, John, *The United States: The Sweatshop Economy* (Washington, D.C.: AFL-CIO, Economic Research Department, 1993), p. 1.
23) Zalusky, p. 6.
24) "U.S. Unions Back Shorter Week, But Employers Seem Reluctant," *New York Times*, November 22, 1993, p. A6; Zalusky, p. 5.
25) 같은 신문, p. 1.
26) 잘루스키 John Zalusky는 노조의 독자적인 정치력은 공정 근로 기준법Fair Labor Standard Act을 추진하기에 부족하다는 점을 시인한다. 그는 미국에 있어서 노조의 조직화 노력이 방해받고 있으며, 미국은 1993년도에 노동자의 자유로운 결사 및 교섭 권리인 ILO의 인권 조항을 위반하고 있는 몇 개국 중의 하나라는 점에 주목하고 있다. 잘루스키는 이러한 반노조적인 관습은 노조가 노동 표준과 관습들을 개혁하려는 시도를 방해하고 있거나 제동을 걸고 있다고 주장한다. (1994. 3. 21. 면접).
27) "Labor Wants Shorter Hours to Make Up for Job Losses," *New York Times*, October 11, 1993, p. A10.
28) 차모트 Dennis Chamot는 기술 대체의 새로운 물결이 전혀 새로운 현상이 아니라고 주장한다. 그는 다음과 같이 말한다. 〈우리는 이전에도 이런 대대적인 변화를 경험했다. 우리는 그때마다 노동 시간을 단축함으로써 생산성의 향상에 대처해 왔다.〉 차모트는 조만간 주당 30시간 노동법이 통과될 것이라고는 기대하지 않지만, 우리가 생산성 향상 및 과잉 생산과 실업 상승과 구매력 감소의 증가하는 격차를 처리하기 위해서 언젠가는 채택해야 하므로 이를 위한 정치적 지반을 다질 필요가 있다고 주장한다. (1994. 3. 18. 면접).
29) U.S. Congress, House Committee on Education and Labor, Subcommittee on Labor Standards, *Hearings on H.R. 1784: To Revise the Overtime Compensation Requirement of the Fair Labor Standards Act of 1938*, 96th Congress, 1st Session, October 23~25, 1979. See also Conyers, John, "Have a Four-day Workweek? Yes," *American Legion*, April 1980, p. 26 Quote from a personal letter by Conyers to Members of the House of Representatives, photocopy with the author, dated February 15, 1979, in Hunnicutt, p. 311.
30) Congressman Lucien Blackwell, U.S. Congress, House of Representatives, *H.R. 3267, The Full Employment Act of 1994*, March 23, 1994.
31) McCarthy, Eugene, and McGaughey, William, *Non-Finanical Economics: The Case for Shorter Hours of Work* (New York: Praeger, 1989), p. 143.
32) 해머 Michael Hammer는 만일 우리가 노동 시간과 함께 임금을 삭감한다면, 이것은 사람들에게 소득에 대해서 보다 공동체적인 접근을 채택하도록 요구하는 것이 되며, 그 성공 여부는 불분명하다고 주장한다. 해머는 다음과 같이 말한다. 〈나는 우리가 노동 시간

을 단축할 수 있다고 확신할 수 없다. 왜냐하면 이 사회에는 수많은 사람들이 레저를 어떻게 사용할 것인지에 대해서 확신하지 못하고 있으며, 앞으로도 그럴 것이기 때문이다.) (1994. 5. 6. 면접).

33) McCarthy and McGaughey, p. 156.
34) "Survey Says Employees Less Willing to Sacrifice," *Washington Post*, September 3, 1993, p. A2.
35) Robert Haft International Poll, "Family Time Is More Important Than Rapid Career Advancement: Survey Shows Both Men and Women Support Parent Tracking," *San Francisco*, June 28, 1989, pp. 4~5, cited in Schor, p. 148.
36) Labor Department study cited in Roediger and Foner, p. 275.
37) Schor, pp. 12~13.
38) Roediger and Foner, p. 276.
39) See James, Selma, *Women, Unions and Work* (London, 1976), p. 15.

제16장

1) Van Til, Jon, *Mapping the Third Sector: Voluntarism in a Changing Social Economy* (Washington, D.C.: Foundation Center, 1988), p. 3; O'Neill, Michael, *The Third America: The Emergence of the Nonprofit Sector in the United States* (San Francisco: Jossey-Bass Publishers, 1989), p. 6; *Nonprofit Almanac 1992~1993*. (Washington, D.C.: Independent Sector), p. 29.
2) Van Til, p. 113; Ruddey, Gabriel, *A Quantitative Profile of the Independent Sector*, Working Paper no. 40 (Program on Non-Profit Organizations, Institution for Social and Policy Studies, Yale University, 1981), p. 3.
3) O'Neill, p. 6.
4) Hodgkinson, Virginia A., and Weitzman, Murray S., *Giving and Volunteering in the United States: Findings from a National Survey*, 1992 Edition (Washington, D.C.: Independent Sector, 1992), p. 2.
5) *The Non-profit Almanac 1992~1993*, p. 6; quote in O'Neill, p. 2.
6) Weisbrod, B. A., *The Voluntary Non-profit Sector* (Lexington, MA: Heath, 1977), p. 170.
7) Hodgkinson and Weitzman, p. 1; O'Neill, p. 8.
8) Jeantet, Thierry, *La Modernisation de la France par l'Economie sociale* (Paris: Economica, 1986), p. 78, translated in van Til, pp. 101~102.
9) Eisenberg, Pablo, "The Voluntary Sector: Problems and Challenges," in O'Connell, Brian, ed., *America's Voluntary Spirit* (Washington, D.C.: Foundation Center, 1983), p. 306.
10) O'Neill, p. 13.
11) Lerner, Max, "The Joiners," In O'Connell, p. 86.
12) 같은 글, p. 82.
13) Krikorian, Robert, "Have You Noticed? An American Resurgence is Underway," *Vital Speeches of the Day*, March 1, 1985, p. 301.
14) Alan Durning, *How Much Is Enough?* (New York: W.W. Norton, 1992), p. 29.

제17장

1) White House press release, April 12, 1994.
2) "Now It's Our Turn," *Reader's Digest*, May 1985, p. 109.
3) Ronald Reagan, as quoted from televised budget message, in "A Vision of Voluntarism," *Time*, October 19, 1981, p. 47.
4) Ellis, Susan, and Noyes, Katherine, *By the People: A History of Americans as Volunteers*, (San Francisco: Jossey-Bass Publishers, 1990), pp. 290~291.
5) "2Million Points of Light," *Across the Board*, March 1989, p. 12.
6) "The Elusive 1000 Points," *Newsweek*, December 1, 1989, p. 49.
7) Townsend, Kathleen Kennedy, "Americans and the Cause of Voluntarism: The Forgotten Virtue of Voluntarism," *Current*, February 1984, p. 11.
8) 같은 잡지.
9) 같은 잡지, p. 15.
10) 같은 잡지, pp. 16, 17.
11) Theobald, Robert, *The Guaranteed Income* (New York: Anchor Books, 1967), p. 19.
12) "A Minimum Guaranteed Income: Experiments and Proposals," *International Labour Review*, May-June 1987, p. 263.
13) Friedman, Milton, "The Case for the Negative Income Tax," *National Review*, March 7, 1967, p. 239; "PRO and CON Discussion: Should the Federal Government Guarantee a Minimum Annual Income for All U.S. Citizens?" *Congressional Digest*, October 1967, p. 242.
14) "Guaranteed Annual Income: A Hope and Question Mark," *America*, December 11, 1971, p. 503.
15) Hum, Derek, and Simpson, Wayne, "Economic Response to a Guaranteed Annual Income: Experience from Canada and the United States," *Journal of Labor Economics*, January 1993, part 2, pp. S280, S287.
16) 케네디 Don Kennedy는 공급 측면 경제학자는 총수요를 무시하고 있다고 우려한다. 그는 다음과 같이 질문한다. 〈당신은 세계에서 가장 멋진 제품을 가장 낮은 생산비와 최고의 품질로 생산하는데, 그것을 살 사람이 없다면 어떻게 하겠는가. 수요는 소득의 함수이기 때문에 우리는 직무 감소가 아니라 소득 분배를 생각해야만 한다. 문제는 일자리를 찾지 못하는 사람들에게 어떻게 소득을 보장하는가이다. ……만일 무인 기술이 사회의 부를 생산한다면 우리는 임금 시스템과는 전혀 다른 부의 공유 방식을 고안해 낼 필요가 있다.〉(1994. 3. 23. 면접).
17) "Minimum Guaranteed Income," p. 271.
18) "Federal Volunteer Programs," *Congressional Digest*, May 1990, p. 132; *Seasons of Service* (Washington, D.C.: Corporation for National Service, 1994).
19) Interview, April 13, 1994; North Carolina Governor's Office of Citizens' Affairs.
20) "The American Economy and the Rest of the World: Two Sides of the Same Coin," address by Felix G. Rohatyn at the John F. Kennedy School of Government, Harvard University, 1993, Albert H. Gordon Lecture on Finance and Public Policy, November 30, 1993.
21) "Too Few Good Enterprise Zones," *Nation's Business*, October 1993, p. 30.
22) Interview, March 18, 1994. with Sara Melendez, president of the Independent Sector.

23) "U.S. Is Paying More Low-Earners for Working, I.R.S. Survey Finds," *New York Times*, April 17, 1994, p. 23; "Hill to Get Welfare Bill, Clinton Officials Predict," *Washington Post*, December 27, 1993, p. A8.
24) "Weld, Cellucci File Plan to Replace Welfare with Work Benefits," press release from the Commonwealth of Massachusetts, Executive Department, State House, Boston, January 14, 1994; "Massachusetts Welfare Reform Would Drop Cash Benefits, Require Work," *Washington Post*, January 15, 1994, p. A6.
25) "Unions Fear Job Losses in Welfare Reform," *Washington Post*, January 6, 1994.
26) Center for Study on Responsive Law, Aid for Dependent Corporations (AFDC) (Washington, D.C.: Essential Information Inc., January 1994). Survey based on spending data obtained from the *Catalogue of Federal Domestic Assistance* (U.S. Office of Management and Budget, 1993) and *Estimates of Federal Tax Expenditures for Fiscal Years 1994~1998* (Joint Committee on Taxation, 1993); "The Fat Cat Freeloaders," *Washington Post*, March 6, 1994, p. C1.
27) Peterson, Wallace, *Silent Depression* (New York: W. W. Norton, 1994), p. 202.
28) 같은 책, p. 203.
29) "A New Kind of Tax: Adopting a Consumption Tax," *Current*, May 1993, p. 17.
30) "The VATman Cometh," *The Economist*, April 24, 1993, p. 17.
31) "New Kind of Tax."
32) 같은 글.
33) "VATman Cometh."
34) *Information Technology Industry Data Book 1960~2004*, (Washington, D.C.: Computers and Business Equipment Manufactures Association, CBEMA, 1993), p. 4.
35) "The Entertainment Economy," *Business Week*, March 14, 1994, p. 60.
36) "Ad Gains Could Exceed 6퍼센트 This Year," *Advertising Age*, May 3, 1993, p. 4.
37) "A Federal Value-Added Tax Could Compete with Mainstay of the STates: The Sales Tax," *The Bond Buyer*, July 6, 1993, p. 1
38) *Corporate Contributions, 1992* (New York: The Conference Board, 1994), pp. 6, 9~11; *Non-Profit Almanac, 1992 ~3*, (Washington, D.C.: Independent Sector), p. 60.

제18장

1) 조셉Jim Joseph은 사람들이 인간적 욕구의 충족과 공공 목적에의 봉사를 위해서 점점 더 비정부기구에 의존하고 있다고 말한다. 그는 만일 정부 보조금이 제3부문의 공동체 자원을 보충할 수 있다면, 많은 사람들이 공공 선에 기여할 수 있는 의미 있고 생산적인 일자리를 찾게 될 것이라고 말한다.(1994. 3. 18. 면접).
2) "Policy Issues for the UK Voluntary Sector in the 1990s," in Ben-Ner, Avner, and Gui, Benedetto, eds., *The Non-Profit Sector in the Mixed Economy* (Ann Arbor: University of Michigan Press, 1993), pp. 224, 230.
3) "Public Authorities and the Non-Profit Sector in France," in Anheier, Helmut, and Seibel, Wolfgang, eds., *The Third Sector: Comparative Studies of Non-profit Organizations*, (New York:

Walter de Gruyter, 1990), pp. 298~299.
4) "Employment and Earnings in the West German Nonprofit Sector: Structure and Trends 1970~1987," in Ben-Ner and Gui, pp. 184, 188; "A Profile of the Third Sector in Western Germany," in Anheier and Seibel (New York: Walter de Gruyter, 1990), p. 323.
5) "The Italian Nonprofit Sector: An Overview of an Undervalued Reality," in Ben-Ner and Gui, pp. 206, 211.
6) Amenomori, Takayoshi, *Defining the Non-Profit Sector: Japan* (Baltimore: The Johns Hopkins University Institute for Policy Studies, July 1993).
7) "Traditional Neighborhood Associations in Industrial Society: The Case of Japan," in Anheier and Seibel, pp. 347~358.
8) 마샬 Miklos Marschall은 모국인 헝가리만이 아니라 다른 동유럽 국가들에 있어서 비정부 기구들이 공산주의 체제를 전복시킨 변화의 추동력이었다고 말한다. 왜냐하면 정당이 금지되었기 때문에 저항 행위는 유일하게 합법적인 조직인 자발적 조직들에 한정되었기 때문이다.(1994. 5. 4. 면접).
9) "World Volunteerism Group Forms," *New York Times*, December 21, 1993, p. A12.
10) Starr, S. Frederick, "The Third Sector in the Second World," *World Development*, Vol. 19# 1, p. 69.
11) 같은 잡지, p. 65.
12) 같은 잡지, p. 70.
13) Fisher, Julie, *The Road from Rio: Sustainable Development and the Non-Governmental Movements in the Third World*, (Westport, CT: Praeger, 1993) p. 91.
14) *Human Development Report 1993*, United Nations Development Project Program (New York: Oxford University Press, 1993), p. 93.
15) Fisher, pp. 89~91.
16) *Human Development report 1993*, pp. 86~87.
17) Fisher, p. 167.
18) Durning, Alan, *Action at Grass Roots: Fighting Poverty and Environmental Decline*, (Washington, D.C.: Worldwatch Institute, 1989), p. 11; *Human Development Report 1993*, p. 95.
19) Cordoba-Novion, Cesar, and Sachs, Céline, *Urban Self-Reliance Directory* (Nyon, Switzerland: International Foundation for Development Alternatives, January 1987), p. 33.
20) "Colufifa: 20,000 Individuals Fighting Hunger," *African Farmer*, #4, July, p. 81.
21) "Philippenes: Pamalakaya, Small Fishermen's Movement," *IFDA Dossier* (Nyon, Switzerland: International Foundation for Development Alternatives, 1987), #61, pp. 68~69.
22) Fisher, p. 124; Rush, James, *The Last Tree* (New York: The Asia Society, distributed by Westview Press, 1991), p. 55.
23) Fisher, pp. 40, 104.
24) Durning, p. 11.
25) "Alternative Resources for Grass Roots Development: A View from Latin America," *Development Dialogue*, vol. 1, 1987, pp. 114~134; "Another Development Under Repressive Rule," *Development Dialogue*, vol. 1, 1985.
26) *Human Development Report 1993*, p. 87.

27) Fisher, p. 23.
28) Lopezlera-Mendez, Luis, *Sociedad Civil y Pueblos Emergentes: Las Organizaciónes de Promoción Social y Desarrollo en Mexico* (Mexico City: Promoción del Desarrollo Popular, 1988), p. 60.
29) Fisher, p. 89; "In Search of Development: Some Direction for Further Investigation," *The Journal of Modern African Studies*, vol. 24 #, 1986, quote on p. 323.
30) *Human Development Report 1993*, pp. 93~94.
31) "Kenya's Green Belt Movement," *The UNESCO Courier*, March 1992, pp. 23~25; "Reforestation with a Human Touch," *Grassroots Development*, vol. 12# 3, 1988, pp. 38~40.
32) Fisher, p. 108.
33) 피셔 Fisher는 제3세계의 대다수 정부들이 비영리 또는 자발적 부문의 성장에 대해서 만족하고 있다고 말한다. 왜냐하면 이것들은 새로운 권력의 원천이기 때문이다. 피셔는 많은 개발도상국에 있어서 제3부문이 강력한 제도적 힘으로써 계속 성장할 것이고, 향후 국가적 과제를 만들어내는 데 핵심적인 역할을 수행할 것이라고 전망한다.(1994. 3. 22. 면접).
34) Durning, p. 47.
35) *Human Development Report 1993*, p. 88.
36) 마샬 Miklos Marschall은 다음과 같이 말한다. 〈나는 비정부기구가 정부의 책임을 대체할 수 있다고는 믿지 않지만, 소규모의 비정부기구는 대규모 정부 관료보다 실업 문제를 보다 효과적으로 취급할 수 있다고 믿는다. 왜냐하면 비정부기구는 공동체에 근거하고 있고, 공동체의 진정한 필요를 잘 알고 있으며, 그 지역의 노동 상황에 대해서 보다 확실하게 이해하고 있기 때문이다.〉 마샬은 비정부기구의 역할과 책임을 확대시키고 사회적 경제의 이해를 증진시키는 데 있어서 핵심은 〈정부와 제3부문 간의 파트너십을 제고시키는 것이다〉고 주장한다.(1994. 5. 4. 면접).
37) 코어 Martin Chor는 다음과 같이 말한다. 제3부문이 개혁과 사회적 서비스의 제공이라는 관점에서 점점 중요한 역할을 수행하고 있음에도 불구하고, 제3세계 국가의 정부는 향후 대중들의 복지와 안전을 위한 우선적인 제도로서 기능할 것이라고 주장한다.(1994. 5. 18. 면접).
38) 벤다나 쉬바 Vandana Shiva는 인도 같은 나라에 있어서 제3차 산업혁명은 빈부의 격차를 증대시킬 것이라고 말한다. 즉 새로운 정보 기술은 한편으로 엘리트 계급으로서 상징 분석가들을 창출하고, 다른 한편으로는 새로운 바이오테크가 소농을 대대적으로 제거할 것이기 때문이다. 쉬바는 다음과 같이 경고한다. 〈인도는 대다수 사람들이 생계와 생존에 대한 절대적인 권리를 박탈당한 반면에 소수인들이 번영하는 그런 상태에서는 존속할 수 없게 될 것이다.〉(1994. 4. 27. 면접).

참고 문헌

Akin, William, Technocracy and the American Dream: The Technocrat Movement, 1900~1941. Berkely: University of California Press, 1977.
Andersen Consulting, Vision 2000: The Transformation of Banking. Chicago, 1991.
Anheier, Helmut, and Seibel, Wolfgang, eds., The Third Sector: Comparative Studies of Nonprofit Organizations. New York: Walter de Gruyter, 1990.
Attali, Jacques, Millennium: Winners and Losers in the Coming World Order. New York: Random House, 1991.
Barlett, Donald, and Steele, James, America: What Went Wrong? Kansas City, MO: Andrews and McMeel, 1992.
Beniger, James, The Control Revolution: Technological and Economic Origins of the Information Society. Cambridge, MA: Harvard University Press, 1986.
Ben-Ner, Auner, and Gui, Benedetto, eds., The Non-Profit Sector in the Mixed Economoy. Ann Arbor: University of Michigan Press, 1993.
Berardi, Gigi, and Geisler, Charles, eds. The Social Consequences and Challenges of New Agricultural Technologies. Boulder, CO: Westview Press, 1984.
Bradley, Stephen, et al., eds., Globalization, Technology, and Competition: The Fusion of Computers and Telecommunications in the 1990s. Cambridge, MA: Harvard Business School Press, 1993.
Brand, Stewart, The Media Lab: Inventing the Future at MIT. New York: Viking

Press, 1987.

Braverman, Harry, Labor and Monopoly Capital: The Degradation of Work in the 20th Century. New York: Monthly Labor Press, 1974.

Brod, Craig, Techno Stress: The Human Cost of the Computer Revolution. Reading, MA: Addison-Wesley, 1984.

Brynjolfsson, Erik, and Hitt, Lorin, Is Information Systems Spending Productive? New Evidence and New Results. Cambridge, MA: Massachusetts Institute of Technology, Working Paper # 3571~93, June 4, 1993.

Busch, Lawrence, Lacy, William, and Burckhardt, Jeffrey, Plants, Power, and Profit: Social, Economic, and Ethical Consequences of the New Biotechnologies. Cambridge, MA: Basil Blackwell, 1991.

Callahan, Raymond, Education and the Cult of Efficiency. Chicago: University of Chicago Press, 1964.

Carnevale, Anthony Patrick, America and the New Economy. Washington, D.C.: U.S. Department of Labor, 1991.

Chandler, Alfred Jr., The Visible Hand: The Managerial Revolution in American Business. Cambridge, MA: Harvard University Press, 1977.

Clinton/Gore National Campaign, Technology: The Engine of Economic Growth, 1992.

Cochrane, Willard, The Development of American Agriculture: A Historical Analysis. Minneapolis: University of Minnesota Press, 1993.

Corn, Joseph, ed., Imagining Tomorrow: History, Technology, and the American Future. Cambridge, MA: MIT Press, 1986.

Cornfield, Daniel, Workers, Managers and Technological Change: Emerging Patterns of Labor Relations. New York: Plenum Press, 1987.

Council on Competitiveness, Gaining New Ground: Technology Priorities for America's Future. Washington, D.C.: March 1991.

Cross, Gary, Time and Money: The Making of Consumer Culture. New York: Routledge, 1993.

Cyert, Richard, and Mowery, David, eds. Technology and Employment: Innovation and Growth in the U.S. Economy. Washington, D.C.: National Academy Press, 1972.

Davidow, William, and Malone, Michael, The Virtual Corporation: Restructuring and Revitalizing the Corporation for the 21st Century. New York: Harper Collins, 1992.

Derek, Leebart, ed., Technology 2001: The Future of Computing and Communications. Cambridge, MA: MIT Press, 1991.

Drucker, Peter, Post-Capitalist Society. New York: Harper Collins, 1993.

duRivage, Virginia, New Policies for the Part-Time and Contingent Workforce.

Washington, D.C.: Economic Policy Institute, November 18, 1992.
Durning, Alan B., Action at the Grassroots: Fighting Poverty and Environmental Decline. Washington, D.C.: Worldwatch Institute, 1989.
―――, How Much Is Enough? New York: W. W. Norton, 1992.
Edquist, Charles, Technological and Organisational Innovations, Productivity and Employment. Geneva: International Labor Organization, 1992.
Ellis, Susan, and Noyes, Katherine H., By the People: A History of Americans as Volunteers. San Francisco: Jossey-Bass, 1990.
Ellul, Jacques, The Technological Society. New York: Random House, 1964.
Engelberger, Joseph, Robotics in Service. Cambridge, MA: MIT Press, 1989.
Ferman, Louis, Kornbluh, Joyce, and Miller, J. A., eds., Negroes and Jobs. Ann Arbor: University of Michigan Press, 1968.
Fisher, Julie, The Road from Rio: Sustainable Development and the Nongovernmental Movement in the Third World. Westport, CT: Praeger, 1993.
Fjermedal, Grant, The Tomorrow Makers: A Brave New World of Living Brain Machines. New York: Macmillan, 1986.
Fox, Michael, Superpigs and Wondercorn: The Brave New World of Biotechnology and Where It May Lead. New York: Lyons and Burford, 1992.
Gideon, Siegfried, Mechanization Takes Command. New York: W. W. Norton, 1948.
Gimpel, Jean, The Medieval Machine: The Industrial Revolution of the Middle Ages. New York: Holt, Rinehart and Winston, 1976.
Goodman, David, Sorj, Bernardo, and Wilkinson, John, From Farming to Biotechnology: A Theory of Agro-Industrial Develompment. New York: Basil Blackwell, 1987.
Gorz, Andre, Critique of Economic Reason. New York: Verso, 1988.
Grant, George, Technology and Empire. Toronto: House of Anansi Press, 1969.
Green, Mark, ed., Changing America: Blueprints for the New Administration. New York: New Market Press, 1992.
Gumpert, Gary, Talking Tombstones & Other Tales of the Media Age. New York: Oxford University Press, 1987.
Hammer, Michael, and Champy, James, Re-engineering the Corporation: a Manifesto for Business Revolution. New York: Harper Collins, 1993.
Harmon, Roy, et al., Re-Inventing the Factory: Productivity Breakthroughs in Manufacturing Today. New York: Free Press, 1989.
―――, Re-Inventing the Factory II: Managing the World Class Factory. New York: Free Press, 1992.
―――, Re-Inventing the Warehouse: World Class Distribution Logistics. New York:

Free Press, 1993.

Harrison, Bennett, and Bluestone, Barry, The Great U Turn: Corporate Restructuring and the Polarizing of America. New York: Harper Collins, 1990.

Harrison, Bennett, Lean and Mean: The Changing Landscape of Corporate Power in the Age of Flexibility. New York: Harper Collins, 1994.

Heilbroner, Robert, The Making of Economic Society. Englewood Cliffs, NJ: Prentice-Hall, 1980.

Hodgkinson, Virginia, and Weitzman, Murray, Giving and Volunteering in the United States: Findings from a National Survey, 1992, Edition. Washington, D.C.: Independent Sector, 1992.

Humphrey, John, New Technologies, Flexible Automation, Work Organisation and Employment in Manufacturing. Geneva: International Labor Organization, 1992.

Hunnicutt, Benjamin Kline, Work Without End: Abandoning Shorter Hours for the Right to Work. Philadelphia: Temple University Press, 1988.

Innis, Harold, Empire and Communications. Buffalo, NY: University of Toronto Press, 1972.

International Labor Organization, The World Employment Situation, Trends and Prospects. Geneva: ILO, 1994.

———, World Labour Report 1993. Geneva: ILO, 1993.

James, Samuel, D. K., The Impact of Cybernation Technology on Black Automotive Workers in the U.S. Ann Arbor: UMI Research Press, 1985.

Jarratt, Jennifer, and Mahaffie, John, Future Work: Seven Critical Forces Reshaping Work and the Work Force in North America. San Francisco: Jossey-Bass, 1990.

Jenkins, Clive, and Sherman, Barrie, The Collapse of Work. London: Eyre Methuen, 1979.

Jones, Barry, Sleepers, Wake! Technology and the Future of Work. New York: Oxford University Press, 1990.

Jones, Marcus, Black Migration in the United States with Emphasis on Selected Central Cities. Saratoga, CA: Century 21 Publishing, 1980.

Juenger, Frederich Georg, The Failure of Technology. Chichago: Gateway Editions, 1956.

Katz, Michael, ed., The Underclass Debate: Views from History. Princeton, NJ: Princeton University Press, 1993.

Kennedy, Paul, Preparing for the Twenty-first Century. New York: Random House, 1993.

Kenney, Martin, and Florida, Richard, Beyond Mass Production: The Japanese System and Its Transfer to the United States. New York: Oxford University Press, 1993.

Kern, Stephen, The Culture of Time and Space. Cambridge, MA: Harvard University Press, 1983.

Korten, David, Getting to the 21st Century: Voluntary Action and the Global Agenda. Hartford: Kumarian Press, 1990.
Kozol, Jonathan, Illiterate America. New York: Anchor Press/ Doubleday, 1985.
Kraut, Robert, ed., Technology and the Transformation of White Collar Work. Hillsdale, NJ: Lawrence Erlbaum Associates, 1987.
Kurzweil, Raymond, The Age of Intelligent Machines. Cambridge, MA: MIT Press, 1990.
Le Goff, Jacques, Time, Work and Culture in the Middle Ages. Chicago: University of Chicago Press, 1980.
Lemann, Nicholas, The Promised Land: The Great Black Migration and How it Changed America. New York: Vintage Books, 1992.
Leontief, Wassily, and Duchin, Faye, The Future Impact of Automation on Workers. New York: Oxford University Press, 1986.
Louv, Richard, America II. Boston: Houghton Mifflin, 1983.
MacBride, Robert, The Automated State: Computer Systems as New Force in Society. Philadelphia: Chilton Book Co., 1967.
Magnet, Myron, The Dream and the Nightmare: The Sixties' Legacy to the Underclass. New York: William Morrow, 1993.
Masuda, Yoneji, The Information Society as Post-Industrial Society. Bethesda, MD: World Future Society, 1980.
McCarthy, Eugene, and McGaughey, William, Non-Financial Economics: The Case for Shorter Hours of Work. New York: Praeger, 1989.
McCarthy, Kathleen, Hodgkinson, Virginia, and Sumariwalla, Russy, The Nonprofit Sector in the Global Community: Voices from Many Nation. San Francisco: Jossey-Bass Publishers, 1992.
McLuhan, Marshall, Understanding Media: The Extensions of Man. New York: McGraw-Hill, 1964.
Merva, Mary, and Fowles, Richard, Effects of Diminished Economic Opportunities on Social Stress: Heart Attacks, Strokes, and Crime. Washington, D.C.: Economic Policy Institute, October 16, 1992.
Meyrowitz, Joshua, No Sense of Place: The Impact of Electronic Media on Sociable Behavior. New York: Oxford University Press, 1985.
Mishel, Lawrence, and Bernstein, Jared, The State of Working America 1992~1993. Washington, D.C.: Economic Policy Institute, 1992.
Mumford, Lewis, Technics and Human Development. New York: Harcourt Brace Jovanovich, 1966.
Nelson, Robert, Reaching for Heaven on Earth. Savage, MD: Rowman & Littlefield, 1991.
Noble, David, Forces of Production: A Social History of Industrial Automation. New

York: Alfred A. Knopf, 1984.

O'Connell, Brian, ed., America's Voluntary Spirit. Washington, D.C.: Foundation Center, 1983.

Offe, Claus, and Heinze, Rolf, Beyond Employment. Philadelphia: Temple University Press, 1992.

Office of Management and Budget, A Vision of Change for America. Washington D.C.: U.S. Government Printing Office, February 1993.

O'Neill, Michael, The Third America: The Emergence of the Nonprofit Sector in the United States. San Francisco: Jossey-Bass, 1989.

Organisation for Economic Co-operation and Development, Employment Outlook July 1993. Paris: OECD, 1993.

———, Employment/Unemployment Study Interim Report by the Secretary General. Paris: OECD, 1993.

———, The OECD Jobs Study: Facts, Analysis, Strategies. Paris: OECD, 1994.

Parker, Mike, and Slaughter, Jane, Choosing Sides: Unions and the Team Concept. Detroit: Labor Notes, 1988.

Peterson, Wallace, Silent Depression: The Fate of the American Dream. New York: W.W. Norton, 1994.

Peterson, Willis, and Kislev, Yoav, The Cotton Harvester in Retrospect: Labor Displacement or Replacement? St. Paul: University of Minnesota Press, 1991.

Philipson, Morris, Automation: Implications for the Future. New York: Vintage Books, 1962.

Phillips, Kevin, The Politics of Rich and Poor: Wealth and the American Electorate in the Reagan Aftermath. New York: Harper Collins, 1990.

Reich, Robert, The Work of Nations: Preparing Ourselves for 21st Century Capitalism. New York: Random House, 1992.

Renner, Michael, Jobs in a Sustainable Economy. Washington, D.C.: Worldwatch Institute, 1991.

Rifkin, Jeremy, Algeny. New York: Viking, 1983.

———, Biosphere Politics. New York: Crown, 1991.

———, Declaration of a Heretic. Boston: Routledge and Kegan, Paul, 1985.

———, Entropy. New York: Bantam Books, 1980.

———, The North Will Rise Again. Boston: Beacon Press, 1978.

———, Time Wars. New York: Simon & Schuster, 1987.

Rivkin, Steven, et al., Shortcut to the Information Superhighway. Washington, D.C.: Progressive Policy Institute, 1992.

Roach, Stephen, Making Technology Work. New York: Morgan Stanley, April 1993.

_____, Technology Imperatves. New York: Morgan Stanley, January 1992.
Roediger, David, and Foner, Philip, Our Own Time: A History of American Labor and the Working Day. Westport, CT: Greenwood Press, 1989.
Salamon, Lester M., and Anheier, Helmut, Toward an Understanding of the International Nonprofit Sector. Baltimore: Working Papers of the Johns Hopkins Institute for Policy Studies, 1992.
Schor, Juliet, The Overworked American: The Unexpected Decline of Leisure. New York: Basic Books, 1991.
Segal, Howard, Technological Utopianism in American Culture. Chicago: University of Chicago Press, 1985.
Simons, Geoff, Robots: The Quest for Living Machines. New York: Sterling, 1992.
_____, Silicon Shock: The Menace of the Computer Invasion. New York: Basil Blackwell, 1985.
Strasser, Susan, Satisfaction Guaranteed: The Making of the American Mass Market. New York: Pantheon, 1989.
Strobel, Frederick, Upward Dreams, Downward Mobility: The Economic Decline of the American Middle Class. Lanham, MD: Rowman and Littlefield, 1993.
Theobald, Robert, The Guaranteed Income. New York: Anchor Books, 1967.
Tichi, Cecilia, Shifting Gears: Technology, Literature, Culture in Modernist America. Chapel Hill: University of North Carolina Press, 1987.
Tilly, Chris, Short Hours, Short Shift: Causes and Consequences of Part-Time Work. Washington, D.C.: Economic Policy Institute, 1990.
Turkle, Sherry, The Second Self: Computers and the Human Spirit. New York: Simon & Schuster, 1984.
United Nations Development Programme (UNDP), Human Development Report 1993. New York: Oxford University Press, 1993.
U.S. Congress Office of Technology Assessment, A New Technological Era for American Agriculture. Washington, D.C.: U.S. Government Printing Office, March 1985.
U.S. Department of Labor, Bureau of Labor Statistics, Outlook for Technology and Labor in Telephone Communications. July 1990, Bulletin 2357.
_____, Technological Change and Its Impact on Labor in Four Industries: Coal Mining, Pharmaceutical Preparations, Metalworking Machinery, Eating and Drinking Places. October 1992, Bulletin 2409.
_____, Technology and Labor in Copper Ore Mining, Household Appliances, and Water. May 1993, Bulletin 2420.
_____, Technology and Labor in Three Service Industries: Utilities, Retail Trade, and

Lodging. September 1990, Bulletin 2367.
van Creveld, Martin, The Transformation of War. New York: The Free Press, 1991.
van Liemt, Gijsbert, ed., Industry on the Move: Causes and Consequences of International Relocation in the Manufacturing Industry. Geneva: International Labor Office, 1992.
Van Til, Jon, Mapping the Third Sector: Volunteerism in a Changing Social Economy. Washington, D.C.: The Foundation Center, 1988.
Wastson, Dennis, Zazueta, Fedro, and Bottcher, A., eds., Computers in Agricultural Extension Programs: Proceedings of the 4th International Conference. St. Joseph, MO: American Society of Agricultural Engineers, 1992.
Weiner, Norbert, The Human Use of Human Beings: Cybernetics and Human Beings. Boston: Houghton Mifflin, 1950.
Willhelm, Sidney, Who Needs the Negro? Cambridge, MA. Schenkman, 1970.
Wilson, William Julius. The Declining Significance of Race: Blacks and Changing American Institutions. Chicao: University of Chicago Press, 1980.
─────, The Truly Disadvantaged. Chicago: University of Chicago Press, 1987.
Winpisinger, William, Reclaiming Our Future: An Agenda for American Labor. Boulder, CO: Westview Press, 1989.
Womack, James, Jones, Daniel, and Roos, Daniel., The Machine That Changed the World. New York: Macmillan, 1990.
Wooley, Benjamin, Virtual Worlds: A Journey in Hype and Hyperreality. Cambridge, MA: Blackwell, 1992.
Zalusky, John, The United States: The Sweatshop Economy (AFL-CIO). Presentation at the Industrial Relations Research Association Meeting, Anaheim, CA, January 6, 1993. Washington, D.C.: AFL-CIO Economic Research Department, 1993.

옮긴이 후기

이 책은 미국을 비롯한 선진 각국에 커다란 반향을 불러일으키고 있는 제러미 리프킨의 『노동의 종말 The End of Work』의 완역본이다. 리프킨은 기술 변화가 경제, 노동, 사회, 환경에 미치는 영향에 관해 연구한 다수의 저서를 가지고 있으며, 이 저서들은 15개 국어로 번역되어 전 세계 300여 개 대학에서 교재로 사용되고 있다.

그는 미국뿐만 아니라 세계 각국의 기업과 10여 개 국가의 300개 이상의 대학에 초빙되어 강연을 하였으며 최근에는 청년 최고경영자회(YPO) 연차 세계 총회에서 클린턴 대통령, 깅리치 하원의장 등과 같이 기조 연설을 하기도 했다. 또한 《내셔널 저널 The National Journal》이라는 공공 정책에 관한 대표적인 잡지에 의해 미국 정부 정책 형성에 가장 큰 영향력을 행사하는 인물 150명에 선정되었으며 Face the Nation, Nightline, 20/20 등 유명 TV 프로그램에도 자주 초빙되어 대중적으로도 커다란 영향력을 가지고 있다.

기존의 많은 기술과 미래에 관한 분석서들이 단순한 현상 기술에 그치거나 장밋빛 미래를 그리는 데 급급하다는 비판이 팽배한 가운데 우리 시대의 문제를 직시하고 있는 한 권의 책이 제러미 리프킨에 의해 나왔다.

『노동의 종말』은 기술로 인해 끝없이 발전해 가리라고 믿었던 인류 문명이 벽에 부딪혀 이제 새로운 전환을 필요로 하고 있다는 것을 생생하게 보여 준다. 기술의 발전이 인류를 굶주림과 추위와 힘겨운 노동에서 벗어나게 하고, 영원한 풍요와 안락을 가져다 줄 것이라고 기대했던 우리들을 당혹하게 하는 이 책은 생각하고 싶지 않지만 우리들과 우리들 후손들이 안고 살아가야 할 문제를 명확하게 제시하고 그 해결책을 모색하고 있다. 그는 이 책에서 산업 사회에서 정보화 시대로 발전한 오늘날 우리 사회가 당면하고 있으며, 더욱더 심각하게 떠오르는 문제는 기술 발전으로 인해 영구화하고 있는 전 세계적 실업과 그로 인해 파생되는 문제들이라고 한다. 정보화 시대의 발전하는 기술들은 이러한 경향을 더욱 가속화하고 고착화하고 있다. 아이러니칼하게도 이것은 인간의 삶을 더욱 아름답고 풍요롭게 만들고자 하는 바로 그 기술—— 첨단의 로봇, 컴퓨터, 원격 통신, 생명 공학 기술이 만든 것이다.

기술 발전으로 인해 새롭게 등장하는 일자리도 있긴 하지만 너무나 많은 일자리가 사라져버리고 다시 돌아오지 않는다. 이 기술 발전의 영향력에서 벗어나 있는 곳은 지구상 어디에도 존재하지 않는다. 블루칼라, 화이트칼라, 대기업, 중소기업, 제철업, 농업, 서비스업을 가리지 않고 최선진국에서 태평양의 섬나라에까지 영향을 미치고 있다. 이로 인해 너무나 대조적인 두 개의 종족이 인류 사상 최초로 전 세계에 걸쳐 생겨난다. 그것은 첨단 기술 세계를 지배하는 소수의 정보 엘리트 집단과 이 세계에서 완전히 불필요하며 아무런 희망도 없는 거대한 영구 실업자 집단이다. 이 화해할 수 없는 두 개의 집단이 지구촌에 공존함으로써 인류는 파멸의 길에 들어서게 된다는 것이 리프킨의 주장이다.

리프킨은 시장 경제가 내포하고 있는 기술 발전의 이 위험한 문제를 넘어서는 새로운 후기 시장 시대를 열어 가는 새로운 대안과 접근 방법이 필요하다고 주장한다. 그것은 기술 발전의 이익을 그 피해자들과 공정하게 배분하는 새로운 패러다임이며 부상하고 있는 제3부문 the Third Sector을 강화하는 것이다. 즉 공동체 유지와 재건에 필요한 서비스를 제공하는 자발적 조직과 노동을 장려하고 그것에 가치를 부여하는 것이다. 생산성에만 기초하지 않은 이 사회적 경제는 친밀감과 형제애적 연대, 봉사 정신과 같은 인간 정신을 재발견하게 하고 새로운 사회로의 대전환을 시작하게 할 것이라고 한다.

그러나 리프킨의 거시적이면서 상세한 자료 분석에 근거한 깊은 통찰력에도 불구하고 현행 사회 구조와 현 단계에서 관찰 가능한 기술 발전에만 근거하고 있다는 비판도 가능하다. 만약 우리가 전혀 상상하지 못했던 새로운 기술과 이에 따라 파생되는 수요와 일자리를 과연 기대할 수 없는가? 현 사회 구조와 사회 관계의 방식은 기술 발전이 가져오는 문제들을 해결하기 위한 새로운 사회 구조와 사회 관계로 전환되지 못하는가? 또한 시장 경제적 패러다임과 사회적 경제 패러다임은 한 사회 안에서 어떻게 공존하면서 기능하는가?

이러한 의문에도 불구하고 상당한 기간 동안에는 리프킨의 어두운 예측과 분석이 맞아들어갈 것이라는 데 동의하지 않을 수 없으며 리프킨의 인류 공동체 존속을 위한 새로운 제안을 겸허하게 검토해 보아야 할 것이다. 한 가지 지적하고 싶은 점은 리프킨이 제안한 제3부문이라는 개념은 언뜻 보기에 우리 농촌 사회를 비롯한 모든 인류 전통 사회에서 보았던 공동체적 생활 방식에서 그 뿌리를 찾을 수 있지 않나 한다.

맹목적인 경쟁과 생산성 향상에만 매달려 있는 우리 사회가 리프킨이 지적하는 기술 발전이 초래하는 실업의 증가와 그에 따른 문제에 대해 얼마나 진지하게 고려하고 대비하고 있는지 생각해 볼 좋은 기회라고 생각한다.

　번역의 어려움을 새삼 깨닫게 한 좋은 기회였다. 많은 공부가 되었다. 귀중한 기회를 제공해 주신 민음사 朴孟浩 사장님과 편집부 여러분께 감사드린다.

이영호

성균관대학교 경영학과를 졸업하고 서울대학교 대학원에서 경영학 석사, 박사학위를 받았다. 서울대, 성균관대, 한국외국어대 등 여러 대학에서 강의를 했으며, 포스코경영연구소 수석연구위원을 지냈다. 노사 관계 및 인사 관리 분야에 관한 여러 편의 논문을 발표했으며 배재대학교 경영학과 교수를 지냈다.

노동의 종말

1판 1쇄 펴냄 · 1996년 3월 15일
1판 40쇄 펴냄 · 2004년 10월 10일
2판 1쇄 펴냄 · 2005년 5월 20일
2판 27쇄 펴냄 · 2024년 6월 11일

지은이 · 제러미 리프킨
옮긴이 · 이영호
발행인 · 박근섭, 박상준
펴낸곳 · (주)민음사

출판등록 1966년 5월 19일 (제16-490호)
서울특별시 강남구 도산대로1길 62(신사동) 강남출판문화센터 5층 (우편번호 06027)
대표전화 02-515-2000 / 팩시밀리 02-515-2007
www.minumsa.com

한국어 판 ⓒ (주)민음사, 1996, 2005. Printed in Seoul, Korea

ISBN 978-89-374-2536-3 03300

* 잘못 만들어진 책은 구입처에서 교환해 드립니다.

이 책에 쓰인 본문 용지 e-Light(이라이트)는 국내 기술로 개발된 최신 종이로,
기존에 쓰이던 모조지나 서적지보다 더욱 가볍고 안전하며 눈의 피로를 덜게끔 한 단계 품질을 높인 고급지입니다.